本辑出版经费来源：

· 教育部人文社科规划项目（11YJAZH020）

· 东北大学秦皇岛分校区域经济重点学科建设经费（区域经济重点学科系列丛书出版经费）

· 中央高校基本科研业务费项目重点科技创新项目（N130223001）

· 2015年度河北省社会科学发展研究课题（2015040602）

中华历史与传统文化研究论丛

主办单位：东北大学秦皇岛分校

主编　董劲伟

ZHONG HUA LISHI YU
CHUAN TONG WENHUA YAN JIU
LUN CONG

第辑

中国社会科学出版社

图书在版编目(CIP)数据

中华历史与传统文化研究论丛.第2辑/董劭伟主编.—北京:中国社会科学出版社,2016.8

ISBN 978 – 7 – 5161 – 8761 – 6

Ⅰ.①中… Ⅱ.①董… Ⅲ.①中国历史—文集②中华文化—文集

Ⅳ.①K207 – 53②K203 – 53

中国版本图书馆 CIP 数据核字(2016)第 189886 号

出 版 人　赵剑英
责任编辑　宋燕鹏
责任校对　李　莉
责任印制　李寡寡

出　　版　中国社会科学出版社
社　　址　北京鼓楼西大街甲 158 号
邮　　编　100720
网　　址　http://www.csspw.cn
发 行 部　010 – 84083685
门 市 部　010 – 84029450
经　　销　新华书店及其他书店

印　　装　北京君升印刷有限公司
版　　次　2016 年 8 月第 1 版
印　　次　2016 年 8 月第 1 次印刷

开　　本　710×1000　1/16
印　　张　30.25
插　　页　2
字　　数　436 千字
定　　价　108.00 元

编委会

学术顾问

（按拼音顺序排列）

目　录

专栏：中国古典外交制度学科建设

汉唐史专题

域外汉学研究

传统文化研究

宗教史专题

文献研究

秦皇岛地域文化专题

民国档案整理与研究

东北大学秦皇岛分校博士专题论文

专栏：中国古典外交
制度学科建设

独立思考　推陈出新

——史学大家黎虎先生访谈录

黎　虎　董劭伟

（东北大学秦皇岛分校　社会科学研究院）

【引言】2015 年 6 月 27 日，在东北大学秦皇岛分校报告厅，举办了"中华历史与传统文化学术论坛（第二届）—— 中国古典外交制度学科建设"。来自北京师范大学、中国人民大学、中国社会科学院、首都师范大学、新疆师范大学、河北省社会科学院、宜春学院等省内外高校或机构的十余位专家，东北大学秦皇岛分校历史与公共政策研究所、社科院、语言学院等院所的教师及秦皇岛市碣石暨徐福研究会、秦皇岛市玻璃博物馆等机构的专家参加了本次论坛。首都师范大学张金龙教授主持座谈会。在座谈会期间，董劭伟博士对黎虎先生做了学术访谈，兹据访谈录音进行整理，以飨读者。

董劭伟：黎先生，您好！我是您的第一批博士生张金龙教授和李文才教授的学生，多年以来一直关注您的学术研究和成果，但报刊文献很少有关于您学问人生的介绍，作为持续几十年笔耕不辍，从先秦到汉唐都有重要著述发表的史学大家，您学术上的巨大成就使得我们非常期待了解您的人生经历，请您结合自己的人生阅历，谈谈您对自己学术生涯的评价。

黎虎："史学大家"绝对不敢当！现在"大家"太多了，我就别去凑这个热闹了吧。您的问题实际上是如何客观评价自己这样的问题。成就一个学者或历史学家需要三个条件，即天时、地利、人和。

"天时"指的是人所处的时代背景。这主要有两点，第一是当时的社会经济、政治情况；第二是当时的思想自由度，就是能不能独立的思考。"地利"指的是人的家庭、家族环境。也包括两点，一是家庭、家族的经济状况；二是家庭、家族的文化状况。"人和"指什么？就是每个人自身的素质及其与客观环境的统一。近代这些著名学者中，陈寅恪是这三者的完美结合，因此他的成就最突出。有人说他是几百年来唯一的一个人，不是偶然的。虽然陈寅恪那个时代生存环境并不好，但是他家庭良好的生活环境弥补了这个缺陷。他的家庭是典型的世家大族、文化家族。祖父是湖南巡抚，夫人是台湾巡抚的孙女，因此不发愁日常生计。这个文化世家高度重视文化，给他提供了良好的社会人文环境。虽处于清朝末年，但他的视野是开阔的，具有世界眼光。他12岁赴日本留学，至35岁游遍欧、美、日。他具有传统文化的牢固根基，兼习西方文化，从而能够将中西方文化相结合，思维的活跃程度与眼界的开放程度无与伦比。周一良先生在这三方面也是高度统一。周先生生活的时代背景与陈寅恪差不多，家庭环境不光是一个官宦之家，而且是一个文化世家，周氏家族很多人都是研究古典文化的。他在这样的氛围中成长，从小就打下了深厚的古典文化基础。周氏家族也具有世界眼光，周先生自幼学习日文。吕思勉先生虽然八九岁时家道中落，但条件也是不错的，也出生于一个文化家族。5岁时，姐姐和族兄跟他一起读《纲鉴辑览》，之后他的母亲教他《说文解字》。由此可见，出类拔萃的历史学家多是这三者完美或比较完美统一的。

我刚才说要客观评价自己，我觉得我的情况是"比上不足，比下也不足"。"文化大革命"前，整整折腾二十多年，二三十岁是人生最好的年龄，最精力充沛的阶段。我们那时大部分时间搞政治运动去了。社会环境、政治环境与你们这一代大不相同，比如，现在有人学习很用功，做出成就，大家都会很称赞、很羡慕。那时不行，时时得提防被扣上"白专"帽子，规定的条条框框严格束缚你的语言与思想。大学四年，就一二年级读了点书，三四年级就开始折腾了。"文化大革命"过后，我赴开封第一次开学术讨论会，参会的漆侠、朱绍侯、高敏、杨志玖等都是务实的历史学家。在这个会议上我有了转变，之前我重点关注先秦，这时决定转而研究魏晋南北朝史。后来回到学校有人问我：听说你要往魏晋南北朝史转了？我说试试看吧，问我的这位同志挺耿直，说都四十多了，还"试试看"？的确是这样，都四十多岁了究竟还有多少时间？"文化大革命"后期，大家有这样的疑问：历史系还办不办？历史学还会不会存在？我都曾经想过要转行写小说。在这样的情况下怎么做学问？我说"比下也不足"不是开玩笑，因为你们赶上了好时间，大好年龄就已经正正规规地开始了历史研究，而我们这辈人只能说是挤上了末班车，好不容易抢上了一个座儿。大概就是这个样子，您说能有多大学问呢？所以说要客观地评估自己。改革开放后，国家照顾我们这代人遭受的损失，还给评了教授、博士生导师，这些高帽子一戴，就觉得自己学问多大？一定要客观地评价自己，对自己有个客观认识，不能因别人的赞美而忘乎所以。你们的"天时地利"都比我强，因此，你们将来都比我强，再有几十年，你们都会大大超过我，这是没有问题的。

董劭伟：先生先后出版了《汉唐外交制度史》和《汉代外交体制研究》，这是您对自己20世纪提出的中国古代外交制度的深入而专通的研究。我们都知道，先生除了提出"中国古典外交制度"这个学术命题，并写出了一百余万字的著述之外，在先秦史、魏晋南北朝隋唐经济史、社会史、制度史等领域，都有很深入的研究，取得了令人瞩目的成就。我们知道先生最早是在先秦史领域做研究，而后开始魏晋隋唐史研究的，能否就您的治学经历，给我们后学详细介绍一下您从事这些领域的缘由？

黎虎：我简单谈谈我的学习过程，或者说是奋斗过程。刚才讲第一个问题，大家会觉得您不是泼冷水吗？怎么净说泄气话？但人是有主观能动性的，虽然"天时、地利、人和"无法选择，无法逃避。我们老百姓说这就是"命"，我们不要把这当成"封建迷信"的说法。人生活的客观条件无法选择，这符合马克思主义，人生活在什么样的社会关系中，就决定你的各个方面。用中国古话讲就是"命"，老百姓的语言嘛。没人能跳出这个"如来佛的掌心"，但我们又不是无可作为。因为事在人为，同样的这些条件个人情况为什么不一样？可见人是可以通过自己的主观努力能够有所成就的。

1958年开始"大跃进"，我大学第四年开始下乡劳动，去门头沟煤矿劳动。当时抽出一部分人写矿史，我被抽出来翻阅了十来天档案，突然来通知，说我们当中有少数人要去参加全国少数民族社会历史调查。历史系学生抽调6个，老师2个，我有幸忝列其中。去民族研究所报到那天，只有翁独健先生在办公室，得知只剩下内蒙古、宁夏两个自治区了，我问翁先生去哪里好？他说内蒙古少数民族多，建议我去那里，于是我就确定去内蒙古，到了那里后被分配在鄂伦春族调查组。那个全国少数民族社会历史调查组，主体是当地的民族研究所人员和地方干部，还有教师和学生，北大历史系、中央民族学院历史系都是全体参加，北师大就去了8个师生。我这个小组深入大兴安岭调查鄂伦春族几个月。调查完毕回到呼和浩特，召开全体会议，讨论分析收集的材料。其中一个重要问题就是要分析新中国成立前鄂伦春族究竟处于什么社会阶段？大家提出了很多说法。我学习恩格斯的《家庭、私有制和国家的起源》结合鄂伦春族的情况，提出鄂伦春族新中国成立前处于原始社会向阶级社会的过渡阶段，相当于马恩著作中的"村社"阶段。我的这个观点被调查组所接受，并作为重要成果向中央汇报。当时吕振羽先生主持汇报会，他肯定了这个说法，提出应当进一步加以具体论证的意见。后来，调查组确定4人为编写组成员，分别是内蒙古民族研究所一位研究人员，中央民族学院历史系和中央音乐学院各一位老师，我被排在第二，他们三人都是在职人员，只有我一个人是学生。调查组其他人员则负责资料等"后勤"工作。当我正忙于编写工作时，一位北大、另一位中央民族学院同学把我叫去，说要把新中国成立前鄂伦春族社会性质问题写成文章投《民族研究》，他们都已商量好了之后才找到我，同时把我的名字放在第三位。这就是当时发表在《民族研究》上的那篇《对解放前鄂伦春族社会性质的探讨》。这篇文章完全是按照我在调查组公开发表的观点而写成的，当时也没有"维权"意识，怕影响关系，虽然不满也只好隐忍。这应当就是我最早发表的论文。打倒"四人帮"后，我的第一篇论文《刘知几为武则天"制造舆论"吗？》是在《历史研究》发表的。现在看来是肤浅的，带有很明显的"文化大革命"批判色彩。但在当时不得了，每期《历史研究》出版后《人民日报》都要报道，那期提到了三篇文章，其中有我那篇。中央人民广播电台每天的"新闻和首都报纸摘要节目时间"也播放了这个信息。为什么我写了这篇文章？是因为"文化大革命"时搞"评法批儒"，我被派去与"工宣队"一起搞《史通》，从而有机会涉猎了一些唐史，有了一些自己的体会，讽刺的是没有写出"四人帮"需要的批判稿，反而写了批驳"四人帮"谬论的论文。后来，我的研究重点转入魏晋南北朝史，第一篇论文也是在《历史研究》发表的，就是那篇《蜀汉"南中"政策二三事》。1986 年参加在安阳的"殷商国际文化研讨会"时，写了一篇《殷代外交制度初探》，也在《历史研究》发表了，这是对我搞了一个阶段先秦研究的一个交代。后来又在《历史研究》发表了《北魏前期的狩猎经济》《唐代的市舶使与市舶管理》等。近几年，对"吴简"做了一些研究，第一篇成果《"吏户"献疑》也是在《历史研究》发表的。基本上是搞什么问题就会有文章在《历史研究》发表。前些年有个博士生曾做过一个调查，发现当时北师大历史系在《历史研究》和《人大复印资料》登载文章最多的是我（我没有调查过这个问题）。以前听我们教研室主任郭澎先生说，他听《历史研究》的编辑说，外地有的老先生说：一辈子能在《历史研究》发表一篇文章此生足矣。我们当然不能以在《历史研究》发表了多少文章而论长短，但也不能说这毫无意义。我讲这些并非为了炫耀，而是说我们做学问要发挥主观能动性，踏踏实实，一步一个脚印，虽然在"如来佛的掌心"里，但不动是不行的。我们一生会接受学校、单位安排的很多任务，派你做这个、做那个，你一定事事要尽心。同样是参加了这些工作，为什么有的人能从中学习到东西，有了一些成果，有的人则不然？有的人像荷叶一样水过无痕，有的人像海绵一样不断将水吸收进来而日益精进。也算是一种巧合吧，我学习历史的过程，基本上是从原始社会到先秦，再到魏晋南北朝隋唐，沿着历史发展的顺序一步步下来，而且每一步都留下了深浅不同的脚印，这对于认识、思考历史的发展和进行纵向比较是有利的。

董劭伟：先生治学专精，教学方面是一代名师，我的老师及我认识的很多老师都是您的学生，很多都是您当年本科教学时传授过学业的学生，据说他们对您当年授课的精彩场景至今记忆犹新，能否谈谈您在教学方面是如何与科研结合起来的？

黎虎：刚才润珍（牛润珍，中国人民大学教授）提到当时第77、78届学生对我讲课的反映很强烈。他们是第一次全国考试进来的，学校安排我讲先秦的历史。讲课效果可以说有点出乎我的意料，不但同学反映很好，学校的领导也很是注意。这样的讲课效果不是偶然产生的，第一，我做少数民族调查，正好是原始民族。所调查的民族人数不多，与当时自己的能力和水平正合适，不大不小，用一年时间将这个民族的人文环境研究得比较透彻。因此，对什么是原始社会、原始民族有一些感性的东西。这也导致现在自己的研究都尽可能从原始社会追根溯源。第二，我毕业后第二年到中国古代史教研室，讲授《历史文选》，在此期间对《诗经》《左传》《尚书》等古典文献下了些功夫，为研究先秦历史打了点基础。之后，教研室又让我随杨绍萱先生学习金文。杨绍萱先生就是在延安执笔创作历史剧《逼上梁山》，曾得到毛主席亲笔书信的那位老先生，他对金文也很有研究。研究金文、甲骨文对于学习殷周的历史有所帮助。第三，"文化大革命"后期，中国古代史教研室安排古代史的七八位老师去河北、河南、陕西、山西等地做考古调查，这几个地方正是中华民族和文化的重要发源地。当时考古界并不封闭，这些考古点的负责人带我们直接到发掘现场参观，打开文物库房，亲自给我们讲解。比如周原甲骨刚发掘出来我们就去看，记得当时是刘士莪先生接待我们；雍城秦遗址是韩伟先生接待我们的。扶风县的罗西章先生，他的仓库满屋子西周铜器，很多铜器是新发现的，从中得到不少新的铜器铭文。

陈寅恪先生有"四不讲"，前人讲过的不讲；近人讲过的不讲；外国人讲过的不讲；自己过去讲过的也不讲。我没有陈寅恪先生的自觉，但我的讲稿都是自己编写的，不愿意讲老生常谈的，而是融入了最新的学术成果，将民族调查、古文字、古文献研究、考古调查等融合在一起，因此大家都感到很新鲜。当时不但学生感到新鲜，连中国社会科学院历史所先秦史研究室的先生们也觉得"新鲜"。在做魏晋南北朝史研究时，北京出版社来找我，说吴晗先生在"文化大革命"前主持的《历代史话丛书》没完成，打算重新出版。听说我先秦史讲的好，要我写《夏商周史话》。这本书就是在我的讲稿基础上写的。出版以后，中国社会科学院历史所先秦史研究室反映比较大。觉得我作为师范大学的老师，写的史话反倒很注意科学性，吸收了最新的学术成果，感到有点吃惊。先秦史的孟世凯先生特意屈尊光临寒舍叙谈。1986 年在河南安阳召开"殷商文化国际研讨会"时也给我发了通知，因为已经转入其他研究领域，所以很犹豫。但是会议实在难得，于是写了《殷代外交制度初探》，既为会议提供了论文，也为下一步外交制度的研究打点基础。到了安阳才知道是胡厚宣先生点名要我参加的。这本《史话》的遭遇很不相同，专门研究先秦史的先生是这种态度，而不是研究先秦史的先生则是另一种态度，个别人还因此给我加上了"史话教授"的头衔。以上这些经历说明，不论是进行教学还是学术研究，发挥主观能动性，就有可能变不利因素为有利因素。

董劭伟：先生 2014 年在商务印书馆出版了《汉代外交体制研究》，此前先生出版过《汉唐外交制度史》，发表过相关论文几十篇，现在学界对"古典外交"这个学科范式已普遍接受并开辟了其他断代的外交史研究，可以说这个领域，先生具有开拓之功，先生能否重点讲讲是如何开启这个学科领域研究的？

黎虎："为什么做中国古典外交制度"研究？有两个因素，一是看书时发现，我国的古代政治制度史只注重讲内政，不大讲外交。但是外交也是国家制度不可或缺的组成部分，因此比较注意这个问题，看书时注意收集此类材料。这说明了一个问题，就是我们一定不要被习以为常的东西所束缚，觉得这个是正常的、是不可突破的，在学术上要善于发现问题。二是怎么着手研究。当时没有电脑，我就采取抄卡片这样的笨办法，基本上将从《史记》到两《唐书》以及汉唐时期重要典籍中的外交问题比较全面掌握了。前几天翻旧稿子时发现了先前写的《中国外交通史提纲》，稿纸已经发黄了，是那种 20 世纪六七十年代的纸张。如今看来很是肤浅，今天复印了几份，让大家看看。可以看出这个提纲是通史类的，实质上是对这个课题并没有深刻了解的一个反映。比照先后写的《汉唐外交制度史》和《汉代外交体制研究》，这个提纲显得非常肤浅。这两本书的纲目是怎么出来的？就是卡片。第一步将所有材料誊录到卡片上。第二步是对卡片进行校对，将错字、漏字改正，而且将页码、卷数全部弄准确。还有更重要的一步是按照卡片内容、重要程度进行分类。排完卡片后这两本书的体系就自然出来了。因此这个体系不是凭空想象的，是根据卡片上的材料分析、归纳、提炼出来的，凭空想象只能得到刚才那个幼稚的提纲。现在有这样一个问题，就是电脑很发达，是否还主张大家这样做？我也不敢说，毕竟手工的方法是笨办法。但是，我个人真的感觉收获特别大。这个方法至今仍然有效，举个例子，最近董劭伟同志要编《中华历史与传统文化研究论丛》第1辑，向我要稿子，去年十一月我的《汉代外交体制研究》刚刚出版，手头没有现成的文章，给他什么呢？就从抽屉里将那个卡片找出来，整理了一篇《唐代和亲公主的常驻使节作用》。这篇文章为什么快呢？一是汉代已经有思路了；二是卡片是现成的。把这个思路跟唐代的卡片相结合，大概不到一个月我就将论文完成了。我过去写论文很慢，写一篇论文至少得一年左右。这次又一次尝到了卡片的好处。

董劭伟：先生的研究规划是很成体系的，近十年，先生一方面对古典外交进行了深入系统的探究，另一方面兼顾吴简基础上的社会史研究，今后先生还有什么具体规划？

黎虎：这本《汉代外交体制研究》完成了，我却一点都没感到轻松，我在忧虑我的任务是否能够完成。这几年，同学们来我家座谈，我说："最近感觉脑子越来越好使，写东西越来越快，简直拿起个问题就能写。"但是，客观规律限制，身体不断在衰老，我时常感觉时间太宝贵了，时时刻刻都在和时间赛跑，尽可能抢救一点东西。还有什么任务呢？有两个重要任务必须完成。一是古典外交制度问题，现在只完成了汉代的。你们也都看到了，我桌子下面魏晋南北朝、隋唐的卡片比这个还丰富。汉代就写了一百万字，魏晋南北朝、隋唐写完后一百五十万字打不住。本来这本书是要写"汉唐"的，但写完汉代我的手都发软了，实在是太多了。怎么办？一个就是让这些卡片躺着化为尘土。再有个办法就是写出来，就像汉代的一样把它写出来。如果能将唐代完成，就算完成了我的夙愿。二是，我觉得是一项比古典外交制度更大的课题，前几年研究"吴简"，写了十几篇文章，十几万字。这个课题从2003年开始做，但是我的思路早已跳出"吴简"的范畴，考虑的是整个中国的历史发展的问题。为什么"吴简"的研究能够促使我考虑整个中国的历史发展呢？吴简是当时社会最基层的档案资料。过去发现的甲骨文、金文多是上层统治者的文字资料，而吴简打开了中国基层社会的大门，让你好像身临其境一样。我试图对从原始社会到现代的历史发展做出解释，研究了通常所说的历史分期问题。有这么个现象，大家可以思考，为什么西周封建说、战国封建说、魏晋封建说争论了几十年，谁也说服不了谁？这是因为从史料到理论的解释都有问题，真正的科学不会这样神秘的。现在大家对于过去的历史分期问题进行了"破"，但是还没有"立"，就是说如果那些分期不对，那么应当如何分期呢？这方面还没有做到。我对历史的分期问题，也就是中国整个历史的发展过程有着个人的看法，已经初步形成。这种看法并非虚无缥缈，是有史料根据的。并且它不光解释了古代，还能解释新中国成立后几十年为什么走弯路，走弯路的性质与原因问题。我认为从古代到现代是一脉相承的，我的基本观点能够使古今历史都得到合理的解释。但是，时间不饶人。我经常遇到问题，就会征求金龙（张金龙，首都师范大学历史文化学院教授）的意见。金龙建议我还是将外交课题完成，材料比较零碎的魏晋南北朝就不要写了，将唐代完成。然后，有时间有精力再去写历史分期问题。我觉得他的话有道理，也符合我内心的想法。外交课题对我来说还是比历史分期问题轻松一些。我对金龙说：如果实在来不及写历史分期的书，就写一个提纲，写几篇论文，将我的基本观点写出来。20世纪初，梁启超、章太炎的中国通史都没有写出来，但他们写了中国史的绪论、概论，也是提纲性的。最后没有办法，只好采取这个办法。在研究过程中，同学们对我的帮助是很大的，尤其是金龙，一是他的研究能力很强，有能力、有水平提出好的建议；二是他能够设身处地地为我考虑问题，为我出主意。例如，最先我申请的研究题目是"汉唐交聘体制研究"，觉得用"交聘"这个词，材料取舍宽泛。后来写书了，究竟用"交聘"还是"外交"曾经一度犹豫，金龙坚持用我原来的"古典外交"，并写了很长的理由。他的坚持是对的。这类的好主意对我帮助是很大的。师生之间并非仅限于老师传授学生，而是互相学习，孔子说三人行必有我师，我觉得每位同学都是我的老师，他们的好点子，我都是认真倾听或采纳的。我与大家都是平等讨论，互相学习，没有摆老师架子，摆不出来的。有句古话"有容乃大"嘛！现在我就是感觉时间太紧迫，怎么办？虽然金龙做了我的思想工作，但我还是觉得两个（外交制度、历史分期）取舍都可惜。那个历史分期问题我若不写出来，不知道有没有第二个人能够跟我有同样的想法？

董劭伟：先生著作等身，硕果累累，提出并解决了很多重要的学术新问题，请先生不吝介绍一下您宝贵的治学经验，以资我们这一代青年学者学习借鉴。

黎虎：也谈不上多少治学经验，不过毕竟研究历史几十年了，经历了不少曲折的探索过程，备尝个中甘苦，如果说有什么经验和体会的话，可以用以下最普通的八个字来概括：独立思考，推陈出新。这两句话很普通，但真正做到的话，就不"普通"了。

历史研究从本质上说是通过个体对于历史资料和历史的体察、感悟与认识，达到揭示历史真相和本质的一个过程，无数个体的体察、感悟和认识，经过不断碰撞、互动和磨合从而成为共识。这是一个无限的过程，新的体察、感悟和认识不断产生、不断扩展，从而新的共识也不断取代旧的共识并不断扩展，循环往复，靡所底止。因此，历史研究端赖历史研究者个人的独立思考才能获得有价值、有意义的创新成果。独立思考说来容易做来难，一方面跟风、随大流、人云亦云、墨守成规是人性中普遍的弱点，另一方面则受到客观环境的制约和干扰。必须克服和排除上述主客观因素的制约和干扰才能做到，历史研究者成就的大小与其克服和排除上述主客观因素局限的大小基本上是一种正比例关系，犹如人造航空航天器克服地心引力多大就能够飞多高多快。因此，真正能够独立思考研究历史问题的个体并非很多，故真正有价值、有意义的创新成果也并非多得很，并非俯拾即是。我们如果有志于历史研究，想在史学研究中做出成绩来，就必须克服和排除上述主客观因素的制约和干扰，克服和排除得多一些，您的成绩就大一些，反之亦然。不少同学或友人问我，您怎么会很早就提出并坚持几十年进行中国古典外交制度问题研究的？这说来也很简单，就是我在学习历史的过程中，发现中国历史主要讲内政而不大讲外交，国外历史可以讲古代的外交，而中国的历史则不能讲古代的外交，感到是个问题。我思考这个问题的时候，这个问题似乎是人们普遍回避或根本不以为然的问题，所以当时的确感到提出这个问题进行研究，是没有把握的，是有冒险性的。但是我坚信一个国家，尤其是作为古代世界重量级的大国的中国，不可能没有外交，外交必定是中国古代国家机器中不能缺失的组成部分，因此下定决心，排除干扰，潜心于此，从而花费了几十年的时间，先后出版了《汉唐外交制度史》和《汉代外交体制研究》两部学术专著，初步构建了中国古典外交制度研究的学科体系。这个研究课题的提出和坚持，就是独立思考的体现，因为已有的那种中国历史的体系，人们已经习以为常，觉得本该如此，没有觉得有什么不正常。这个问题并非是个难以发现的问题，只是人们已经习惯了，或者出于这样、那样的担心和顾虑，不去惹这个麻烦。因此，独立思考不仅要善于从看似平常的东西中看出不平常，而且还要具备学术的勇气和毅力。

　　历史学的学科特点是，它所面对的研究对象是已经过去的东西，即人们所谓之"史料"，历史研究就是去体察、感悟和认识史料，从而揭示历史的真相和本质。史料虽然都是已经过去的东西，但是它又有旧的传统史料和新出史料之别，从中国历史来说，传统史料是指以二十四史为代表的文献记载，新出史料是指新发现的考古资料，这两者对于历史研究来说都是重要的，王国维先生所提倡的二重证据法，强调的就是将两者结合起来。但是两者并非等量齐观，历史研究者主要的力气和功夫应该在前者，通常所说的治史能力和水平主要体现于你对传统史料的解读和认识，你的研究成果的水平高低、价值大小取决于你对传统史料的解读和认识，因为这些传统史料是记载中国历史的最为全面、系统的资料，没有任何新发现的考古资料能够超越它、代替它（商代除外），而且它是几千年来无数人曾经体察和解读的，你必须超越这无数人已有的认识而做出符合历史真实的解读，才能有所发现，才谈得上创新，这谈何容易?! 我们审视一下近百年的史学大家的著述和史学名著、巨著，虽然都或多或少、程度不同运用了新发现的考古资料，但都无不以传统史料为其著述之基础和灵魂，尤以春秋战国之后的历史为然。我自己在这方面是有不少实际体验的，有属于某一个具体问题方面，也有属于某一个重大学科建设方面的问题，我的不少论文即属前者，例如关于唐代的市舶使问题，如果从明末清初的顾炎武提出这一问题算起，到现在已有三百多年了，三百多年来不少中外历史学家对这个问题进行了研究，但是到 20 世纪 90 年代为止，这个问题基本上仍然是不清楚的，存在很多不符合历史实际的模糊乃至错误的认识，市舶使是什么人? 由什么人来担任? 他与岭南地区都督、总管、节度使是什么关系? 市舶使与押蕃舶使是什么关系? 他们与押蕃使是什么关系? 市舶使的性质为何? 市舶管理在唐代的变化是怎样的? 诸如此类问题均未得到明晰的解释和阐述，我在1998 年《历史研究》发表的《唐代的市舶使与市舶管理》以及稍后在《文史》发表的《唐代的押蕃使》，基本上把这个问题梳理清楚了，指出市舶使是由朝廷派往岭南负责舶来品采购的专使，其人选经历了由朝官而宦官的变化，其任职也由前期的不固定而演变为后期的相对固定并逐渐有了自己的机构；岭南地区的都督、总管、节度使虽然全面负责岭南地区的市舶管理，但是并不担任市舶使，而是兼任押蕃舶使，故岭南地方长官和押蕃舶使与市舶使是不同性质、不同系列的职官，押蕃舶使与内陆周边地区设置的押蕃使则是同一性质、同一系列的职官，从而市舶使和市舶管理的基本特点和性质得以符合历史实际的解释和认识。应该说这是这个问题在 20 世纪 90 年代所达到的最为清晰的解读，故有的学者在评介这个问题的研究历史和现状之后总结道:"在所有讨论唐代市舶使的文章中，黎虎的论述最具有说服力。"（郑有国《中国市舶制度研究》，福建教育出版社 2004 年版，第 21 页）这是因为我的解读基本上是符合客观历史真实的，尽管以后的学者可以在这个问题上提供这样那样的一些补充或修正，但基本上是不可动摇的。这里需要特别指出的是，我在论述这个问题时，虽然也使用了一些新发现的考古资料，但是主要还是那些人们都能够看到的普通的传统史料，完全是对这些普通的传统史料做出新的解读，并非依靠什么别人不能见到的秘笈而得到新解的。即使是我的研究长沙走马楼吴简的系列论文，也是以传统文献为支撑，将其置于中国历史的整体中加以考察，并非仅仅就吴简而论吴简。属于某一个重大的学科建设方面的问题，中国古典外交制度问题的提出与阐述即属此类，我的《汉唐外交制度史》和《汉代外交体制研究》两书，不仅所提出的问题是全新的，而且书中对于很多具体问题都有新解，不胜枚举，但是，这两部书所使用的绝大多数都是普通的传统史料，尽管也有一些新的考古资料，但是全书的基本构件都是传统史料。这就叫作"推陈出新"，史料本身都是"陈"物，但是我们可以从中出"新"，这个"新"不是标新立异，为"新"而"新"，而是做出符合历史真实的"新"认识。从旧的史料中发现新问题并解决新问题，这就是治史的功力所在。我的上述实践经验和体会，与严耕望先生所提到的治学经验之一可谓不谋而合，他提倡要"看人人所能看得到的书，说人人所未说过的话"，他写道："研究历史要凭史料作判断的依据，能有机会运用新的史料，自然能得出新的结论，创造新的成绩，这是人人所能做得到的，不是本事，不算高明。真正高明的研究者，是要从人人能看得到、人人已阅读过的旧的普通史料中研究出新的成果，这就不是人人所能做得到了。"（严耕望《治史三书》，辽宁教育出版社 1998 年版，第 23 页）我对严先生这个看法深表赞同。

因此，一定意义上可以说，一个人的史学成就的大小，基本上决定于一个人对传统史料的阅读功夫和解读功力的大小，这也是一个正比例关系。长话短说，一句话就是："忌人云而亦云，务推陈以出新。"我愿意和大家以此共勉。

中华历史与传统文化学术论坛

——中国古典外交制度学科建设座谈纪要

董劭伟　　王莲英　　陈厉辞　整理

（东北大学秦皇岛分校　社会科学研究院）

引　言

著名历史学家黎虎先生在《汉唐外交制度史》（兰州大学出版社1998 年版）一书中提出了"中国古典外交制度"学术概念，并对汉唐的外交决策与管理制度进行了阐述。2014 年黎虎先生在《汉代外交体制研究》（商务印书馆），又进一步深化了对中国古代外交制度的研究。从 20 世纪 90 年代以来对于这一研究范畴，学界取得了很多共识，形成了大量的以中国不同断代史的外交制度相关问题研究的成果。众所周知，在古代史研究中能够提出新的命题、概念并一以贯之地进行学术实践，这无疑是中国史学发展的优秀表现。为了系统总结黎虎先生提出的中国古典外交制度，从学科意义进行新的认识和推动，2015 年 6 月 27 日，来自中国人民大学、首都师范大学、中国社会科学院、河北省社会科学院、扬州大学、广东第二师范学院、宜春学院、聊城大学、新疆师范大学等高校或科研机构的十余名专家学者在东北大学秦皇岛分校进行了一次专题学术座谈，在这次论坛中通过讨论黎虎教授新著《汉代外交体制研究》一书的学术贡献，具体交流了"中国古典外交制度学科建设"的议题。本次交流深入、旁征博引、畅所欲言，是一次值得回味并有学术见地的座谈，为了充分展现相应成果，会后，董劭伟等对座谈会内容进行了整理，现把其中主要部分以文字形式呈献给学界。

牛润珍（中国人民大学）：今天，这个会议借助黎老师《汉代外交体制研究》这样一部巨著，讨论本学科建设。我虽然不做外交史，但看到黎老师的这本书，和一般的读者想的是不一样的。为什么和一般读者不一样呢？我 1978 年到北师大，第一节课是黎老师上的。整个 77、78 两届毕业生对黎老师非常有感情，人往往是第一印象非常重要，可以说这两届学生步入史学的道路，就是从黎老师的第一堂课开始的。其实回顾一下，这种现象也不是偶然的，比如清华大学 1925 年办国学院，上第一节课的是王国维，是他上的"古史新证"。刚一开课，就吸引一大批学者，影响了一代人。如王力、谢国桢、徐中舒、姚明达，这一批人在谈到自己学术经历时，都不约而同地谈到王国维的第一堂课。所以第一堂课是非常重要的。在此问题上，我与同门的感觉与前人是暗合的，就是思想启蒙与启蒙老师在人生中的重要作用是独一无二、终生难忘的。每当我们 77、78 届的老同学相聚一堂，谈起往事，谈起北师大，我们都会不由自主地想起黎老师的第一堂课。

黎老师是史学大家，讲课也非常有条理，板书字很大。我清楚地记得，77 届的同学到校半年没有课，等着 78 届的同学来了才一起上课。黎老师的第一堂课盛况空前，很多同学为了好的听课位置，早早地来到课堂。我来得较晚，个子又小，在后面坐着却听得很清楚。我记得老师的字很大，看得清清楚楚。讲课很有条理，整理老师的讲义就是一篇学术论文。学术性、科学性、艺术性、趣味性都在老师的课堂上演绎出来。我觉得这不仅仅是学问的传承。如今我也为人师表，自己教学生的时候该怎么讲课、怎么板书、怎么辅导学生？我常常想起老师授业之时的音容笑貌，然后效法老师传授知识的技法传授给下一代。以小见大，我想中国五千多年的传统文化就是这样传承下来的。读书的时候我常常想，中国五千年的文化为什么绵延不断，古埃及、古罗马、古印度、两河流域的文明怎么就没传下来。现在学生也问我类似的问题。有些问题在书上找不到答案，还不如自己体会、感悟。五千年太久，师生、家学的传承真的很难，可以说叫作"薪火相传"。在没有印刷术的年代，很多老师著书，也拥有很多的书，多是靠抄，抄来抄去抄丢了，那么他的书就没传下来。比如司马迁受腐刑，经受了人生中最屈辱、最痛苦的阶段。但作为一名学者，他又是幸运的，他的书传了下来，学说流传至今。历史上二十四史、儒林传记载下来的文人还是少数，相比之下，很多老师一生坎坷，默默无闻、念书著书，传道受业，最后书也没留下来，名字没有留下来，但是他把学问、精神留下来了，这样的人占大多数。

学术的传承不单单是学科、学问的延续，更重要的是精神。什么精神？学者的精神。传统文化分为四个层次，分别是知识、方法、思想、精神。精神是最高层次，很多老师学问没传下来，方法没传下来，但精神一代代传了下来。有时我领悟到，学老师学的是什么？只有将老师的精神传承下来，那才是将老师的精髓传下来了。当我拿到黎老师沉甸甸的书，细细地领悟、品味内在精神。我与爱人讲，有这样的老师自己都不敢偷懒。拿着老师的书，看着老师的书，仿佛是鞭子在鞭策自己。这就是老师的精神，他时时刻刻督促、鼓励自己，让我不敢安逸、偷懒。

我在人生中遇到很多老师，还读了很多前辈大师的书，但从不固守一家。如王国维先生的书、陈垣先生的书、陈寅恪先生的书。亲自教过我的老师的书是一定要读的，比如黎老师、北师大的白寿彝老师、何兹全老师、刘家和老师的书。在读书的同时还要体会老师的精神，有所领悟。例如读过顾诚先生的《明末农民战争史》，你会感悟明末农民战争就是如此，以后很难写出超过顾诚先生的书了。但读黎老师的书与读顾老师的书就有很大不同，你会感觉突然眼前一亮，原来有一条康庄大道可以走。比如有汉代外交制度就有古代外交制度，还有古典外交制度。那就是说黎老师开辟了一个新学说，学术新领域，沿着这个大道还有很多问题来做。黎老师做的汉代外交制度研究可以说是古代外交制度的关键，懂了汉就能懂唐，以此类推就能加强对中国的现代外交的理解与认识，这是专做外交学的人无法达到的高度。

谈过学者的精神，下面要谈一谈学科的基础。其实黎老师这本书已经为古典外交学建立了基础。这本书不单单是一本史著，还是一本理论著作，全书贯穿了外交理论。我认为一个学科的建设要具备三方面条件。

先是历史，例如建立外交学，外交史是最基本的。我记得黎老师在1979年给我授课的时候就开始写《解忧公主出塞的历史贡献》，那时就开始做外交史。这就奠定了外交史这一学科的史学基础。黎老师先做历史，继而做制度，再做体制。事实上，体制已经上升到理论的层面。例如《汉代外交体制研究》这确实不再是单纯的史书，它确实是古典外交学的理论专著。

继而理论。我也做制度史，做制度史不能单单为制度而论制度，而是理解制度背后的思想。这本《汉代外交体制研究》对制度背后的思想体现得非常明显。我国外交思想十分丰富，本书借汉代的体制描述出来。

再是方法，黎老师研究外交制度的过程本身就是一套方法，而且这套方法是很连贯的。从历史研究到制度、体制、理论的研究，非常符合学科的发展规律。

因此，本书在历史、理论和方法三方面都构建了中国古典外交学的基础。

李文才（扬州大学）：披荆拓荒 领异标新——读黎虎师《汉代外交体制研究》有感

我重点看的是第一章，第一章的特点是用了儒家经典的东西，我重点看的是这部分，我做了很多读书随想。都是自家人，我就谈谈自己的感想。《汉代外交体制研究》为吾师在中国古代外交制度领域的研究巨著，也是学术界第一部全面、系统论述汉代外交体制的著作，从"外交决策与外交管理机构""外交媒介——使节""外交方式""外交手段和工具""外交设施"和"外交礼仪与法纪"，共六个方面，对汉代外交体制进行了全方位的深入阐述，对于我们从制度层面去理解汉代外交史，乃至中国古代对外关系史领域的许多问题，具有重要的参考价值和划时代的意义。1998 年的《汉唐外交制度史》对中国古代中西交通史研究这一学术领域，具有里程碑式跃进的意义，第一次将"中国古代外交制度"作为一门独立学科提出，并对其进行了全面系统的论述。可视为 20 世纪 30 年代中西交通史研究诞生以来，该学科发展演变的又一个新阶段。开创了中国古代外交制度史研究的科学体系，对汉唐外交决策和管理体制、运行机制的探索，对汉唐外交制度发展脉络和特点的全方位考述，无论从哪方面讲，都称得上是一部极富开拓性的学术专著。《汉代外交体制研究》作为《汉唐外交制度史》的姊妹篇，进一步深化了前者所提出的有关汉唐外交制度的一些基础性理论，而且进一步从"体制"的层面，对中国古典外交体制所涉及的运作机制、管理机构、外交礼仪法纪、外交手段与工具等问题，进行了更加细致、更加全面、更加深入的论述，从而将汉唐外交制度史的研究，又向前大大推进了一步。

前边谈了概括性感想，下边具体谈几点：

其一，"六经皆史"之说，在《汉代外交体制研究》中得到极致体现。第一章《汉代外交前驱——周代交聘》，既可视为全书的长篇引言，亦可视为全书立论的基础，其核心史料却源自三礼、《左传》等传统儒学经典。吾师以历史学家的眼光和史学思维的方式，对儒家经典及其注疏进行剖析，不囿于词章句读之释疑解惑，且能够鞭辟入里、切中肯綮，我读的过程中用红笔在先生的书里写了很多感想，以鄙见所及，自古及今，未有哪一部史学论著，能够达到《研究》这样的高度。《汉代外交体制研究》树立了六经皆史、以史解经、经史互证的新标杆。我可以举几个例子，❶第 54 页注⑤，对《仪礼注疏》卷二十四《聘礼》"如今使者护客"一句的考释，经过细致入微的考证分析，最后得出结论，认为该句不是郑玄注，而是宋人批语掺入者，从而纠正了自宋代以来包括清代四库馆臣的评语，到现代学人的论述中的众多误解。这种细致考证是以历史的思维方式对经典所作解读的典范。❷我读的时候感想比较深的，宗法制度和姻亲关系对于西周王朝来说，具有极其重要的政治作用，可以说明西周封建政治体制的基础，然以往学界论述，仅强调宗法制度，而忽略了姻亲关系的作用。吾师通过对三礼、《左传》及其注疏的重新诠释，先是在第80—81页的论述中，对学术界相关研究的不足予以指正，认为支撑西周封建体制的支柱有两根，即宗法和姻亲，二者缺一不可。接着，又在第一章第二节第五部分，以《聘礼与婚礼的渊源关系》为题，对此进行了全面而系统的阐释。❸第62—64页，对"贾人""史""管人""廋人""巾车""老""仆""有司""赞者"等名词的解释，就是对传统经解方法的极大突破，纠正了学界存在的很多偏颇性理解，如"贾人"一词，曾经被频繁解读为"商贾""商人"；"仆"，则被解读为佣仆、仆人等。吾师从外交专业的角度，对上述名词的内涵和性质加以界定，不仅体现出极大的创新性，而且这种解释更近乎历史实际。

其二，科学严谨而又经世致用的学术风格。《汉代外交体制研究》是一部充满求实精神，而又能为现实提供借鉴意义的高水平学术著作，所论述问题无一不是建立在坚实史料基础之上的科学论断，不仅有助于我们全面认识和理解汉代社会的历史发展，也可为今天的外交工作提供重要参考，从而具有深刻的现实价值意义。《周代交聘中的对等性原则》中对于包括唐人贾公彦的错误性认识，均予以指出。如对等性原则出现的时间问题，贾公彦认为始于春秋，吾师则通过解读《周礼注疏》《左传正义》等，认为早在西周就已经出现，并证之以《秩官》所述"敌国宾至"之史料记载。不仅如此，吾师在论述过程中，还以发展的历史观念，动态地展示出交聘关系呈对等性原则的演变过程，最后合乎逻辑地得出结论："交聘中的对等性原则不仅施行于诸侯之间，而且施行于天子与诸侯之间。'朝''聘'之别日益徒有其名而无其实。对等性原则日益冲破非对等性原则而成为交聘关系的主流。"在外交对等性原则的问题上，吾师不仅校正了贾公彦等前贤认识上的错误，对近现代学人在这个问题上的错误认识也予以纠正。有学者认为，对等性原则乃是近代才产生的国际关系准则，此说在近现代国际关系的学术研究中，一直占据不可动摇的地位，吾师通过严谨科学的论证，对此进行了批判，并从中华传统文化的高度，重新做出合理解释，指出："周代交聘礼中的对等性原则不仅在日后汉唐时期的交聘——外交制度中有所继承和借鉴，而且与近现代国际关系中的对等性原则亦有着相似、相通之处，认为对等性原则是近代才产生的国际关系准则的说法不符合历史的实际。善处人际关系是中国古代文化的强项，将其转化为善处国际关系乃顺理成章之事，故对等性原则毋须等待近代欧洲人的传授。"当今中国在国际关系中的地位日益凸显，如何巧妙处理复杂多变的国际关系？既是外交领域的现实政治问题，也是外交领域的历史文化传承问题。以史为鉴，历史可以为我们提供智慧和经验，吾师《汉唐外交制度史》《汉代外交体制研究》两部著作，作为研究中国古典外交制度史的开创性奠基之作，自然可以为现今的中国外交部门提供历史经验和教训的借鉴。

其三，创新意识充满全书。如，吾师在《汉代外交体制研究》中，以"周代交聘中的'礼尚往来'原则"为题，对"礼尚往来"进行了深入剖析，在孔圣立论的基础上，对其内涵又有了新的拓展，从而发人所未发、言人所未言，充分体现了吾师独具慧眼的敏锐洞察力，以及"自我作古"的创新意识。正如吾师所说："'礼尚往来'一语虽然为古今论者所频繁引述，然而往往寥寥数语，一笔带过，鲜见深入论述其具体内涵者。"（第90页）吾师从寻常语汇入手，能够别开生面，对其内涵作全面深入的解析，赋予"礼尚往来"这一平常词汇以深刻内涵，认为"礼尚往来"乃是中国古礼的核心原则之一，在先圣孔子那里，"礼尚往来"的原则，与"仁""义"一起，并列为治理天下的最高指导原则。在孔圣言论的基础上，吾师进而指出："礼尚往来"的原则不仅有利于人际和谐，也有利于国家和天下之和谐，是决定个人以至国家、民族和天下安危的重要因素，是实现社会和谐的重要手段和方法。

再如，《聘礼与婚礼的渊源关系》一节，吾师开宗明义，指出，聘礼为国家政治制度之一，婚礼则为其重要渊源之一。吾师指出，婚礼乃是礼本之一，对聘礼的影响尤其显著，聘礼原本于婚礼之说，可谓吾师首创之学术观点，此前学术界从未有人言及。在论述聘礼与婚礼渊源关系的过程中，吾师除了通过对儒学经典及其注疏以及子史著作的精心考释外，还综合运用了考古学、文字学的研究方法，从而提出异于前贤之新说，并予以科学论证。阅读吾师所论，不仅为其拓展性思维所折服，其从外交礼仪的角度，对聘礼之源于婚礼的观念阐释，也为我们进一步理解中国传统社会"家天下"的政治特点，别开一条通道。就中国几千年的发展历史来看，历朝历代，其政治运行机制，哪一个不是几个家族之间通过婚姻的纽带，联结而成的政治利益综合体呢？

以余之愚钝，不敢妄言对吾师之著作，已有深刻之领悟。以上几点，仅为研读《研究》的几点感想，期与诸同门共勉也。

张兴成（广东第二师范学院）：我就李文才师兄发言提一个建议，你讲第一点的时候，说到黎先生的书"经史互证"的方法，我很同意，其中你举一个例子就是第54页第5个注。你这个文章劭伟他们在微信上发了，发后我就拜读了，拜读了以后我就觉得是不是确实如你所说？我去查了一下材料，再看一下黎先生的这个说法，黎先生自己首先只是一种怀疑，他怀疑这个"如今使者护客"是宋人注释混入。但他没有说得很死，说一定就是宋人注释混入，他只是怀疑，如果他说得很实，那是另一回事，他只是怀疑的话，那我们要考虑他是一个什么样的想法？我看了一下《仪礼注疏》里边郑玄的注，也看了一下贾公彦的疏，对了一下陆德明的《经典释文》，这些材料我都对了一下，我有一个想法，就是贾公彦做疏有一个讲究，他说我这个做疏啊，关系到的经文是从哪句到哪句？关系到的郑玄注文是从哪句到哪句？他说得很清楚。他在说疏解注文的这个范围的时候，他就说我疏解的这个郑玄注是从什么开始到"护客"这两个字结束，就是这样，这在贾公彦的疏里面说得很清楚，（如果一定要说"如今使者护客"是宋人注释混入）如果要把这个做得很实，那你一定要找出版本方面的依据，就是要指出贾公彦的这句话在历代版本传刻的过程为人篡改，如果没有篡改的话，那这句话（"如今使者护客"）是不能轻易否定掉（即不能说非郑玄注），如果要认为（"如今使者护客"）是宋人注释混进去的，首先要把贾公彦这句话处理掉，如不处理掉的话，这个东西是不能说得很实的。对黎先生这个"经史互证"的方法，我觉得典型的例子非常多，我建议您换一个，换一个能够更好体现这一研究方法的例子。这是我看的过程中的一个想法，因为我也没有太多时间去查，对清代这些经史大家的研究的东西，我也没有仔细去梳理，我就只看了《仪礼注疏》这个体例，我当时就想，这个恐怕先要把它处理掉，这句话要处理掉，不处理掉是不行的，这是我就看书评而言的一些想法，如果现在我们李师兄也准备发了，那我就觉得正好，修改一下，再找一个更经典的例子，这样就非常合适。譬如说《论语》当中说到孔子，其中说到一句话，就是"私觌，愉愉如也"，这个就是说在外交活动当中他的这一种礼容，这个东西我以前看了印象不深，还以为这个东西是私下里孔子作为使节和另外一个国家大臣会面，这一理解就不是很透彻，后来看黎先生的书的时候才知道"私礼"这个东西它不是私人信物，它也是属于常规的外交行为，而且是公开的，这个相关的记载不仅在《论语》当中有，在《仪礼》的相关篇章当中也有，我一下就感觉到这真是启发很大，类似这样的例子，我觉得是可以把它放进去，这个就是比较好的了。包括《论语》第十《乡党》篇当中一段材料，以前我也是理解不到位，看了先生的书以后才对这段材料理解得更深入一些。那我就说这么多，就不多说了。

杨永俊（宜春学院）：《汉代外交体制研究》读后有感：各位老师，各位同门，这是我博士毕业后第一次参加历史学的会议，主要是搞搞杂务，做做编辑，剩下的一点点时间就研究一下地方的民间信仰。因此，接到这个会议通知就感觉到很吃力。这也是我毕业后看的比较完整的一部专著，现在将导师厚重的专著的读后感与大家分享一下。

关于选题的学术意义包含三点：第一，是要谈的选题的学术价值，从制度史的角度来说，我认为任何一种制度的梳理都是很有必要的，不论是政治的、经济的还是文化的制度。两汉时期、秦汉时期恰恰是我国各类制度形成时期，因此，老师选择两汉时期外交制度作为主题，对其进行追本溯源的探究很有学术价值。这也是对转型时期我国外交体制最重要的学术成果。导师在其附录中也比较了一下我国古代外交史的成果，并进行归纳与评析。这两部专著是对古代外交制度的系统、完整、理论化的探讨。第二，任何一部专著的出现都要提供一些新的思想。同《汉唐外交制度史》比较，我觉得本书提出了这样一些新的观念。第一个是"细化"，第二个是"深化"。"细化"是指研究得更加透彻。"深化"是指在外交的基本原则的基础上提出了"对等性""礼尚往来"原则；汉代外交制度的"普世性"原则与中国外交的"礼"与西方国际"法"之间的对应关系；汉代外交的"对等与非对等原则""报答与报复原则"；"外交特权与特权的侵犯原则"。特别是"礼尚往来"原则大家都认为习以为常、不可能做文章的，导师却写了大量的文字，足见史学根底的深厚，这一点李（文才）师兄也有同感。这些"原则"的提出将本书深化到了理论的层面，是一种思想的探讨。第三是篇幅，就不多说了。将近 1200 页的篇幅，两大册。

关于选题的现实意义我从三个方面展开论述。第一，本书提出的原则是建立在外交的基本原则之上的，带有"古今相通，中外齐同"的意味。如"对等原则""礼尚往来原则""维护核心利益的原则"。黎先生对这些外交理论进行了新的深入的阐述，如从人的社会性的角度；从人的心理、好奇、想象力的角度来阐述古今中外共同的外交活动的行为基础。汉代所开展的成功的外交活动恰恰是基于这些基本原则开展的。这本书的编写为我国今天的外交活动提供了丰富的、可供借鉴的宝贵经验。第二，当今与汉代所处的时代与国际环境有一定的相似性，导致政策的取向有一些相似。我国经济总量已经逼近美国，政治、经济的实力也在稳固的提升，综合国力在崛起。所以，我们所处的国际环境与西汉文景之治所处的环境有一定的相似性。今天中、美、俄在外交上的纵横捭阖也与汉中期、匈奴、西域的关系很相似。西汉利用外交手段削弱了匈奴，为自身的发展扫平了道路，说明外交政策是成功的。这样的一种"和亲政策"与新中国成立初的和平外交政策；改革开放后的"韬光养晦"政策；我国对有争议疆土"搁置争议"的政策有很相似的地方。第三，导师在最后一部分外交软实力的认识意味深长。特别的强调文化的软实力达到以柔克刚的奇效，而软实力恰恰是当前我国外交的薄弱环节。我们的普世价值观念受到西方的普世价值观念影响非常的深。如何面对以及转变这样的处境？就是要加强我们的文化软实力，为外交的成功开展进行铺垫。

导师的这本论著我之所以能读下去，是因为感觉到很多的观点不枯燥，并非单纯的铺排史料。这些观点就像珍珠一样组成了这样一部很有分量的学术论著。第一，汉代外交人选的选择多用勇士，而先秦多用辩士。我从前并没有想这个问题，经导师这样一分析确实很有道理。导师从三个方面分析这个观点，一是文化圈的拓展；二是外交对象的不同；三是外交空间的扩大。在此三方面的基础上，导师进行了深层次的分析，它其实是古代外交格局的重大变化导致这样的一种变化。先生指出，我国先秦时期的外交主要是"交聘"，主要是在内部之间的一种交往。到了秦汉，特别是两汉对外关系形成了"由内而外"的趋势，形成了真正的"外交"。第二，交聘与婚礼关系的论述，我与李（文才）师兄都感到耳目一新。原来，交聘礼是模仿婚礼的，是婚礼影响了未来的交聘礼。第三，对行人、上大夫的外交作用与外交之中的"理、礼、利"的论述。还有，对"三独坐"为什么会独享专座的原因，老师探讨的特别有说服力。他认为这三者各有分工，如"御史中丞"主管纪律，"司隶校尉"尽保卫职能，"尚书令"能够影响政策的导向。此外对典客大行令、大鸿胪职官设置与出现时间的考证都非常严谨。如前人对"治礼"有两种认识，一是与谒者放在一起就会变成动词；二是单独使用就是大鸿胪下的一个官职。经过老师的考证，发现"治礼"既非"动词"，也非"治礼郎"，而是单独的官名。原文中写"这里的'治礼'当为官名，他们与谒者一起负责朝会傧赞。何以然？其理由有四（应该是三，因为文中没有第四点）：首先，西汉有'治礼'一职。治礼为鸿胪属官大行之属官……其次，从其他礼仪场合中两者合作傧赞事宜中可以推知……最后，从后世朝礼中谒者与治礼合作傧赞中亦可推知……"此外，对"九仪""九宾""质侍"的考证也非常细致，用了大量篇幅。第四，先生在著述时视野开阔，突破旧述。一是史料的来源包含中外的资料，特别是诸子、经籍方面的资料的使用非常广泛。二是视野方面的宽阔，突破了中国，突破了东亚，站在了世界的角度。从纯粹的外交到更多的文化圈的探讨，从汉朝外交的讨论到先秦与汉朝外交的比较。我看过这本书后，感觉到它的第一部分完全可以写出一本论著。就是先秦"交聘"研究，而且我觉得将这写好后，两汉的（外交制度研究）将更精彩。第五，以议见长。一是体现在"对等性原则"在周代产生的原因。比如说对立国家的形成，不可能产生外交上的"对立"与"对等"。二是从"礼"的辩证的思维来探讨利与报的关系，甚至从中古的阴阳易学的"中、和、德"的理念探讨对称平衡的文化、外交关系。三是在论述"聘礼"与"婚礼"的关系上，归纳了几个共性与同一性。将"质侍"与"和亲"政策联系在一起。老师认为"和亲"是以我为主，"质侍"是以四方国族为主，这两者主动权都是在汉朝。这种"主动权"恰恰是汉代外交制度的"以柔克刚之术"。通过"质侍"长时间生活在汉地，受汉文化浸润，克服文化间的隔膜，化解敌对的意识。此外，对"和亲作用""国际法性质"的论述，特别是对汉代软实力的论述都很有立意。第六，我与李（文才）师兄都在考虑"交聘"与"朝聘"的使用问题。"交聘"是指诸侯国之间的关系。"朝聘"是指诸侯国与周天子之间的关系。在先秦这两种关系都很重要，西周时期后者甚至更为重要。第七，对汉代外交特点归纳是否可以纳入对比的方法。

我的发言到此结束，不到之处敬请指正。

彭丰文（中国社会科学院）：各位老师大家好！今天非常荣幸参加这个会议，黎先生的这部专著已经准备了足足的十年。我记得很清楚，他是 2005 年立项，古人说十年磨一剑，黎先生真的是淡泊名利，潜心治学，值得我们后学晚辈好好学习。我在学习黎先生这部书的时候，感触也是很深的，可以说是震撼的，先生以接近八十岁高龄的这样一个年纪写出了一百万字的这么一部专著，光是从工程分量上来讲就是了不起的。下面我简单谈谈对这部书的学习体会吧。我在谈学习体会的时候，主要是对先生的前后两部专著进行比较，从这样一个视角来谈。我认为黎先生这部书的出版应该讲是恰逢其时，当然先生治学的时候他并不是一个迎合当代现实的一个功利的学者，但是这恰恰显示了研究的价值，就是说基础学科为什么成为基础，就是因为我们在平时的时候都准备着，不知道什么时候就会对国家有用，这部书的出版我觉得正好是在当前我们国家实现"一带一路"这样一个国家战略的背景下出版，应该讲是一个非常好的时机。汉代是古代中国与世界建立联系的一个重要的时期，在这个时期我们与西北地区、西亚国家建立联系的历史过程中，汉代都是一个首创之功。史书当中经常提到"张骞通西域"，是"凿空西域"，为什么用"凿空"两个字，就是说从国家的战略高度来讲，是这个时候才往这边经略开发的，所以我认为在这样一个背景下，这个《汉代外交体制研究》这部书的出版具有重大的学术价值和现实意义。

这个"一带一路"的概念其实是 2013 年的时候才提出来的，这段文字（指 ppt）我很坦率地讲不是我个人的认识，而是我从网络上看到的，因为这是很准确的一个概述，这个"一带一路"的概念的提出就是一个具有很深厚的历史渊源和深厚的文化底蕴在里面，比如最早的时候习近平主席在哈萨克斯坦演讲的过程中就提到了要建立"丝绸之路经济带"。哈萨克斯坦在汉代我们称之为"乌孙"，他从疆域上不完全是重叠的，但主要就是乌孙这一带地方。另外还有一次在 2013 年 10 月，习近平主席在印度尼西亚国会发表演讲的时候他谈到了要共同建立"21 世纪海上丝绸之路"。这就是"一带一路"概念提出的一个最早的时间。

在 5 月的时候，我注意到了一个新闻，印度的总理莫迪来我们国家访问的时候，我们使用了一个跟以往不同的外交仪式，就是在西安举行的一个仿古入城仪式，这个仿古入城仪式是唐朝的，其实这个事情，我当时的第一感觉就觉得这是一个很有创意的外交手段，那同时我也想了我们要举行这样一个仪式，是不是随便弄两下，像演古装戏似的，我想肯定不是的，在这么一个重要场合，肯定是要以古代外交知识为基础的，是有板有眼地进行的。通过这个事情、新闻，我就感觉到这个历史的研究是非常重要的。它作为基础学科，就准备着一旦有时候要来用，我们就能用上。通过这次事情我们可以看到这个研究古代外交史的重要性。那么也可以说我们通过这件事情，也通过先生这部书的出版，我们可以看到研究古代外交、研究古代文化是有利于弘扬我们的民族文化、增强民族自信的，提升国家的综合软实力，推动国家的发展、民族的复兴。所以在说了前面一些我的粗浅认识的基础上呢，我再来谈谈我认识到的这部书的出版的意义。就是从学术价值上来讲呢，我认为黎先生他过去出版的《汉唐外交制度史》和现在的这本新著《汉唐外交体制研究》不仅仅是一个"姊妹篇"，"姊妹篇"是黎先生自己的定位，新著在前书基础上，无论是篇幅、结构、理论深度、研究方法、还是学术观点都有显著的推进，因此后书，也就是这本新著极大地推动了中国古代外交史的研究。从现实意义上来讲，在我们国家推出"一带一路"战略建设的背景下，这部书的出版，有助于更好地认识历史与现实，以史为鉴，古为今用。

下面从四个方面来具体地谈我读这部书的学习体会，从篇幅上，从内容和结构上，从这部书的理论深度和学术创新上，以及从研究方法和研究视野上四个方面。

从篇幅上来看，前书，也就是《汉唐外交制度史》涉及汉代外交的内容是 15 万字左右。而我们看到新书是上、下两册，100 万字，从篇幅上来讲就是一个很大的推进，这个新书比前书内容上更加详细、全面和深入。

从内容和结构上来看呢，我反复对两部书进行了比较，我发现先生写第一部书的时候，就是写《汉唐外交制度史》的时候，他侧重的是一个制度的运作、运转，所以他是分为三部分来讲的，决策制度、专职机构、关涉机构，它是一个制度史层面的研究。而新著我们看到，它是从六个方面对汉朝的外交进行了研究，它涉及制度的渊源、外交的渊源，涉及媒介、方式、通译工具、接待设施、外交礼仪与法纪等，因此呢，不论是研究的内容还是研究的结构都比前书更加丰富、全面和深入。研究的重点不限于制度史的史学研究层面，而是对汉代外交进行了一个整体的考察，并且通过对新著的阅读，读者可以学习到关于中国古代外交制度的渊源、功能等多个方面的知识，对正确认识当今外交问题富有启发意义。

新著从理论深度和学术创新的角度来看，也是远远超过前书的，前书主要是进行史学的考证，由于主题的限制呢，以及研究时段的综合考虑，在前书中，先生主要将精力用于史学考证和梳理，对于理论问题虽然进行了一定的探讨，但是没有充分地展开。而在新著中我们可以看到，先生对于中国古代外交的理论问题进行了深入探讨，弥补了前书的遗憾，在新著中对中国古代外交的历史渊源、外交对象、外交作用等问题进行了深入的探讨，取得了重要的理论创新和突破。他的理论创新和突破主要体现在两方面，第一方面他论述了汉代外交与周代交聘的历史渊源，明确指出了二者之间的区别和联系，第二方面特别值得关注的是，先生在论述外交和交聘的区别的时候，他指出中国古代的外交的对象是有三个层面的，一个是外国、一个是边族、一个是割据政权，而且他也指出这是一个古典外交的概念，也就是说这个概念跟今天的外交有一些是重叠的，但有一些又是不同的。其中有一部分就是这个"外国"的对象，就是今天仍然作为外国来对待的，而这个边族和割据政权呢在我们今天的研究视野里面，已经是属于我们国内的一些问题了，但在那个时候还是属于外交问题，先生对这个问题做了很明确的定性和定位。我觉得这是他重要的一个理论创新。另外，先生阐述了汉代外交的特殊历史地位和历史意义。汉代为中国历史上第一个强盛的持久的中央集权王朝，外交在这个时候是具有独特的作用的。先生特别指出，外交为这个时期的我们国家的多民族国家的形成发展，以及为东亚和世界的政治、经济、社会的发展发挥了积极的作用。我特别深有感触的一句话是，先生指出说"如果只有战争，而没有和平交往，或者只有闭关自守，而没有广泛的对外交往，则上述历史发展成果的出现是不可想象的"（绪论，第2页）。充分认识了外交在古代社会政治发展中的作用，这个对我们今天来讲也是很有启发意义的。另外先生还指出，"汉代将许多现代仍为外国的国家纳入外交对象之中，是汉代外交发展中最具历史意义的突破，在中国古代外交史上具有划时代的历史意义"（绪论，第5—6页）。谈到这个，我也联想到哈萨克斯坦，也就是在那个时候的乌孙，汉和乌孙的关系是一个变化的过程。就是最早的时候他可能是一个"外国"的关系，即是国与国之间的关系，有一段时间，由于"解忧公主"的和亲，慢慢他们跟汉朝之间形成了一种具有实际意义的朝贡关系，就是藩属关系，但是后来又随着"解忧公主"年老去世，再后来我们和乌孙的和亲关系没有持续下去，这个汉和乌孙的关系又变成了"外国"的关系。

最后，我想从研究方法和研究视野方面来谈谈我的学习体会，在先生的第一部书里面，也就是这个《汉唐外交制度史》里面，他主要是用中国史研究的视野，在整个书里面是对中国问题的一些探讨。但是这个新著，最新出版的这部专著，具有国际视野，运用了中西历史比较研究的方法，刚才杨永俊师兄也谈到了这一点。就是他在探讨汉代外交的时候，他会关注古罗马、古埃及、叙利亚、巴比伦等国的外交状况，而且他也指出汉代的外交方式是具有普世性的，特别是和亲、质侍、朝贡等这些形式，具有普世性。在世界外交史范畴和中外外交史比较视野中探讨汉代的外交体制。先生以耄耋之年能够具有这样的国际的视野，来探讨中国古代的问题，这不仅是一个方法论的创新，也是一个理论的创新，也是一种胸怀。我有时候在想，先生为什么会出现这么大的一个变化，从私人生活的角度来讲，我想可能跟他去了一趟欧洲有关系（笑），因为我这样说是一个笑谈啊，但是实际上呢，可能真的是有关系，因为先生从欧洲回来我去拜访他的时候，他就谈到很多，就谈到古罗马，去看了那些古迹啊，谈到西方的文化什么的，然后他也跟我讲，西方的文明真的是很发达，特别是如果跟我们古代的历史进行对比的时候，他说我太有启发了。

从这个角度看，确实是，不管是作为个人也好，还是作为学者，今天学术研究来讲，交流真的是很需要，所以我也借这个机会感谢咱们东北大学秦皇岛分校所有的老师，给我们提供了这样一个交流的机会，有助于我们推动学术的发展，谢谢大家！（掌声）我的发言完了，请各位老师、各位师兄师姐批评指正，谢谢！

张金龙（首都师范大学）：师妹刚才评述更关注这本书的现实的价值，是不是立竿见影或者被当政者所关注，那就看情况了，也许关注，也许若干年以后，总之它毕竟有重大的学术意义，而且有现实意义，外交问题是很现实的一个问题。再一个呢，就是说到了丝绸之路，实际上黎先生对丝绸之路他有一个整体的看法，本来他说已经写了，考虑过在书里加上的。后来他也征求过我的意见，这一部分怎么办，我倒是建议写成文章或者是再缓一步。后来他又考虑了一步，最终还是没有放到这个书里头。他的基本的理解是他不同意西方学者概括的"丝绸之路"的概念，他认为这个说法是不对的，现在他也是考虑到现实的问题，还是搁置了。再一个呢，就是说到两本书的差异问题。我先说一下就是我了解到的黎先生的这两本书，实际上它是连贯的著作。实际上，就是黎先生写这本书的时候，就是我们上学的时候他正在写，应该还是算初期，应该是 1993、1994 年前后开始动笔的。那时候黎先生因身体等原因影响研究进展比较缓慢，但后来整体的写作过程我基本上全程看到了，当然也间接地起了些推动作用。黎先生下决心出第一本书，还是我的一个建议，按他的想法是将他设想的整个汉唐外交制度研究完成以后才出。实际上当时在他抄完卡片在整理卡片的时候，就包括今天外交体制的这一套构思、写哪些问题，他已经形成了系统的思路。他当时写的是前边的两部分，已达四五十万字，当时我看了以后就建议他先出版出来，因为当时这算是他的独断之学了，只有他在私下思考这些问题，尽管他前一本也申请了项目，但也有不少不同意见。最后他接受了我的这个建议，先把这一部分改出来，最终我协助联系兰州大学出版社出版。实际上当时黎先生的构想和资料收集中已包括外交方式和亲、质侍、使节、使团，等等问题，就是时间和精力的问题而没有形成著述。

说到《汉唐外交制度史》与《汉代外交体制研究》两书的差别，我的感觉是前一本书理论构建更宏观、更综合，因为有一些具体的研究以后才能够说明，新的这本理论的创新方面可以说是更具体，或者是涉及外交体制的细部。从视野的方面，有一个时代的变化、经历的变化有关系，还有学术积累的深入，最主要的差别可能还是他研究问题的不同，因为第一，本书他研究的是外交决策和管理，主要是涉及本国的制度的问题，本国怎么决策，怎么管理，这些问题主要是国内的。那么新的书涉及具体外交的方方面面，主要是与外国打交道，既要有国内也要有国外的问题。

冯金忠（河北省社会科学院）：我的评述是立足两本书的比较，题目是《承传与超越》。第一，是接承与扩展。分为时段的收缩与凝聚、内容的相承与扩展等两个问题。一般的著作都是"由凝到散"，而这两本书在我看来是反向的。第一本写的是汉唐，而另一本书主要凝聚到汉。《汉唐外交制度史》主要讲的是：外交决策、外交机构（专职机构、关涉机构）。而《汉代外交体制研究》讲的是外交媒介（使节）、外交方式、外交通意工具、外交接待设施、外交礼仪和法纪。第二，是体系性架构。黎先生气魄很大，一开始就立足外交体系探讨问题。著作架构清晰，内容充实。宏大的体系架构下微观考证缜密。以横面叙述为经，纵向探讨为纬，形成一个疏密有致、纵横交织的结构。第三，是制度史与新制度史。现在来说传统制度史研究的黄金时期已经过了。黎先生的研究与著作可以说是新制度史，弥补了传统制度史缺少的人的因素。我觉得陈寅恪的《隋唐制度渊源略论稿》为什么成为经典，我觉得很大程度注重了人。这就引出了我要说的第四，是对传统制度史的超越。首先是对人因素的重视：在跋语中专门探讨"人性"、"国性"与汉代外交；专辟一章探讨外交使节。其次是重视"过程"（运行）的探讨：例如对外交使节选拔的探讨。对社会史的吸收：例如，质侍网络的探讨，即是对空间的探讨，显然也是在社会史影响下的结果。还有注重理论上的探索。例如，周代交聘中的两个原则：对等性原则、礼尚往来原则。指出将"中""和""德"等理念引入"礼"是周代突出的时代特色。第五，是重视比较研究。以一章的篇幅叙述周代交聘，以显示汉代外交的渊源和理论来源。并以与先秦时期比较贯穿始终，以凸显汉代的时代特征。例如，汉代突破了先秦外交基本上是在中原地区诸侯之间的局限而扩展至"东亚外交圈"乃至"西域外交圈"。外交范围由华夏文化圈向异文化圈的扩展。汉代外交使节的人选与先秦时期进行比较，指出先秦时期特别是战国时期的外交使节是以"辩士"为主，"勇士"（壮士）次之，而汉代则以"勇士"（壮士）为主，"辩士"次之（第196页）。汉代之由"质"向"侍"变化。春秋战国时期质侍网络是双向性与单向性并存，两汉则以单向性纳质为主；在身份上，汉代质侍均为君主之子或弟，而不见以臣属为质。另外，解忧公主与王昭君的比较（第 622 页）。第六，是资料宏富详赡。除传统典籍外，使用了文书、简牍材料（悬泉汉简等）。敦煌悬泉置所出"元康五年正月过长罗侯费用簿"，整册 18 简，记载了置所禀给常惠使团的食物及其费用。此外，汇集了大量外交方面的资料，注重表格。第七，是瑕疵，视角方面：汉代已突破华夏地域性外交而迈入世界性外交，突破东亚外交圈而迈入西方（西域）外交圈，但基本上是仍以汉族中央王朝为中心的视角。这样的视角带来资料引用方面的问题，本书的引用以中原王朝为中心的基本史料为主，而对少数民族自身的史料甚少利用。另外对《周礼》材料的使用也是我常年的困惑，有人认为这是周代的，有人认为是春秋战国的，有人甚至认为是汉代的。对于资料的引用是否缺少对有些和亲史成果吸纳、回应。这是我的一点看法，谢谢大家。

张金龙：金忠不仅从研究者的角度，而且从主编的角度，可以说是独具慧眼，能够看出著作的独特价值。当然也从编辑的角度看出一些瑕疵。任何一本书都不可能没有问题，只是多少，有的非常非常多，你就像《廿二史劄记》，杜维运还能挑出三百多条错误，有些专著可能通篇就全是胡说八道，因为他压根就立不住，他就不是多少错误的问题了，当然我的理解上，简化字关于的"于"按说应该简掉的，"訢"那个字简了不好，就是欢欣的欣了，如果简成简体字言字旁，现在就简成欣欣向荣的欣了。有带言字旁的，好像等于是我们现在简出来的，不是原来的规范的简化字，这么一部巨著，有些地方难免顾此失彼，我们这个年纪经常都做不到，何况先生 80 岁高龄。因为我是写过大书，量大，不敢说水平大，和量小的还是不一样，出版的时候光是校对可不是一般压力，得校好几遍，光校对都是不得了。再一个说到少数民族史料，我是这样理解的，你从史料的角度来说，那时候是没有，我想你可能主要说的西方学者研究汉学关系或者是类似文献，这是一个研究的条件，现在年轻一辈更关注前人相关的研究的利用辨析方面，年轻的学者更多关注这些因素，黎先生这一辈他们大多数都不是太关注。

牛润珍：其实你要沿着先生的这条路走，要超越先生，我觉得做学生应该会做学生，这个会做学生，你不能说跟着老师亦步亦趋，在他这个圈子里边兜圈子，一样的话反而不是老师所希望的。这个问题我觉得要是真正在这个基础上往前走的话，能够发现他的不足，能够知道在这个地方再做补充，那倒是（最重要的）。因为自己也有老师，师门，对老师的尊重是沿着老师的路往前走，这个关键是继承老师的精神、方法，那是最主要的。其实这是应该的，我觉得这个像金忠应该点赞、肯定。

张金龙：的确是，精神值得肯定，黎先生的门下都不做黎先生所做的，都在各自的领域，应该算是都开拓出一个自己的学术的天地，但这个不影响。先生治学的方法，治学的精神，这一点对我们的鼓励、教育、启发应该是很大的。对"新的制度史"，我再说两句，实际上现代史学研究的制度史总的来说我的感觉还都算新的制度史，严耕望就是把制度的原貌尽可能地恢复出来，看起来好像没有人的因素，实际上很多都是通过史例，制度本身没写，或者是有的规定现在都失传了，他通过大量的例证来说明，只不过是他没有像我们现在就是引了例子过多地去分析，只是要从这些例子当中看出制度原原本本的面貌。实际上我的感觉也是一种新的制度史，而且他对政治学是下了功夫的，运用行政学的方法进行研究。从我的本科期间的老师祝总斌先生开始，然后到黎先生，包括我做的这些工作实际上更多是要从制度规定，更多的是从具体事例当中、人的活动当中来看制度，你不这样就看不出来。再一个就是制度起了一个什么样的作用？那就必须要看人的因素，时代背景，这个就推动了新的制度史。我没想过，我做的时候就没想过这个问题，但是感觉一定要这样做才能把这个问题说清楚。（牛润珍：金龙讲的也对，如果你要做制度史啊，你要把现在的制度史和通典、文献通考、会要这些东西比较起来，你就感觉问题就很明显，这些东西很必要，就是活的，就是一个过程，前因后果，新的制度史值得总结）（李文才：历史心理学很重要，你把一个事情搞得很清楚，但你很难揣摩他背后的这种人的心理活动，他到底怎么想，复杂的人心是最难揣摩的，就像我们自己的思想，早晨、晚上都会发生变化，更何况几百年前，上千年前的人他到底是怎么想的，就是事件背后的、政治背后的人的心理最难揣摩）大学毕业的时候我就想做个历史心理学，后来想了想也就不去考虑了。我们在研究问题、分析问题的时候，一个是时代的问题，皇帝怎么样，宰相大臣怎么样，有时候还要考虑民众的问题，到什么位置，能做到哪一步，还得靠史料的解析和史料的限制，离开史料随便说，也可能说对，那也是蒙的。

徐美莉（聊城大学）： 师弟讲的新的制度史、活的制度史。实际上在我们上学时黎先生比较满意的是动态制度史的说法。此外，黎先生的选题非常标新立异，能够看到别人看不到的一些角度。比如20世纪八九十年代很多学者研究"国史之狱"，就是崔浩是怎么死的。而黎先生没有写这个，而是写崔浩的思想。这是一个非常好的角度。崔浩人生最巅峰的时代是北魏政权最稳固的时代，他是一个运筹帷幄的人，在这个时候开始不注意自己的修养得罪了很多人。黎先生还谈过这样的一个选题，当时正逢中日文化交流，他觉得日本人仅是泛泛而谈，文化交流不应该这样做，应该有一个专题揭示文化交流的过程。包头师院有一篇黎先生的学术回顾，选题基本如此，一是完全创新，再者对以前有所补充、修改。本书以汉代外交作为研究主题就很新颖，这是中国进入与外国交往的年代。

刚才大家已经说很多，我说简单点。黎先生那部书很少用别人的观点，实际上这是因为他是从史料开始的，他可能跟别人有相同的观点，那么不需要说明，因为他从史料开始的，不是借用别人的观点，我是这样认为的。在后记对一些人表示感谢时，还有我的名字，实际上这部书丝毫跟我没有关系，我想可能是他写客礼的时候，我们观点是一致的，可能是这个关系。

第一点，刚才师弟讲到"新的制度史，活的制度史"，实际上黎先生在我们上学的时候，他对《汉唐外交制度史》觉得比较满意的就是，那是动态的制度史，是中村圭尔还是哪位先生，看到这部书，说这是一个比较新的制度史，是一个动态的，不是静态的，黎先生对这一点还是比较满意的。《汉代外交体制研究》，我们可以看到非常活的一些场景，就是栩栩如生的一些场景，都可以看得出来，演变，是动态的，还有制度的运行，是动态的，还有一些，就像"礼仪"那一部分，有些行礼的过程、动作，都可以看得到，他的语言描述，所以他在大的方面，还有小的方面，都非常注意，是一个活的、动态的制度史。我们上学的时候，研一的时候，包括师大历史系有些老师，对他的"外交"，还有"汉唐"这概念也是有质疑的，但是，黎先生一直坚持它应该就是这样的。这是一个，就是动态的。

第二点，我觉得，黎先生之所以最让我们尊敬的，有一点，就是黎先生的每一个选题都非常"标新立异"，这不是贬义的，是褒义的，他的每一个选题几乎都是出人意表的，他能够看到别人看不到的一些角度。他跟我谈过一次，他那个《狮舞流沙万里来》，那个选题，他说也是 20 世纪 80 年代以后开始中外文化交流热，他说，当时大部分人就是泛泛而谈，比如，跟日本的文化交流，他觉得文化交流不应该这样做，应该是有一个专题，应该揭示文化交流的过程怎么发生的，所以他选了这个。从来就是这样，就是选题非常惊人。包头师院那个教师有过黎先生的一个回顾，就是学术回顾，这里面他的选题基本就是这样，或者是完全创新的，或者是对以前有一些补充，有所纠正的。所以，他选汉代做一个研究的主题，我觉得非常能理解他，就是因为汉代是一个特殊的时期，是一个中国第一次进入跟有一些所谓的外国这样一个交往的过程。这是黎先生的选题。

第三点，就是黎先生的语言，他的文字表述。黎先生对自己的文学修养比较自负，我们上学的时候，他跟我们讲，说他上初中的时候，那个语文老师就有点教不了他了，（大家高兴地笑，张金龙师兄笑着说：我们都没听到，你们登堂入室，更近了一步。解释：那时候我们三届的同学经常在他那里聚一下）他说，上初中的时候语文老师就有点教不了他了，满足不了他，他的文学修养很好，另外黎昔非先生是写过小说的，他发表过小说，但是黎先生到现在为止好像没有什么文学作品，就那个《夏商周史话》。可能他的文学修养就用在他的历史上了。我记得我做毕业论文的时候，做得太枯燥了，就开始说一些俏皮话，在论文里面，后来黎先生看的时候，说，你怎么会这样，你的语言本来不是这样。他说语言必须要规范，像张金龙的语言就很规范。但是我这一次读他的这两本书发现，他的语言也在调整，他的语言表现形式，因为他的语言明显跟《汉唐外交制度史》是不一样的，他的语言表述，在那本书里他用《旧唐书》某卷某传之类的表述，但是这一次完全没有了，在正文里面很少提到哪本书、哪一卷、哪个传，都在注释里面，他直接用引文。可能因为我们现在的新的注释规范，不需要在正文里面提到哪部书、哪一卷，就这样的，但是像这种处理就需要比较好的一种文字的表达，因为他要把那个前后文、把自己的观点一定要有一个有机的融合，才能写得好。所以这次我特别注意他的语言，因为他在写先秦那一部分，有比较琐碎的一些引文，就是自己的一句话，再一句引文，就是比较琐碎的引文，所以这个时候很容易见到语言功力了，一定要把自己的话跟那个引文衔接的好，就是看起来像是一体的，就这样，所以黎先生的语言功夫，我想他的文学修养表现在这方面了，如果我们写书评的话，我觉得这方面也可以写一下。另外，读黎先生的书，一开始他的论文比较容易读，论文比较好读，原来我不知道为什么有的人的论文读起来容易一点，有的人读起来难一点，可能还是跟语言表达水平有关系。

第四点，毫无疑问，黎先生非常重视历史的现实意义，因为他有一篇文章就是《自古陇右多山崩》，那就是在一次山崩之后，他写的，他今天上午说他要用一年的时间写文章，这是在一段时间内，这篇文章在山崩之后很快就写出来了。所以那一篇文章里他明写历史学家要与自然科学家结合，要为现实的一些问题提供参考。

最后，我要谈的是，黎先生好像一直不希望大家做他的选题，他没要求做他的选题，他总希望我们能开拓一个自己的领域。

张金龙：黎先生高就高在一个是不仅能做得精深，再一个是从先秦一直到唐代，整个这么长的领域他现在已经是达到炉火纯青的地步，那现在国内能找到这样几个学者？老先生也不多，陈寅恪也是先秦的东西还都不敢做，宋以下的谈的也不多，北大祝总斌先生是可以贯通拉下来，但他精熟的还是先秦到魏晋南北朝，黎先生他唐代的造诣现在应该说超过了他的魏晋南北朝，他原先是做魏晋南北朝的，所以他为什么还是想把唐代那一部分写完，一个是一开始他计划就要做，再一个就是说是他心里装着，放不下的一个事。

李文才：我说的是你的制度史，我和劭伟当时就说，劭伟是当时我在河北大学带的第一个硕士研究生。（张金龙：感谢你把劭伟这么优秀的学生推荐给我。）当时我给他们讲职官制度，上我课的过程当时谈到加官问题，我就说既然你将来要考山大，考我师兄的，那只能给你做制度史，做制度史很难，我没有做成，但是你将来要到那边去，你必须做跟制度有关的，他呢硕士就做加官。

张金龙：已经发了几篇文章，可能感觉在这方面自己可能有好的地方，但是我带学生，从学生的角度，就是他的确有能力自己选题的，或者是把握大的，我就让他做了。这一开始学生我还是希望他以后有更大的发展，我就很冒昧地定题了，不知道他最初是不愿意的，可能愿意继续做加官，我认为出息不大，魏晋南北朝都做烂了，很难，尤其是研究生，突破比较难，学界这些前辈、大师你要消化，非常难，后来我就给他硬性地定了，因为我前一个学生我让他做唐代的刑部尚书，然后吏部尚书，吏部尚书说实在是最好的一个题目，那是能够争取大的发展，而且这种题可以继续做下去，当时我就跟他说，你要接着唐代的做下去，再一个资料相对比魏晋南北朝要多得多，基础还是要比魏晋南北朝稍微逊色一些，还有就是往宋以后跳。魏晋南北朝往宋以后跳几乎不可能，所以做魏晋南北朝你这个题做完就完了。你的题不是做完就完了，你是没往那去走，你要做唐代，上大学我上得课最多的是唐代，但是我到现在都不敢做。

李文才：尤其是师兄，我和劭伟他们说我们第一届三个，两个师兄，当时给你们打的比方说，元军大师兄走的是练的邪门的武功，他走的是另一条路。书法这个东西放在纯历史学界来讲，那肯定不一样。他们的路我们走不了。当时就打比方师兄走的是正路，"失传"的，走的是最正的路，我是不想走邪路，想走正路，但我又达不到，我就这样理解，我就体会出这么些。劭伟还有印象吗？当时我进去黎先生最担心的就是我，因为师兄他肯定不用担心，王元军他是搞书法，因为他也工作过，硕士的论文也是在台湾出版的，《书法与唐代社会》。当时一开始黎先生对我的要求是要我读《宋书》、魏晋南北朝史书，我每个星期背着书包，拿着读书笔记到黎先生家里去，然后读了什么书拿来看看，（张金龙：你这是吃了小灶的。众笑）他是担心我将来毕不了业，真是担心我，你知道吧。他对张师兄不担心。然后检了一阵子发现可能还是真的在读书，后来就不要求我拿着书去了，定期我还是要去汇报一下有什么样的想法。

施新荣（新疆师范大学）：一直在做吐鲁番，对新的领域也不太了解。看过黎先生的书感觉写得很好，没想到各位师兄、师姐看得这么细。受到新疆当地文化的影响，有时候我们拿出汉族的文献并不受认可。老实说，中原的思维与那里是不同的，汉人的祖先是皇帝，文化源于家天下，划分关系靠的是人的远近，我是天下的中心。"普天之下"的说法也与现在的疆域的说法很不一样。这就导致出现两种语言书写的历史，汉文与非汉文的认识是不同的。随着社会的发展，非汉文的历史也成为历史学不可忽视的一部分。我们在研究的时候一定要考虑到边疆、民族的因素，否则写出来的东西不受认可。弗莱彻的《中国和中亚：1368—1884 年》已经成为边疆历史研究的经典文章。他认为明代中国人对中亚交往的兴趣超过中亚人对中国交往的兴趣。中国对外交流有对外宣传大中华、大汉繁荣与昌盛的韵味，使者也抱着这样的想法出使。利玛窦也说：朝贡的原因是有利可图，并非慕你大明、大汉。因此，我们在引用汉文材料写涉及民族的时候要谨慎一些。汉唐时期是没有非汉文资料的，明清时期出现了大量的非汉文资料，我们要有所借鉴。比如汉文材料提及的中亚的庞大帝国帖木儿王朝对大明王朝非常羡慕、崇拜，甚至愿意当一名臣子。事实上鉴于宗教原因帖木儿王朝对异教徒的臣服是不可能的。如果我们做学问的时候，如引用非汉文文献，少数民族学者还是愿意看这些东西的，他觉得你尊重了他。前些年，台湾的几个学者有几张地图，发现我们清代留下的地图与俄国的地图是对不上的。我们的概念是"家天下"，既然是我的，就不必弄得太清楚。而俄国的地图绘制相当标准，因此我们谈判基本上都处于下风。你不能说我们绘制地图的人，或谈判的人不用心，这是汉人的思维所致。

由于时间较紧，黎先生的书我只看了关系比较密切的。根据我在新疆所处环境提出了一点粗浅的认识，欢迎各位师兄、师姐批评指正。

张金龙：施新荣长期生活和工作在新疆，对少数民族的风情有切身的感受，怎么个交往，他们的一些观念和认识谈了明代与中亚的关系，的确如此，黎先生涉及的汉代那个时候，跟后来是有差别。就是说我的一个感觉是这个，在这个关系当中，一个文化圈，比如说，在东亚的儒家文化圈里头，这样的国家关系，和带有宗教意味的伊斯兰世界，或者是后来的基督教世界这样的关系上，可能还有比较大的差异。再一个就是，在分裂时期，中原的王朝和周边的这些带有藩属性质的小国家之间的这种关系，也是不一样的。再一个就是对于汉化的那些少数民族来说，他就不大在意，比如说北魏的孝文帝，完全以汉文化的正统者、代表者自居。举一个小例子，孝文帝迁都的时候，西南地区氐羌政权邓至国，在今天甘肃四川交界这一带，就是邓至国的国王来朝见，国王来了，来朝见孝文帝，孝文帝见了以后，觉得他的状态不理想，就是比想象的差，无论是谈吐还是举止都比较差，他就感慨了一句，"夷狄之有君，不若华夏之无也"。这是孔子的话，华夏哪怕就是乱的时候，没有共主的时候，那你夷狄也不如华夏，不行。但是实际上孝文帝是拓跋鲜卑后裔，但这时候孝文帝已经完全变了，在不同的状态下。新疆这一带，因为伊斯兰教，与穆斯林的情况更是不一样的。

很遗憾，最近事情比较多，没有很好地准备。尽管我写了不少东西，但是比较慢，尤其是评论性的东西我不会写，不会说。黎先生的上一本书我是见证了成书过程，出版以后呢应该说义不容辞要写书评，这个书评也费了一段时间，书出来以后差不多一年左右我才写成，而且这书已经读了多少遍，当时的条件也没有能够发表，太低的刊物感觉对不起黎先生的书，好的刊物咱们没这个条件，最后就在2003年我出论文集的时候附在后边。当然这个事情过去多少年，前一阵子黎先生涉及这个会议还看了我的这个书评，给我发了一封邮件，认为我的书评在几篇书评当中应该还是比较到位的。这个书评是当时我理解的《汉唐外交制度史》几个方面的贡献，今天师弟、师妹也都在不同的场合来对比了现在这本书和前一本书之间的关系，传承或者超越的关系，我理解的前一本书的价值，我就放一下，也算是一个表示。书评比较长，一万两千多字，评述性的语言不会写，我主要结合黎先生的书，提出了我认识到的几点贡献。一个总的来说因为是第一部吧，涉及有没有外交制度的问题，这本书不仅明确指出有外交制度，而且关于制度的历史进程，特别是随中国古代对外关系的发展不断完善的，到了唐代已经确立起一套完备的古典外交制度。这本书是专门研究中国古代外交制度的著作，是中国古代外交制度领域的开拓奠基之作，现在这部是升华之作。我认为《汉唐外交制度史》的学术贡献主要是在五个方面：第一，是在学术界明确提出了中国古典外交制度的概念，架构了古典外交制度的结构与体系，体系从后一本书来说就更完备了。新书的结构先生在写前一本书的时候其实已经有了全面的构思，只是限于时间没有写出来，那本书主要写的是决策制度、管理制度。管理制度比较突出的是不仅注意到了专职主管机构，这是我们研究制度史一般都要去做的方面，还特别涉及外交的关涉机构，包括中央和地方。第二，就是对汉唐时期的外交决策与外交主管机构的职能进行了深入系统的开拓性研究，勾画出了汉唐外交制度的基本面貌及其发展轨迹。那么现在就汉代而论，完整的历史的全貌已经展现出来了。第三，就是说这部书对汉唐时期的外交关涉机构的外交职能作了全面翔实的考察，全方位、多角度描绘了多姿多彩的汉唐外交制度史画卷。给人感觉是活的制度史，也可以从这看出来，实际上外交史的场景也好多基本上都体现出来了。第四，就是说遵循求真务实的史学原则，这是我们做史学的都知道的，必须这样做，我也和黎先生交流的时候，他就一直强调求真务实，以大量史料为依据，在诸多问题上有创新和突破，可谓新见迭出，创获良多。这也是有价值的史学著作应该做到的，必须做到的。第五，《汉唐外交制度史》对古代外交与外交制度的一系列宏观认识，不仅有助于对汉唐外交制度史的深入理解，而且对相关学科也具有重要参考价值。今天更多地提到现实的价值，他本身的学术意义，我的理解就是他还对于相关的学科也具有参考价值，在后来这十几年吧，我们也关注到已经有不少这方面的著作出现，方方面面的。本书对古代外交与外交制度的宏观认识，古代外交的起源问题，古代世界外交圈的问题，中国古代外交制度史与古典外交制度史的分期问题，汉唐外交制度的演变进程及特点的理论总结，不仅是深入研究汉唐制度史的必要，而且对认识整个中国古代外交制度史和外交史以及中外关系史、中外文化交流史、中国古代政治制度史，也具有重要的参考价值。这个就是说，宏观的、理论性的概括比较突出。我的书评大概是在1998年年底、1999年年初写完的，那时候先生也看了，他可能也没有找到他认为应该合适发表的地方，那么我就这样把它拿出来了。我主要是想表达对老师学问的敬重，再一个体现我的师承所在，基本上就是这么一个意思。这是一点。再一点呢就是我只说一点点，我理解的黎先生这本书（《汉代外交体制研究》）呢有几点突出贡献：一个就是体系非常完备，再一个就是它的结构十分严整。还有一点就是黎先生在论述问题的时候条理性非常好，所以他能够充分地条分缕析。他讲课也是条理性非常好，这个也体现在他的著作当中，这一点我们做不到，至少我是做不到。还有一个就是资料翔实，资料非常的充实，都是用资料说话。还有一个就是创见迭出，有很多创新的见解。我现在只归纳一点就是"体系完整"，实际上我们都能看到，我只不过是把它列了一个图表。前面的书评，我列了两个图表，在第一部书里，他只是做了两个问题，是这么一个体系，实际上是中国古典外交制度的一部分体系。到了新的这本书里，把前一本合而观之，应该就是这样的，中国古典外交体制，原来是在谈制度，像上午说的，从制度到体制，是一个变化，黎先生构建外交体制的一个结构、体系，涉及外交决策、外交机构、外交媒介、外交方式、外交通译工具、外交接待、外交礼仪、外交法律。我把它归纳为这三个：

《汉唐外交制度史》

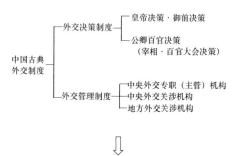

《汉唐外交制度史》 + 《汉代外交体制研究》

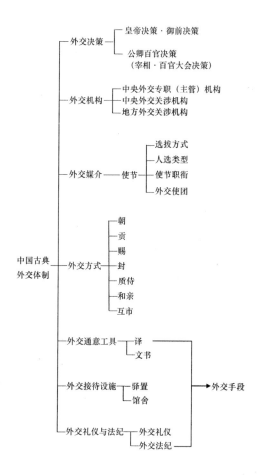

这样一个非常完美的外交体制就体现出来了。黎先生在汉唐方面已经用了很多的功，资料做得很充实了，所以他想在有生之年一定要把唐代也完成，这是他最大的一个愿望。在宋以后还是大有可为，因为这些方面资料是越来越多。到明清，那资料多得不得了。那么实际上到了近现代，也可以按照这个模式去做一些。当代的外交可以从外交的决策、外交的机构、媒介、方式或手段等方面写出来，写出来以后你整个看到外交的面貌，是有优劣得失的，有成功的，有教训的，这样的研究我的感觉是一个方法，具有很强的方法论上的意义，就是突破。黎先生创建的古典外交体制，就像牛老师所说的，开辟了一个康庄大道，它不是说我这个问题做完了，穷尽了，当然也做得很不错，完了就完了，就不好再做了，可是黎先生的课题是这样的，它真是一个康庄大道。当然汉代你现在要做，真是修修补补，很难，唐代他做完以后，哪怕是做出一百多万字，估计应该还可以再做，因为唐代的史料，各方面的理解都有可能。唐代更典型，汉代的有些东西相对还是比较模糊，国与国的关系，像匈奴，他自己没有自己的语文，唐代也有他的难度，涉及非汉文资料的理解和运用的问题。这样的学术领域可以说确立了一个学科，就是今天的主题，中国古典外交制度或外交学的体系的建立，或许在若干年以后可能会开出很繁盛的花朵和结果。

从我们同学来说，施新荣是做相似的后边的课题，我们大家主要是对黎先生治学的方法和精神的这种继承和学习，老师的学问从我的角度理解是高山仰止，景行行止。他这么大的年纪还在这么努力，为学术尽心尽力，想在有生之年做出更多的工作。我们走上了这条道路的学生，无论如何还是要尽力地做下去。尽管有很多或许不如意的地方，但是毕竟现在来说我们生活的这个时代还是相对安定的时代，这应该是幸运的，我们至少有从我们念书以来，从我来说已经有三十几年在历史系，牛老师说来也得有快四十年了。可是在以前的前辈学者当中，真正有这个时间的，就是黎先生说的，三个要素里我们具备这一个要素。世家大族那个完全沾不上边，黎先生他有这个文化世家的因素在里边，他说的比上不足，比下也不足，那完全是自谦之词，包括对我和文才，他对学生的肯定也都是从自谦这个角度说的。我们学生只有努力去做，才能从某个方面赶上老师。黎老师的学问来说，实际上不少方面已经超过了前辈那些大学者。对后辈来说实际上他是自谦，那是远远走在我们的前头。今天我是这么感觉的。所以从我进入黎先生门下，我还是感觉到幸运的。黎先生对我是比较提携的。为什么这么说呢？我 1992 年参加魏晋南北朝史学会的第一次会议，那时我是一名助教，27 岁。结果我在会议上的一个发言，就是对日本一位学者的发言提了个意见。因为我们国内学者都没有注意到这个问题，日本学者注意到了。我也是在两三年前就注意到了，而且是收集了资料，也思考了，但是这个问题我没有完全形成文章。我一下来，学界的前辈都说不错，日本同行都在说好，结果我一个这么小的后辈提出了意见，而且他们都认为在理。后来选理事的时候，黎先生找我，他是秘书长，想提名我当理事，问我做了些什么工作？我说我在《中国史研究》发过两三篇文章，兰大学报也发过几篇，当时有个十篇文章了吧。最后让我做理事，我当助教就做了理事，可能是国内学会没有的事，能看出他对后辈的提携是不遗余力的。当时我不认识他，但实际上我早就知道黎先生，为什么呢，因为在北大的时候我想学魏晋南北朝史，北大有周一良、田余庆、祝总斌这些德高望重的大学者，但是周先生不开课，田先生《东晋门阀政治》还没出，他开了个课，跟我们的基础课冲突，就偷听了两次，基础课也不能老逃课，祝先生后来开了《两汉魏晋南北朝宰相制度研究》，但总归说魏晋南北朝史没有学。就到北师大看看有没有老师开，一看课表是黎虎老师讲授魏晋南北朝史，当时还是讲师。那时候就想去听，正好和基础课冲突，就没有听，错过了。考博的时候我和黎先生说过，后来我有机会上何先生的或是上北大，后来我还是选择了到黎先生那去，第一年我先考了一年，外语没过关，第二年就和元军和文才成了同级的同学，是这么一个过程。现在门下能有这么多学生，而且很多学生都做专业，而且都在各自领域做出了成就，真是和先生的道德学问有很大的关系。

《汉唐外交制度史》评介

张金龙

（首都师范大学历史学院）

20 世纪的中国史学，无论广度和深度都获得了长足的进步，研究层次日益深化，研究领域不断开拓，取得了空前的成就。就历史上中国与外国的交往关系而言，先后出现了中西交通史、中外文化交流史、中外关系史等学科领域。但对于历代王朝是以什么样的制度来管理对外关系的，学术界几乎无人问津。就中国政治制度史而言，各类专史、断代史、通史亦层出不穷，成果甚丰。但所有论著几乎全是研究内政方面的制度的，而对于与外交关系相关的制度则无专门研究，偶一涉及也是语焉不详。那么，中国古代是否存在着管理对外关系的"外交制度"？黎虎教授所著《汉唐外交制度史》（506 千字，兰州大学出版社 1998 年第 1 版）便很好地回答了这一问题：中国古代不仅有管理对外关系的外交制度，而且这一制度随着历史进程特别是中国古代对外关系的发展而不断健全完善，及至唐代，已经确立起一套系统完备的古典外交制度。《汉唐外交制度史》是学术界第一部专门研究中国古代外交制度的著作，是中国古代外交制度史领域的开拓奠基之作。本书的学术价值突出表现在以下五个方面，兹略作评述。

一 《汉唐外交制度史》首次在学术界明确提出了"中国古典外交制度"的概念,并架构了中国古典外交制度史的结构与体系

近代国际关系中有外交制度,这在学术界早已成为共识。中国古代是否存在外交以及规范外交活动的外交制度,对此学术界并无明确的认识。本书认为:"外交是国与国之间以和平方式进行交涉、交往的政治行为。它作为政治上层建筑的重要组成部分,是国家内政的延伸,是维护国家主权和利益,实现国家对外政策的方式和手段。""外交与人类文明历史同样古老,它随着国家的产生而产生。"(前言,第1、3页)先秦时期,外交层次较低,主要是配合中原王朝内部各诸侯国兼并战争的一种权宜之计,外交制度仅具雏形,零散而不成系统,处于萌芽和孕育阶段。秦汉大一统帝国的建立,对外关系逐渐发展,特别是汉武帝开疆拓土,张骞凿空以后,中外关系空前活跃,外交制度也随之发生变化。经过汉—唐时期一千余年的发展演变,确立起一套系统完备的古典外交制度。

本书明确提出了中国"古典外交制度"的概念,认为中国古代存在一套管理对外交往、交涉事务的外交制度,这一制度随着历史进程特别是对外关系的发展而处于变化之中,总的来看是不断健全和完善的。中国古代外交制度和近代国际关系中的外交制度是有区别的,因此将其称为古典外交制度更为恰当。这与古典外交和近代外交的区别是相适应的。

为了证明古典外交制度的存在及其在中国历史上的地位,作者积十余年研究之功,以大量的历史事实为根据,以汉唐外交制度为中心,架构了中国古典外交制度的结构和体系。本书将汉唐时期的外交制度分为决策制度和管理制度两个层面加以研究,这样的划分对于整个中国古代外交制度史也具有普遍意义。作者认为:"外交决策是外交制度中最首要和核心的问题。"外交决策"从一个侧面反映了国家机器的运作过程,并由此而决定其外交方针政策的成败得失。""本

书所要阐述的是这一历史时期外交方针政策的制订过程，即决策的方式、层次、程序、参与决策的成员、决策依据等。"（第 12—13 页）正是基于这种认识，本书三编中首列决策章，依次对汉代、魏晋南北朝、唐代三个历史时期的外交决策制度进行了考察。政治制度史的研究对象不仅应该包括政府机构及其沿革、职能，而且还应该包括政治决策。在这一点上，日本学者近年的有关研究亦可资借鉴。

外交管理制度是外交制度的主体，也是本书的重心所在。本书从专职（主管）机构和关涉机构两个层面研究了汉唐时期的外交管理制度。所谓专职机构，就是以外交事务的管理（外交政令的制定和执行）为其主要职责的机构，主要是中央行政机构。所谓关涉机构，就是以外交事务的管理为其辅助职能或与外事活动有所关联的一些机构，既有中央机构，也有地方机构。本书用大量篇幅对汉唐千余年间外交管理制度的方方面面做了详尽的考察，其结构和体系对于认识整个中国古代外交制度史也具有普遍意义。正是从这个意义上说，本书不仅架构了汉唐外交制度史的结构和体系，而且也架构了中国古典外交制度史的结构和体系；不仅是中国古典外交制度史的开拓之作，而且也是奠基之作。也就是说，本书不仅明确提出了中国古典外交制度史的概念，而且还架构了一套系统完备的结构和体系，并通过内容翔实的研究为这一新兴学科领域的继续深入研究打下了坚实的基础，为汉唐以外其他朝代外交制度史的研究提供了路径。

根据本书的研究，其所架构的以汉唐为中心的中国古典外交制度史的结构和体系可图示为：

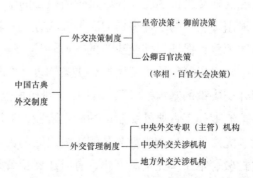

二 《汉唐外交制度史》对汉唐时期的外交决策与外交主管机构的职能进行了深入系统的开拓性研究,勾画出了汉唐外交制度的基本面貌及其发展轨迹

本书的研究对象是汉唐时期的中国古典外交制度,着重研究汉唐各王朝在对外交往时的决策、管理体制。全书分上、中、下三编共十章依次考察了汉代、魏晋南北朝、唐代的外交制度,由于隋代时限短促而有关制度又与唐代基本无异,故下编实包括隋唐两代制度。在每一编中,首叙外交决策制度,然后依次论述外交专职机构与外交关涉机构,关涉机构则是先中央后地方,地方机构则是先行政后军事与边防,结构清晰,层次分明,主次有序。

汉代的外交决策为皇帝与公卿百官集议决策两级体制,皇帝决策是汉代外交决策制度的核心。"根据外交问题的大小轻重缓急,以及统治集团权力分配的变化,在具体进行外交决策时,则有公卿百官集议决策、中朝决策、中外朝合议决策和有司决策等不同形式"。(第529页)皇帝决策的基本方式是御前决策,主要有御前公卿会议、御前中朝会议、御前公卿将军大议等三个层次。本书依据大量史实依次考察了参预外交决策的成员、外交决策的程序、议题以及决策结果等问题。作者认为:汉代外交决策制度的特点是,"首次确立了一套大体完整的、系统的外交决策制度,在以皇帝为核心的金字塔式的外交决策体制中,采用多层次的多种多样的决策方式方法,较好地调动了统治集团的群体智慧,保证了外交决策的正确性"。其"精髓是外交权力的高度集中"。(第46页)汉代外交决策制度,"成为此后中国古代封建皇朝外交决策的基本模式","具有开创和垂范的意义"。由于汉代外交决策制度处于古典外交制度的确立阶段,局限较大,具有一定的随意性、无序性,皇帝决策与公卿决策之间的关系还不十分协调,对决策之封驳、审议未完全制度化,有时还保留着某些落后的决

策方式，如卜筮决策。

魏晋南北朝特殊的政治形势使得外交决策制度呈现出多样性、变动性的特点，处于汉代二级决策向唐代三级决策体制的转变阶段。这一时期"外交决策中的独断专行较两汉时期突出"，"大体经历了三国时期的帝王专决到两晋时期的权臣专决，再到南北朝时期皇帝专决的曲折转化过程"。（第529、530页）外交决策与政局变迁及朝议制度的关系在魏晋南北朝动荡多变的政治形势下显得尤为突出。

唐代外交决策制度较前代更加规范化、制度化，确立了"以御前决策为核心，宰相决策为基础，百官决策为辅助，多层次、多渠道密切配合、相辅相成的决策体制"。（第286页）唐代的皇帝决策主要是皇帝以不同方式召见臣下，即通过召开各种御前会议来进行外交决策，皇帝的独断专行少了，更多地集中了臣下的有益见解。御前决策在不同时期先后主要有朝参、仗下、延英等方式，谏诤奏议是御前决策的主要补充形式。宰相决策是唐代外交决策的第二个层次，其议题一般由皇帝下达，宰相集体讨论后以奏状上报皇帝，宰相也可主动提出问题讨论后上奏，奏状经皇帝批准后以诏敕方式下达执行。百官大会是对汉魏以来公卿集议决策的继承，是指分别由尚书省和中书、门下二省召集的百官大会和台省联席会议，其主持者为宰相或皇帝指定的专人，大会"议状"上报宰相裁处之后再上报皇帝决断。

汉唐时期的外交主管机构是诸卿之一的鸿胪和尚书省主客曹，大体上是"以鸿胪主管外交事务，以主客主管外交政令"。在汉唐一千余年间，中央外交主管机构及其职能随着社会形势的变迁特别是中央政治体制的演进而发生了变化。本书结合具体史料，在各编中分别对鸿胪和尚书主客曹在汉唐时期的外交职能作了详尽考察，凡与外交有关的属官、职能均予以论述。本书归纳出汉代大鸿胪接待来使、转递外交文书等六个方面的外交职能（第62—70页）。魏晋南北朝时期，尚书主客曹在外交管理上的职能加强，地位也比鸿胪寺重要，本书将魏晋南北朝尚书主客曹的外交职能归纳为外交行政管理、外交接待事务、降附与侨民管理三条，并认为作为外交官的主客郎需具备博学高才、口齿辩捷等条件（第171—196页）。魏晋南北朝鸿胪寺的外交职能主要有接待来使、礼宾司仪等六项。鸿胪寺官员仍需具备博识多闻、较好的仪容风度以及一定的外交工作经验等特殊的任职条件（第196—209页）。

唐代鸿胪寺主要负责"藩国朝觐之礼"，已经基本上成为单一的外事管理部门。本书爬罗剔抉，从大量零散史料中归纳出唐代鸿胪寺的外交职能共十六项（迎来送往；辨其等位；拟授官位；执行册封；接转文书奏事；朝见礼宾；接受贡献；设宴款待；馆待宾客；廪食供应；医药丧葬；蕃客活动安排与监督；质子、留学生管理；翻译；了解蕃情；衔命出使）（第314—341页），使唐代鸿胪寺行使外交职能的方方面面非常生动具体地呈现出来。鸿胪寺还具有外交场所的职能（宣示、吊唁、盟誓、教授留学生场所）。鸿胪寺有三个突出的专业机构特点：官员人选要求严格，须具备外交素质和才能；对鸿胪寺官员在办理外交公务中的纪律要求很严；鸿胪机关的管理也很严格。主客司是唐代"负责外交政令的专职机构，与负责外交事务的鸿胪寺共同构成中央外交管理部门"。"主客司主管外交的政令，指导鸿胪寺的工作，由鸿胪寺去具体办理外交事务。因此主客司与鸿胪寺的外交职掌范围是一致的，只是政令指挥与执行政令的区别"。（第347、349页）本书将主客司的外交职能归纳为八个方面（蕃客入朝审批及待遇、食料供应、朝见宴享、返国程粮、宿卫、市易、官爵授受承袭的管理以及出使管理）（第347—354页）。

三 《汉唐外交制度史》对汉唐时期的外交关涉机构的外交职能作了全面翔实的考察，全方位、多角度描绘了多姿多彩的汉唐外交制度史画卷

"外交工作复杂、细致而敏感，所以还需要中央与地方政府各个部门的配合与协作，才能实施并圆满完成这一任务，因而还有许多关涉机构参与其事。这些机构的主要职能并非外交，它们只是在外交工作的某些方面或环节加以协助或配合……这些机构并非可有可无，

而是外交工作中不可或缺的环节和部门，有了这些关涉机构才能保证外交工作的顺利开展和圆满完成。在中央，汉唐时期的外交关涉机构呈现了由少而多、由简而繁的发展趋势，由汉代的寥寥几个机构，到了唐代已发展到三省、六部、九寺、五监、诸省的许多部门，几乎覆盖中央政府的绝大多数机构和单位"。（前言，第15—16页）正是基于这种认识，本书从大量分散零碎的史料中钩玄提要，条分缕析，对汉唐时期外交关涉机构的外交职能极其详尽地加以描述。通过关涉机构及其外交职能，使我们看到了多姿多彩的汉唐外交制度史画卷。

汉代外交制度初创，关涉机构较少而职能并不十分明确。本书考察了中央与外交事务有关的大司农、谒者台、符节台、黄门署等四个机构（第80—84页）。汉代地方机构亦具有一定的外交职能，如缘边州郡具有接待来使、供应使者等九方面的外交职能（第85—94页）。边防关塞、西域都护、使匈奴中郎将等亦有外交职能（第94—122页）。

魏晋南北朝中央外交关涉机构，本书考察了中书省、门下省、尚书省相关机构以及符节令与谒者台的外交职能。南朝的中书舍人具有外交文书起草与外交接待两方面的职能；北朝的中书监令与舍人具有外交文书起草与外交宣诏、外交接待等职能；南北朝中书舍人下属之传诏一职亦有奉皇帝之命出使和参与外交礼仪工作之职能。门下省在外交决策中有重要的作用，在外交管理中负有一定的职责。北魏的南北部尚书主要负责南北边州郡，涉及与南北外交有关的事务也在其管辖之列。（第210—223页）魏晋南北朝地方行政机构主要是缘边州郡具有九方面的外交职能，如接转使节、对外遣使、通互市、缔结盟约等。都督、行台、总管、军镇以及边关、边境镇抚机构（护乌桓校尉、护鲜卑校尉、西域长史）等职亦具有外交职能。（第244—263页）

唐代外交制度的完善，还表现在外交关涉机构外交职能的制度化。唐代外交关涉机构是作者用力最勤的内容之一，也是极其精彩的部分。本书分为中央和地方两章对唐代外交关涉机构进行研究。中央外交关涉机构一章分别考察了中书、门下、尚书三省及九寺、五监、诸省的外交职能，并对唐后期外交管理体制的变化进行了论述。中书省本部主要是指以中书侍郎和中书舍人为核心的中书省办公厅，其外交职能表现在外交文书与政令的起草等六个方面。中书省下属的四方馆（由通事舍人主持）亦是唐代重要的外交机构，甚至可以认为是外交专职机构，其主要职责便是接待来使，也是外交警示场所。中书省所辖客省、史馆也有一定的外交功能。史馆"掌修国史"，凡有关外事方面的活动，各部门均需向史馆上报，以便作为修史之原始资料。正是通过史馆的修撰，外国情况及唐朝外交关系才得以翔实地记载下来。（第355—375页）门下侍中及其属官典仪与赞者、符宝郎均具有一定的外交职能。门下省有时也作为宴请蕃客的场所，具有外交场所功能。（第375—381页）尚书都省的外交职能主要是在外交文书的上传下达方面。尚书礼部官员还参与各种外交礼仪活动，延揽外国人材之"宾贡科"也由礼部主持。除主客司外，礼部其余三司与外交事务有密切关系：礼部司所掌五礼中的宾礼全为外交礼仪，其余四礼也与外交有或多或少的联系，鸿胪、主客在处理蕃国丧葬之后也要向礼部司报告；祠部司负责域外传入宗教和外国僧侣的管理工作；膳部司负责来唐蕃客的食料供应方面的政令。吏部司封司、户部户部司、金部司以及兵部及其所辖诸司（库部司、兵部司、职方司）、刑部司门司、工部虞部司等亦有外交职能。礼部是唐代外交政令的主管机构，其主客司即为外交专职机构之一，凡有关外交之政令及礼仪均汇总于礼部。此外，太常、卫尉、光禄、宗正、太仆、司农、太府诸寺及国子、少府二监、内侍省之内府局等机构的职掌也与外事工作有一定联系，本书对此也都加以考察。

唐代地方外交关涉机构，本书分为地方行政系统的道、州、县，军事与边防系统的道与军、镇、戍、关等，边境镇抚系统的都护等，其他有关的使职和中央派出机构等四个系统进行研究，"唐代地方外交管理工作就是由这四个系统分别负责、协同进行的"。（第411页）本书综合大量中外史籍的记载，对唐代地方行政机构的外交职能进行了深入翔实、全面系统的论述。关于唐代地方行政机构的外交职能，归纳为迎送外交使节，行使对外权力、执行对外交涉，接转对方外交事项，边境贸易管理，外交行政与事务管理，掌握、上报蕃情六个方面 22 条（第 414—468 页），使我们对唐代地方行政机构的外交管理职能有了极为详尽具体的了解。唐代地方行政机构"具有全方位的外交管理职能"，"还有很大的、广泛的对外交往权力"，"是中央政府在地方对外联系与交涉的总代表"。"唐代地方政府对于外交及涉外事务的管理，从最高地方行政机构的道，而州、县、乡直至最基层的村，逐级构成一个严密的、完整的金字塔式的管理网络。来自天庭的敕旨可迅速地逐级下达到基层，基层碰到的涉外问题也可迅速地逐级上达天听。只要需要，任何涉外事务均可通过这个网络上行下达，层层负责，上下协力，步调一致，密切配合，真可谓牵一发而动全身。"（第 468—469 页）

此外，中央派驻地方的某些使职如押蕃使、押蕃舶市、市舶使、互市监等职也具有一定的外交职能。押蕃使是唐代后期设于四周边境地区负责外交与民族事务的官职，多由节度使兼领，但与节度使并非一套机构，而是有自己的官印与属官。押蕃使所负外交职能与节度使相同，文献所见押蕃使管理外交事务的情况，主要表现在朝贡管理、接转贡献、上报蕃情、过所管理等方面。随着经济重心南移和对外贸易的发展，东南沿海的广州、交州、扬州等城市发展为进行海外贸易的都会，其中广州成为唐代海外贸易的中心。适应管理蕃舶之需，市舶使于唐代中后期应运而生。"市舶使作为采购舶货这样一种特定商品的专使，与全面负责边境外交、外贸的押蕃舶使或押蕃使是不同性质、不同序列的官职。前者是由边境地方长官兼任以负责外交、外贸管理的使职；后者是朝廷派往外地负责采购特定商品的一种专使。"（第 523 页）互市监名义上属少府管辖，实际上派驻于边境地区，由边境地方政府领导，"是中原王朝设于边境地区的对外贸易机构"。（第 526 页）唐朝对边贸的管理严格周密："首先要设置特定的互市场所，这个场所是封闭式的，保证其管理之便利和贸易之安全。其次须在事先由互市官员与蕃人商定物价。第三，贸易有一定的日期和时间，在该日之卯时开市。"（第 527 页）

通过以上概略的介绍，我们看到，本书对汉唐外交制度的研究是全方位、多角度的，其内容涵盖汉代至唐代政治制度和中外关系的方方面面，多姿多彩的汉唐外交制度史画卷如实地呈现在读者面前。这一点是本书的成功之处，也是其有别于以往有关论著的一大特色。其研究思路将为今后的有关研究提供借鉴，有所启迪。

四 《汉唐外交制度史》遵循求真务实的史学原则，以大量史料为依据，在诸多问题上有创新和突破，可谓新见迭出，创获良多

本书所有的观点都以充分的史料为根据，无一字无来历，表现了作者严谨的学风和扎实的治学态度。上文所述汉唐外交机构的各项外交职能，史书记载或极零散或语焉不详，作者在搜集大量相关资料的基础上，分门别类，钩玄提要，终于将其极为清晰地归纳出来，这本身就是艰苦的学术创造工作。此外，本书在诸多问题上都提出了有说服力的新见解，兹列举数例如下，以见其大概。

关于汉代大鸿胪的外交职能，官志仅记掌"四方归义蛮夷"，不仅简单，而且极为笼统含糊。本书综合各种记载，具体归纳为六个方面。据《汉书·功臣表》韩延年事，结合《百官公卿表》记载，说明其具有"接待来使，转递外交文书"之职能；据张衡《东京赋》及《汉书·萧望之传》《续汉书·礼仪志》本文和注文，说明其具有"礼宾来使"的职能；据《汉书·西域传》《后汉书·南匈奴传》等记载，指出其具有"礼送使者"之职能；据《续汉书·百官志》《后汉书·南匈奴传》及《汉书·功臣表》记载，说明其具有"主持封拜"的职能；据《史记·范雎蔡泽列传》《汉书·王莽传》《宣帝纪》及《西域传》等记载，论证了"来宾生活服务"的职能，并对"蛮夷邸"（使馆前身）予以着重考证；据《说文解字》《汉书·贾捐之传》注、《后汉书·马融传》注等记载，指出其具有"翻译"之职能。（第60—69页）

东汉尚书主客曹，官志仅记其"主外国四夷事"，但究竟如何主管却并不明确。本书据《后汉书·钟离意传》并结合其他史料，比

较清晰地说明了主客曹主管外事的具体程序：匈奴来降（或入侍），汉明帝下诏赐缣→事下尚书台，主客曹负责起草诏书，下达大司农执行→执行完毕，经尚书台上报皇帝。作者据此得出结论："诏旨来源于皇帝，尚书负责起草诏书并下达外朝公卿执行。"（第77页）还通过外交文书档案的管理与运用情况，进一步论证其职掌。据《后汉书·应劭传》《风俗通》《论衡·程材》等关于《五曹诏书》及条品簿书的记载，推断主客曹亦应保存有相关诏书及行政档案。又据《后汉书·陈禅传》，论证"由于尚书台保管了大量的有关文件，因此遇到在外交上的疑难问题时，就可以从中查阅有关资料，以为定夺之参考和根据"。综合以上所述，最后指出："主客曹对外交工作的管理，主要是在外交政令方面，即有关诏令起草与颁行，以及有关文书档案之收藏保管。"（第77页）这样就使主客曹与鸿胪寺的外交职掌明确区分开来。

根据《洛阳伽蓝记》、《魏书》有关记载，本书对北魏四夷馆的性质、作用及统属问题作了考辨，多发前人所未发。认为四夷馆"作为降附与外侨的居住区"；"四馆与四里相互配套，密切配合为用。这些投附者先安置于四馆中，待三年之后才安置于四里之中，成为北魏的正式居民。"指出《北齐书·徐之才传》所载萧综投魏后"敕居南馆"即四夷馆之一的金陵馆；《魏书·蠕蠕传》所载"洛南之馆"即四夷馆之一的燕然馆。"四馆具有宾馆的性质，四里则是侨民居住区。""四夷馆除接待高级侨民之外，也居住着许多普通侨民……为一特定的外侨居住区。"四夷里是一拥有五万人的规模巨大的外侨小区。"四夷馆的设置是当时中外交流、南北交往发展的结果，是有利于进一步巩固和发展这个成果的进步举措。"《历代职官表》认为四夷馆属鸿胪管辖，是历史上唯一指出其统属者。本书据《魏书·萧宝夤传》《肃宗纪》《常景传》记载，认为四夷馆归尚书丞、吏部、主客郎这一系统负责，具体由主客郎管理。（第181页）

在考察南朝主客曹沿革时，根据《宋书》《南齐书》《梁书》《陈书》《南史》《魏书》有关列传及《酉阳杂俎》《酉阳杂俎续集》

《八琼室金石补正》等文献记载，列出了南朝主客郎的详细名单。又据《魏书》《北史》有关列传及北朝墓志详细列出了北魏南北左右主客郎中名单，从而进一步证明了北魏主客之分曹。《魏书》及《北史》之《邢伟传》记其于北魏末为"尚书郎中"，本书据出土《邢伟墓志》载其为"尚书南主客郎中"，说明直到北魏末主客仍是分曹治事。据《南齐书·王融传》所载其于永明十一年（493）以主客郎接待北使后所写《接虏使语辞》事，指出："南朝已经形成了主客郎完成接待任务之后的工作总结报告制度。当时规定在接待工作完毕后，接待来使的负责人要把接待过程中的谈话内容记载下来，完成书面报告——《语辞》。"（第 174 页）又据《南齐书·刘绘传》载，主客郎接待来使，"事毕，当撰《语辞》"。可见这一规定确已制度化，"这表明我国古代外交的接待、谈判发展到南北朝时期已经相当规范，而主客郎在外交接待工作中已经起着相当重要的作用"。（第175 页）

关于唐代的客省，资料零散，各种政治制度史论著均很少涉及，本书从零散史料中钩稽考索，对其沿革、职掌、性质等问题做了深入论证。据《通志·宗室传》记载，客省始设于隋文帝开皇三年，唐代沿置。据《玉海》及《旧唐书》《通鉴》《唐会要》等书记载，知唐代有内外客省。又推断东内、西内客省为前后之别，并非同时有二内客省。据《唐六典》知，京都有客省院。据《全唐文》及《文苑英华》所载有关诏令知，唐后期有客省使、副使，由内官充任。据《通鉴》胡注、徐松《唐两京城坊考》注，推断客省当隶中书省。客省的职掌在官志中不见记载，本书综合《通鉴·代宗纪》《新唐书·食货志》《旧唐书·德宗纪》等记载，指出："客省的主要功能是收留两部分人员，一部分是国内人员，包括四方贡计未奏者、上书言事忤旨或不足采者、官员失职未叙者；部分是蕃国人员，即来朝见、贡献而尚未报答者、未封授者。他们在客省等待期间，由度支供给廪食。从外交工作而言，客省的作用与鸿胪寺客馆相类，但是鸿胪寺所居蕃客是一般的外交人员，客省所居蕃客是因故尚未能及时报答的一部分特殊的外交人员。"（第 372 页）

关于市舶使问题，学术界歧见纷纭，颇为混乱，本书对此做了一番总结性清理工作，澄清歧义，多所发明。从有关史籍中钩稽出唐代市舶使的名单，是目前为止最为完整的一份名单。认为唐代市舶使设于开元初，沿至唐末，唐后期出现了相关机构市舶使院。有唐一代，并无市舶司这一机构，订正了学术界的谬误。市舶使人选经历了由朝官而宦官而监军（亦为宦官）的历程。市舶管理权从南朝以来一直由广州地方政府主管。对于市舶使与岭南地方长官的关系，本书做出了圆满解释，认为"当朝廷派有市舶使时，则两者并存，共同管理"；"当朝廷未派市舶使时，则完全由节度使负责市舶事"。学术界认为市舶使也可由地方长官兼领，本书认为地方长官（岭南节度使）不兼市舶使，地方长官是以押蕃舶使的身份管理蕃舶事宜的。唐后期外交管理体制的变化导致宦官与使职差遣活跃于外交领域的情况，学术界对此从无论及，由于文献记载之缺乏，为这一问题的研究带来了不便。本书根据大量日本古籍，结合中国史籍及碑刻资料，相互印证，比较深入系统地阐述了这一问题。据日僧圆仁《入唐求法巡礼记》所载，说明"当时接待日本使团并负责其活动安排者为礼宾使，他在皇帝与来使之间直接进行联系。""礼宾院已被内诸司使所控制……礼宾使即是宦官。"（第406页）史籍中还可见到各种"中使""内使""监使"等在外交场合活跃的情形。《日本后记》所载德、顺宗之际日本葛野麻吕遣唐使团的接待过程，"比较完整地记载了外国使团入京、在京活动和离京的全过程，翔实地反映了当时宦官和差遣在外交接待中的活跃情形"。（第407页）

以上所举仅是极少的事例，便足以看出本书在求实和创新上的大体情况，类似事例可谓俯拾即是，不胜枚举。作者积十余年之功，遍检汉唐中外史籍及前人有关研究论著，摘录卡片两万余张，为本书的创作打下了坚实的基础。在当今出版异常繁荣、几乎人人皆可言著述的情况下，我认为仍然应当提倡黎虎教授的这种不怕吃苦、不计名利的治学精神，因为真正的学术创新只能来自于艰辛的劳动，而绝不可能有什么速成之法。

五 《汉唐外交制度史》对古代外交与外交制度的一系列宏观认识,不仅有助于对汉唐外交制度史的深入理解,而且对相关学科也具有重要参考价值

本书对古代外交与外交制度的一系列宏观认识,诸如古代外交的起源问题、古代世界外交圈问题、中国古代外交史与古典外交制度史的分期问题、汉唐外交制度史的演变进程及其特点的理论总结等,不仅是深入研究汉唐外交制度史的必要,而且对认识整个中国古代外交制度史和外交史以及中外关系史、中外文化交流史、中国古代政治制度史也具有重要的参考价值。

本书第一次在中国学术界探讨了外交起源问题。作者认为:中国和西方古代的外交均源于"使节",现代意义上的"外交"一词在中国和西方均出现甚晚。西方的外交渊源于使者所持之证书。中国古代使者出使时也持有权力和身份的证明——节,称"持节出使",因而"使者"又被称为"使节"。(前言,第2页)"外交与人类文明历史同样古老,它随着国家的产生而产生。""不论在中国还是在世界其他地区,有了国家以后就有了外交;自古就有外交,这是毋庸置疑的事实。"(前言,第5—6页)

本书提出古代外交与现代外交的重要区别之一为"区域性"与"世界性"之不同,在此基础上提出了"外交圈"的概念,认为古代世界在旧大陆主要有东亚外交圈与西方外交圈(或西域外交圈)两大外交圈,东亚外交圈的中心是中国。两大外交圈的区别是:东亚外交圈为一元性,只有一个中心,始终稳定在中国;西方外交圈是多元性的,多中心且中心不断转移。汉代张骞通西域、黄门译使通南亚,从水、陆两路打通了两大外交圈的联系。"外交圈"概念的提出,是一个重大的学术创新,它不仅可以解释古代外交的起源问题,而且还可解释古代外交如何逐步发展变化并向近现代外交转变。本书考察了古代东、西方两大外交圈的形成问题,认为:"古代世界的外交圈是

以若干最古老的文明发祥地为核心，不断向外辐射而形成的，由于自然地理条件的原因，大体以帕米尔高原、喜马拉雅高原为界，古代世界形成了两个最主要的外交圈，即在其以东的东亚外交圈和在其以西的西方外交圈。西方外交圈为地中海、波斯湾、红海、阿拉伯湾沿岸地区，包括北非、西亚、南亚次大陆和欧洲。这里由于有较多的内海和海峡把它们联系起来，因而形成为最早的、最大的外交圈。在古代航海技术条件下，利用这些近海和傍岸航行技术，可以比较方便地进行联系……而东亚则是一个较西方世界封闭的地区，西部的高原、雪岭，北部的草原、戈壁，限制了其对外交往，东面是无际的太平洋，在古代的航海技术条件下，向东只能达到日本列岛，向南达到南海诸国，因而成为远比西方世界封闭的地区。但是这个地区也在很早就以中国的黄河流域文明为核心，逐步地、不断地向四方辐射而形成了东亚外交圈。正因为其封闭的地理特点，也就使这个外交圈自成体系并具有自己独特的传统和特点。"（前言，第6—7页）

本书提出了对中古外交史的分期和汉唐外交发展概况的宏观认识，将中国古代外交发展史大体上划分为三个阶段：先秦时期是中国古代外交的早期阶段，外交基本上是在中国本土范围内进行的；汉唐时期是中国古代外交的发展阶段；宋元明清时期是中国古代外交持续发展并走向转型时期，古典外交盛极而衰，并向近代外交转化。（第8页）汉唐外交处于承上启下的重要阶段，既是对先秦外交的继承和延续，又有重大发展、创新和突破，古典外交制度确定并完善定型。汉唐时期形成和确立的外交格局和体系，成为此后中国古代基本的外交格局和体系。在对中国古代外交发展史和汉唐外交特点宏观把握的基础上，本书提出了对中国古代外交制度史分期的理论认识，并进而对汉唐外交制度的历史地位加以阐述，认为中国古代外交制度同样也经历了三个发展阶段：先秦时期，为中国古代外交制度的萌芽、孕育时期；汉唐时期，为中国古代外交制度的确立与定型时期；宋元明清时期，为中国古代外交制度持续发展并走向转型时期。

通过对汉唐外交制度的全面系统而又具体翔实的研究，本书最后对汉唐外交制度的发展演变及其特点做了深入阐述。汉唐时期，中国古典外交制度完成了由二级决策体制向三级决策体制的演变进程，决策方式、方法逐步合理化、规范化，决策中制约机制逐步加强，决策功效不断提高。外交决策制度的特殊性主要表现是：决策的信息来源和依据的不同；涉外知识与经验在外交决策中有重要作用；根据信息反馈做出追踪决策的情况较为频繁。这一时期，外交管理体制日臻完善，表现在：外交决策与执行之分离；外交政令与外交事务之分离；主管机构与关涉机构关系之协调；地方外交管理体系之更为完善周密；集权与分权基本适度合理。汉唐外交管理体制具有模糊性和多元性的特点，其运行主要依靠皇帝的诏敕、有关的律令和施政"故事"来进行（第528—591页）。

　　原载作者《北魏政治与制度论稿》（甘肃教育出版社2003年版）。董劭伟按，据悉黎虎先生《汉唐外交制度史》一书的修订本即将由中国社会科学出版社出版，新版将有较大修订，但其揭示的外交决策与管理制度的重大问题仍是其主题和精华。张金龙教授客观公允的评介，有助于全面了解该书的精要与旨趣，故今集刊给予全文转载。

汉唐史专题

从五行模数看两汉都城五郊坛制度

张 军

（中共中央党校 文史教研部）

一 问题的提出

郊礼是国家重要礼制内容，而郊坛则属礼制建筑，而"礼制建筑是按照儒家经典的祭祀原则在古代都城范围内修建的、对天地祖先人鬼等举行国家祭祀活动的建筑设施"[①]。我们知道，《周礼·考工记》对后代建都立国的影响较大，但是《考工记》成书时间不确定，学界一般认为其内容为西汉时人依战国遗简所撰。[②]《考工记》讲王城制度，但若按照后代城市发展规模看，它所指的城只相当于后世宫城范围的小城，尚无涉及对城郊的具体规划。[③] 这也不禁让人产生疑问，被后世城市规划奉为鼻祖的、最迟成书于西汉的《周礼·考工记》中仅有王（国）城规划思想，并无郊区或郊坛规划思想吗？这是否反映了郊礼内容本身晚出，并体现为汉代以降不断完善和丰富的过程呢？

从传世历史文献看，对古代王朝祭祀活动的专门记载始于第一部

---

① 姜波：《汉唐都城礼制建筑研究》，文物出版社 2003 年版。

② 史念海：《〈周礼·考工记·匠人营国〉的撰著渊源》，《传统文化与现代化》1998 年第 3 期。

③ 贺业钜：《考工记营国制度研究》，中国建筑工业出版社 1985 年版；焦泽阳：《周"礼制"与〈考工记·匠人营国〉对早期都城形态的影响》，《城市规划学刊》2012 年第 1 期。

纪传体通史《史记》的《封禅书》，但《封禅书》仅以西汉武帝封禅泰山、迎神求仙为主。除了封禅之外并没有出现"郊祀"这样的字眼，这或许反映了司马迁时代尚未产生"郊礼"的特定概念。至东汉班固著《汉书》，其《郊祀志》虽大部分沿袭了《封禅书》的内容，但以"郊祀"作为祭祀类志书的名称，表明东汉王朝郊祀礼已经成型。《后汉书·祭祀志》紧接其续，此后以祭礼为主的王朝礼仪在断代史中成为必载的典章。如此，这是否说明郊祀礼正式成型于两汉时期呢？

这些问题相互关联，但毕竟建筑形制必须依据使用它的人们的精神意志、制度安排、文化内涵等，要弄清楚郊坛规划须首先了解当时郊礼的内容。质言之，只有郊礼形成和完善的时代，才有郊坛制度的确立。至于如何确立、依照怎样的规范或原则来确立，则是其次的任务。关于郊礼及其相关制度的研究，目前学界已有的成果尚称不上繁富，且多集中于郊礼与郊祀制度，对郊祀建筑的考察更是不多见。本文根据近年来的考古发现，结合郊礼与郊祀建筑试对汉代都城五郊坛制度的演化做一探讨，不足之处，请方家斧正。

二 秦汉郊礼与南北郊坛制的定型

所谓郊礼，是指郊祭天或上帝之礼。这是自西周以来历代统治阶级祭天常礼中视为"正祭"的一种最隆重的祀典，是中国古代社会至神崇拜的一种最高表现形式，历来为中国统治阶级所重视，而"尽心极虑以建其制"。关于西周的郊天礼，有学者指出，西周时期并无所谓圜丘祀天之礼，祭天唯郊礼而已。行郊礼也并非在国郊，"郊"字只可作祭名看，且行郊礼也不一定有坛。西周时期行郊礼时间的常制是在周历四月、夏历二月。冬至郊、立春郊，或启蛰郊之说，不过是据后世历法以推周制，并非周礼之实录。①

秦国统一之前，曾建雍都旧地之"四畤"和距长安城三百里之

---

① 杨天宇：《西周郊天礼考辨二题》，《文史哲》2004 年第 3 期。

甘泉宫的圜丘，后期在咸阳建有西郊坛用于郊祀天帝。随着秦国政治的发展，秦人已有四向、四色、四帝的对应观念，当时尚缺黑帝。秦代的郊坛制有含糊、自相矛盾的地方。秦人虽形成了五行观念，在雍"四時"时已有郊礼祭祀四帝的原则，四帝中最受重视的是主西方的白帝。可见，秦以西为上位，尊西思想明显，这与西方为秦国发源地、天神也出于西方有关。

不过，这与秦始皇统一后的尚水德、重北方原则相左，"秦始皇帝既即位，或曰：'黄帝得土德，黄龙地螾见。夏得木德，青龙止于郊，草木畅茂。殷得金德，银自山溢。周得火德，有赤乌之符。今秦变周，水德之时。昔文公出（腊）［猎］，获黑龙，此其水德之瑞。'于是秦更名河曰'德水'，以冬十月为年首，色尚黑，度以六为名，音上大吕，事统上法。"① 秦始皇时期，郊天时间基本已成定制，即三年一郊，时间在十月岁首。由皇帝亲自行礼，郊天时衣尚白，通权火（燔柴），仪式的场所在都城西郊，而非汉代及后世的南郊。这表明，秦代的郊坛制还很粗略，反映了大一统帝国的礼制建设仍处于草创时期。

西汉初期，汉高祖以叔孙通定礼，"大抵皆袭秦故，自天子称佐僚及宫室官名，少所变改"。秦祭祀四帝的做法被汉代因袭并发展完善为五郊、五帝祭祀礼。直到西汉武帝时期，各种数术、方技之士充斥民间和诸侯乃至帝王的宫廷。因战国时数术方技和神仙家说的兴盛而增加的许多杂神也乘机进入了国家祭祀的范围，国家祭祀亦呈现出异常繁杂的状况。另外，与汉武帝时代儒家大一统思想兴起相关联，祭祀礼在政教领域中也开始有了一席合法地位。

我们再看西汉长安都城制的形成。汉代长安是先修宫殿后筑城垣。惠帝元年（前194）开始建城，先后征发29万余人，五年（前190）初具规模。西汉经惠帝、文帝，国力始趋兴旺。武帝扩建宫室和上林苑，扩建后的长安城四面各三座城门，城内八街九陌，周长65里。根据考古发掘所测，其城垣周长25公里，面积约

① 《汉书》卷二五《郊祀志上》，中华书局1983年版。

为 35 平方公里。① 汉长安城的总体布局为：由横门至西安门的南北大道为其中轴线，作为宫城的未央宫位居这条中轴线上。中轴线贯穿未央宫的北宫门和南宫门。出北宫门连接横门大街，其东为"北阙甲第"和北宫，西为桂宫，再北的东市和西市分列横门大街的东西两侧。出南宫门至西安门，西安门外宗庙在其左，社稷居其右。② 班固《西都赋》云："其宫室也，体象乎天地，经纬乎阴阳，据坤灵之正位，仿太紫之圆方。"③ 这也正反映出西汉初的都城规划思想。

汉武帝时大兴宫室馆阁，考古发现所见的长安城中的诸多建筑大多是在武帝时期完成的。不仅如此，汉武帝时期，都城营建思想与布局模式亦发生了重大变化。主要体现为两点：一是都城的规模突破了汉初旧城墙的限制，西苑区建章宫的修建使城市重心西移，以西安门、未央宫前殿、北阙、横门大街、横桥组成的中轴线趋于定型；二是城市设计在"象天"思想上也得到进一步发展，神仙方术思想在城市规划中得到充分的体现。建章宫的神明台、太液池、凤阙及阊阖门、未央宫的柏梁台、上林苑的飞廉馆和桂观等都是神仙思想的体现。这一时期，武帝关心的是便于施展其政治权力的宫殿类建筑，对郊坛的重视还不够。现仅知立太一祠于长安东南郊，后又立后土祠于汾阴，按汾阴即汉汾阴县，在今天山西万荣县西南部。

汉元帝时，形势有所改观。元帝好儒，贡禹、韦玄成、匡衡等相继为公卿，他们参与厘定国家礼仪的有关活动。成帝时期继承并发展了这一治礼兴儒趋势。南北郊的正式出现，始于汉成帝时期的建始元年。《汉书》卷十《成帝纪》载："十二月，作长安南北郊，罢甘泉、汾阴祠。"甘泉畤为仿秦旧礼而作，用于祭天；汾阴祠为后土祠，用于祭地。至此，祭祀天地二神的地点转移到了都城长安近郊地带的南

---

① 刘庆柱：《汉长安城的考古发现及相关问题研究——纪念汉长安城考古工作四十年》，《考古》1996 年第 10 期。

② 刘庆柱：《汉长安城未央宫布局形制初论》，《考古》1995 年第 12 期。

③ （梁）萧统编，（唐）李善注：《文选》，中华书局 1977 年版，第 33 页。

北郊。但成帝是否在当年亲自举行了南北郊礼则不可考，有明确可考的时间是在成帝建始二年。《汉书》同卷记载："（建始）二年春正月，罢雍五畤。辛巳，上始郊祀长安南郊。诏曰：乃者徙泰畤、后土于南郊、北郊，朕亲饬躬，郊祀上帝。皇天报应，神光并见。三辅长无共张繇役之劳，赦奉郊县长安、长陵及中都官耐罪徒。"又，"三月辛丑，上始祠后土于北郊"。其具体地点据《汉书》本注三应劭注曰："天郊在长安城南，地郊在长安城北长陵界中。二县有奉郊之勤，故一切并赦之。"按《汉书》卷二十八《地理志上》记载："长安县，高帝五年置。惠帝元年初城，六年成。户八万八百，口二十四万六千二百。在京兆尹辖区内。"同卷："长陵（县），高帝时置。户五万五十七，口十七万九千四百六十九。在左冯翊辖区内。"长陵设置目的主要在于就近控制秦时残留的六国旧贵豪侠等，意在"强干弱支"，消弭潜在地方反叛势力。《汉书》卷二十八《地理志下》载："汉兴，立都长安，徙齐诸田，楚昭、屈、景及诸功臣家于长陵。后世世徙吏二千石、高訾富人及豪桀并兼之家于诸陵。盖亦以强干弱支，非独为奉山园也。"可见，两县设置的目的不仅仅在守陵，也在安置潜在六国旧贵族中的敌对势力。

长陵，位于今陕西省咸阳市秦都区窑店乡三义村之北的咸阳原上，坐北朝南，长陵北依奇峰林立的九嵕山，南与富丽堂皇的长乐宫、未央宫隔渭水相望，气势雄伟，规模宏大。整个长陵陵区由陵园、陵邑和功臣陪葬墓三大区域组成。长陵陵园以北350米处是长陵陵邑所在地，位于今咸阳市韩家湾乡怡魏村。陵邑略呈长方形，城墙用夯土筑成，南北长，东西宽。《关中记》载："长陵城有南、北、西三面城，东面无城，随葬者皆在东，徙关东大族万家，以为陵邑。"今遗址处南、北、西三面城墙遗迹仍存，陵邑南墙部分与陵园边墙重合，东面没有城墙建筑。故城南墙长1245米，现存残迹长1100米，宽9米，中段有门洞遗迹。西墙长2200米，现存残迹长1000米，宽9米，墙中间亦有西门遗址，门址宽15米，夯层坚固如石。北城墙多被破坏，断断续续保存着部分墙迹，最长一段为200米，宽7米。北墙与南门相对处有北门遗迹。《汉书·地理志》载，刘邦时就迁徙大姓和贵戚之冢于陵邑中，让其供奉陵园，陵邑户口多达五万零五十七，人口达十七万九千四百六十九。近年在长陵邑范围内曾发现树木双兽纹半瓦当和大量瓦片堆积、水管道、生产工具等。从文献记载和这些残留的废墟、出土文物，可以窥见当年陵邑朱檐彩栋、深宫广院、车马人熙的繁荣景象。

元帝以后，因儒风日甚，且经学经历汉初以来上百年的发展，谙熟经学的公卿们托古改制、吸收阴阳五行之说，郊坛及宗庙等国家重要礼制建筑按经书的记载重建、并进入现实政教礼仪活动中。

汉平帝元始年间，宰相王莽多次上奏改定郊礼，重振礼仪，"（元始元年）于是定郊祀，祀长安南北郊，罢甘泉、河东祀"①。这就是著名的"元始之礼"，后世修礼多以参仿"元始中故事"为礼制损益的依据。元始年间王莽定礼是中华礼制变革的关键期，由于王莽篡位，史家对其贬抑居多，但从其对礼制的变革及对后世影响来看，其贡献并不亚于汉武帝时代的董仲舒。这点在城市礼制建筑的规划上表现尤其明显。

元始五年，王莽上奏言：

> "臣前奏徙甘泉泰畤、汾阴后土皆复于南北郊。谨案周官'兆五帝于四郊'，山川各因其方，今五帝兆居在雍五畤，不合于古。又日月雷风山泽，易卦六子之尊气，所谓六宗也。星辰水火沟渎，皆六宗之属也。今或未特祀，或无兆居。谨与太师光、大司徒宫、羲和歆等八十九人议，皆曰天子父事天，母事墬，今称天神曰皇天上帝，泰一兆曰泰畤，而称地祇曰后土，与中央黄灵同，又兆北郊未有尊称。宜令地祇称皇墬后祇，兆曰广畤。易曰'方以类聚，物以群分'。分群神以类相从为五部，兆天墬之别神：中央帝黄灵后土畤及日庙、北辰、北斗、填星、中宿中宫于长安城之未墬兆；东方帝太昊青灵勾芒畤及雷公、风伯庙、岁

---

① 《后汉书》志第七《祭祀上》，中华书局 1962 年版，第 3157 页。有学者据文献资料，推测汉圜丘的地望约在今西安市西郊的周家围墙村附近。详参刘庆柱《汉长安城未央宫布局形制初论》，《考古》1995 年第 12 期。

星、东宿东宫于东郊兆；南方炎帝赤灵祝融畤及荧惑星、南宿南宫于南郊兆；西方帝少皞白灵蓐收畤及太白星、西宿西宫于西郊兆；北方帝颛顼黑灵玄冥畤及月庙、雨师庙、辰星、北宿北宫于北郊兆。"奏可。于是长安旁诸庙兆畤甚盛矣。

至此，由于祭五帝于都城五郊，五帝与五郊的关系和方位因此得以固定。我们知道，西汉初年南、北郊礼的举办地点分别在长安、长陵县境内，但不知具体的距离数据和地点，只知其大致区域。[①] 可见，虽然西汉末逐渐确定了五郊坛制，而这仅是王莽托古改制的一部分。又，《汉书》卷九十九《王莽传上》："居摄元年正月，莽祀上帝于南郊，迎春于东郊，行大射礼于明堂，养三老五更，成礼而去。"又如，同书卷二十五《郊祀志》载其"以冬至使有司奉祠南郊高帝配而望群阳，夏至使有司奉祠北郊高后配而望群阴"等内容。王莽改制将周代古礼杂糅进了现实政治文化中，其郊礼制度成为后代定礼的重要参照。

总之，五郊坛制在西汉经历了持续发展的过程，经武帝、元帝，正式出现于西汉成帝时，这是汉代世俗皇权进行统一神权的重要措施之一。汉代郊礼观念的发展、郊坛制的确立，这反映了中国古代早期的都城空间形态及规模控制理念。郊坛分布在都城的四个不同的方位，作为都城特殊的礼制建筑和礼仪活动场所而存在。到汉以后，遂成为各朝建都立国必备的实体性建筑物之一，成为都城特有的皇权象征和物质载体。

三 东汉的郊坛制

东汉政治虽然对汉末王莽政治有承袭，亦有变革，但包括王朝祭礼在内的意识形态领域大致继承了新莽故旧，并且套用《月令》的

格式而形成一个完整体系，如《宋书》所载，"汉明帝据《月令》有五郊迎气服色之礼，因采元始中故事，兆五郊于洛阳，祭其帝与神，车服各顺方色"①，在形式上恢复了"周礼"以礼治民的格局。有学者认为，东汉洛阳城参考了《考工记》的营国思想，东汉将明堂、辟雍、灵台作为洛阳的三大礼仪标志性建筑即意味着东汉政治文化对周代礼乐教化的高度认同。②

东汉洛阳都城礼制的形成对郊坛制的影响巨大。东汉建武元年（25）六月，刘秀在群臣的拥戴下称帝于鄗（今河北柏乡县北），重建汉政权，初定礼仪。《后汉书》志第七《祭祀志上》载："建武元年，光武即位于鄗，为坛营于鄗之阳。祭告天地，采用元始中郊祭故事。"③ 同年八月，光武大军攻克洛阳。十月，光武由河北至洛阳，定都于此。建武二年正月又按照西汉平帝"元始故事"在洛阳城南七里建立郊坛。南郊坛形制如下：

> 圆坛八陛，中又为重坛，天地位其上，皆南乡，西上。其外坛上为五帝位。青帝位在甲寅之地，赤帝位在丙巳之地，黄帝位在丁未之地，白帝位在庚申之地，黑帝位在壬亥之地。其外为土壝，重营皆紫，以象紫宫；有四通道以为门。日月在中营内南道，日在东，月在西；北斗在北道之西，皆别位，不在群神列中。八陛，陛五十八醊，合四百六十四醊。五帝陛郭，帝七十二醊，合三百六十醊。中营四门，门五十四神，合二百一十六神。外营四门，门百八神，合四百三十二神。皆背营内向。中营四门、门封神四，外营四门，门封神四，合三十二神。凡千五百一十四神。背中营神，五星也，及中宿五官神及五岳之属也；背外营神，二十八宿外星，雷公、先农、风伯、雨师、四海、四渎、

---

① 《宋书》卷一六《礼仪志三》，中华书局1974年版，第433页。

② 曹胜高：《论东汉洛阳城的布局与营造思想——以班固等人的记述为中心》，《洛阳师范学院学报》2005年第6期。

③ 《后汉书》志第七《祭祀上》，第3157页。

名山、大川之属也。①

又，同书《祭祀志上》载"（建武三十二年）是年初营北郊。北郊在
雒阳城北四里，为方坛四陛。"可知南北郊坛分别位于东汉洛阳城南
七里和北四里处②，与古礼相合。而所谓"元始中故事"即是西汉末
王莽当政时的一系列改定礼仪的举措。可见，东汉初年的郊礼和郊坛
形制一依王莽礼制。然这个郊兆之坛形制又有所改进，圆坛八陛，是
继承元始郊坛"圆坛八瓟"，但天祇、五帝合坛则与元始郊坛异。此
郊坛附近无竹宫，有众神之营，但未分茅营、土营，而是分中营、外
营。虽然没有元始郊坛大，但从祭祀对象和空间分割看更为规整均
衡。所祀诸神也颇为繁多，其中日在东，月在西。按《礼记·祭义》
郑玄注云"祭日于东，祭月于西"，把祭祀日月的地点都统一在坛的
中营内南道。星辰则按其尊卑各在北道（北斗）、背中营（五星）、
背外营（二十八宿），而不在祭星的"幽宗"。由此可知，此坛不是
单一神祇祭坛，而带有总坛的性质，天、日、月、星辰等各类天界神
祇都居其中了。

光武帝中元二年初立北郊，形制为方坛四陛，以象天圆地方。地
祇为北郊的最高神，"位南面西上，高皇后配，西面北上，皆在坛
上，地理群神从食，皆在坛下，如元始中故事。中岳在未，四岳各在
其四方孟辰之地，中营内。海在东，四渎河西、济北、淮东、江南；
他山川各如其方，皆在外营内。四陛酨及中外营门封神如南郊。……
奏乐亦如南郊。既送神，瘗俎食于坛北。"③ 地坛还附祭五岳、四渎、
众山川等地界神祇。可见，此坛亦带有总坛的性质。

另外，东汉的郊礼亦更符合周礼精神。试举一例以明之。如
《史记》卷二十八《封禅书》载："周官曰，冬日至，祀天于南郊，
迎长日之至；夏日至，祭地祇。皆用乐舞，而神乃可得而礼也。天子
祭天下名山大川，五岳视三公，四渎视诸侯，诸侯祭其疆内名山大

① 《后汉书》志第七《祭祀上》，中华书局 2000 年版，第 3159—3160 页。
② 另《汉官仪》卷下："北郊在城西北角，去城一里所。"
③ 《后汉书》志第八《祭祀中》，中华书局 2000 年版，第 3181 页。

川。四渎者，江、河、淮、济也。"① 东汉采用正月郊天礼，与周礼"冬日至，祀天于南郊"时间大致相合。为什么冬至祭祀天？《汉书》载："冬至阳气生，君道长，故贺。"古人认为，过了冬至，白天时间日渐变长，阳气上升，冬天很快过去，春季即将到来，是值得庆贺的节日。《后汉书》志第五《礼仪志中》载："冬至前后，君子安身静体，百官绝事，不听政，择吉辰后省事。"② 可见冬至这一节气在古人看来十分重要，宜顺应天时，养生静体。

四 五行数理运用促成东汉郊坛与 都城空间关系模数化

汉代郊礼与先秦时期商、周已有的"郊"礼不同③，它虽然与商周时的"郊"有渊源关系，但在西汉"郊"的内涵已发生了巨大的变化，这种变化表现在：其一，它与都城东、南、西、北四个地理方位相对应，而在此之前无固定的空间对应关系；其二，先秦以前的郊礼祭祀的对象庞杂，缺少严密体系，两汉的四郊祭祀对象相对单一、稳定，为魏晋以后规范礼仪提供了参考。汉元帝以后，因儒风日甚，且经学经历汉初以来上百年的发展，吸收阴阳五行之说，儒生们对旧政治哲学体系进行重新整合拟构，形成了以儒家教义为主杂糅阴阳、数术的新儒学。④ 尤其是平帝元始年间王莽对其进行最后修改发挥，终成五郊之制，这一制度在东汉得到进一步确定和完善，尤其以五行数理的运用促成了东汉郊坛与都城空间关系的模数化，使郊坛的选址、距离、形制等重要技术参数首次明确。继之，东汉末郑玄等人对三礼作注，基本确立了中国古代都城礼制建筑的规划原则，对后代产

---

① 《史记》卷二八《封禅书》，中华书局 1959 年版，第 1357 页。
② 《后汉书》，中华书局 2000 年版，第 3125 页。
③ 贺业钜：《考工记营国制度研究》，中国建筑工业出版社 1985 年版。
④ 蒙鸿波：《试论西汉新儒学理论体系的生成》，《唐都学刊》2008 年第 6 期；韩国河：《汉长安城规划思想辨析》，《郑州大学学报》2001 年第 5 期。

生了巨大的影响。①

下面结合东汉洛阳都城形制，对郊坛方位、距离进行一些推拟（见图1）。需说明的是下图中方位和距离的推测点并未以宫殿为基准，原因是东汉洛阳有南、北二宫，北宫地位重于南宫，五郊坛以何宫为基准从文献和考古成果皆不能证实，而后世文献中有记载的皆以都城门为相关测距点，如北魏恢复五郊坛制也是以都城门为基准。

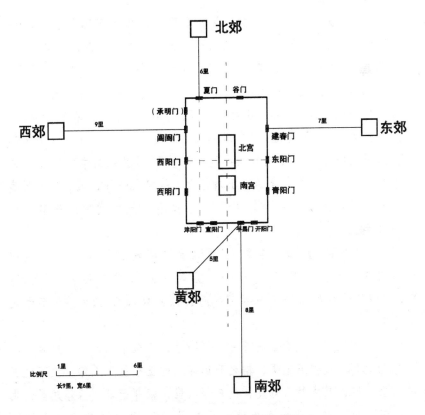

图1 东汉五郊方位、距离推拟想象图

《魏书》卷五十五《刘芳传》载：

---

① 姜波：《汉唐都城礼制建筑研究》，文物出版社2003年版，第88页。

芳以所置五郊及日月之位，去城里数，于礼有违，又灵星、周公之祀，不应隶太常，乃上疏曰：臣闻国之大事，莫先郊祀，郊祀之本，实在审位。是以列圣格言，彪炳绵籍；先儒正论，昭著经史。臣学谢全经，业乖通古，岂可轻荐瞽言，妄陈管说。窃见所置坛祠远近之宜，考之典制，或未允衷，既曰职司，请陈肤浅。

《孟春令》云"其数八"，又云"迎春于东郊"。卢植云："东郊、八里之郊也。"贾逵云："东郊，木帝太昊，八里。"许慎云："东郊，八里郊也。"郑玄《孟春令》注云："王居明堂。《礼》曰：王出十五里迎岁，盖殷礼也。《周礼》，近郊五十里。"郑玄别注云："东郊，去都城八里。"高诱云："迎春气于东方，八里郊也。"王肃云："东郊，八里，因木数也。"此皆同谓春郊八里之明据也。（笔者注：刘芳依次引用汉魏儒学家卢植、贾逵、许慎、郑玄、高诱、王肃等六人的经文注释，其中郑玄明确指出是以都城为基点。以下四郊叙述与此相类似，省略相关文字。）

《孟夏令》云"其数七"，又云"迎夏于南郊"。……《中央令》云"其数五"。……《孟秋令》云"其数九"，又曰："迎秋于西郊"。……《孟冬令》云"其数六"，又云"迎冬于北郊"。……

宋氏《舍文嘉》注云："《周礼》，王畿千里，二十分其一以为近郊。近郊五十里，倍之为远郊。迎王气盖于近郊。汉不设王畿，则以其方数为郊处，故东郊八里，南郊七里，西郊九里，北郊六里，中郊在西南未地，五里。"……凡邑外曰郊，今计四郊，各以郭门为限，里数依上。①

北魏礼官刘芳所议内容中把汉代五郊的内容完整梳理了一遍，非

---

① 《魏书》卷五五《刘芳传》，中华书局1974年版，第1222—1223页。

常有助于我们认识汉代五郊坛制度的形成。它既与儒学注疏有关，也与汉代的都城建设相关，汉代都城特征之一就是"不设王畿，则以其方数为郊处"，故北魏世宗营建五郊坛时礼官刘芳建议采取"各以郭门为限，里数依上"的计里做法。可见，北魏的五郊定位计里是以郭城门为城郊距离测定的基准，也非宫城正殿。因此，本文对东汉五郊坛的定位计里以都城门为准。

另外，北魏的郭城门即外郭门，北魏洛阳城由内城和外郭城组成。内城是在东汉、魏晋旧都的基础上建立起来的，其形制和范围，经考古勘查证明，基本与魏晋故城相合。① 其城门数即在汉晋十二城门的基础上增承明门为十三门，其余十二个城门皆为东汉以来旧城门的名称。② 十二城门的规划依据则与十二地支相关，郑玄注《周礼·地官司徒》云："（司徒）之属有司门，下大夫二人，掌授管键以启闭国门，郑玄云：'若今城门校尉，主王城十二门。'"本注："天子城十二门，通十二子。"十二子即十二地支，是三代以来的时空顺序表述法之一，在汉代一统思想的过程中与阴阳五行观念结合而成中国古代主流的时空叙事模式。

洛阳外郭城为北魏迁都后新筑，文献记载仍有许多问题不够明晰，目前尚无定论。③ 唯其东郭门的位置通过文献可以基本确定，杨衒之《洛阳伽蓝记》卷二"城东"记载："出建春门外一里余，至东石桥南北而行，晋太康元年造。桥南有魏朝时马市……桥北大道西有建阳里，大道东有绥民里。"又载，"绥民里东，崇义里"。又载，"崇义里东有七里桥，以石为之，中朝杜预之荆州出顿之所也。七里桥东一里，郭门开三道，时人号为三门"④。上述地点距建春门的里

---

① 中国科学院考古研究所洛阳工作队：《汉魏洛阳城初步勘查》，《考古》1973 年第 4 期。

② （北魏）杨衒之：《洛阳伽蓝记注》，范祥雍注，上海古籍出版社 1999 年版，第 4 页。

③ 孟凡人：《北魏洛阳外郭城形制初探》，《中国历史博物馆馆刊》1982 年第 4 期；金大珍：《试论北魏洛阳城建规模及特点》，《扬州大学学报》2004 年第 6 期。

④ （北魏）杨衒之：《洛阳伽蓝记注》，范祥雍注，上海古籍出版社 1999 年版，第 4 页。

程，以"方三百步为一里"推算，并考虑城内里坊间以及里坊与桥的间距，大致推测崇义里往东距建春门约三里、距七里桥近四里，距郭门约五里。此郭门即为东郭门的位置所在，据此也可推算建春门距东郭门为二里。又，北魏洛阳城的规模、里坊等布局在世宗景明二年（501）时大体固定，外郭门至此也才大体稳定，以这晚出的郭门为郊坛的定位测距依据，实际也是一种基于现实考虑的务实之举。

因此，东汉郊坛的位置规划不是轴线对称的几何规划，而是中国道家哲学观念下的阴阳五行、天干地支等为内涵的宇宙图式规划，体现的是天－地－人三才合一的思想。五行数理规划中体现的易道数理思想，是古代五行术数对当时城市规划的重大影响，它在东汉得以加强。

都城外是郊坛，呈散状分布。四面环绕，形成对宫城的最外层围护。在都城空间上的直观感受是，它以宫城为核心，四郊坛为散点，若把四散点连接成线，就成为都城外围空间的边界。郊坛制反映了汉以来古代都城建设过程中城、郊关系的逐渐定型。都城内城墙围护，都城外则是郊坛向心拱卫，呈现一虚拟态的环状模式，这一环状模式也显示了都城规模的大致界限。

这样的图景也为我们勾勒出了一副郊坛与都城的空间意象，借此可以明晰古代都城的规模大小可以用城墙、城门来界定，都城的发展空间与未来规模似乎可由郊坛来界定。郊坛赋予城市人神共存的神秘感，这也形成我国古代都城一大突出特征。这既是古老习俗的体现，又是崇拜自然和哲理的象征，是人对自然的崇拜在城市规划中最生动、最完美的反映。《礼记·檀弓下第四》载："墟墓之间，未施哀于民而民哀；社稷宗庙之中，未施敬于民，而民敬。"[①] 这是中国古代精神旨归下的坛庙建筑所特有的环境氛围。这种环境也长期不懈地熏陶着皇天后土上的万千子民。

汉代时人已认识到"帝王之事莫大乎承天之序，承天之序莫重

① 王文锦：《礼记译解》，中华书局 2001 年版，第 146 页。

于郊祀"①，郊礼在皇权时代的重要性不可替代。但在处理"人"与神祇的空间位置关系时，仍有尚需解释的问题，如社稷坛与郊坛，一个距离宫城近，在宫城外、都城内；另一个在都城外的近郊地带。两者距离宫城远近不同，这是否反映了两套人神亲疏关系？这些问题，有待我们进一步研究。

总之，通过以上考察，我们可以得出如下结论，即郊坛制度经过两汉时期的历史演变，它内在地影响了两汉都城长安、洛阳的城市形态和城市规划。西汉的郊坛规划持续时间较长，于西汉后期才最终确立。至东汉，城郊规划中已经依据五行数理确立固定的五郊坛位置和距离。从城、郊空间布局关系上，我们可以看出中国古代的都城规模控制理念在东汉正式体现为依据五行模数的数理规划，城市的空间尺度亦受数理规划之限制，这是古代城市规划的巨大进步，并对后世有重要影响。数理规划中体现的易道数理思想，属古代五行术数范畴。总之，两汉都城规划一方面受儒家道德观的影响，另一方面也受易道数理影响，前者体现德性，后者则体现了某种科学理性。

---

① 《汉书》卷二五《郊祀志下》，中华书局 2000 年版，第 1253 页。

《三国志》历代史评价值初探

金　霞　李传军

（青岛大学　哲学与历史学院）

　　《三国志》65 卷，晋陈寿著，刘宋裴松之注。《三国志》是二十四史中的"前四史"之一，是记载东汉末年至魏蜀吴三国鼎立时期史事的重要历史文献，也是中国古代典籍中最被人喜爱和广泛阅读的书籍之一。

　　《三国志》作为研究三国时期历史的重要史料，深受历代学者的重视。从宋代司马光到近人陈寅恪，许多有关三国魏晋史事的著作文章都赖是书以写成，因此研究《三国志》的考史专家历代不绝，其中尤以清代学者赵一清、钱大昕、潘眉、梁章矩、钱仪吉等为著，他们都曾为《三国志》作注。在中国历代对《三国志》的研究著作中，有一类取得了令人瞩目的成绩，即历代史家围绕《三国志》对三国史事的评论之作，代表作有宋人唐庚的《三国杂事》、叶适的《习学记言》、清人何焯的《义门读书记》、牛运震的《读史纠谬》、周寿昌的《三国志证遗》，民国李景星的《三国志评议》。此外，涉及《三国志》史评的古代学人的文集和杂著，总计有百十余种。这些是简称《三国志》的史评类著作。

　　中国传统史学中的史评类著作，是中国古代史学发展到一定程度的必然产物。《三国志》历代史评基于中国传统史学特有的话语体系和阐释方法，论史法，评史事，品人物，考制度，对《三国志》的编撰体例、重大历史事件的因果关系和历史影响、历史人物的功过是非和道德品质、三国时期重要的政治制度等，都有精辟的分析和论断，对研读三国历史极有裨益。

一 《三国志》历代史评的产生和发展

"史评"类著作是被《四库全书总目提要》单独分类的古代史学著述体裁。史评来源于古代的颂赞，《文心雕龙·颂赞》篇云："颂者，容也，所以美盛德而述形容也。""赞者，明也"，赞扬历史人物在于"揄扬以发藻，汪洋以树义"。《春秋左传》在纪事后往往以"君子曰"的形式对事件的是非得失进行评价。如隐公二年，宋穆公将卒，按照其父亲宋宣公的遗愿选贤与能，出公子冯，立宋殇公。对这一事迹，左丘明就以"君子曰"的形式予以肯定："君子曰：'宋宣公可谓知人矣。立穆公，其子飨之，命以义夫。《商颂》曰：'殷受命咸宜，百禄是荷。'其是之谓乎！'"① 后来司马迁《史记》每篇纪传篇末的"述赞"及以"太史公曰"的形式出现的评论，就是对这一史学传统的继承和创新。《史记》"太史公曰"内容丰富，涉及政治、经济、军事、思想、文化、天文、地理、历史、伦理、世俗、形势、人事等，其内容往往可以补篇中所未备。其文议论宏阔，笔势纵横，言辞精练，旨义深微，或考证古史，或叙游历见闻，或揭示取材义例，或明述作之旨，或褒贬人物，或纵论史事，皆直抒胸臆，观点鲜明，别开生面②，开辟了历代史评的新纪元。后来班固《汉书》纪传篇末的"赞曰"，陈寿《三国志》篇末的"评曰"也都是承续《史记》这一传统，"托赞褒贬"、讽议古今的史评之作。③ 元代学者郝经认为，史评即史论，是东汉末年至魏晋时期新兴的一种文章体裁："评，先秦二汉所未有，桓、灵之季，宦戚专朝，学士大夫激扬清议，题拂品核，相与为目，如曰'天下模楷李元礼'、'不畏强御陈仲举'。许劭在汝南，而为'月旦评'，评之名昉此。至陈寿作

---

① （清）阮元校刻：《十三经注疏·春秋左氏传》隐公元年——十一年，中华书局1980年版，第1712页。

② 张大可：《司马迁评传》，南京大学出版社2004年版，第117页。

③ （梁）刘勰：《文心雕龙注》，范文澜注，人民文学出版社1958年版，第156页。

《三国志》，更'史赞'曰'评'，而始名篇，然特'论'之异名也。"① 这种看法，虽然没有能够指明史评这一史学类别的渊源，但其史评即史论的观点是正确的。及至唐朝官修《晋书》，唐太宗李世民亲自操觚为《宣帝（司马懿）纪》《王羲之传》作"制"，以皇帝御制史评的形式表达对篡权者的贬斥和一代书法大师的敬仰之情，更说明中国古代统治阶层对于史书评论的重视，所谓"褒见一字，贵逾轩冕；贬在片言，诛深斧钺"②，史评承担的重要史学功能，由此可见一斑。

《三国志》史评出现很早。《三国志》自书成之日起，就受到世人的普遍关注。据《隋书·经籍志》记载，最早的《三国志》史评专著是东晋学者何琦所作的《三国评论》九卷，是书又称《论三国志》。另外，东晋徐众撰有《三国志评》三卷，东晋时还有王涛撰《三国志序评》三卷。裴松之在注《三国志》中的《臧洪传》《程昱传》《黄权传》《顾雍传》《全琮传》《周舫传》《钟离牧传》《是仪传》时，就曾引用过晋代学者徐众的《三国评》。③ 除徐众的《三国志评》在裴松之《三国志注》里有少量征引而保存到今天外，上述著作都已散佚。西晋元康七年（297），《三国志》作者陈寿去世。朝廷下令命河南尹、洛阳令到陈寿家抄录《三国志》，藏于官府，标志着《三国志》正式得到官方的认可，并开始广泛传播。东晋孝武帝太元九年（384），《汉晋春秋》的作者习凿齿去世，所著《汉晋春秋》批评陈寿以魏为正统的观点，应以蜀为正统，后世特别是宋代学者受其影响很深。南朝宋元嘉三年（426），宋文帝以陈寿《三国志》过于简略，命裴松之"采三国异同"，为《三国志》作注。元嘉六年，裴松之《三国志注》撰成。南朝齐和帝中兴元、二年（501—502），刘勰《文心雕龙》问世，其中《史传篇》为中国古代史学评

---

① （元）郝经：《续后汉书》，齐鲁书社 2000 年版，第 849 页。
② （梁）刘勰：《文心雕龙注》，范文澜注，人民文学出版社 1958 年版，第 284 页。
③ 《三国评》在《隋书·经籍志》中列在正史，《新唐书·艺文志》列在杂史。《通典》卷八十有"东晋成帝咸康中有黄门郎徐众驳王濛奔丧议"。又卷九十五，有"晋徐众论徐恩龙事"，又有"散骑常侍徐众论庾左丞孙见事"。徐众或即此人。

论名著，篇中对《三国志》给予高度评价，认为"及魏代三雄，纪传互出，《阳秋》、《魏略》之属，《江表》、《吴录》之类，或激抗难征，或疏阔寡要，唯陈寿之《志》，文质辨洽，荀、张比之迁、固，非妄誉也"。公元656年，唐显庆元年，《五代史志》修成，是书将《三国志》归入正史类，位居前四史之列。《隋书·经籍志》记载："及三国鼎峙，魏氏及吴，并有史官。晋时，巴西陈寿删集三国之事，唯魏帝为纪，其功臣及吴、蜀之主，并皆为传，仍各依其国，部类相从，谓之《三国志》。"① 由此肯定了《三国志》在中国古代史学上的地位。唐中宗景龙四年（710），刘知幾的史学评论巨著《史通》撰成。书中围绕《三国志》的编纂体例、陈寿史见、陈寿史学思想，对《三国志》作出见解独到的评论，开创了《三国志》研究史的批评之风。北宋咸平六年（1003），《三国志》最早的刻本——国子监刻本刊行。② 其后，《三国志》的史评著作如唐庚的《三国杂事》，《三国志》的改作如宋人李杞改作《三国志》，元代萧畅改修《续后汉书》，乃纷纷涌现，《三国志》及三国史事，才能普及大众，以至于成为说书娱乐和街谈巷议的重要题材。高承《事物纪原》卷九《影戏》记载："仁宗时，市人有能谈三国事者，或采其说，加缘饰作影人，始为魏、蜀、吴三分战争之像。"③ 由此可见，《三国志》在古代的传播和被读者的广泛接受，与《三国志》史评著作的出现和推动是密切相关、相互促进的。

真正以历史的自觉地精神和手法对三国时期的人物和历史事件进行深入的研究，肇始于宋代而繁盛于明清。宋人唐庚的《三国杂事》、叶适的《习学记言》；明末清初王夫之的《读通鉴论》、顾炎武的《日知录》；清人何焯的《义门读书记》、牛运震的《读史纠谬》、赵翼的《十七史商榷》、钱大昕的《廿二史考异》、李慈铭的《越缦堂读书记》及民国李景星的《四史评议》，此其荦荦大者。其他诸如

---

① （唐）魏徵等撰：《隋书·经籍志》，中华书局2000年版，第647页。
② 参见吕美泉《〈三国志〉研究编年史略》，《通化师范学院学报》1999年第3期。
③ 陈翔华：《三国故事剧考略》，见周兆新主编《三国演义丛考》，北京大学出版社1995年版，第367—368页。

宋人洪迈的《容斋随笔》、王应麟的《困学纪闻》、王鸣盛的《廿二史札记》，也往往有不少章节段落涉及三国史事的评论。散见于其中的评论，有的不乏真知灼见，可以启迪人们读史的智慧，有的可以拓展读者的思路，增益读者的思考和研究，即使是对《三国志》文学艺术的品评和鉴赏，也颇能引人入胜，增进读者阅读的情致和感受，可谓开卷有益。

二 《三国志》历代史评的学术价值

关于史评这一类著作，往往被人诟病为是非不一，空发议论，如四库馆臣认为："《春秋》笔削，议而不辨。其后三传异词。《史记》自为序赞，以着本旨。而先黄老，后六经，退处士，进奸雄，班固复异议焉。此史论所以繁也。其中考辨史体，如刘知几、倪思诸书，非博览精思，不能成帙，故作者差稀。至于品骘旧闻，抨弹往迹，则才绪史略，即可成文。此是彼非，互滋簧鼓，故其书动至汗牛。又文士立言，务求相胜。或至凿空生义，僻谬不情……故瑕类丛生，亦惟此一类为甚。"① 固然如此，但往往也有极具价值的著作，如唐代刘知幾的《史通》、清代章学诚的《文史通义》，都对中国古代史学理论的发展做出了创造性的探索；至于王夫之的《读通鉴论》，对中国历代政治得失的探讨，尤其能够抉隐发微，振聋发聩。所以，"博览精思"的史评著作，其价值是不容否定的。

大体而言，《三国志》历代史评具有以下几个方面的学术价值。

第一，《三国志》历代史评有助于深化人们对中国古代史学理论的认识和理解

我国古代的史学名著《文心雕龙·史传篇》《史通》《文史通义》等提出了一系列深刻的史学理论，如概括史学的功能是"表征

---

① （清）永瑢等撰：《四库全书总目》卷八八《史部·史评类》序，中华书局1965年版，第750页。

盛衰，殷鉴兴废"，"彰善瘅恶，树之风声"①，史书的体例"六家、二体"，史书的撰述方法，编年纪事要"错综成篇，区分类聚"②，文笔务求"简要"③，叙事追求"属词比事，疏通知远"④，倡导直书的精神，"不掩恶，不虚美"，"书法不隐"⑤，优秀史家的素养要兼具才、学、识"三长"⑥，等等。这些理论，如果不结合具体的史书和史事来理解，或者没有名家的指引和分析，也就只能停留在泛览史籍、无所会心的层面。在"前四史"中，《三国志》是较受历代学者关注的一部，名家学者的史评，见解独到，独具匠心，的确能够启迪人们读史的悟性与会心。

《三国志》存在很多类传，即很多相关的人物合为一卷的现象，将他们聚集在一起的逻辑关系如何，有的很明显，如《诸夏侯曹传》，是曹魏政权宗室的传记，《关张赵马黄传》是蜀汉政权的所谓五虎上将，但有的并不容易理解，《三国志》史评在此就多有合理的解读，如李景星《四史评议·三国志·魏书·袁张凉国田王邴管传》："袁涣、张范、凉茂、国渊、田畴、王脩、邴原、管宁，此八人者虽学有浅深，行有醇薄，而气节皆有可取，故以之合传。"《四史评议·三国志·蜀书·刘彭廖李刘魏杨传》："刘封、彭羕、廖立、李严、刘琰、魏延、杨仪，皆臣节不终，故合传。"《四史评议·三国志·吴书·张顾诸葛步传》："张昭、顾雍、诸葛瑾、步骘，皆吴开国重臣，故合传。"此正所谓"错综成篇，区分类聚"；《三国志》号称文笔简质，王鸣盛《十七史商榷》就《三国志》董袁等传详细

---

① （梁）刘勰著，范文澜注：《文心雕龙註》，人民文学出版社1958年版，第283页。

② （唐）刘知幾著，（清）浦起龙通释，王煦华整理：《史通通释》卷四《内篇·编次》，上海古籍出版社2009年版，第94页。

③ （唐）刘知幾著，（清）浦起龙通释，王煦华整理：《史通通释》卷四《内篇·叙事》，上海古籍出版社2009年版，第156页。

④ 同上书，第153页。

⑤ （唐）刘知幾著，（清）浦起龙通释，王煦华整理：《史通通释》卷四《内篇·直书》，上海古籍出版社2009年版，第179页。

⑥ （后晋）刘昫等：《旧唐书》卷一〇二《刘子玄传》，中华书局2000年版，第2150页。

分析过这个特点:"董卓、袁绍、袁术、刘表等传以范书较之,范之详几倍于陈寿,凡裴松之所采以入注者,皆范氏取入正文者也。陈之精简固胜于范";至于《三国志》的直笔和"不虚美,不隐恶"的特点,洪迈《容斋随笔》指出:"曹操为汉鬼蜮,君子所不道,然知人善任使,实后世之所难及。"① 一方面对曹操篡逆的行为给予贬斥,另一方面又赞扬他善于用人,可谓典型的证明。再如周寿昌《三国志注证遗》曰:"曹操之父嵩既莫能审其生出本末;操后卞氏又本倡家;丕之甄后,明帝之母也,又本袁熙之妇;其家世内外本末,概可想见。承祚详叙之,绝不为讳,不可谓非直笔也。"② 当然,如清代赵翼《廿二史札记》卷六"三国志多回护"条所说:"魏文帝甄夫人之卒,据《汉晋春秋》,谓'由郭后之宠,以至于死。殡时被发覆面,以糠塞口'。是甄之不得其死可知也。而魏文纪但书'夫人甄氏卒'。绝不见暴亡之迹。"③ 读者借此也可以明白《三国志》也多有曲笔回护之处,有直笔的书法不隐,也有为尊者讳的曲笔回护——这也正是中国古代正史的特点。

第二,《三国志》历代史评承载和体现着古代史家的政治伦理与道德趋向

如关于曹操的评价。东晋庾亮《武昌开置学官教》认为曹操:"魏武帝于驰骛之时,以马上为家,逮于建安之末,风尘未弭,然犹留心远览,大学兴业。所谓颠沛必于是,真通才也。"④ 宋代洪迈《容斋随笔·曹操用人》:"曹操为汉鬼蜮,君子所不道",明人孙能传《剡溪漫笔》则记载:"司马温公语刘元城:'昨看《三国志》,识破一事。曹操身后事,孰有大于禅代? 遗令谆谆百言,下至分香卖

---

① (南宋)洪迈:《容斋随笔》卷一二"曹操用人",岳麓书社1994年版,第100页。

② (清)周寿昌:《三国志注证遗》卷一《承祚直笔》,《丛书集成初编》第3803册,第13页。

③ (清)赵翼:《廿二史札记》卷七《三国志·魏晋禅代不同》,中华书局1963年版,第108页。

④ (清)严可均辑:《全上古三代秦汉三国六朝文·全晋文》,中华书局1958年版,第1670页。

履，家人婢妾，无不处置详尽，而无一语及禅代事，是实以天子遗子孙，而身享汉臣之名.'"① 认为曹操遗令分香卖履，表面上看是通达的体现，实则是掩饰自己是篡逆之臣的文过饰非之举。关于诸葛亮，陈寿认为他为"识治之良才，管、萧之亚匹矣。然连年动众，未能成功，盖应变将略，非其所长欤?"晋张辅《名士优劣论》认为诸葛亮比古代名将乐毅的将略和功业还要优秀；北魏崔浩《论诸葛武侯》认为陈寿对诸葛亮有过誉之处，实则诸葛亮才能不如管仲、萧何。宋叶适《习学记言》则认为："诸葛亮治蜀，虽不能复汉，然千岁间炳如丹青。"② 胡应麟《少室山房笔丛·史书佔四》则说诸葛亮帮助刘备建立蜀汉，其难度远超管仲相齐桓公的九合诸侯，一匡天下。总之，对历史人物和事件的评价，反映的是史评家本身的史学视野和价值体系。

第三，历代史评是《三国志》有价值的学术衍生品

《三国志》作为重要史籍，"考证之家，取材不竭"，清代学者赵一清、钱大昕、钱仪吉等曾为《三国志》作注。民国学者卢弼汇集各家之注，编成《三国志集解》，可谓是对《三国志》注疏的集大成之作。《三国志》史评类著作也是伴随《三国志》的传播产生的学术衍生品。陈寿在世之日，就有何琦的《三国评论》面世。在北宋南宋变迁、明末清初易代，三国史事和人物引起当时学者更多的共鸣和感想，因而催生了《三国志》史评的学术高产期。历代《三国志》史评，与明代凌稚隆所辑《史记评林》汇集的《史记》历代史评一样，既是中国古代史学发展到一定阶段的必然产物，也是一时文化风气使然的产物，都有较高的学术分量和文化含量，是与原著关联密切的有价值的学术衍生品。

比如，有的读者，受《三国演义》的影响很深，一些常见的典故难免有致误之处，甚至一些博雅之士，也难免有常识性的错误。

袁枚《随园诗话》卷五云："崔念陵进士诗才极佳。惜有五古一

---

① （明）孙能传：《剡溪漫笔》卷五，见《益智编》附刻本。
② （宋）叶适：《习学记言序目》，中华书局 1977 年版，第 178 页。

篇，责关公华容道上放曹操一事。此小说演义语也，何可入诗？何屺
瞻作札，有'生瑜生亮'之语，被毛西河诮其无稽，终身惭悔。某
孝廉作关庙对联，竟有用'秉烛达旦'者、俚俗乃尔，人可不学
耶？"① 王应奎《柳南续笔》云："'既生瑜，何生亮'二语，出《三
国演义》，实正史所无也。而王阮亭《古诗选凡例》、尤悔庵《沧浪
亭诗序》，并袭用之。以二公之博雅，且犹不免此误；今之临文者可
不慎欤！"②

　　所以，历代学者对《三国志》的研究和评论，虽不免有空发议
论的平庸之作，但大多均不乏真知灼见，可以启迪人们读史的智慧，
有的可以拓展读者的思路，增益读者的思考和研究，即使是对《三
国志》文学性的品评和鉴赏，也颇能引人入胜，增进读者阅读的情
致和感受，可谓开卷有益。

三　历代史评与《三国志》和三国史研究

　　《三国志》历代史评基于中国传统史学特有的话语体系和阐释方
法，论史法，评史事，品人物，考制度，对《三国志》的编撰体例，
重大历史事件的因果关系和历史影响，历史人物的功过是非和道德品
质，三国时期重要的政治制度等，都有精辟的分析和论断，对研读三
国历史极有裨益。自宋人司马光到今人陈寅恪、田余庆等著名学者的
研究无不受到启发。

　　第一，论史法。史法，也就是史书撰写的体例及其蕴含的史学宗
旨和意义，是史书编撰者基于特定的历史观而采取的史书编次形式和
文本呈现方式。《史通·内篇·序例》云："夫史之有例，犹国之有
法。"可见史法是史书编写的根本。"错综成篇，区分类聚"，也就是
以人物为主，区分类例，再在统一人物的传记中贯彻年经事维的写作
方法，这就是纪传体史书的基本编撰方法。当然，为了尽可能呈现历

---

　　① （清）袁枚：《随园诗话》卷五，人民文学出版社1982年版，第164页。
　　② （清）王应奎：《柳南续笔》卷一，《丛书集成初编》第2962册，第117页。

史的丰富性，中国古代史家还发明除了书、表、志等形式作为纪传体史书不便记叙制度、经济、文化等方面内容的补充。与《史记》《汉书》不同，《三国志》没有书、表、志等专题，是单纯的纪传体史书而言，又因为三国分立，因而哪国在前，哪国在后，如何选择人物，怎么样对待特殊人物，按什么样的顺序编次人物传记也是十分重要的问题。

如《三国志·蜀书》部分首篇并不是如《汉书》或后世正史一样将刘备传记作为开篇，而是将刘焉、刘璋传记作为开篇。这是何意呢？一般读者很难说清其中的道理。李景星《三国志评议·刘二牧传》在总结清代学者何焯、牛运震、李清植等人的观点上提出了自己的看法："《蜀书》首《刘二牧传》，论者不一。何氏焯曰：'二牧不从董、袁之例，而列《蜀志》，非夷昭烈于割据也。王者之兴，先有驱除，评云'庆钟二主，即以汉家故事明统绪所归，天祚真主，即二牧犹不得以阑干耳。其文则若霸主之思，其义莫非天子之事，遗臣故主之思，渊矣哉！'李氏清植曰：'焉、璋以枝叶之亲，而阴怀攘窃之志，汉帝既尝收戮其二子，则亦与于叛乱之数者也。《蜀志》之首二牧，所以明先主之取益于义为可，又将以董扶所谓'益州有天子气'者为季兴受命之符。'何焯之论确矣，而未尽也。牛氏运震曰：'《刘焉传》应在《后汉书》，即列《蜀志》亦宜次于先主之后，不应公然在前也。如以刘焉割据在先而列之卷首，则袁绍、陶谦等皆可列于魏武之前乎？必不然矣。焉、璋，父子也，以焉统璋可矣，今称'刘二牧'，亦不伦。'……盖《蜀志》之首二牧，变例也。何为乎其用变例？殊蜀于魏、吴也。其殊蜀予魏、吴若何？魏之篡也，吴之僭也，皆无所承也。焉受汉命，作牧益州，一传而后，仍归先主。虽让夺之间不无可议，而以刘氏之裔承刘氏之业，与篡僭者固自不同。故陈氏载笔，微以见意。以魏为正统者，魏灭汉也；殊蜀于魏、吴者，汉之统绪未终绝也。传中详董扶谓焉之言，见蜀有可乘之势；详刘璋出降之言，见璋非守蜀之人。总而言之，是为传先主作用，非专为二牧也。"这样，把刘焉、刘璋与蜀汉政权的历史关系和逻辑关联就说得较为透彻了。

此外，在史法中特别重视史才和史识是《三国志》历代史评的一个重要特点，这突出地表现在对《三国志》作者陈寿的所谓正统观问题的看法。

刘知幾在《史通·文德篇》里提出："史有三长，才、学、识也"，清人章学诚在其《文史通义》于史才、史学、史识之外，又增加了"史德"之说，并说："非识无以断其义，非才无以善其文，非学无以练其事……记诵以为学也，辞采以为才也，击断以为识也，非良史之才、学、识也。……能具史识者，必知史德。德者何？谓著书者之心术也。"质言之，史才是编纂史书、组织篇章的才能；史学是收集资料、探究史实的学问；史识是对历史规律、史学功能认识能力；史德是正确的历史观和价值观。各家三国史评著作，对陈寿的编纂《三国志》的史法多有评议，其中比较集中的问题是魏、蜀、吴应以谁为正统的争论。《三国志》以何为正统的问题，唐庚《三国杂事》认为："魏明帝问黄权曰：'三国鼎立，何者为正？'权对曰：'当以天文为正。往岁荧惑守心，文皇帝崩，吴蜀平安，此其证也。'权推魏为正统，未必不然。"① 王应麟《困学纪闻》说："习凿齿《汉晋春秋》，以蜀汉为正。……三国鼎峙，司马公《通鉴》以魏为正统，本陈寿。朱子《纲目》以蜀汉为正统。本习凿齿。"② 明王夫之指出："以先主绍汉而系之正统者，为汉惜也；存高帝诛暴秦、光武讨逆莽之功德，君临已久，而不忍其亡也。若先主，则恶足以当此哉？"③ 牛运震指出："先主、后主《传》并以编年纪事，实纪体也，降之为传，屈于魏也。《史记》于项羽，公然以本纪列于诸帝之前，寿在晋时，已非魏臣，即不帝蜀，其叙先主、后主，亦宜别有名目，如晋载纪之例，而乃以传贬邪？况寿曾为蜀臣者乎。"④

---

① （宋）唐庚：《三国杂事》，学海类编本。
② （宋）王应麟著，（清）翁元圻等注，栾保群、田松青、吕宗力校点：《困学纪闻》卷一三《考史》，上海古籍出版社 2008 年版，第 1497 页。
③ （清）王夫之：《读通鉴论》卷一〇《三国》，中华书局 1975 年版，第 305 页。
④ （清）牛运震：《读史纠谬》卷四《三国志·先主传》，李念孔等点校，齐鲁书社 1989 年版，第 186 页。

　　章学诚指出，对待古代史学家要持恕道："论古必恕，非宽容之谓也。……能为古人设身而处地也。"他指出："昔者陈寿《三国志》，纪魏而传吴、蜀，习凿齿为《汉晋春秋》，正其统矣。司马《通鉴》仍陈氏之说，朱子《纲目》又起而正之。'是非之心，人皆有之。'不应陈氏误于先，而司马再误于其后，而习氏与朱子之识力，偏居于优也。而古今之讥《国志》与《通鉴》者，殆于肆口而骂詈，则不知起古人于九原，肯吾心服否邪？陈氏生于西晋，司马生于北宋，苟黜曹魏之禅让，将置君父于何地？"① 平心而论，陈寿在蜀灭后，出仕晋朝，故在撰写《三国志》时必有所顾忌，而晋与魏乃是通过"禅让"这种合法形式改朝换代的一脉相承的政权，而魏灭蜀，晋灭吴，故以魏为正统，既迎合晋朝当权者的必要手段，也符合历史事实和逻辑。

　　第二，评史事。 史事是确定的历史事件，但并非所有的时间都具有载诸史籍的价值，因而史书所记载的往往是关键的具有历史影响的事件。史事的历史意义，在于其本身的历史影响，也在于史事产生相关的前因后果，与蕴含其中的局势、趋势、发展和变化等规律性的因素。中国古代的史书，限于其体裁，往往以人物传记和书、表、志的形式来呈现历史的面貌，而很难以专门的章节深入研讨历史事件发展的深层原因，总结历史发展的规律，指出历史前进的道路和走向，因而很难清晰地做到"究天人之际，通古今之变"，这种缺憾恰恰给后世学者留下了大量的研究空间。虽然，早在西汉时期，贾谊的《过秦论》就以史论的方式探讨过秦朝统一六国和迅速灭亡的历史原因和历史教训。以《史记》为代表的古代正史也开启了以"太史公曰"和"史臣曰"的形式简要评价历史人物和事件的史学体式。可是，限于篇幅和体裁，这种议论只能是提纲挈领、点到为止的评述，不可能也无法展开对该人物和事件的专题研究。对这些深层次的史学问题，非有精深的研究则难以窥其堂奥，这就是后世史评类著作应运而生的主要原因。《资治通鉴》的胡三省注是这样，王夫之的《读通鉴

---

① （清）章学诚：《文史通义校注》，叶瑛校注，中华书局1985年版，第278页。

论》更是如此。《三国志》的史评类著作除少数考释名物、制度的内容之外，多数也正负担着这样的功能。

比如，前引赵翼《廿二史札记》中的"三国之主用人各不同"就是研究三国时期君主人才政策的一篇言之有据、议论透彻的史学论文。至于"魏晋禅代不同"条，更是通过详细对比曹魏代汉的历史背景，汉魏禅代的礼仪形式，曹操、曹丕对待禅让的谨慎态度以及对汉献帝的礼遇做法等，与司马氏代魏的充满阴谋、暴力、弑君的过程相比较，得出了汉魏、魏晋禅代"其功罪不可同日语矣"的结论。①

又如，《三国志》正史的记载和民间的见解一般都认为刘备与诸葛亮的政治关系犹如鱼之于水②，刘备对诸葛亮一直言听计从、信任有加。对此，明代学者王夫之首先表示怀疑："谈君臣之交者，竞曰先主之于诸葛。伐吴之举，诸葛公曰：'孝直若在，必能制主上东行。'公之志能尽行于先主乎？悲哉！公之大节苦心，不见谅于当时，而徒以志决身歼遗恨终古，宗泽咏杜甫之诗而悲惋以死，有以也夫！"③ 清学者何焯既而指出刘备生前与诸葛亮关系的实质："先主外出，亮尝镇守成都，足食足兵。当先主时，但寄以萧何之任。"④ 这种观点后来启发了著名史学家田余庆先生的深思，《"隆中对"再认识》一文由此而完成。

第三，品人物。三国时期，人才之盛，史有定评。汉末随着月旦评和清议的开始，并随着九品中正制度的建立，品评人物既成了时髦的社会风气，也有了制度性的要求。许邵对曹操"乱世之奸雄，治世之能臣"的评价，既著名，也影响久远。其他如以"卧龙""凤雏"比喻诸葛亮和庞统的高标傲世，"曲有误，周郎顾"所反映的周瑜的文采风流，都给后世读者留下了深刻的印象。流风所及，陈寿在

① （清）赵翼：《廿二史札记》卷七《三国志·魏晋禅代不同》，中华书局1963年版，第131页。

② 《三国志·蜀书·诸葛亮传》："于是与亮情好日密。关羽、张飞等不悦，先主解之曰：'孤之有孔明，犹鱼之有水也。原诸君勿复言。'羽、飞乃止。"

③ （清）王夫之：《读通鉴论》卷一〇《三国》，中华书局1975年版，第306页。

④ （清）何焯：《义门读书记》卷二七《三国志·蜀志·诸葛亮传》，崔高维点校，中华书局1987年版，第462页。

《三国志》中每篇传记的结尾都以"评曰"的简练文字，对传主的功过是非做一总结性的评论，以起到总括一生、画龙点睛的作用。如在《蜀书·诸葛亮传》的评语："评曰：诸葛亮之为相国也，抚百姓，示仪轨，约官职，从权制，开诚心，布公道；尽忠益时者虽雠必赏，犯法怠慢者虽亲必罚，服罪输情者虽重必释，游辞巧饰者虽轻必戮；善无微而不赏，恶无纤而不贬；庶事精练，物理其本，循名责实，虚伪不齿；终于邦域之内，咸畏而爱之，刑政虽峻而无怨者，以其用心平而劝戒明也。可谓识治之良才，管、萧之亚匹矣。然连年动众，未能成功，盖应变将略，非其所长欤！"① 就可以作为诸葛亮治蜀的定评。《三国志》历代史评对人物加以臧否，既符合历史研究的逻辑，也符合民众和读者的期待。如《容斋随笔》的"魏明帝容谏"，李慈铭《越缦堂读书记》咸丰辛酉（1861）三月十四日日记对高贵乡公"真三代后不多见之令主"的评价，叶适《习学记言》对"陈登以雄豪自许"的批评，李景星《四史评议》对荀彧父子的评价，顾炎武《日知录》卷十三《陈思王植》对曹植"闻魏氏代汉，发服悲哭"的评论，赵翼《廿二史札记》卷七"关张之勇"考证，王鸣盛《十七史商榷·三国志》"姜维志在复蜀"的探讨，等等，都是对魏晋历史人物评价流风余绪的传承，《三国志》读者因此也能够对三国人物知人论世，得以有全面的把握。

三国史评家对人物的评论并非任意臧否，一般都是基于扎实的研究基础之上得出的结论。比如关于关羽、张飞的武勇，《三国志·蜀书·关张赵马黄传》并没有的特殊的记载，但赵翼在《三国志》中搜集了其他人物的传记和后世人物对关张武勇的赞美："汉以后称勇者必推关张。其见于二公本传者：袁绍遣颜良攻刘延于白马。曹操使张辽、关羽救延。羽望见良麾盖，即策马刺良于万人之中，斩其首还，绍将莫能当者。当阳之役，先主弃妻、子走，使张飞以二十骑拒后。飞据水断桥，瞋目横矛曰'身是张益（翼）德也，可来共决

---

① （晋）陈寿：《三国志》卷三五《蜀书·诸葛亮传》，中华书局 1959 年版，第 933 页。

死。'敌皆无敢近者。二公之勇，见于传记者止此。而当其时无有不震其威名者。魏程昱曰'刘备有英名，关羽、张飞皆万人之敌。'（魏志昱传）刘奕劝曹操乘取汉中之势进取蜀，曰'若小缓之，诸葛亮明于治国而为相，关羽、张飞勇冠三军而为将，则不可犯矣！'（魏志奕传）此魏人之服其勇也。周瑜密疏孙权曰'备以枭雄之姿，而有关羽、张飞熊虎之将，必非久屈为人用者。'（吴志瑜传）此吴人之服其勇也。不特此也。晋刘遐每击贼，陷坚摧锋，冀方比之关羽、张飞。（晋书遐传）符秦遣阎负殊使于张元靓，夸其本国将帅有王飞、邓羌者，关张之流，万人之敌。秃发辱檀求人才于宋敞，敞曰'梁崧、赵昌，武同飞、羽。'李庠膂力过人，赵廞器之曰'李元序，一时之关张也。'（皆晋书载记）宋檀道济有勇力，时以比关羽、张飞。（宋书道济传）鲁爽反，沈庆之使薛安都攻之。安都望见爽，即跃马大呼直刺之，应手而倒。时人谓关羽之斩颜良，不是过也。（南史安都传）齐垣历生拳勇独出，时人以比关羽、张飞。（齐书文惠太子传）魏杨大眼骁果，世以为关张弗之过也。（魏书大眼传）崔延伯讨莫折念生，既胜，萧宝寅曰'崔公，古之关张也。'（魏书延伯传）陈吴明彻北伐高齐尉，破胡等十万众，来拒有西域人，矢无虚发，明彻谓萧摩诃曰'若殪此胡，则彼军夺气，君有关张之名，可斩颜良矣！'摩诃即出阵，掷铣杀之。（陈书摩诃传）以上皆见于各史者。可见二公之名，不惟同时之人望而畏之，身后数百年，亦无人不震而惊之。威声所垂，至今不朽，天生神勇，固不虚也！"[1] 通过连类旁证，广泛征引史料，证明后世人物对关羽、张飞武勇的赞美，类似这种纵横古今评论，确乎可以弥补《三国志》本传的不足，而增益关羽、张飞武勇的风采。

第四，考制度。制度是一朝一代政治、军事、法律等体系的总和，也是历史发展的结构性环境和深层次背景。《三国志》历代笺注家多用心于此，创获甚多，特别是以赵翼《廿二史札记》最为著名。

---

① （清）赵翼：《廿二史札记》卷七《三国志·关张之勇》，中华书局 1963 年版，第121 页。

《三国志》史评往往聚焦于人物和事件，对此着墨不多，但偶有论及，也不乏深刻之见。如唐庚《三国杂事》谓："汉初置丞相、御史府，后置三公府，将帅出征，置幕府，军罢即废，不常置也。今魏既置三公而懿等并为大将军开府京师，此何理耶？公室之卑，盖自此始矣。"这是将大将军开府制度化看作皇权衰落、强臣秉政的肇端。另外，清王鸣盛《十七史商榷·三国志》"州郡中正"条对《三国志》《晋书》《宋书》《南齐书》《魏书》有所记载但都没有讲清楚的，而对魏晋南北朝史影响深远的州郡中正掌选举的制度进行了深入考辨，指出其中正选举有一个重品行到重门第的转变过程，对于魏晋南北朝门阀士族的形成有重要影响。[①] 这样的考辨，不仅对于研究三国史有益，对于认识汉唐时期中国社会和政治的变革也颇具启发意义。

第五，谈文化。魏晋时期，玄学盛行，清谈老庄义理，蔚为一代风尚。然则清谈与当时及其后政治的关系如何，古人笼统称之为"清谈误国"。明朝学者顾炎武在《日知录》里详细探讨了其肇始与曹魏的正始玄学的影响："魏明帝殂，少帝即位，改元正始，凡九年。其十年，则太傅司马懿杀大将军曹爽，而魏之大权移矣。三国鼎立，至此垂三十年，一时名士风流盛于洛下。乃其弃经典而尚老庄，蔑礼法而崇放达，视其主之颠危若路人然，即此诸贤为之倡也。自此以后，竞相祖述。如晋书言王敦见卫玠，谓长史谢鲲曰，不意永嘉之末，复闻正始之音。沙门支遁以清谈著名于时，莫不崇敬，以为造微之功足参诸正始。宋书言羊玄保二子，太祖赐名曰咸、曰粲，谓玄保曰，欲令卿二子有林下正始余风。王微与何偃书曰，卿少陶玄风，淹雅修畅，自是正始中人。南齐书言袁粲言于帝曰，臣观张绪有正始遗风。南史言何尚之谓王球，正始之风尚在。其为后人企慕如此。然而晋书儒林传序云，摈阙里之典经，习正始之余论，指礼法为流俗，目纵诞以清高。此则虚名虽被于时流，笃论未忘乎学者。是以讲明六艺，郑王为集汉之终。演说老庄，王何为开晋之始。（原注）干宝晋

---

① （清）王鸣盛：《十七史商榷》卷四〇《三国志》"州郡中正"条，北京中国书店1987年版（据上海文瑞楼版影印），第345页。

纪总论曰，风俗淫僻，耻尚失所。学者以庄老为宗，而黜六经。谈者以虚薄为辨，而贱名检。行身者，以放浊为通而狭节信。进仕者，以苟得为贵而鄙居正。当官者，以望空为高而笑勤恪。以至国亡于上，教沦于下。羌戎互僭，君臣屡易。非林下诸贤之咎而谁咎哉！"①

　　总之，《三国志》历代史评是古代学者精心研读《三国志》的心得体会，是历史思考的精华沉淀。历代史评将《三国志》的文本、史事、评论结合起来，既可以克服脱离文本空谈史事的游谈无根，又可以提升读者的认知水准。同时通过《三国志》历代史评，我们还能将1700余年来三国历史与人物在汉唐明清读者中的文化印象与情感共鸣尽收眼底，深化对各个时期历史的领会和认识。

---

　　① （明）顾炎武著，（清）黄汝成集释，栾保群，吕宗力校点：《日知录集释》卷一三《正始》，花山文艺出版社1990年版，第589页。

北魏前期中散官制再探讨

徐美莉

（聊城大学　历史文化与旅游学院）

中散官制度为北魏前期官制的重要内容，学界已对之进行了成果显著的探索，使人得以了解其大概，但依然有值得继续探索的空间，并且借此探索可加深对北魏前期政治与制度的理解，故不揣浅陋将所有探索呈现于此，以求大家指正。

一　相关研究述要

关于北魏前期的中散官制度，郑钦仁先生的专题研究较早也最为全面深入，主要论点为：（1）中散官制的源头可追溯到登国元年拓跋珪重建代国之际所建之内侍制度，具有部族官制、近侍官以及散官的性格，又有储官备才之用。（2）在他所见 15 种中散官中，中散、侍御中散、奏事中散、主文中散 4 种是以职务命名，其他 11 种是显示职务与任职机构关系的命名，为：太卜中散，西台中散，秘书中散，内秘书中散，侍御主文中散，秘书主文中散，龙牧曹奏事中散，外都曹奏事中散，秘书奏事中散，殿内侍御中散，内秘书侍御中散。（3）诸中散官皆为禁中服务官，职责范围甚广，"拓跋氏在'王庭'里所需要的各种人才，似乎都可以授予中散"，也即禁中所需皆可成为中散的职责。（4）诸中散官存在于北魏前期，至孝文帝太和改制的后一阶段废止。从史例来看，诸中散官起始时间有所不同，中散、侍御中散早见于太宗时期；西台中散、秘书中散、奏事中散始见于世祖时期；太卜中散、内秘书中散始见于高宗时期；主文中散始见于显祖时期。（5）诸中散官出身以任子制最多见，臣僚子弟往往以中散官起家；由中书学生为散官也是重要途径；此外也有征召为中散者，或由他官迁任。（6）郑钦仁先生特别关注中散官的身份，初期中散官多出身于北方部族，之后汉族人渐多，且多任文职。（7）诸中散官中，侍御中散第五品上，中散第五品中，其他如秘书中散、主文中散品级应同于中散，唯有奏事中散例外，品级较高。① 此处仅概括其大要，具体观点下文还要提出讨论。

日本学者宫崎市定先生认为侍御中散是北魏独特的起家官，这种近侍官是部族解散后处置诸部子孙失业的一种办法。②

近年来对中散官制研究有两个突破，一是《文成帝南巡碑》碑文中"内行内小"的发现，据张庆捷、郭春梅先生介绍，在碑阴内侍官之列，有21人为内行内小，又据墓志资料，他们接下来的研究认为，内行内小年龄普遍较低，最低可达7岁，上可达17岁，为低级内侍官员，其职责为侍奉皇帝，具体又有文秘、厨师和其他分工。他们还有一个观点，即"内小"为"内行内小"的简称。③ 二是《魏书》等文献中的"中散"最终得以与考古资料中的"内小"名称相合，张金龙先生将文献、墓志以及南巡碑中的官职相对照，如《魏书》记李宪起家秘书中散，李宪墓志记其"年十有二，为秘书内小"，《魏书》记侯刚起家中散，墓志记其被文明太后"调为内小"，等等，足以判定内小即中散。④ 从考古资料看，在当时语境中"内小"是更常用的称号。

以上研究多有建树，同时也有可商榷补充者。关于中散官还有问题值得探讨，（1）中散官制从登国年间的"中散"到后来多种名称

---

① 详见氏著《北魏官僚机构研究》，台北稻禾出版社1995年版，第141—254页。

② 同上书，第231页。

③ 张庆捷：《北魏文成帝〈南巡碑〉所见拓跋职官初探》，《中国史研究》1999年第2期，第34页。

④ 张金龙：《魏晋南北朝禁卫武官制度研究》下册，中华书局2004年版，第693—694页。

并存，显然是制度发展的结果，此发展过程和动因值得探讨。（2）郑钦仁先生以西台中散之"西台"指中书省，笔者有不同意见。（3）诸中散官具体工作机构不同，那么他们所属机构如何？又，若侍御中散、中散皆侍从于君主身边，二者有何区别？（4）中散官往往处理枢要政务，尤其是奏事中散，应为中枢行政制度的一环，对此以往关注还嫌不足。

二　中散官制度的源头与发展

北魏前期历史记载中常见的中散官，从名称上看其源头是登国元年所置之中散，但更远可追溯到昭成帝初年的官制建设，这也是拓跋族历史上第一次规模较大的官制建设。昭成帝建国二年（339），"始置百官，分掌众职"，"初置左右近侍之职，无常员，或至百数，侍直禁中，传宣诏命。皆取诸部大人及豪族良家子弟仪貌端严，机辩才干者应选"①。之后，登国元年（386）拓跋珪重建代国之际的官制建设中，继承前代国的内侍官制度而有所发展，发展表现即禁中服务官既各有名称、分工，又有固定长官，即幢将，"是年置都统长，又置幢将及外朝大人官。其都统长领殿内之兵，直王宫；幢将员六人，主三郎卫士直宿禁中者，自侍中以下中散以上皆统之"②，禁中内侍官有三郎卫士、侍中、中散之分，中散名称始见。张金龙先生认为都统长、幢将、三郎卫士为禁卫武官，侍中、中散为文官性质的侍从官③，单就中散而言，笔者以为其文武分途并不明显，北魏前期中散有文职有武职，登国年间中散的侍从职责中，护驾功能应该更强，此暂且不论，要在登国元年所建内侍官制度中，中散为其中一种，隶属于幢将。

此后中散官制处于不断发展中，显著表现是出现诸多不同名称的中散官。按照郑钦仁先生所考诸中散官的始见时间，太宗时期至少有侍御中散与中散两职称并存，至晚世祖时期又有奏事中散、秘书中

---

① 《魏书》卷一《序记》，第12页；卷一一三《官氏志》，第2971页。
② 《魏书》卷一一三《官氏志》，第2972页。最后一句标点符号有所改动。
③ 张金龙：《魏晋南北朝禁卫武官制度研究》下册，第662页。

散，至晚高宗时期出现太卜中散、内秘书中散，至晚显祖时期出现主文中散（各中散官实际存在时间或应早于历史记载），这正是中散官制度发展的模式，即分化出多种职责，在多个机构任职，并因此产生多种中散官名称。

郑钦仁先生有一推测式的看法，太祖时期历史记载中少见有关中散官的资料，据此郑钦仁先生推测太祖或许曾废除中散制度，至太宗时期再恢复。其实大可不必拘泥于历史记载，郑钦仁先生也说过，史官在记述历史时有他自己的选择，没有记载的不一定不存在。从上述中散官渊源的考察可知，中散官制是适应部族特色的王权与皇权需要的内侍制度，没有废弃的理由。拓跋珪曾一度废止刚引进不久的尚书制度，在当时部族色彩浓厚的政治背景下，这完全可以理解，而中散作为部族传统的内侍官制，恰恰为时代所需，这是他们的政治经验，事实上也是有益的经验。随着各部族以及汉族进入拓跋政权统治之下，需要以此作为安抚乃至约束政治群体的方法，也是储官的好制度。然后，随着官僚机构的发展，原来作为内侍的中散除了在宫中具有各种职责，也在某种需要下被派遣到其他机构任职，仍以中散的身份，遂造成中散制度的发展。

三 "西台中散"之辨

郑钦仁先生认为西台中散即中书省中散，西台即中书省，为中书省别称。按，任西台中散者为宦官孙小，目前所见有关北魏历史文献中仅此一例。笔者以为，西台应指与太子宫相对而言的皇宫，所谓西台中散仍是一般意义上的服务于宫廷的中散。目前可举出三条理由，第一，有关北魏的历史记载中可见到三处"西台"，皆与东宫相对而言。世祖始光四年（427）平统万，此前已经成为统万宫廷宦官的孙小入魏，"徙平城，内侍东宫，以聪识有智略称。未几，转西台中散，每从征伐，屡有战功，多获赏赐"①。孙小先是内侍东宫，之后

---

① 《魏书》卷九四《阉官传》，第 2018 页。

才从东宫转入西台，作为中散任职宫廷，故每每从征。孝文帝太和十九年北魏南伐期间奚康生立奇功，为假直阁将军，之后仍以勋"除中坚将军、太子三校、西台直后"①。"直后"称号在北魏历史记载中不罕见，但特称"西台直后"者罕见。肃宗年间尚书令、任城王澄曾论："旧制直阁、直后、直斋，武官队主、队副等，以比视官，至于犯谴，不得除罪。尚书令、任城王奏：'案诸州中正，亦非品令所载，又无禄恤，先朝以来皆得当刑，直阁等禁直上下，有宿卫之勤，理不应异。'"②无疑直后为禁中职位，据《前职员令》，太子三校、中坚将军为第四品上，直后却并非品令所载，那么，一个解释是奚康生同时为中坚将军、太子三校并直后，因"直后"之地在皇帝宫，与太子宫相对而言，故特称"西台直后"。另一例即郑钦仁先生所据之崔光以中书省长官而称"西台大臣"，世宗延昌元年（512）崔光"迁中书监，侍中如故。二年，世宗幸东宫，召光与黄门甄琛、广阳王渊等，并赐坐，诏光曰：'卿是朕西台大臣，今当为太子师傅。'……肃宗遂南面再拜。詹事王显启请从太子拜，于是宫臣毕拜。"③可知崔光是兼任于中书、门下两省，郑钦仁先生以崔光为中书监，故以世宗所称"西台大臣"之西台指中书省，若然，其同时所任侍中又如何解释？所以笔者认为，此处的西台仍指与东宫相对的皇宫，无论侍中还是中书监都是皇帝制度之下的大臣，而非东宫系统官。第二，郑钦仁先生所引两证，一是清四库馆臣所编《历代职官表》以中书之职"当时又号为西台大臣"，二是唐高宗龙朔二年（662）中央机构改名，以中书省改称西台（门下省为东台，尚书省为中台），认为唐制来源于北魏。笔者以为此两证皆不足。仅就北魏官制而言，《历代职官表》往往望文生义，不可全信，而唐高宗龙朔二年中书省改西台是否为北魏遗制，也不可证。从西晋至南朝，倒是更习惯将皇权或王权按方位称为西台或东台，若说唐承北魏制度，也可以说北魏用晋制，称皇宫为台。第三，北魏平城时代皇宫的确是称

---

① 《魏书》卷七三《奚康生传》，第1629页。
② 《魏书》卷一一一《刑法志》，第2865—2866页。
③ 《魏书》卷六七《崔光传》，第1491页。

为西宫的，而世祖为太子所建东宫也正在皇宫之东。又，北魏初建时期已将某种政治中心称为"台"，如太祖时期的尚书行台，以及皇帝出征时镇守京城的留台，所以无论从惯用名称还是从方位而言，被称为西宫的皇宫可以称为西台。据以上，笔者认为"西台"在北魏应指皇宫而言。

四 中散官与内行机构

按照郑钦仁先生的研究，如秘书中散、太卜中散、秘书主文中散、龙牧曹奏事中散等冠以具体机构名称者，也即任职于相应机构，但无论冠以何种名称，皆不失为内侍官，那么，诸中散官是分属不同机构还是总属一个机构？笔者以为，诸中散官总属一个机构即内行尚书机构。令人产生此种想法的原因首先是《文成帝南巡碑》"内侍官"系列所载 21 位中散官皆称为内行内小，而《魏书》等文献中存在的诸中散官尤其是距离君主最近的侍御中散，在《南巡碑》中都不见记录，这是奇怪的。《南巡碑》所记只有内行内小一种，这令人倾向于认为内行内小为诸中散官的通称，因总属内行机构而通称内行内小。其次，之所以说存在一内行尚书机构，是因为可见到内行尚书，内行长，内行给事，内行令，内行幢将，内行三郎，以及内行中散、奏事中散等官职，这与北魏前期尚书机构职官序列一致。内行尚书见于"魏故威远将军凉州长史长乐侯王君墓志铭"："君讳昌，字天兴，太原祁县高贵乡吉千里人也。魏故使持节都督幽州诸军事镇东将军幽州刺史汝南庄公之孙，散骑常侍中书监内行尚书使持节镇东将军都督幽州诸军事幽州刺史长乐定公之子。"[1] 内行长常见于《魏书》，《南巡碑》及《魏书》又有内行阿干，周一良先生认为即内行长[2]，这为学者认同。内行给事见于"普泰二年岁次壬子三月乙丑朔廿日甲申韩使君墓铭"："母东燕俟文氏，内行给事俟文成女。"[3]

---

① 赵超：《汉魏南北朝墓志汇编》，天津古籍出版社 1990 年版，第 86 页。
② 周一良：《魏晋南北朝史札记》，中华书局 1985 年版，第 513 页。
③ 赵超：《汉魏南北朝墓志汇编》，第 165 页。

《魏书》记杨椿由中散升内给事，笔者以为有可能即内行给事，此暂存疑。内行令可见于《魏书》，世祖时苟颓由中散迁奏事中散，再迁内行令，转给事中。《南巡碑》中还有内行内三郎一职，张庆捷先生据碑文观察，认为内行内三郎与内行内小、内阿干一样属内侍官。据北魏前期尚书诸曹设官情况，自内行尚书、内行长、内行给事、内行令与其他尚书曹官序列基本一致，故而认为内行机构为一尚书曹。

关于侍御中散所属机构，郑钦仁先生引严耕望先生观点，认为侍御中散属于侍御曹①，对此张金龙先生有不同看法，他推测《魏书》中的侍御长即内行长，也即内行阿干或内阿干②，若此，则并不存在一侍御曹，侍御中散仍属内行机构。笔者以为，与其他中散官相比，侍御中散比较特殊，其品级比其他中散官高，《前职员令》特别列出侍御中散，为第五品上，其他中散官则通称"中散"，为第五品中，即使地位明显重要的奏事中散也并未单独列出。由其他中散迁侍御中散是北魏前期的一种升迁序列，韦缵十三岁时补中书学生，除秘书中散，迁侍御中散。其他中散官虽然在一般意义上是内侍官，但制度发展使之实际上或者处于散官状态，或者任职于其他机构，而侍御中散是实实在在侍从于君主身边，侍御中散品级高于其他中散官原因或许在此，在北魏前期内侍官制中，越靠近皇帝任职品级越高的现象是存在的，如，穆颢在太宗时由中散转侍御郎，至世祖时迁为侍辇郎，侍辇比侍御更接近皇帝。据以上笔者认为，侍御中散有可能在内行尚书曹之内自成一个机构，从管理的角度看可以理解。又，大约在高宗至高祖时期有王质为侍御给事，按照北魏前期机构置官包括长、给事的制度看，侍御给事、侍御长有可能意味着侍御曹的存在。还有一个线索，大约高祖时期高道悦由中书学士为侍御主文中散，久之转治书侍御史加谏议大夫（据《前职员令》，治书侍御史与侍御中散同品级，而位列侍御中散之前）其时又有元志为侍御主文中散，《魏书》同时记载两人先后为侍御主文中散，说明侍御主文中散为一职，而且，侍

① 郑钦仁：《北魏官僚机构研究》，第 232 页。
② 张金龙：《魏晋南北朝禁卫武官制度研究》下册，第 695 页。

御中散品级高于一般中散，正常的任官规律是由低到高，由此而言侍御主文中散不应为侍御中散与主文中散的简化连称，那么是否可以理解为侍御曹的主文中散？但为谨慎起见，在资料不足以定论的情况下，暂且存疑为好。

在一般意义上，诸中散官总属内行机构，但是，当中散官任职在其他机构，如太卜、龙牧曹、外都曹，他是属于当曹还是依然隶属内行机构？笔者认为他具有当曹属官与内侍官的双重身份，这是中散官制度发展的结果，也是北魏前期制度的一个特色，即中散官作为起家官，不仅仅为内侍官，也可以中散官的身份供职于其他机构，从而成为当曹属官。郑钦仁先生有一推测，即分布于某些机构的中散是以内朝官监督其他机构（所任职机构），这颇有启发意义。就现知十几种中散官而言，中散官分布机构还是以君主的近侍机构为主，为秘书、内秘书、殿内等，此外的一般事务机构只有太卜曹、龙牧曹、外都曹，王叡为太卜中散因其才能恰与当曹职责相符，而目前所见龙牧曹、外都曹的中散官皆为奏事中散，再考虑到秘书奏事中散的存在，令笔者倾向于认为，奏事中散至少在较多机构里设置（若非普遍设置的话），作为当曹与中央行政中枢的联系人，而其他中散官则视具体情况存在于某曹，如太卜中散之与太卜机构。

五　中散官的职责和中散官制的意义

一般来说，中散官的原始的或者说基本的职责是侍从君主，但制度发展扩大了中散官的任职机构和职能。郑钦仁先生概括中散职责如下：第一，为服务于禁中的近侍，第二，拓跋氏王庭里需要的各种人才，"似乎都可以授予中散"，第三，常从征伐，第四，出使检察地方官吏，这些职责和作用的确存在。郑钦仁先生又有更具体的理解：以职务命名的四种中散官中，侍御中散侍从君主身边，主文中散管文事，奏事中散管奏案。以机构命名的中散官中，秘书中散管文事，太卜中散管卜筮，侍御主文中散、秘书主文中散掌各自机构文事；龙牧曹奏事中散、外都曹奏事中散、秘书奏事中散管各自机构奏案；殿内侍御中散、内秘书侍御中散为侍御中散任职于殿内、内秘书省者。这样的一种描述看上去好像各有所归，职责明确，细思量却仍感困惑，需要进一步理解，如，秘书中散管文事的职责大致可以理解，因为秘书省务即文事，但各位秘书中散职责还是要具体分析，如李宪初为秘书中散时 12 岁，这个年龄的秘书中散所管文事可以想象是简单的。李冲为秘书中散时年龄至少为 22 岁，可赋予重任，"典禁中文事"。崔衡 31 岁出任内秘书中散，学崔浩书法，故"班下诏命及御所览书皆其迹也"，指抄写。再如，关于主文中散，目前所见有主文中散、侍御主文中散、秘书主文中散三种，若后两者为主文中散分司于侍御、秘书机构者，那么，单称主文中散与分司机构者有何关系？笔者以为，在现实中主文中散应该有具体的任职机构，文献中单称主文中散者只是略去其任职机构而已，高祖时期郑道昭"迁秘书郎，拜主文中散，徙员外散骑侍郎、秘书丞、兼中书侍郎"①，据语境，他所任应为秘书主文中散。又，一般理解上中散为服务于禁中的近侍，如郑钦仁先生所言，但实际上也未必，侍御中散固然侍从于君主身边，单称中散者（指现实中只以"中散"名号存在的，因史官记录时有疏略，有具体机构或职责的中散官也会只称为"中散"）却未必，一是并非一定有固定岗位，二是即使有固定岗位，也不一定就是在君主身边，皮豹子"少有武略，泰常中为中散，稍迁内侍左右"②，既然已为中散，按照一般来理解，中散即近侍官，为何又有"稍迁内侍左右"一说？合理的解释应该是，当其为中散时，并未被赋予内侍的职责，之后才得以内侍君主身边。又如高宗时高谧"召入禁中，除中散，专典秘阁"③，其职责为宫廷图书管理，并非侍从皇帝身边。还可参见高祖时期杨椿的任职经历，"初拜中散，典御厩曹，以端慎小心，专司医药，迁内给事，与兄播并侍禁闱"。以中散典御厩曹，后因端慎小心，专司医药；又据他晚年的回忆"北都时，朝法严急，

---

① 《魏书》卷五六《郑羲传附》，第 1240 页。
② 《魏书》卷五一《皮豹子传》，第 1129 页。
③ 《魏书》卷三二《高湖传附》，第 752 页。

太和初，吾兄弟三人并居内职，兄在高祖左右，吾与津在文明太后左右"①，当他以中散典御厩曹时，他的工作为御厩曹事务，并非内侍君主；后来以端慎小心专司医药，离君主更近一些；迁内给事之后，才算任职在太后身边。大致可以说，并非凡是中散都近侍于皇帝身边。

中散官制度是北魏前期极为有价值的制度之一。首先是可极大容量的提供出身资格，以及由此产生的储官的意义，这主要表现在无常员之中散官制度上。所谓"无常员中散"指的是单称中散者，其前不冠以机构名称（如秘书中散等），或职务名称（如奏事中散、主文中散）。之所以提出"无常员中散的制度意义"这一问题，是因为在诸中散官中，单称中散者自有其特殊处，恰恰这些特殊处代表着北魏前期中散官制度的意义。单称中散者与其他冠以机构或职责名称的中散官有所不同，虽然从史例看，中散官皆可作为起家官，在此一点上单称中散者与其他中散官无别，单称中散者与其他中散官的区别，首先是无定员，更准确地说，中散官无限员。其他中散官或许没有定员，但受稳定的工作岗位和职责的限制，不可能无限员，如主文中散、奏事中散等不可能无限设置，而单称中散者可以，事实上，不仅如郑钦仁先生所言拓跋氏王庭里所需要的各种人才都可以授予中散，而且更重要的是，凡是需要一个出身的人——无论是北方部族子弟，还是其他人，皆可以中散满足其需要，丘哲7岁为内行内小，② 其时他所能承担的责任有限，这说明中散起家官的意义有时可以超过职责，郑钦仁先生考王袭、王亮、王椿、王静等一门为中散，正反映了中散官制的巨大容量。其次，单称中散者与其他中散官相比之特殊处为，其他中散官有固定岗位与职责，而单称中散可以有固定岗位和职责，也可以没有，因为中散无定员，也就存在官与职之间的不对等，所以有些中散一时间可能并无固定岗位和职责。当然，当其尚无固定岗位职责时，并非无所事事，宫廷乃至国家事务庞杂，常需要临时增

---

① 《魏书》卷五八《杨播传附杨椿传》，第1284—1285、1290页。
② 赵超：《汉魏南北朝墓志汇编》，天津古籍出版社1990年版，第157页。

加人手，处于散官状态的中散正好满足诸多临时需要。回顾昭成帝初建之近侍官制，所谓"无常员，或至百数"，就已具备最大程度地吸收、容纳诸部大人及豪族良家子弟以满足双方需要的精神，即国家对人才的需要，个人对出身的需要。

若分析各种中散官初任年龄的差异，中散官制给予出身、国家储官的意义更为明晰。张庆捷先生认为内行内小年龄普遍偏低，如丘哲7岁为内行内小，杨播15岁为内小，侯刚17岁为内小，还可见到其他年幼者，杨津11岁为侍御中散，乙乾归12岁为侍御中散，李宪12岁为秘书内小，宿石13岁为中散，李崇14岁为主文中散，但必须看到，也有人在比较成熟的年龄初任中散，游肇为秘书侍御中散时至少20周岁，李冲为秘书中散时至少21周岁，源怀为侍御中散时22周岁左右，李安世由中书学生拜中散时23周岁，崔衡于天安元年（466）初任内秘书中散时31周岁，高怀在散辈18年不迁官，则其为中散官年龄至少也在30岁左右。高谧以功臣子召入禁中除中散时至少38周岁，王叡的父亲王桥天安（466—467）初卒于侍御中散，其时王叡都已32周岁，那么王桥去世时至少在45岁左右之后。中散官初任年龄差距说明其作为起家官的意义实在巨大，宫崎市定先生认为侍御中散是部族解散后处置诸部子孙失业的一种办法，其实具有此种意义的不止侍御中散，整个中散官制度的意义之一即储官与出身。

中散官制度的第二个意义是，作为设置灵活的制度，有才能的中散官可灵活地进入中央行政中枢。李敷于太平真君二年选入中书学，以忠谨给侍东宫，"又为中散，与李䜣、卢遐、（卢）度世等并以聪敏内参机密，出入诏命"①。以并不深的资历承担内参机密、出入诏命之中枢行政任务。

第三个意义是，在诸中散官中，奏事中散很可能是中央行政中枢制度中固定的一环。郑钦仁先生认为奏事中散管奏案，可以接受此说，但并非简单的奏案管理，而是肩负奏案上呈也即将各机构事务上报皇帝的重任，他不仅需要负责奏案呈上，而且需要了解奏案内容。

---

① 《魏书》卷三六《李顺传附》，第833页。

吕文祖两任奏事中散，与他处理文案的能力有关，显祖时吕文祖以
"勋臣子，补龙牧曹奏事中散，以牧产不滋，坐徙于武川镇。后文祖
以旧语译注《皇诰》，辞义通辩，超授阳平太守。未拜，转为外都曹
奏事中散"①。冯太后作《皇诰》十八篇，高祖太和九年（485）正
月颁布，吕文祖为之译注而获赏识，说明他通晓北方部族语言和汉
语，这正是奏事中散所需要的。因为肩负传递信息的重要职责，所以
奏事中散与当曹同命运，吕文祖因牧产不滋获罪，当因奏事不及时或
不实。笔者倾向于认为奏事中散即使不为诸曹的普遍设置，至少较多
存在于诸曹。据文明太后的丧礼规定，"丁亥，高祖宿于庙。至夜一
刻，引诸王、三都大官、驸马、三公、令仆已下、奏事中散已上，及
刺史、镇将，立哭于庙庭，三公、令仆升庙。……质明荐羞，奏事中
散已上，冠服如侍臣，刺史已下无变"。参加礼仪的为奏事中散以
上，这说明奏事中散政治地位较高，与最高统治者关系尤其亲密，也
意味着奏事中散人数较多，可以一个群体作为人员的界限。又，高宗
时期薛虎子的任职经历可据以理解内行机构以及奏事官的地位："年
十三，入侍高宗。太安中，迁内行长，典奏诸曹事。当官正直，内外
惮之。"② 但是，奏事中散的具体工作情形如何，如何掌奏案，如何
上呈，目前只能存疑。

　　由于资料极其缺乏，进一步全面、深入地讨论中散官制度的概貌
和运作显得十分困难，但是作为北魏前期的重要官制，尤其是具有北
方部族政权特色的官制，中散官制研究具有重要意义。等待更多资料
出现是一个办法，另一个积极办法或许是将北魏官制尤其是行政中枢
制度的相关问题作整体研究，彼此对照比较，庶几可发现新的观察视
角和途径。

---

① 《魏书》卷三〇《吕洛拔传附》，第732页。
② 《魏书》卷四四《薛野传附薛虎子传》，第996页。

试论 4 世纪末北魏、后燕间北中国的争夺战

——以探讨参合陂之战的性质为主

［韩］李椿浩

（惠州学院　政治法律系）

公元 383 年，前秦因惨败于淝水，而开始土崩瓦解，随之北中国再次陷入五胡间的纷争割据。鲜卑、羌、匈奴、氐等胡人先后建立西燕、后燕、西秦、后秦、大夏、后凉等王朝。其中，拓跋鲜卑兴起于漠南代北，其主拓跋珪为诸部大人推为代王，重建代国，而后改称魏王，但处在各胡人势力包围之中。他先后征服周围胡人势力，逐步使北魏得以发展壮大。其发展过程中特别是和后燕间的一场战争值得我们去了解，史称"参合陂之战"。其战争连续共二次爆发，分别于395 年 5 月至 11 月以及 396 年 3 月至 4 月，前后大致有一年的时间。其战争是后燕慕容垂试图称霸北中国而发动的关键一战，但其结果北魏大胜后燕，成为北中国较为强盛的王朝。在这称霸北中国而爆发的战争中，拓跋珪和慕容垂、慕容宝各自身为北魏和后燕的帝王和统帅，分别扮演了怎样的角色？其角色如何影响到战争的整个走势？甚至在燕魏两军对峙中，其内部局面给战争胜负带来怎样的影响？这些都是笔者在本研究中着重考察的内容。在以往拓跋鲜卑早期历史，或者北魏建国及其发展的研究中已论及参合陂之战，然而，至今仍未出现专门探讨其战争性质的研究。笔者就此抛砖引玉，不当之处，望学者们指正。

一

后燕和北魏同出鲜卑，分别为慕容部、拓跋部，自十六国前期以来保持着友善关系，不仅多年有姻亲结好，而且多次有使节往来。后燕在漠南代北通过拓跋部来壮大对北方胡人的统治，而北魏在此地利用慕容部来发展自己的力量。这就是两国友善关系得以建立、发展下去的原因。① 直到 395 年两国在处理贺兰部的归属问题上产生了尖锐的矛盾，导致友善关系的破裂。② 就在这种政治背景下，当年五月后燕主慕容垂以拓跋珪"侵逼附塞诸部"③ 为由，下令慕容宝、慕容农、慕容麟等率八万兵自五原征伐北魏，随后下令慕容德、慕容绍一同率步骑一万八千后继而发。当时，慕容垂如何看待其战争，从高湖的一道进言中透露出其真相。其内容如下：

> 高湖言于慕容垂曰："魏，燕之与国。彼有内难，此遣赴之；此有所求，彼无违者。和好多年，行人相继。往求马不得，遂留其弟，曲在于此，非彼之失。政当敦修旧好，乂宁国家，而复令太子率众远伐。且魏主雄略，兵马精强，险阻艰难，备尝之矣。太子富于春秋，意果心锐，轻敌好胜，难可独行。兵凶战危，愿以深虑。"④

上述可分为三部分：一则向来后燕与北魏保持着友善关系，以希望继续维持其友善关系；二则两国间虽已出现矛盾，但不可发动

---

① 在姻亲的关系上，慕容垂是拓跋珪的长辈。拓跋珪在代国灭亡后至拓跋政权重建间流亡中原的十年历程中，曾得到慕容垂的帮助和庇护。（李凭：《北魏平城时代》，社会科学文献出版社 2000 年版，第 17—25 页）那么，可以肯定的是，慕容垂和拓跋珪间的特殊关系为两国建立友善关系提供了一定的基础。

② 姚宏杰：《参合陂之役前燕魏关系略论》，《淮阴师范学院学报》2000 年第 1 期，第 127—130 页。

③ 《资治通鉴》卷一〇八《晋纪三十》孝武帝太元二十年（395）条，第 3421 页。

④ 《魏书》卷三二《高湖传》，第 751 页。

战争，以免其关系彻底破坏；三则如果决定征伐北魏，因其主拓跋珪的谋略远远高于慕容宝，既不可取胜，又会出现"兵凶战危"。史家却写出慕容垂对上述内容表示为"怒"。不过笔者并不完全认同这种观点。慕容垂明知后燕和北魏因多年有姻亲之好、血统之缘，而"行人相继"，并多次派兵相助，所以两国没有理由破坏友善关系。那么，他为何发出大怒？慕容垂早已知道慕容宝"曲事（慕容）垂左右小臣，以求美誉"而不成才，且不具备太子资格，"每忧之"①。于是，他应肯定了慕容宝很可能因"轻敌好胜"，而"难可独行"。此外，拓跋觚因后燕"求马不得"而被扣留，但不久试图逃亡而被俘。然而，慕容垂明知"求马"行为不是他的本意，而是因他年老，其子弟用事而导致。② 所以他仍对拓跋觚"待之逾厚"③。由此看来，慕容垂应肯定了"政当敦修旧好，父宁国家"。然而与此不同，无法让他容忍的是，高湖对北魏主拓跋珪的评价，即"魏主雄略，兵马精强，险阻艰难，备尝之矣"。对此，《通鉴》曰："拓跋涉圭沈勇有谋，幼历艰难，兵精马强，未易轻也"，更直接地表达了拓跋珪完全不同于慕容宝。慕容垂一直认为北魏是后燕的附属之国，所以以他的立场是无法接受"拓跋珪拥有'雄略'"这种说法的。④ 这就是慕容垂发出大怒的根本原因。既然这样，慕

---

① 《晋书》卷一二四《慕容宝载记》，第 3093 页。

② 《十六国春秋辑补》卷四四《后燕录三》，第 344 页。既然认为向北魏"求马"不是慕容垂本人的行为，那么，他对于其子弟这种破坏和北魏间的友善关系的行为如何处置？因为史书未有记载而不可确知，但可以肯定的是，他确实没有理由破坏和北魏间的友善关系。

③ 《魏书》卷一五《拓跋觚传》，第 374 页。

④ 公元 386 年十月，慕容垂下令慕容麟领兵援助拓跋珪大破窟咄后，十二月遣使以拓跋珪为西单于、封上谷王。然而，拓跋珪拒绝接受其封号。（《魏书》卷二《太祖纪》，第 21 页）对于拓跋珪的行为，胡三省作注曰："珪不受燕封，其志不在小。"[《资治通鉴》卷一〇六《晋纪二十八》孝武帝太元十一年（386）条，第 3372 页] 笔者认为，这一年拓跋珪确实拒绝成为后燕的附属，但从以后多次向后燕遣使要求派兵求助来看，很可能在某一时间已接受慕容垂的新的封号，以承认北魏纳入后燕的附属之中。据悉，史家魏收是完全以拓跋鲜卑的立场撰写《魏书》的。于是，在《魏书》中多次看到慕容垂"遣使朝贡"的记载，但这完全不属于事实。后来在 388 年，慕容垂向来使的拓跋仪问道："魏王何以不自来？"对其质问，虽然拓跋仪强调两国向来勤王晋室，"世为兄弟"而辩解，但这正证实两国间已存在君臣主从关系。

容垂故意要回避"兵凶战危",并在侥幸心理的怂恿下,使慕容宝发动这场战争,以提高他身为太子的权威。那么,无论高湖的言辞多么激烈,不但不能使慕容垂信服,反而激怒了他。慕容垂在怒气下,只好罢免了他的官职。另外,我们在史书中找不出任何关于后燕在这场战争爆发前的军事准备。据了解,后燕扣留拓跋觚,而要求北魏向其输送良马,使两国关系遭破坏则发生在 391 年七月。此后,后燕分别在 392 年和 394 年攻灭丁零翟氏和西燕慕容永,还攻取东晋青、兖二州之地,势力达到极盛。除此之外,后燕还和后秦结好,两国使节相互往来,即 394 年十二月姚兴遣使于慕容垂;次年正月慕容垂遣使报聘于后秦。① 这些事情或多或少地减轻了后燕征伐北魏前的外部压力,但可以肯定的是,这绝不是具体的军事准备。这次后燕统治者征伐北魏时如果想用攻灭丁零翟氏、慕容西燕一样的办法的话,这结果是不堪设想的。②

后燕要侵略的消息传来,拓跋珪和诸臣商议对策。这时,左长史张衮认为"(慕容)宝乘滑台之功,因长子之捷,倾资竭力,难与争锋",建议拓跋珪"宜赢师卷甲,以侈其心"③。就是说,后燕先后败亡丁零翟氏和慕容西燕,慕容宝正凭借其锐气打进来,希望北魏先示弱退兵,使他们产生骄傲轻敌之心,而后待机杀敌。张衮因"常参大谋,决策帷幄",而为拓跋珪所优厚。于是,拓跋珪接纳其意见,立即下令转移部落国人的牲畜和财产到河水以西千余里以外的地方。拓跋珪明知敌强我弱,还坦然采取张衮的意见,就从这意义上来说,

---

① 《资治通鉴》卷一〇八《晋纪三十》孝武帝太元十九—二十年(394—395)条,第 3418—3419 页。

② 391 年,贺兰部贺讷、贺染干兄弟举兵相攻,后来为后燕军所败。这时,从征归回的慕容麟对慕容垂曰:"臣观拓跋珪举动,终为国患,不若摄之还朝,使其弟监国事。"对此,慕容垂"不从"。(《资治通鉴》卷一〇七《晋纪二十九》孝武帝太元十六年(391)条,第 3399 页)关于其"不从"的理由,胡三省说"天将启珪以灭燕,虽以垂之明略,不之觉也",而强调北魏将灭亡后燕,是属于天命。在这里,笔者认为从慕容麟的进言中可知道一个很重要的信息,就是说,北魏很可能成为后燕的敌人,需要作军事上的准备。慕容垂的"不从"只是否定让拓跋珪弟治理其国家,并不是对于北魏之后会成为后燕的隐患的否定。

③ 《魏书》卷二四《张衮传》,第 613 页。

确实显示出"沈勇有谋"的一面。此外，拓跋珪早有和后燕决一雌雄的想法，并有所准备，比如在 388 年七月，他击破库莫奚后，便于八月遣拓跋仪至后燕。这是因为，一则曾因出兵一同击败独孤部刘显而向慕容垂致谢；二则暗中有"图燕之志"而洞察后燕内情。① 拓跋仪归还后，回报："（慕容）垂年已暮，其子（慕容）宝弱而无威，谋不能决。慕容德自负才气，非弱主之臣，衅将内起，是可计之。"拓跋珪对其看法表示极为肯定。在这里，值得一提的是，北魏先后击破高车、柔然、独孤部、贺兰部、铁弗部后，势力大为增强。特别是关于铁弗部的击灭，据悉，铁弗部刘卫辰曾在 376 年招引前秦军打败拓跋鲜卑，代国因此而灭亡，所以他们对拓跋鲜卑来说有亡国之仇。到 391 年年底，刘卫辰遣其子直力鞮率军八九万人攻击北魏南部。拓跋珪率兵五六千人应敌②，以车为方营，并战并前，在铁岐山以南，大破之，并捕获牛羊二十余万头。直力鞮单骑而逃，拓跋珪乘胜追击，从五原金津以南渡河，便于进入铁弗部境内，逼近刘卫辰所居的悦跋城。铁弗部部民惊乱，刘卫辰父子及一些大人逃走。拓跋珪分遣诸将轻骑追击，俘获直力鞮。刘卫辰为其部下所杀。之后，拓跋珪在盐池杀害刘卫辰宗党五千余人，皆投尸于河水。这次战役中，北魏不仅平定河水以南胡人诸部，而且捕获马三十余万匹、牛羊四百余万头，国用由此丰饶。我们认为，拓跋珪已有"图燕之志"，那么可以肯定的是，从铁弗部中捕获的大量牲畜可转换为军事物资，将在和后燕间的战争中发挥后勤补给方面的作用。

由上可见，面对着一场称霸北中国的战争，后燕、北魏统治者的态度有天壤之别。慕容垂以为拓跋鲜卑仍属于自己的势力圈，只为了提高太子的权威，并非考虑战后可能带来的后果，而发动了战争。而拓跋珪早已准备和慕容鲜卑间的决战，并将在遭受攻击时接受谏诤，

---

① 邱剑敏：《拓跋珪军事思想与军事实践述论》，《军事历史》2014 年第 1 期。

② 这次战争中北魏与铁弗部所动员的军队数量如此悬殊，似乎达到 1：15。所谓拓跋珪绝对以少胜多，大获全胜。笔者认为，除了拓跋珪"以车为方营，并战并前"之外，没有更具体记载得知拓跋珪最后获胜的理由，不过可以肯定的是，他战术有方，谋虑周全，善于听取部下意见，知人善任。在这种环境下完成了这个以少胜多的战役。

正确判断形势，为战争的胜利埋下了伏笔。

二

慕容宝率军抵达五原，一路上北魏军没有任何抵抗，于是顺利收降北魏别部三万余家，以安置他们，且掠取稼田百余万斛，放置黑城内。虽然这些不是打胜仗而来的战利品，但可以肯定的是，后燕兵的士气由此高涨，尤其是慕容宝"小魏而易之"① 的骄傲感也随之增强。之后，后燕军到达河水边，赶造船只，准备渡河与北魏军决战。形势如此紧迫，拓跋珪要整顿军队，以备迎战。就是说，他不仅遣右司马许谦前往后秦姚兴请求援助，而且先后下令拓跋虔率五万骑屯于河水以东，以切断后燕兵的补给线；拓跋仪率十万骑屯于河水以北，以易于和北魏主力连接；拓跋遵率七万骑屯于后燕军营以南，以堵塞他们通往都城中山的路线。据了解，当年九月姚兴积极响应拓跋珪的求助令杨佛嵩率兵前往营救北魏。在这里，我们要注意的是，后燕军出征时，慕容垂已得重病，但数个月以来慕容宝等人没有得到关于他生活起居的任何消息。拓跋珪却通过散播虚假信息扰乱敌心，以瓦解后燕军的战斗力。所以派兵截获往来于后燕军营至中山的传令兵。之后带上其传令兵隔河向后燕军假传"若父已死，何不早归"，谎称慕容垂已死。慕容宝等人听到后忧虑恐惧，后燕士兵也惊骇不安。由此可见，拓跋珪这种扰乱敌心的策略大为成功。这次后燕士兵除了在心理上已遭受一定冲击外，与北魏军数十天相持不下，对他们极为不利的事件又爆发了：一为图谋作乱之事；二为迷惑军心之事。就是说，慕容麟部将慕舆嵩等人以为慕容垂真死，谋求骚乱，推奉慕容麟为燕主，但事泄被杀。可以肯定不少人为其事所牵连而被杀。从此之后，慕容宝和慕容麟互相怀疑，后燕军心更为大乱。此是为第一事件；当时，后燕术士靳安望看天文星座后对慕容宝说"天时不利，燕必大败，速去可免"，但其进言没有被采纳。之后，他反而向其他后燕士

---

① 《资治通鉴》卷一〇八《晋纪三十》孝武帝太元二十年（395）条，第3421页。

兵说道："吾辈皆当弃尸草野，不得归矣！"① 由此不难想象后燕士兵听闻其言辞后军心大为动摇。此是为第二事件。后燕军不仅因遭受这两个事件的打击而战斗意志大为低落，而且被拓跋珪采取的"诱敌深入"的策略所操纵，在从五月出兵至十月的半年中，未能和北魏军决战，厌战情绪随之大为增加。从此，慕容宝无计可施，放弃渡河与北魏军决战，最终决定撤军归还。

据了解，当时慕容宝没有准确把握漠南代北的天气变化以及其地理形势。因为此地一般而言天气寒冷，河水也不会结冰。于是，慕容宝认为北魏军一定不能渡河追上来，就没有设置侦察兵，以调回军队归还，但不料到十一月己卯，突然狂风四起，气温极度下降，河水全部冻结。拓跋珪得知后燕兵撤退，立即率军渡河，之后留下所有辎重，挑选二万多精锐骑兵，日夜兼程追击后燕军。在十一月乙酉的傍晚，北魏军追赶到参合陂西边。这时，后燕军就扎营在参合陂东边，即蟠羊山南水边。在这里，我们要注意的是，事实上后燕是有机会击退北魏军的。后燕军刚抵达参合陂后不久，突然刮起了大风，黑气自士兵后方而来，开始笼罩整个军营。沙门支昙猛对此谏诤曰："风气暴迅，魏军将至之候，宜遣兵御之。"② 慕容宝不以为然。慕容麟怒曰："以殿下神武，师徒之盛，足以横行沙漠，索虏何敢远来！而昙猛妄言惊众，当斩以徇！"支昙猛不甘心，哭诉曰："苻氏以百万之师，败于淮南，正由恃众轻敌，不信天道故也！"③ 在这里，我们暂且回避这场战争中术士、沙门等人如何参战，并做出何种行为，但他们及时提出正确意见，不使后燕军陷入不利的困境。这是要充分肯定的。后来，慕容宝接受慕容德的意见后，下令慕容麟率军三万守住军营后方，以防不测。然而，慕容麟仍以支昙猛为妄，纵兵游猎，不肯

---

① 《资治通鉴》卷一〇八《晋纪三十》孝武帝太元二十年（395）条，第 3423 页。术士靳安要进言，其本意应属于衷心，《晋书·慕容垂载记》曰："初，宝至幽州，所乘车轴无故自折。术士靳安以为大凶，固劝宝还，宝怒不从，故及于败"，可证实此事。

② 《晋书》卷一二三《慕容垂载记》，第 3089 页。

③ 《资治通鉴》卷一〇八《晋纪三十》孝武帝太元二十年（395）条，第 3423—3424 页。

设防。我们认为，这次如果后燕统治者按照支昙猛的进言来部署，各个将领小心提防的话，这场战争的胜负最终会怎样就不得而知了。

与后燕军相反，拓跋珪到达参合陂后连夜做好战斗的准备，偷袭后燕军，既下令让士兵们衔着木片，又扎紧马口，暗中接近后燕军。次日清晨，北魏军已登上蟠羊山头，居高临下，俯视着后燕军营。后燕士兵丝毫没有察觉北魏军的逼近，将朝东出发，才发现北魏军已在山上。后燕士兵大为惊慌，军心大乱。拓跋珪率军开始攻击，后燕士兵逃跑赴水，人撞马踩，压溺死者数以万计。与此同时，拓跋遵领兵攻击后燕军，一时俘获四五万人，逃出去的也不过数千人。慕容宝等人单骑而逃，得以幸免。不过，后燕的陈留王慕容绍被杀，鲁阳王慕容倭奴、桂林王慕容道成、济阴公慕容尹国等文武将吏数千人都被俘。除此之外，北魏军缴获后燕军的兵甲、粮货等辎重不计其数。可见当时后燕军的败北之情如此惨烈。拓跋珪还在被俘的后燕诸臣中选出有才干的人，比如代郡太守贾闰、贾闰从弟昌黎太守贾彝、太史郎晁崇等人。与此同时，发给其他士卒衣着、粮食后释放，以招怀汉人。然而，中部大人王建说"慕容宝覆败于此，国内虚空，图之为易。今获而归之，无乃不可乎？且纵敌生患，不如杀之"[1]，对拓跋珪的做法表示反对。拓跋珪一时犹豫不定，诸将却支持王建，王建也坚持自己的意见。于是，拓跋珪下令把被俘的后燕士兵全部坑杀，但不久后对此事懊悔不已。[2] 次月，他返回云中之盛乐。

由上所述，后燕军正准备决战，在其内部竟然出现了图谋作乱之事以及迷惑军心之事。此外，其统帅慕容宝没有确切把握拓跋鲜卑聚

---

[1] 《魏书》卷三〇《王建传》，第710页。

[2] 有学者认为，这次拓跋珪把后燕投降的4万—5万士兵全部坑杀看成最为典型的拓跋鲜卑好战喜掠的野蛮性。（罗嗣忠：《鲜卑拓跋族统一中国北方原因初探》，《青海社会科学》1996年第5期）笔者却认为，这次王建的建议正确与否，甚至拓跋珪对其意见的实行与否，应有仁者见仁、智者见智。396年，慕容垂亲自率军征伐北魏，而路过参合陂时，看到那里依然骸骨堆积如山，心里既惭愧，又愤恨，因而吐血得病，不久回军途中去世。这直接影响第二次参合陂之战的胜负。此外，后来拓跋珪率军进入中原，攻打中山时，遭遇后燕军的强烈抵抗。他们竟然以"群小无知，但复恐如参合之众，故求全月日之命耳"为抵抗的理由。拓跋珪得知此消息后，"顾视建而唾其面"。

居地的天气状况和地理形势，在调回军队归还时，未设置侦察兵，以防不测。甚至后燕军回到参合陂时，有人又提出要加紧防备北魏军的追击，以免陷入困境，但也没有受到重视。这一系列的失策最终给了北魏拓跋珪可乘之机，导致九万多后燕士兵一半战死，另一半被坑杀的结果。北魏获胜确实和拓跋珪亲临前线、亲贯甲胄有关，但不可否认的是，后燕军内部出现纷争，使其最终自食其果、自取灭亡。

三

如上所述，慕容宝出征前，高湖已提出过他肯定战败而归。即便如此，慕容宝本人也无法承受这个事实。所以在 395 年十二月，他因惨败于参合陂，而深感耻辱，于是再次向慕容垂提出征伐北魏。慕容德也说"虏以参合之捷，有轻太子之心，宜及陛下神略以服之，不然，将为后患"①，以提出再作征战的必要。在慕容德的言语中，我们了解到只有慕容垂亲自出征，才能战胜北魏，解除后患。从慕容垂立刻接受慕容德的意见，并决定亲自率军出征来看，他也无法承认后燕为北魏所败的事实。首先，慕容垂做出了相关的军事部署，即以慕容会录留台事，领幽州刺史，代慕容隆镇龙城；以兰汗为北中郎将，代慕容盛镇蓟城。与此同时，他下令慕容隆、慕容盛各自率精兵归还中山，将在次年大举向北魏进发。据了解，396 年正月，慕容盛率龙城兵进入中山，因他们军容严整，其他后燕军的士气随之振作。其次，慕容垂下令征东将军平规要在冀州招募士兵。在这里，我们似乎察觉到虽然在军事准备上时间较为紧迫，但慕容垂从参合陂之战败北中的确吸取了教训，在征兵中，已做了应有的准备。不过，有一个意想不到的事情给出征前的后燕军蒙上了一层阴影。虽遭冀州刺史平喜的劝告，但负有招募士兵重任的平规仍然率博陵、武邑、长乐三郡兵反叛于鲁口。其弟海阳令平翰随之起兵于辽西，以响应之。我们确实不知平规在前往冀州征兵前是否已有反叛之心，或许到冀州后便萌生

① 《资治通鉴》卷一〇八《晋纪三十》孝武帝太元二十年（395）条，第 3425 页。

了其想法，但可以肯定的是，他和平幼、平睿等诸兄弟一同参与慕容氏"复燕"过程中，以及征伐西燕中都立下了汗马功劳。于是，从这个角度来看，他向来具有很大的野心。不管怎样，对于这次反叛，慕容垂下令镇东将军余嵩率兵讨伐，但其不幸战败而死。慕容垂只好亲自带兵进攻平规，行军到达鲁口时，平规弃众而逃。到这时，慕容垂才撤兵还朝。由上可见，这场武装叛乱即使没有给将出征的整个后燕军带来致命性的打击，但肯定是留下不少消极影响的。这是因为，平规收合众多部众仍在冀州平原等地活动，已对后燕国内安定造成较大的影响。后来到参合陂之战结束后的两个月，即 396 年七月，慕容宝下令慕容隆率兵对他进行讨伐。后燕军逼近，平规弃高唐而逃。平规在济北被斩，平喜逃奔彭城。①

在当年三月庚子，慕容垂令慕容德留守中山，便亲自率大军向北魏进发，即穿越青岭，经过天门，并凿山开道，直达云中。与此同时，他不仅下令慕容宝、慕容农从天门进军，而且下令慕容隆、慕容盛穿越青山进军。可见，这次后燕的战略部署比上次北征时的更为具体、细致。据了解，当时北魏拓跋虔②率部落三万余家镇平城。慕容垂到达猎岭后，下令慕容农、慕容隆作为前锋对他进行攻击。这次参战的后燕士兵因受到上次参合陂之战的惨败而畏惧北魏军，只有慕容隆统率的龙城兵勇锐争先，于是其他士兵的士气开始振作。在闰月乙卯，后燕军开始攻击平城，拓跋虔没有做出防御，就急忙率兵出战，因此战败而死。之后，后燕顺利收降三万多部落。拓跋珪得知此消息后不知所措，其他诸部大人开始产生二心。笔者认为，后燕在这次战斗中获得胜利，与其说是由于拓跋虔盲目出战而导致，不如说是后燕做了较为具体的军事准备。从军事准备的时间长短，或者平规的叛乱影响来看，不算较为完整的准备，但也比上次北征有条不紊。慕容垂攻占平城后，为了与北魏军决战，从参合陂路过，看到往年在此地战败而死的后燕兵骸骨，便设坛进行祭祀，以安慰其灵魂。战死者父兄

---

① 《资治通鉴》卷一〇八《晋纪三十》孝武帝太元二十一年（396）条，第 3429 页。

② 《晋书·慕容垂载记·校勘记》曰："魏陈留公泥，《北史·魏宗室传》有'陈留王虔'，死于此役。'泥'、'虔'当是鲜卑名之省译。"

放声痛哭，哭声震撼山谷，后燕军心随之骚动。慕容垂见到如此惨状，心里既惭愧，又愤恨，因而吐血得寝疾。在这里，笔者有一个很大的疑问，就是说，慕容垂是否忽视他身体年老，甚至忘记他带上重病会给整个后燕军的士气造成致命性的隐患？在上次参合陂之战中，拓跋珪不是通过散播他因重病已死而削弱后燕士兵的战斗力吗？这种现象又发生在这次征战了。慕容垂带病，行军到平城西北三十多里远的地方，逾山结营，听说北魏军打进来，而在此地修建燕昌城自守。慕容宝等人听到慕容垂疾病很严重后，决定撤军和慕容垂会合。这时，一些背叛后燕的士兵逃到北魏军营，说"垂病已亡，舆尸在军"①，劝说他们进攻后燕军。拓跋珪因此对它进行追击，但又听到平城已陷落，只好带兵退回阴山。后来慕容垂来到平城，停留十天，寝疾却更加重，最终决定撤兵归还。在四月癸未，慕容垂在归回途中即上谷的沮阳去世，享年 71 岁。史书没有透露慕容垂去世后燕魏两国间是否爆发过几场战斗，但可以肯定的是，对慕容宝等后燕统治者来说，没有理由继续和北魏军打下去。慕容宝对慕容垂的死亡秘不发丧，四月丙申，就率军回到中山。

由上而论，慕容垂确实从第一次参合陂之战的败北中吸取教训，做出较为具体的军事部署。这就是后燕军既击败拓跋虔、又攻破平城的原因。虽然平规的叛乱一直影响着后燕政治社会的稳定，但直接影响战争胜负的是慕容垂因年老，而得重病，之后去世。从这个意义上来看，我们无法认同慕容德曾向慕容垂提出，只有他亲自出征，才能战胜北魏、解除后患的看法。

四

当年六月，拓跋珪下令王建等三军征讨后燕广宁、上谷郡，以徙其部众。同年七月，因有右司马许谦的上书，拓跋珪就称帝，改元皇始，并决定大举征伐后燕。就是说，在八月，一方面，拓跋珪亲自统

① 《晋书》卷一二三《慕容垂载记》，第 3090 页。

领六军四十余万，南出马邑，穿越句注；另一方面，别诏封真等三军，从东道袭击后燕幽州，以包围蓟城。在九月，拓跋珪率军到达阳曲，逼近晋阳。后燕并州牧慕容农大惧，带着妻儿弃城而逃。于是，并州顺利攻下。在十月、十一月，拓跋珪东出井陉，使王建、李栗率五万骑先驱进发。自常山以东，不少地方官或捐城而逃，或投降而来，只有中山、邺、信都三城没有攻下。后来，经过近两年的围攻，不仅中山、邺、信都三城被攻破，而且整个河北被攻占。北魏从参合陂之战中获胜后即改变了燕魏两国力量对比，北魏逐步强盛，后燕日渐衰落，为以后统一北中国奠定了良好的基础。笔者认为，慕容垂决定征伐北魏似乎是感情用事，未能掌握全局。在整个参合陂之战中，后燕军恃强轻敌，北魏军判断敌强我弱，采取示弱远避以及心理战术，动摇并瓦解敌人军心。趁后燕军撤退时勇猛追击，奋力拼杀，获得全胜。

关于"安史之乱"以后讨击
使职的几个问题

李文才

（扬州大学　社会发展学院）

唐代官制序列中并没有讨击使、讨击大使、讨击副使这一类官衔，然征诸相关唐代文献典籍，讨击使、讨击大使、讨击副使诸职却每见其载。从字面上看，讨击使诸职的性质应该是一种使职差遣，设若讨击使诸职确为使职差遣，它们与典籍文献中频繁出现的"招讨使"，又是一种什么样的关系？宁志新、冯培红、渡边孝等中外学者，在相关研究论文中，均曾涉及唐代讨击使职的问题。① 在上述已有中外研究论著中，几无例外都将讨击使职的时间断限于晚唐五代，且绝大多数将其定性为"藩镇幕职"，并在此基础上展开讨论。

然以笔者寡见，讨击使职作为唐代历史遗存，并非从中晚唐以后

---

① 如宁志新氏曾探讨唐代招讨使及其性质问题，但未涉及招讨使与讨击使的关系，诸如招讨使是否就是"抚慰招讨使"或"安抚讨击使"的简称等问题，均未作阐释（宁志新：《两唐书职官志"招讨使"考》，《历史研究》1996 年第 2 期，第 168—171 页）冯培红氏则重在讨论晚唐五代藩镇幕职的兼官现象与阶官化问题，并将讨击使、副使和其他众多职务一概定义为"藩镇幕职"，认为在晚唐五代藩镇幕职兼官现象大量存在的情况下，幕职多数成为阶官，并形成相应序列，又因为幕职的滥授而导致这些职务地位的降低。（冯培红：《晚唐五代藩镇幕职的兼官现象与阶官化述论——以敦煌资料、石刻碑志为中心》，《敦煌学研究》［韩］2006 年第 2 期、2007 年第 1 期，韩国首尔出版社）日本学者渡边孝氏亦曾撰文对晚唐五代时期的节度押衙进行专题研讨，并根据《张季戎墓志铭并序》所提供的信息，排出了一个"衙前将→讨击使→同防御副使→同押衙→正押衙"的梯级层次。（［日］渡边孝：『唐・五代の藩鎮にぉける押衙について（上）』，『社會文化史學』第 28 號，1991 年 8 月，第 33—55 頁；『唐・五代の藩鎮にぉける押衙について（下）』，『社會文化史學』第 30 號，1993 年 2 月，第 103—118 頁）

始有其名，而是唐朝前期就已经出现。因此，将讨击使诸职的时间断限于唐代中晚期、性质界定为“藩镇幕职”，明显与史实相悖。因此，有必要对唐代讨击使诸职，及其所涉之相关问题作系统分析，诸如唐代讨击使诸职的性质、与唐代军事活动的关系、讨击使诸职的阶官化等，均有作深入探讨之必要。

基于此，本人搜罗相关史料，撰成《讨击使职与唐代军事相关问题研究》[①] 一文，围绕讨击使职与唐代军事之关系这一核心问题，从讨击使职之史源分布、讨击使职之类型区分、讨击使职之结衔方式及特点、讨击使职之性质与职能、讨击使职与唐代军事活动之关系等多个方面，对唐代讨击使职作全方位的考察。本文仅系上述拙作中的一个部分，主要涉及“安史之乱”以后讨击使职之史源分布、职能与幕职化三个方面的问题。

一 “安史之乱”后讨击使职之史源分布

检诸相关文献，“安史之乱”以后之讨击使职，共得46例。按照文献的性质，我们将“史源”分为三种，即①“正史”，包括两《唐书》《资治通鉴》；②石刻文献，包括墓志铭、神道碑、佛教或道教经幢等；③诗文，包括文集、类书、地方志文献等。

上述46例“安史之乱”以后的唐代讨击使职，其中史料源于①“正史”者，有：白元光、段忠义、尚恐热、刘勍、许勘，共5例，占比10.9%；史料源于②石刻文献者，有：论惟贤、论怀义[②]、论惟真、环某、樊元信、翁元昉、田侁、杨光宪、王崇俊、李厚芝、屈贲、南昇、刘伦、温令绶、纪奏、宋某、臧允、孙绪、阎处璋、阎处实、张从嗣、韩俊、吴庭珍、朱衮、黄遵、萧讽、孔幼诚、郭叔评、王某、程殷卿、张叔清，共31人，占比67.4%；史料源于③诗

① 李文才撰《讨击使职与唐代军事相关问题研究》（未刊稿），全文约10万字。

② 按，论氏三兄弟，大者名“惟贤”、小者名“惟真”，唯中间者名“怀义”，疑“怀义”当作“惟义”为是，盖繁体之“懷”字，与“惟”字形相近，故不排除文献传刻过程中误“惟”为“懷”之可能。

文者，有：温术、杜思温、曹序、李邶、张存、余雄、刘汾、朱廊、胡瞳、江中轩，共10人，占比21. 7%。

为直观起见，兹依上述在数据将"安史之乱"以后讨击使职的史源分布构成比例，制作成饼状示意图如下（图1："安史之乱"后讨击使职史源构成分布比例图①）：

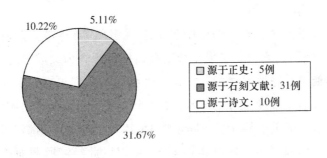

10.22%　　　5.11%

源于正史：5例
源于石刻文献：31例
源于诗文：10例

31.67%

图1　"安史之乱"后讨击使职史源构成分布比例

将"图1"所展示之讨击使职史源构成分布比例，与"安史之乱"以前的相关数据对比，可以发现二者之间存在明显不同。"安史之乱"以前，讨击使职的史料来源中，来自"正史"者占比36. 7%，来自"石刻文献"者占比20%，来自"诗文"者，占比43. 3%，在上述三种史源中，源于石刻文献的比例最低。② 而到"安史之乱"以后，石刻文献反而成为比例最高的史料来源了，其所占比例，乃是"正史""诗文"二者总和的一倍还多。其中原因何在？

其中主要原因，笔者以为就在于，讨击使职作为一种军事使职，在"安史之乱"以后，其散化程度进一步加剧，并逐渐演化为地方官府下属的幕职。随着讨击使职的"散化""阶官化""幕职化"的进一步加深，其在政府正式文牒中出现的概率自然也呈萎缩之势。另

---

① 按，因比例图所显示百分比数据只能精确到个位数，故与正文中的相关数据容有误差。下同。特此指出。

② 前揭拙著《讨击使职与唐代军事相关问题研究》（未刊稿）。

外，随中晚唐政治形势的变化，地方政治实力也在与中央对抗中发展起来，地方政治实力之扩张，又势必需要更多的工作人员，于是包括押衙、衙前虞候、衙前兵马使、同正将、副将、散将、讨击使、讨击副使等在内的一大批"幕职"人员纷纷涌现。客观地说，对于上述幕职人员，尽管相关"正史""诗文"也有记载，但数量绝少。作为已经"幕职化"的政府公务人员，他们更多见于墓志、碑铭或经幢。兹试举一例以成其说。

清人王昶《金石萃编》所收录之《田伾等经幢》，系唐文宗大和八年（834）六月，义成军节度押衙田伾等人为义成节度使祈福，所建造的尊胜陀罗尼经幢，在这个经幢题名中，包括如下人等：节度押衙6名、节度讨击使6名、衙前兵马使7名、同经略副使3名、随军1名、衙前虞候3名、同正将15名、散将2名、都勾当散兵马使1名、同勾当随□使将副将1人。[①] 仅以此经幢所载而论，义成军节度使府下属之"衙前"讨击使就有6人之多，此事如果放在"安史之乱"以前，根本不可能出现，盖在于"安史之乱"以前，讨击使职尽管并非入国家正式职官序列之"正官"，但由于需要中央政府之认可，故不可随意授予；而到"安史之乱"以后，尽管从程序上说，此职之授予也需要地方官员向中央政府申请任官文牒，但那只是理论上的说法，节度使（尤其是以河北三镇为代表的与中央对抗之藩镇）实际上可以自行任命包括上述诸职在内的"幕职"，至于是否履行向中央政府申请文牒的程序，主要还是取决于节度使的心情如何。我们完全可以想象的到，义成节度使府下属之众多使职，怎么可能全部经过朝廷的任命呢？因此，这种情况就只有一个解释，即包括节度讨击使在内的上述众多职务，均为义成节度使自行辟署的幕职，而中晚唐时期，地方节度使辟署幕府人员，通常又是根据实际需要而设置，并无名额限制，因为这类职务原本就不存在所谓的"编制"囿限。讨击使职作为地方官府的幕职人员，其除

---

① （清）王昶辑：《金石萃编》卷六六《田伾等经幢》，中国书店（据1921年扫叶山房本影印）1985年版。

授主要在于地方官府，一般无需报中央政府备案，故而由政府发布的正式文告中当然就少见其名，如果不是碑志经幢等石刻文献还保留了较大数量的相关史料，那么，要对"安史之乱"以后的讨击使职做深入讨论，也就没有可能了。

二 "安史之乱"后讨击使职之军事职能

"安史之乱"以前，讨击使职全部设置于边疆地区，一方面主要是为了适应对边疆少数民族的军事行动而创设，尽管其时讨击使职并未列入国家正式官制序列，但仍需中央颁发任官文牒予以任命；另一方面，由于讨击使职均因具体的军事行动而设，且一俟该次军事行动结束，其任职即自动解除，据此我们认为讨击使职的基本性质，在"安史之乱"以前乃是一种军事性的使职差遣。[①]

"安史之乱"以后，随社会政治状况发生变化，讨击使职的情况也必然与"安史之乱"以前有所不同。讨击使职在"安史之乱"以后所发生的最大变化，乃是讨击使职的广泛设置，与"安史之乱"以前仅限于边疆地区不同，"安史之乱"以后的广大内地，各节度使府几乎全部都设有讨击使职。需要指出的是，"安史之乱"以后内地节度使府普遍设置讨击使职的状况，并非一朝一夕之间形成，而是有一个动态的发展过程。就文献所显示的信息来看，在"安史之乱"初起时，讨击使职的设置仍然相对较少，且多数要参与具体的军事行动，但随着时间越往后，讨击使职越发呈现"滥授"的趋势，并最终演变为地方政府（主要是节度使府）普遍设置的一种幕职。对于讨击使职所发生的这个变化，我们姑且称之为讨击使职的幕职化。讨击使职的幕职化，意味着该职性质进一步远离国家正式的官制序列，表现在选拔程序上，讨击使职的择选与任命，更近似于汉魏晋南北朝时期地方长官自行辟署的府吏，因而讨击使职之为地方长官"私属化"的色彩愈加凸出。

---

① 前揭拙著《讨击使职与唐代军事相关问题研究》（未刊稿）。

　　需要指出的是，尽管讨击使职的幕职化随时间推移而日趋深化，"滥授"程度与"私属化"的倾向也越来越严重，但一直到唐朝灭亡，讨击使职参与或承担军事任务的职能，却始终存在，所不同者，唯参与或承担任务的程度、力度有所差别而已。以下就让我们结合具体事例，一窥"安史之乱"以后讨击使职的军事职能。

　　文献所见"安史之乱"以后讨击使职，其中时间较早者有论惟贤、怀义、惟真兄弟，据吕元膺所撰论惟贤神道碑铭云："天宝季年，安禄山作逆，尘起山东。上皇省方于巴蜀，肃宗巡狩于朔陲……公少有志尚，奋身辕门，随先父统其士马，与元帅哥舒翰掎角扞寇，锋刃既接，大小数十战，摧陷坚阵。泊王师失御，以智信保全所领之军，驰于灵武，扈从肃宗。与先父泊乎昆弟，立勋成效，不可备述……先时代宗皇帝为天下元帅，求武勇之士。公与兄怀义、惟真同为先锋讨击使。又领部落数千人镇岐阳县，披坚执锐，一月三捷。泊除凶清乱，至上元二年授特进、行大光禄、兼右领军卫大将军，充凤翔节度副使、马军兵马使……元和四年七月十日寝疾，终于静恭里之私第。"①

　　查《旧唐书·代宗纪》，并参《资治通鉴》，唐代宗（时为广平王）出任天下兵马元帅，时在唐肃宗至德元年（756）九月，故论惟贤、怀义、惟真兄弟三人一起出任先锋讨击使，即在此时。我们注意到，论氏兄弟被任命为广平王麾下"先锋讨击使"以后，即率领所部兵马镇守岐阳县，并"披坚执锐，一月三捷"，也就是说，论氏兄弟领军征讨时的"官衔"就是"先锋讨击使"。至上元二年（761），论惟贤凭借军功获授"特进、行大（按，当为'左'或'右'）光禄、兼领军卫大将军"，充凤翔节度副使、马军兵马使。

　　再如，白元光在唐代宗永泰元年（765）九月，曾以朔方讨击使的身份，领兵戍守奉天，此事《通鉴》有载，云："（永泰元年九月甲辰），是日，吐蕃十万众至奉天，京城震恐。朔方兵马使浑瑊、讨

---

　　① （清）董浩编：《全唐文》卷四七九（吕元膺）《骠骑大将军论公（惟贤）神道碑铭并序》，中华书局1983年（影印清嘉庆十九年刻本）版，第4891页上栏至4892页下栏。按，论惟贤神道碑铭，《文苑英华》卷九〇九亦有载，题为《骠骑大将军论公神道碑》。

击使白元光先戍奉天，房始列营，瑊帅骁骑二百直冲之，身先士卒，房众披靡。"① 十月，吐蕃退兵，回纥酋长药葛罗率众追击，郭子仪"使白元光帅精骑与之俱；癸酉，战于灵台西原，大破之，杀吐蕃万计，得所掠士女四千人。丙子，又破之于泾州东"②。

按，永泰元年九月、十月征吐蕃之役，《旧唐书·代宗纪》、《旧唐书·吐蕃传》均有记载。据《旧纪》云："（十月）庚辰，子仪先锋将白元光合回纥军击吐蕃之众于灵台县之西原，斩首五万级，俘获人畜凡三百里不绝。辛巳，京师解严。"③《旧传》云："回纥三千骑诣泾阳降款，请击吐蕃为劲，子仪许之。于是朔方先锋兵马使开府南阳郡王白元光与回纥合于泾阳，灵台县东五十里攻破吐蕃，斩首及生擒获驼马牛羊甚众。上停亲征，京师解严，宰相上表称贺。"④ 白元光之军事职务，《旧纪》作"先锋将"，《旧传》作"朔方先锋兵马使"，似与《通鉴》"朔方讨击使"不同。《旧纪》《旧传》二者所载相同，纪云"先锋将"为通俗说法，传称"朔方先锋兵马使"为该职的正式名称。笔者以为，《通鉴》与《旧书》纪、传所载并不矛盾，盖白元光永泰元年九月，奉命戍守奉天时，担任的是"朔方讨击使"，至十月灵台西原之战时，已经升任"朔方先锋兵马使"了，就《通鉴》所载"朔方兵马使浑瑊、讨击使白元光先戍奉天"，并参诸其他相关史料，可知"兵马使"的地位应该略高于"讨击使"，白元光应该就是凭借和浑瑊联袂戍守奉天之功，而很快从"朔方讨击使"拔擢为"朔方（先锋）兵马使"。兵马使，当即"先锋兵马使"之简称，如《旧唐书·回纥传》载灵台西原之役，云："又五日，朔方先锋兵马使、开府、南阳郡王白元光与回纥兵马合于泾州灵台县西五十里赤山岭，共破吐蕃等十余万众，斩首五万余级，生擒一万余

---

① 《资治通鉴》卷二二三，唐代宗永泰元年（765）九月，第7177页。
② 《资治通鉴》卷二二三，唐代宗永泰元年（765）十月，第7182页。
③ 《旧唐书》卷一一《代宗纪》，第280页。
④ 《旧唐书》卷一九六上《吐蕃传上》，第5241页。

人，驼马牛羊凡百里相继，不可胜纪，收得蕃落五千余人……"① 此为"兵马使"即"先锋兵马使"简称之证据也。

再如，田伾于唐德宗建中年间，曾任淮南节度讨击副使之职。② 其时之淮南节度使为陈少游，陈少游任职淮南期间，辖区内曾发生两次重大军事行动，一次是建中三年（782），李纳反叛，陈少游率军进攻徐州、海州，不久之后又放弃，后撤至盱眙。另一次是建中四年（783）十月，朱泚之乱，唐德宗驾幸奉天，不久之后李希烈攻陷汴州，扬言准备进攻江淮地区，陈少游主动请降于李希烈，并派人结好李纳。③ 据诸田伾墓志，及田伾与夫人冀氏合祔墓志所载，这两次军事行动田伾均曾参与，特别是建中三年攻取徐州、海州之役中，田伾先后立下战功，而其时他的一个职衔就是"淮南节度讨击副使"④。

讨击使职承担军事征讨之职能，还有刘勋一例。刘勋，唐宣宗大中时期曾任浙东讨击副使，大中十三年（859）十二月，裘甫攻陷象山，引起浙东骚动，"（浙东）观察使郑祗德遣讨击副使刘勋、副将范居植将兵三百，合台州军共讨之"⑤。讨击使职参与军事征讨，最

---

① 《旧唐书》卷一九五《回纥传》，第 5206 页。按，灵台西原征吐蕃之役的地点，前揭《旧纪》作"灵台县之西原"，《旧传》作"灵台县东五十里"，《通鉴》作"战于灵台西"，《旧·回纥传》作"泾州灵台县西五十里赤山岭"。上述四者记灵台之役发生地点，或作"灵台东"，或作"灵台西"，间有不同。前揭《通鉴》"癸酉，战于灵台西原，大破之"，胡三省注云："灵台，汉鹑觚地也。天宝元年，更名灵台。《九域志》：灵台县在泾州东九十里，旧史破吐蕃处，在灵台县西五十里，地名赤山岭。"据此可知，前揭《旧·吐蕃传》作"灵台县东五十里"，误"西"为"东"。诸史所谓"灵台西原"，"原"者，《尔雅》云："广平曰原"，陕甘宁地区对高而平坦的地方，多称之为"原"，著名者如"五丈原""白鹿原"等，可知此处"灵台西原"，当即灵台县西之一"原"也，名"赤山岭"。又，灵台县既在泾州东九十里，赤山岭又在灵台县西五十里，则此役之地点——赤山岭，当在泾州与灵台之间，而在泾州以东（《通鉴》后文载"丙子，又破之于泾州东"，可资证明）、灵台以西，东距灵台五十里，西距泾州四十里处也。

② 周绍良主编：《唐代墓志汇编》贞元〇一三《唐故淮南节度讨击副使光禄大夫试殿中监兼泗州长史上柱国北平县开国伯田府君墓志铭并序（左卫率府骑曹参军桑叔文撰 右金吾卫兵曹参军储彦琛书）》，上海古籍出版社 1992 年版，第 1846 页。

③ 《旧唐书》卷一二六《陈少游传》，第 3564—3566 页。

④ 李文才：《扬州出土之田伾及其与夫人冀氏合祔墓志铭考释》，《隋唐政治与文化研究论文集》（下），花木兰文化出版社（台湾新北）2015 年版，第 533—552 页。

⑤ 《资治通鉴》卷二四九，唐宣宗大中十三年（859）十二月，第 8077 页。

典型一例为刘汾。刘汾曾撰写过一篇自述性传记——《大赦庵记》，略云：

> 汾自大中己卯（859）登科以来，官至兵部员外郎。咸通三年（862）迁本部侍郎，出□河南招讨使。乾符二年（875），黄巢起兵应王仙芝。四年（877），巢寇河南。汾屡战，斩其前锋诸将，贼遂败衄。……中和元年（881）三月，汾转京城四面行营招讨使。巢遣其将尚让王播帅众五万寇凤翔，汾与都统郑畋、唐宏英等勒兵待之，大破其众于龙尾陂，斩首二万级，伏尸数百里。中和二年（882）八月，汾转信州军押衙团练讨击使、银青光禄大夫、检校国子祭酒、兼御史大夫、上柱国、尚书右仆射。时饶、信经巢兵火余，民不聊生。汾一意抚恤，亲加劳问，简徭役，宽赋税，民赖以全活者甚众。四年（884）六月，巢围陈州。汾会李克用至，遂去趋汴。克用追及中牟，大破之，让率众降。汾与李师悦率尚让追剿余众，至虎狼谷……汾再战再克，十无一失。蒙诏镇守饶、信二州，连年不得回朝……①

从中可知，刘汾的事功主要就是领兵征讨黄巢之乱，先是以军功转任"信州军押衙团练讨击使、银青光禄大夫、检校国子祭酒、兼御史大夫、上柱国、尚书右仆射"，后继续以此职从征。在刘汾的众多职衔中，"信州军押衙团练讨击使"最为关键，正是这个军事使职保证了他的领兵权力，以及他饶、信州的治民权力（按，即文中所说"一意抚恤，亲加劳问，简徭役，宽赋税，民赖以全活者甚众"），盖刘汾众多职衔中，"银青光禄大夫"为文散官（从三品），"上柱国"为勋官（正二品），"检校国子祭酒""兼御史大夫""尚书右仆射"三者皆为荣誉性虚衔。众所周知，"安史之乱"以后特别是晚唐五代时期，朝廷为笼络人心，常常给地方官员尤其是武官加检校官、

---

① 《全唐文》卷七九三（刘汾）《大赦庵记》，第 8314 页下栏—8316 页上栏。按，括号中的公元纪年时间，系笔者所加。

兼职宪衔，甚至是三省长官衔（如尚书左、右仆射，尚书令、中书令等），刘汾的众多官衔显然都属于这种情况，因为他不可能真正到中央任职，所以对他来说，真正起作用的就是"信州军押衙团练讨击使"一职，刘汾后来"蒙诏镇守饶、信二州"，领兵、治民依然是这个职衔在发挥作用。

因参与征讨黄巢之乱有功，而被授予讨击使职者，还有胡瞳。据《新安文献志》载："胡仆射瞳者，婺源清华人……广明初，黄巢犯宣歙，瞳起义，集壮士御之境上，屡与巢兵鏖战，贼众败走，井里获全。都统郑畋、王铎前后上其功，授宣歙节度讨击使、银青光禄大夫、检校国子祭酒、兼殿中侍御史、上柱国。光启三年，升兼御史中丞……杨行密观察宣歙，复表其劳效，加左散骑常侍，又进检校尚书右仆射、兼御史大夫。"① 是胡瞳于唐僖宗广明（880—881）、光启（885—888）年间，曾任宣歙节度讨击使，其之所以获授讨击使职，正是凭借征讨黄巢所立军功。② 若此文献记载真实可信，则胡瞳的情况与前述刘汾有相似之处，其"银青光禄大夫、检校国子祭酒、兼殿中侍御史、上柱国"诸职，均为荣誉性虚衔，实际起作用的只有宣歙节度讨击使一职。③

讨击使职之军事职能，还有一例需要特别关注，那就是吐蕃别将尚恐热担任落门川讨击使一事。按，吐蕃设置讨击使之职，显系

---

① （明）程敏政撰：《新安文献志》卷九六上《行实》，文渊阁《四库全书》本。

② 本书自注引《清华胡氏谱》，将胡瞳事迹归诸其子胡学，并追补胡学传，然《清华胡氏谱》官名全用宋徽宗大观（1107—1110）以后新定官名，故不免令人生疑。又，自注引御史中丞诰云："宣歙节度讨击使、银青光禄大夫、检校国子祭酒、兼殿中侍御史胡瞳，右可兼御史中丞，余如故，勑尔等风云禀气，铁石存心，奋骁锐于军前，立功名于马上，誓驱戈甲，必扫搀抢，迭升霜宪之荣，用振辕门之勇，可依前件。光启三年八月日，司勋员外郎、知制诰臣崔行。"就诰文内容、形式而言，确乎唐代诰文风格，故本文认可其事迹归诸胡瞳。

③ 按，《新安文献志》系明人程敏政所撰，距唐末已六七百年矣，其叙胡氏事迹，所依据者为胡氏族谱，而中国历史上族谱编撰例多溢美，故其可信度不免令人生疑，观其自注引《清华胡氏谱》将胡瞳事迹归诸其子胡学，已然可知《新安文献志》此处记事未必尽可相信。然其自注引御史中丞诰书，又确与唐代诰文风格相符，故此处胡瞳抑或胡学，姑置不论，其人之结衔"宣歙节度讨击使、银青光禄大夫、检校国子祭酒、兼殿中侍御史、上柱国"，则与前揭刘汾具衔极相类，故本文倾向于认可《新安文献志》记载属实。

模仿唐朝做法，盖讨击使职本为唐朝适应对边地少数民族作战之需要而创设，"安史之乱"以前又全部设置于边疆地区，而吐蕃自唐高宗以后又是唐朝边境最有实力之劲敌，在唐蕃长期战争中，讨击使作为军事使职，遂为吐蕃所仿效，并以之承担军事征讨之职能矣。尚恐热任讨击使事，在唐武宗会昌（841—846）年间："（吐蕃）别将尚恐热为落门川讨击使……约三部得万骑，击鄯州节度使尚婢婢，略地至渭州，与宰相尚与思罗战薄寒山。"① 是尚恐热以落门川讨击使的身份，率兵与吐蕃鄯州节度使尚婢婢、宰相尚与思罗作战。

甚至直到唐末五代之际，讨击使职几乎已经完全"散化""阶官化"或"幕职化"，但其参与军事征讨的职能仍然有所保留。如梁王朱全忠麾下部将宋某，于唐昭宗天复二年（902）加讨击副使职衔，所凭借的正是征讨凤翔所立战功，据后梁藏之所撰《宋府君历任记》云："君自乾宁元年（894）六月廿日，在梁王充马军随身厅子左一都……至天复二年（902）四月内，煞凤翔军得功，加衔前虞候，当年七月，加讨击副使……至天祐元年（904）闰四月内，加六军讨击使……"② 此宋府君于唐昭宗天复二年（902）四、五月间，以"煞凤翔军得功"加衔前虞候，七月，又凭借此军功加讨击副使；天祐元年（904）闰四月，又加六军讨击使。宋某前后所加职衔，所依靠的都是军功，这表明讨击使职始终保留了军事征讨的职能。

征诸史载，"安史之乱"以后之讨击使职，除承担军事征讨任务外，有时还作为地方长官的使节或代表，承担出使、上计等任务。这方面的例子可以找到一些。

以言"出使"之例，如，段忠义曾任西川讨击副使，唐德宗贞元七年（791）六月，唐西川节度使韦皋了解到云南王异牟寻有意归附唐朝，而讨击副使段忠义，原本又是阁罗凤之使者，于是"六月，

---

① 《新唐书》卷二一六下《吐蕃传下》，第 6105 页。

② 陈尚君辑校：《全唐文补编》（中册）卷九四《故宋府君历任记》，中华书局 2005 年版，第 1161—1162 页。

丙申，皋遣忠义还云南，并致书敦谕之"①。是段忠义以西川讨击副使的身份，充当西川节度使韦皋的信使，前往南诏传达招谕书信。

再如，唐德宗建中（780—783）年间，淮南节度使陈少游曾派遣部将温述，向李希烈称臣，《旧唐书·陈少游传》记其事云："及李希烈陷汴州，声言欲袭江淮。少游惧，乃使参谋温述由寿州送款于希烈……无何，刘洽收汴州，得希烈伪起居注'某月日陈少游上表归顺。'少游闻之，惭惶发疾，数日而卒……"②《旧传》并无温述结衔，仅言"参谋"。陈少游称臣于李希烈事，唐人赵元一所撰《奉天录》有细节性描述，略云：

> 未几，本道扬州节度司徒陈少游见元凶兵威日盛，谓三军将士曰："扬楚之人，故多怯懦；淮宁凶勇，难与争锋。今可以权计羁縻而取之。"遂表行在，使讨击副使温术（按，此处阙字，疑阙"奉款"等字样。）于元凶，涂出寿阳。张公（按，即张建封）知之，乃絷术于官舍，而搜其行旅，果获款状。使使上进，有诏追术。帝亲问其故，温术虽即言之，犹为鲁讳。帝谓术曰："张建封据一州之地，驰半县之卒，当贼大冲，少游居维扬雄藩，脂膏之地，十万之师，嗋啸可致，窦融河西乏节，应为汉网疏也。"帝居行在，且复含垢而已。③

其中"讨击副使温术"，当即就《旧传》所说"参谋温述"。陈少游其时任淮南节度使，故温述（或作"温术"）的职衔当为淮南节度讨击副使。温述奉命前往李希烈处送款投降，实际相当于陈少游派遣的使节。

讨击使职承担"出使"事，还有许勘一例。按，许戡，曾在岭南东道节度使吕用之麾下担任讨击副使之职。唐僖宗光启三年（887）四月，毕师铎兵围扬州，逼淮南节度使高骈交出岭南东道

---

① 《资治通鉴》卷二三三，唐德宗贞元七年（791）五月、六月，第7524页。
② 《旧唐书》卷一二六《陈少游传》，第3564—3566页。
③ （唐）赵元一：《奉天录》卷三，清道光十年秦氏享帚精舍刻本。

节度使吕用之。四月甲寅，吕用之无奈之下，只好派遣部将讨击副使许戢，携带淮南节度使高骈的书信、吕用之的"誓状"（当即"盟誓文书"），前往毕师铎军营慰劳。毕师铎认为许勘并非高骈旧将，以致自己无法向高骈表达心中的不满之情，遂斩杀许勘。① 揆诸许勘此行目的，可知他当时实际相当于高骈、吕用之二人所派出的和谈使节。

讨击使职担任"上计"之例，可据浙东讨击副使曹序事迹加以分析。据杨於陵所撰《谢潘侍郎到宣慰表》，其中有云："臣伏奉八月二十四日敕，陛下以江淮旱歉……命度支盐铁转运使户部侍郎兼御史中丞潘孟阳宣谕慰安，蠲除疾苦。以今月二十九日到臣本州……谨遣讨击副使曹序奉表陈谢以闻。"② 严格来说，曹序奉表陈谢并非标准意义上的"上计"，而是奉上司之命到朝廷具陈谢表。盖"上计"者，始于春秋，《周礼·天官·小宰》"岁终则令群吏致事"，郑玄注："使赍岁尽文书来至，若今上计。"贾公彦疏："汉之朝集使，谓之上计吏，谓上一年计会文书及功状也。"意即地方长官每逢年末须派"上计吏"进京，向中央汇报辖区之户口（增减）、垦田、钱谷（租赋收支）、盗贼（社会治安）等方面的情况，是谓上计；唐承汉制，亦在每年岁终，派遣上计吏进京汇报相关情况，与汉制不同的是，每三年地方长官还要以"朝集使"的头衔，亲自进京朝见皇帝，此即所谓"圣唐稽古，兼而用之。故天下朝集，三考一见，皆以十月上计，至于京师，十一月礼见，会于尚书省。其朝觐也，应考绩之事；至元日也，陈筐篚之贡。集于朝堂，唱其考第，进贤以兴善，简

---

① 《资治通鉴》卷二五七，唐僖宗光启三年（887）四月："遣所部讨击副使许戢，赍骈委曲（胡注：委曲，即骈手札也。）及用之誓状，并酒淆出劳师铎。师铎始亦望骈旧将劳问，得以具泄用之奸恶，披泄积愤，见戢至，大骂曰：'梁缵、韩问何在，乃使此秽物来。'戢未及发言，已牵出斩之"（第8351—8352页）按，此事《旧唐书》卷一八二《毕师铎传》亦有记载，唯许勘之具衔无明确记述，仅云"（吕）用之即以其党许戢送骈书。师铎怒曰：'梁缵、韩问何在？令尔来耶！'即斩之"。据此仅可知者，许勘系吕用之死党（即核心成员）耳。

② 《全唐文》卷五二三（杨於陵）《谢潘侍郎到宣慰表》，第5311页上栏—下栏。

不肖以黜恶"①。

此处曹序奉谢表进京之事，与汉唐时期通行之"上计"或"朝集"，显然不同，仅为奉上司杨於陵之命，奉持谢表前往朝廷向皇帝表示感谢。② 尽管曹序进京是为了表达浙东民众对浩荡皇恩的感激之情，但由于他是以浙东地方长官代表的身份奉表进京，故此行虽非"上计"，但与"上计"性质颇有相似之处，且其"奉表陈谢以闻"，恐怕也不仅仅就是为了表达几句感谢之辞，而应该包括向朝廷汇报浙东地区灾情等信息，而汇报辖区所发生的天灾人祸等情况，原本亦属地方每年上计的一项内容。

浙东节度讨击副使曹序奉表谢上的时间，可依据相关史载加以分析。按，此谢表上于杨於陵在江淮地区任职期间，查《旧唐书·杨於陵传》，杨於陵任职于江淮，且为一州之最高长官，只可能在担任"浙江东道都团练观察等使"一职的时候。③ 据《旧唐书·宪宗纪》，永贞元年（805）十月"浙东观察使贾全卒……丙午，以华州刺史杨於陵为越州刺史、浙东观察使"④。又征诸吴廷燮《唐方镇年表》，杨於陵担任浙东观察使的时间为永贞元年（805）十月至元和二年（807）四月。⑤ 杨於陵谢表撰写于八月二十九日之后，他在越州任职时间只有805、806、807三个年头，他又于805年十月上任，807年四月离任，因此，这份谢表只能撰写于806年九月间，曹序以讨击副

---

① 《全唐文》卷五二七（柳冕）《青帅乞朝觐表》。按，据诸前揭《周礼·天官·小宰》贾公彦疏，汉代"上计吏"即可称为"朝集使"。征诸唐代制度，似与两汉略有不同，唐朝地方州郡长官每年终岁末遣使进京"上计"，与汉制同；唯三年一会，地方长官需要亲自充当"朝集使"，进京汇报工作，与汉制有异。作为封建专制集权政治体制下，确保中央获得稳定财政收入的一项基本制度，"上计""朝集"制度依据每年的"上计"结果，评定出地方官员的殿最，进而据之决定对该官员的奖惩升黜，从而有效督促地方官员恪尽职守。

② 按，作为浙江东道节度使，杨於陵到任后适逢江淮地区发生严重旱灾，朝廷怜念百姓困苦，遂命令盐铁转运使、户部侍郎兼御史中丞潘孟阳宣谕慰问，并予以减免租赋之优待。对于皇帝的浩浩恩德，杨於陵自然必须有所回应，遂以浙江东道最高长官的身份，派遣讨击副使曹序奉表进京致谢。

③ 《旧唐书》卷一六四《杨於陵传》，第4293页。

④ 《旧唐书》卷一四《宪宗纪》，第412页。

⑤ 吴廷燮：《唐方镇年表》卷五"浙东"条，中华书局1980年版，第779页。

使的身份，充当奉表"上计"吏也只能是在这个时间。

三 "安史之乱"后讨击使职的幕职化

"安史之乱"以后，尽管讨击使职继续保留了军事征讨、出使上计等实际职能，但讨击使职散化、阶官化或幕职化的程度，呈日趋加深之态势，则是不可否认的事实。而且很明显，时代越往后发展，讨击使职"滥授"的趋势越发明显，并终于演变为地方政府（主要是节度使府）普遍设置的一种幕职。讨击使职的幕职化，一方面表现为该职进一步远离国家正式的官制序列，而呈现出"私属化"的色彩；另一方面表现为选拔程序上的自主任命，大量史实表明，讨击使职的择选与任命，基本上由地方长官自行辟署，这一点与汉魏晋南北朝时期地方长官自行辟署府吏的情况颇为相似。

"安史之乱"以后，讨击使职在幕职化过程中所表现出来的"私属化"与自主辟署等特征，不仅彼此之间有着互为因果、相生相成的密切关系，其本身还有着更为丰富的内涵。以下我们就以"私属化"与自主辟署为切入点，通过对相关史料的解析，进一步挖掘讨击使职幕职化背后所隐藏的内容。

（一）地方长官自主辟署与朝廷"补"牒

"安史之乱"以后，绝大多数讨击使职均由其长官自行辟署，这一点自是无须多加讨论。我们所要关注的是，任职者被辟署以后，地方长官一般都会主动为之向朝廷申请任官文牒，如前揭李邺、张存、朱廊三人，均是如此。除上述三例以外，还有淮南节度讨击副使田佶。据田佶墓志铭云："故淮南节度使、工部尚书、颍川陈公特达见许，殊礼相遇，屈公入幕，补节度讨击副使……"田佶之入幕淮南节度使府，乃是受邀于节度使陈少游（即铭云"屈公入幕"，"屈"者，请也），而陈少游辟署田佶进入节度使幕府，就是以"补节度讨击副使"的名义得以实现。陈少游之所以要用"讨击副使"的名义辟署田佶入幕，正是因为此职已经幕职化，如果该职是列入国家官制序列的"正官",则绝对无此可能。

田伾墓志铭文中,还要特别注意其中的"补"字。之所以要特别关注此"补"字,是因为该字对于讨击使职之任职者,意义非同寻常。所谓"补"者,向朝廷申请补发任职文牒之谓也,前揭李郸、张存、朱廓三人,他们的任职文牒均有"补"字,李郸、张存二人的任职文牒,题名为《为荥阳公桂管补逐要等官牒》,其正文内容亦有"事须补充讨击副使",应断句为"事须补充讨击副使";朱廓任职文牒标名《朱廓补讨击使牒》,正文内容亦有"事须补充讨击使",其中均有"补"字。再如,唐敬宗宝历二年(826)八月,南昇去世以后,"使奖其劳,改补讨击使,奏试太子通事舍人……"①《太平广记》所载杜思温故事,也是杜思温的岳父"密请韦令公,遂补讨击使,牒出方告",这两条史料中的"补"字,也都是不可省略的关键字汇。

上述史料文献中的"补"字之所以不可或缺,盖因讨击使职为地方长官自行辟署之幕职,任职者要想获得身份认可,尚有待于国家为其补发任职文牒,"补"字包含有"候补"或"后补"之含义,所谓"补"者,有待于国家颁发文牒予以追认也。"补"字之不可缺少,除了因为它意在表明此职有待国家颁发文牒予以追认外,还在于凡获得"补"发之文牒者,还有机会进入"正官"序列——即今之所谓"编制"也。如前揭田伾,正是首先被陈少游辟署为幕职"淮南节度讨击副使",进而"累奏光禄大夫、试殿中监兼泗州长史、上柱国、北平县开国伯",也就是说,田伾后来被"累奏"并任"光禄大夫、试殿中监兼泗州长史",就是起步于"补节度讨击副使"这一幕职。南昇去世后"改补讨击使,奏试太子通事舍人",其获得"奏试太子通事舍人"这一"正官",也是以"改补讨击使"为基础。

根据对上述几例任职情况的分析,我们可将讨击使职的任职程序

①《唐代墓志汇编》大和〇〇八《唐故讨击使试太子通事舍人南府君墓志铭并序》:"唐故讨击使试太子通事舍人南府君墓志铭并序……公讳昇,字昇,享龄四十有七,以唐宝历二祀疾溢大祸,八月七日,终于洛师……使奖其劳,改补讨击使,奏试太子通事舍人。"(第2100页)

总结为如下五个步骤：❶地方长官主动辟署 ➔➔❷任职者接受辟署，进入幕府 ➔➔❸地方长官为幕职人员申请任官文牒（"补牒"）➔➔❹中央下达任职文牒，任职者获得身份认可 ➔➔❺获得"正官"，进入国家官制序列（"编制"）。在上述五个步骤中，最关键者乃是第一步，即任职者首先必须被地方长官辟署，才能入幕任职，然后才可能获得中央"补牒"认可，进而获得"正官"，进入正式的国家官制序列。一般来说，第五个步骤较难实现，就本文目前所收集到的史料来看，"安史之乱"以后的讨击使职能够最终进入"编制"，成为"正官"，数量极少，绝大多数都只能以地方官府幕职的身份终其一生。

假设上述任职程序为"安史之乱"以后，通行的讨击使职任职程序的话，那么，我们就可以更为准确地理解讨击使职的性质。仅以任职程序而言，"安史之乱"以前、以后就有明显不同。就史料所显示的信息来看，在"安史之乱"前，因讨击使职纯为军事行动而创设，故多通过皇帝的诏诰敕令予以任命，具体表现为"诏授""敕充""制充""敕"等，这方面的例子颇多，如李璿，"又诏授定远将军、左武卫温阳府长上折冲、单于道讨击大使……"①；高慈，"万岁通天元年五月，奉敕差充泸河道讨击大使，公奉敕从行……"②；王佽，"又奉敕充讨击契丹副使……"③；甘元琰，"敕江南西道讨击使、锦州刺史甘元琰差君分统戎伍……"④；李徇忠，"开元廿八年七月，制充河东道军前讨击副使，仍充云州十将使，特赐姓李，名徇忠，更与紫袍金带……"⑤；钥高、路顺清，"适会敕令臣讨逐。已准敕书……发兵马使内给事蓟思贤、副使内寺伯李安达、右领军卫翊府郎

<hr>

① 《唐代墓志汇编》光宅〇〇三《唐故定远将军守左鹰扬卫长上折冲上柱国清水县开国男李公墓志铭并序》，第722—723页。
② 《唐代墓志汇编》圣历〇四四《大周故壮武将军行左豹韬卫郎将赠左玉铃卫将军高公墓志铭并序》，第959—960页。
③ 《唐代墓志汇编》长安〇三一《大周故检校胜州都督左卫大将军全节县开国公上柱国王君墓志铭并序》，第1013—1014页。
④ 《唐代墓志汇编》开元〇九一《大唐故锦州参军上柱国太原王府君墓志铭并序》，第1217页。
⑤ 《唐代墓志汇编》开元五二四《大唐故冠军大将军行右武卫大将军啜禄夫人郑氏墓志铭并序》，第1516—1517页。

将李良玉、军前讨击副使大将军钥高等为先锋……军前讨击副使果毅路顺清、夷军子将英乐府右果毅樊怀璧等四面云合……"①;前揭颉质略、伽末啜出、比言、夷健颉利发、曳勒哥五人,所任讨击使职,均是通过以唐玄宗名义发布的《移蔚州横野军于代郡制》② 所任命。

"安史之乱"以后的情况,尽管多数并无任命方式的相关文字表述,但可以肯定的是,其中没有一例带有"诏授""敕充""制充""敕"等字样的任命方式,而以"补""加"等字出现的倒是有几例,无论"补"或"加",与"诏授""敕充""制充"等任命方式,显然不同。盖在于"补"或"加"均由地方长官辟署以后,再为任职者申请任官文牒。任命方式的不同,亦可视为判断"安史之乱"前、后讨击使性质区别的一个重要指标,前者以皇帝诏敕的形式任命,乃是因为此职具有使职差距的性质;后者由地方长官自行辟署,表明此职已经地方官府的幕职人员。

作为地方官府的"私属"人员,讨击使职不仅辟署权在于地方长官个人,其"俸禄"也全部由地方官府提供。然而,我们看到的是,无论从辟署者地方长官来说,还是从被辟署者讨击使职来说,均希望能够从中央政府获得任官文牒。如果说此举作为被辟署者的角度还较易理解的话,那么,作为讨击使职等"私属"人员的实际主人,地方长官为何也乐意为这批私属者主动奏请中央任官文牒?

笔者认为应该联系当事双方的心理加以考虑。从被辟署者的角度来说,尽管对其有"知遇之恩"者为地方长官而朝廷,其物质供给也完全由地方长官提供,但无论从中国传统文化历来所强调"名正言顺"或"循名责实"而言,还是从马斯洛需求层次理论的角度来说,一旦生理、安全等较低层次的需求得到满足,人们便会产生更高的心理需要,所以当这些被辟署者的现实利益基本得到满足以后,他们的下一个心理期望,便是获得国家的认可,因为"学会文

① 《全唐文》卷三五二(樊衡)《为幽州长史薛楚玉破契丹露布》,第3568页下栏—3571页下栏。

② 《全唐文》卷二一(玄宗二)《移蔚州横野军于代郡制》,第151页上栏—下栏。

武艺，货于帝王家"的理念，彼时已成为一种普遍性的社会心理。无论主人对自己的恩德有多么深重，但如果不能从朝廷那里获得任职文牒，毕竟还是美中不足，盖在于"私署"终究不如"公辟"那样名正言顺。

再从辟署者——地方长官的角度来看，他们作为这些私属人员的幕主，对于部下"私属"人员的心理，显然也有充分的认识。他们深知要使这些私属人员死心塌地为自己效力，就不能仅仅为其提供物质方面的供应，还要设法让他们从精神层面上获得某种满足。正如前文所说，"学会文武艺，货于帝王家"业已成为社会共识，在这个时代背景下，无论文人士子，还是武夫壮勇，他们都渴望能够以自己的一技之长为君王效命，并从君王那里获得认可——赢得功名利禄。作为封建君主专制政体下的基本政治模式，文人武士热衷于建功立业，其终极目标无不是为了获得君王的肯定与认可——这种肯定与认可并不仅仅局限于物质方面有所收获，更在于精神层面的满足。尤其是对那些满怀"忠君报国"之情的人士来说，获得物质层面上的"利禄"，那只是一种低级的心理需求，获取"功名"——哪怕只是形式上的认可，也是一种精神层面的、更高级别的满足。因此，我认为，晚唐五代时期地方长官十分乐意并主动为本府幕僚向朝廷申请任官文牒，正是基于对彼时社会心态的准确判断。作为幕府私属人员的实际主人，地方长官尽管可以为之提供"假禄"——物质的供给，却无法满足其精神层面的需求，因此只能借助于朝廷——准确地说是封建皇帝。当然，毋庸讳言，地方长官主动为部属申请任官文牒的根本动机与最终目的，还是笼络人心，从而稳固自己的政权基础，这显然就是地方长官彼时的心态。

（二）讨击使职可以通过纳资捐款的方式获得

正因为讨击使职已经幕职化，且由地方长官自行辟署，故那些有意从政却又无法通过正常的科举、门荫等途径获得官职者，就可以通过纳资捐款等方法，从地方官府获任讨击使职等幕职。

通过纳资捐款，以获得官府职事，实际上相当于"买官"，只不过任职者所买的"官"乃是没有"编制"的"非正官"而已。这由前揭朱鄘"补讨击使牒"得到证明。据崔致远所撰《朱鄘补讨击使牒（注：纳助军钱遂加职赏）》①云：

> 牒奉处分：汉有卜式者，输家财助军费，遂乃出自牧羊竖子，终为司宪大夫。忠诚所施，其利甚溥。前件官，石非硌硌，铁实铮铮，知义重而财轻，遂忘家而报国。天龙地马不藏私室之中，尺籍伍符可列军门之下，碑升峻级，以讽顽氓。既有赖于金多，无自惊于铜臭。事须补充讨击使。②

从中可见，朱鄘得以获任讨击使职，是因为他向地方官府捐助军费有功。作为对他的报答，地方长官不仅给予他讨击使之职任，还替他主动向朝廷申请任官文牒。

崔致远所撰的这道朱鄘任官文牒，就是唐朝中央有司接到地方申请以后，所回复的任职文牒（文雅的说法，称为"告身"），并由地方官府转发给任职者。我们之所以认定《朱鄘补讨击使牒》，应当就是当时唐朝中央政府下达给地方官府的正式任官文牒，最主要的根据就是文牒起首语"牒奉处分"一句。

不过，就文献所反映的情况来看，"安史之乱"以后，讨击使职之任命，还是以地方长官主动辟署居多，如前揭田伾出任淮南节度讨击副使，就是由淮南节度使陈少游主动辟署而任职；李邯、张存二人情况，恐怕也是这样。因此，像朱鄘这样主动捐资求职者，可能并不常见，至少就目前所收集到的史料来看，还未见其他事例。

---

① 按，崔致远（857—？），今韩国庆州人，唐懿宗咸通十年（869）来唐朝，五年后进士及第，唐僖宗乾符四年（877）任宣州溧水县尉，中和元年（881）任淮南节度从事，后历任都统巡官、承务郎、内供奉诸职，中和四年（884）以唐使身份归国。故此牒最有可能撰写于唐僖宗中和（881—884）年间。

② （高丽）崔致远：《桂苑笔耕集》卷一四，四部丛刊景高丽本。又，此牒又载诸（清）陆心源《唐文拾遗》卷四〇，清光绪刻本。

（三）讨击使职承担长官私人事务较多

"安史之乱"以后，讨击使职因为幕职化的缘故，故而在某种意义上已经沦为地方长官的私属，并由此呈现出一职多授、任情滥授的情况，这就进一步改变了讨击使职的性质与职能。

"安史之乱"以前，由于讨击使职皆因军事活动而设，故任职者多有从军征战的能力或军事指挥才能；"安史之乱"以后，由于讨击使职已然沦为地方长官私属，故其虽名为"讨击"，但多数情况下，任职者并不具备从征的能力或才能，另外，地方长官可能也不需要他们参与军事活动。于是，讨击使职所办理的事务，多围绕地方长官的私家事务而展开。就目前所掌握的史料来看，诸如佛幢修造、功德捐助、刻石立碑等表达个人信仰、祈福祝愿之类的事务，讨击使职参与者颇多，这些无疑都属于私人性事务。如屈贲，于唐宪宗元和八年（813）前后，曾任襄州节度讨击副使，但史料并未提供他从事军事活动的任何信息，我们所见到有关他的事迹，只是曾经替张曛墓志铭书丹并篆刻。①

再如臧允，情况与屈贲相类，于唐昭宗天祐三年（906）前后，曾任威武军节度讨击使，兼御史中丞，然而我们从现有史料中，也未见到他参与任何军事活动，所看到的只有他在建造"王审知德政碑"的过程中，承担了碑文镌刻的工作。②

---

① 《唐代墓志汇编》元和〇六七《唐故文贞公曾孙故榖城县令张公墓志铭并序》："唐故文贞公曾孙故榖城县令张公墓志铭并序，乡贡进士崔归美撰，节度讨击副使屈贲书并篆。"（第1955页），按，榖城县属于襄州，据墓志铭，墓主人张曛系张柬之曾孙，卒于元和八年（813）六月十九日，故屈贲所任为襄州节度讨击副使，时间在元和八年（813）前后。

② （清）叶奕苞：《金石录补》卷二二《唐王审知德政碑》云："唐王审知德政碑：右碑额篆书云'敕赐琅琊郡王德政碑'，题云：《大唐威武军节度、福建管内观察使、处置三司发运等使、特进、检校太保、同中书门下平章事、使持节、都督福州诸军事、兼福州刺史、上柱国、琅琊郡王、食邑□户、食实封一百户王审知德政碑并序》，银青光禄大夫、行尚书礼部侍郎、上柱国臣于兢奉敕撰，将仕郎、守京兆府鄠县尉、直宏文馆臣王倜书，天祐三年丙寅闰十二月一日准敕建立，镌字：节度讨击使兼御史中丞臧允。"（清道光二十四年别下斋刻本）。

再如，朱衮、黄遵二人，于唐昭宗大顺元年（890）前后，均任抚州节度讨击使。当年十月，抚州节度使危全讽主持铸造抚州宝应寺佛钟，时朱衮以"节度讨击使兼监察御史"的身份，负责书写佛钟铭文；黄遵则以"节度讨击使军事押衙"的头衔"知修造"，亦即具体负责佛钟铸造事宜。① 朱、黄二人所参与的亦非军事活动，而是为幕主——抚州刺史危全讽的私人事务效力。②

再如，唐文宗大和八年（834）六月，义成军节度押衙田伾等人为节度使祈福，建佛顶尊胜陁罗尼经幢，乡贡进士吕受撰写建幢序言，在经幢题名中共有 6 名讨击使，分别为：萧讽、孔幼诚、郭叔评、王愻、程殷卿、张叔清。③ 萧讽等 6 名义成军节度讨击使，此处所参与的也不是军事活动，同样属于一种私人事务。

（四）对讨击使职之违法行为，地方长官拥有独立处罚权

由于讨击使职具有地主长官"私属"人员的性质，故而一旦发现他们有违法犯罪行为，地方长官可以直接加以惩处，一般情况下并不需要上报中央有关司法部门。据此我们或可进一步推知，凡属地方长官之"私属"性幕职人员，包括讨击使职在内，一旦被地方长官认定为有非违行为，长官即可自行对其进行处罚，但就史料所透露的信息看，地方长官在行使处罚权时，多数情况下尽可能从轻发落。

---

① 《金石萃编》卷一一七《抚州宝应寺钟欵》："节度讨击使兼监察御史朱衮并书，维唐大顺元年岁次庚戌拾月癸未朔拾壹日癸巳，抚州宝应寺募众缘，于洪州南冶铸铜钟壹口，重叁阡斤。上为国王、大臣、当府司空郡王、尚书，次及州县文武官寮、将士军人、什方信男信女、师僧父母。然愿国界安宁，法轮常转，有识含灵，同沾此福，永充供养……节度讨击使军事押衙知修造将黄遵……"

② 按，铸钟祈福作为佛教的一种大"功德"，所打旗号历来冠冕堂皇，均号称为国王、大臣、文武官员乃至芸芸众生祈福，实质仍是出于私心的个人行为。以本次铸钟而言，危全讽作为抚州最高长官，他自然是第一号"助缘人"，因此他的名字赫然列在"功德"的第一区，也是第一区唯一留名的"助缘人"；其他助缘人则分别列于后面的分区。之所以如此分区镌刻人名，既是为了显示他所在现实社会中的最高政治地位，也是为了突出他在这次佛事活动中所具有的最大"功德"。因此，铸造佛钟在某种意义上也就可以看作危全讽的私家事务，只不过他打着为了全体信众的旗号而已。

③ 前揭《金石萃编》卷六六《田伾等经幢》。

讨击使职因非违行为遭到地方长官处罚，有宣歙讨击使余雄一例。据郑薰所撰《祭梓华府君神文》云：

> 维大中十二年岁次戊寅十月己丑朔二十一日己酉，中散大夫、守棣王府长史、分司东都、上柱国郑薰，谨斋沐驰心，请前潮郡军事押衙、兼孔目院知勾汪玗，以清酌庶羞之奠，致祭于敬亭山梓华府君之灵。
>
> 薰以丙子岁自河南尹蒙恩擢受宣歙观察使，至止之后，修祀府君。愚以为圣朝爱人，上有尧舜；藩方重任，体合捐躯。直诚径行，仰托神理。遂不顾奸豪之党，惟以贫病为心。疲人受屈，必与伸雪。有押衙李惟真者，家道巨富，久为横害。置店收利，组织平人。薰召看店行人，痛加科责。其子自长，奸秽狼藉。都押衙崔敬能频来相见，恳请科惩。以惟真年齿甚高，特为容庇。乃自疑惧，潜蓄奸谋。讨击使余雄，置石斗门，绝却一百三十户水利，自取此水，独浇己田。推鞫分明，止于退罚。其子余悦，公然杀人，方系狱中，尚未断割，遂为同恶，以出其儿。小将康全泰，凶贼无赖，被妻告言，屠狗盗驴，罪戾频发，两度决杖，止于笞臀。过皆不轻，断悉非重。而乃不顾恩义，侮易朝章，同谋翻成，白刃胁逐。
>
> ……
>
> 今则中丞温公，以忠孝明诚，嘉猷硕画，远禀宸算，亲临乱邦。凡曰凶徒，皆就枭戮。各通手状，自谓不冤。玉石大分，黑白无误。立功将士等，听温公之激励，受温公之指撝，共成勋庸，皆传史册。薰阴蒙府君救导之德，显沐温公披雪之恩，远将血诚，冀达神鉴。惟驰恳到，用代馨香。筋酒豆肉，一愿歆受。伏惟尚飨！①

按，郑薰祭祀梓华府君的时间，在唐宣宗大中十二年戊寅岁（858），

---

① 《全唐文》卷七九〇（郑薰）《祭梓华府君神文》，第8274页下栏—8275页下栏。

他出任宣歙观察使的时间，据祭文"薰以丙子岁自河南尹蒙恩擢受宣歙观察使"，查陈垣《廿二史朔闰表》，丙子岁为大中十年，即856年。[1]

郑薰到任后，发现属下押衙李惟真、讨击使余雄及其家人公然为非作歹，遂在都押衙崔敬能等人的恳请之下，依法加以惩治。押衙李惟真、讨击使余雄，均为宣歙观察使府之幕职，郑薰以宣歙观察使的身份，直接对其进行惩处。与李、余同时受到惩处的，还有"小将康全泰"。不料此举却招致李、余、康等人的强烈反抗，并终于激成变乱。

据《全唐文》所载郑薰小传："薰字子溥，亡乡里世系。第进士。历考功郎中、翰林学士，出为宣歙观察使。以清力自将，牙将素骄，逐之，奔扬州。贬棣王府长史，分司东都。懿宗立，召为太常少卿。累擢吏部侍郎，以太子少师致仕。"[2] 其中所言郑薰"以清力自将，牙将素骄，逐之，奔扬州"，即指康全泰叛乱，郑薰亡奔扬州事。据《资治通鉴》载，大中十二年，"七月，丙寅，宣州都将康全泰作乱，逐观察使郑薰。薰奔扬州"[3]。同月，淮南节度使崔铉出兵讨伐康全泰，八月甲午，以崔铉兼宣歙观察使；己亥，以宋州刺史温璋为宣州团练使；十月，崔铉克宣州，斩康全泰及其党四百余人，崔铉以宣州已平，辞宣歙观察使；十一月，戊寅，以温璋为宣歙观察使。[4] 咸通六年（864），杜宣猷出任宣歙观察使，次年（865）七月，杜宣猷谒见梓华府君，见当初郑薰祭梓华府君之文刻于木板，担心时间久远隳落，遂刻祭文于石，以资保存。杜宣猷所撰《郑左丞祭梓华府君碑阴记》中，也提到了李惟真、康全泰等人的叛乱，及温璋

---

① 前揭《唐方镇年表》卷五《宣歙》，郑薰任职宣歙观察使的时间，自大中十年（856）至大中十二年（858）。（第814页）

② 《全唐文》卷七九〇（郑熏）《祭梓华府君神文》，第8274页下栏—8275页下栏。

③ 《资治通鉴》卷二四九唐宣宗大中十二年（858）七月，第8071页。

④ 《资治通鉴》卷二四九唐宣宗大中十二年（858）八月至十一月，第8071—8074页。按，温璋即郑薰祭文中所说的"中丞温公"。

讨平叛乱之事。①

康全泰、李惟真、余雄等人叛乱，虽然最终被压平。但就文献所显示的信息来看，可知上述三人可能均为扎根乡里之地方实力派。以言讨击使余雄，他为了浇灌自家田地，不仅公然自置石斗门，断绝一百三十户人家的水利，其子余悦甚至公然杀人于光天化日之下；押衙李惟真，则家道巨富，久为横害，不仅置店收利，还公然纠聚徒党（即所谓"组织平人"）。正是由于他们早就纠聚成党，拥有足以摇动官府的实力，所以，在遭到宣歙观察使郑薰的惩处以后，他们敢于公开举兵叛乱，驱逐长官。此事表明，余、李、康等人在本地拥有较为强大舆论号召力和军事实力，亦可侧证，包括讨击使职在内的地方官府幕职人员，在某些时候不唯直接影响或干预地方长官之行政，甚至敢于公开操戈相向、举兵为乱。

我们看到，包括讨击使职在内的幕职人员一旦出现违法行为，一方面，地方长官的确有权对其进行惩处。但另一方面，由于这些幕职人员多为土豪，在当地拥有较强宗族实力，故地方长官在处罚时，实际往往都会从轻发落，甚至仅作象征性的惩罚。即以上述李惟真、余雄、康全泰而言，郑薰在处理其非违行为时，并未严格按照唐朝律法进行，而是尽可能从轻，如押衙李惟真"久为横害，置店收利，组织平人"，郑薰是如何惩处的呢？起初不过是"召看店行人，痛加科责"，也就是说只是对店铺经营人员痛加科责。至于李惟真及其家人，尽量不去碰触，例如李惟真之子李自长，"奸秽狼藉"，都押衙崔敬能反复奏请，要求加以惩处，但郑薰还是"以惟真年齿甚高，特为容庇"。讨击使余雄一贯祸害乡里，在官府"推鞫分明"后，处理方式也不过"止于退罚"，亦即免除其讨击使职而已；余雄之子余

---

① 据《全唐文》卷七六五（杜宣猷）《郑左丞祭梓华府君碑阴记》，略云："今左丞郑公之廉宣城也。视人如子，洁已奉公。为政指归，则以抑强扶弱为意。操斧之下，邪正别白。怀奸之徒，有李惟真、康全参者，平地起戎，迫胁贤帅，避难归阙……朝廷命今廷尉温公自睢阳守杖剑来讨，以顺伐逆，无敢碍刃，军令明肃，曾无冤人……宣猷去岁三月到官，择日谒梓华府君，见公奠祭纪当时之事，板于梁间。恐久远隳落，遂移于贞石，刻而立之。咸通七年七月十一日，宣歙观察使兼御史大夫杜宣猷记。"按，其中所言"康全参"，参见《资治通鉴》，及前揭郑薰《祭梓华府君神文》诸史，当作"康全泰"为是。

悦，公然杀人，也仅仅"方系狱中，尚未断割"。至于康全泰，则一向"凶贼无赖"，甚至被其妻子告发，郑薰曾对其"两度决杖"，但也不过"止于笞臀"。用郑薰本人的话来说，上述诸人作奸犯科，"过皆不轻"，但"断悉非重"，也就是说，对他们实际上都采取了从轻发落的惩处方式。即便对上述诸人处罚尽皆从轻，但他们并未反思己过，反而"侮易朝章，同谋翻成"，公然举兵驱逐郑薰、对抗朝廷。这种局面的形成原因，根本上就在于这些幕职人员多为土豪，乡里宗族实力颇为丰厚，而地方长官则因为从外地调任，对当地风土人情素乏了解，有些事情又不得不仰仗这些土豪乡绅。

唐代学官的选任标准及变化

董坤玉
（北京市文物研究所）

    选官标准"系指国家在选拔不同种类的官吏时所要求的特殊标准及用这种标准来教育或培训拟入仕者。唐代对于官员选用的统一标准是"身""言""书""判"四事，"（吏部）择人有四事：一曰身，取其体貌丰伟。二曰言，取其词论辩正。三曰书，取其楷法遒美。四曰判，取其文理优长。""四事可取，则先乎德行；德均以才，才均以劳。"① 身、言、书、判四个标准符合就等于敲开了官僚系统的大门，但官职的分配与升降则与德行、才能、工作量相挂钩。品德方面毋庸赘言，但是就"才"而论，根据不同部门的工作性质则既有政事处理之才，又有审断狱讼之才，还有论辩谏诤之才等等，不同的政务部门对于才的规定是不同的。唐代学官是指唐代官办学校内教授儒家经学的教师。学官的选任除了遵循一般官员选任的标准外，还有着特殊的要求。

一　唐代学官的选用标准

（一）必须对儒家经典有很深造诣

    《新唐书·职官志》对于学官的最高行政长官国子祭酒和其副贰国子司业的职责是这样定义的："祭酒一人，从三品；司业二人，

---

① 《通典》卷一五《选举》，中华书局1998年版，第360页。

从四品下。掌儒学训导之政，总国子、太学、广文、四门、律、书、算凡七学。天子视学，皇太子齿胄，则讲义。释奠，执经论议，奏京文武七品以上观礼。凡授经，以《周易》、《尚书》、《周礼》、《仪礼》、《礼记》、《毛诗》、《春秋左氏传》、《公羊传》、《谷梁传》各为一经，兼习《孝经》、《论语》、《老子》，岁终，考学官训导多少为殿最。"①"掌儒学训导之政""考学官训导多少为殿最"是国子祭酒与国子司业的行政职责，这项职责可概括为执行政令、考核下属，是对政府各部门长官的常规性要求，并无特别之处。而"授经""讲义""执经论议"则是对学官学识的要求，即学官必须深入掌握儒家经典，不仅能够教授经文、释解经义，还要达到能够与众人论议的程度。为学生讲授经典是学官的主要职责，此外，皇太子行齿胄礼时学官要"讲义"、国子监举行释奠礼时学官要"执经论议"，这是国子监所承担的两项重要礼仪活动，都要求学官开讲儒经，敷陈义理，因此通晓儒家经典是从事学官职业的首要条件，而这也正是学官"才"的具体体现。

学官对儒家经典不仅仅是熟读、背诵就够了，还要研究深入，对经文义理的理解必须能够成一家之言，这样才能够胜任学官执经论议的职责。原因如下：唐代社会风气开放，学官在齿胄礼、释奠礼等重大场合讲义、论议之时常常要面对社会各学派、教派的交相论难，如果对儒家经典没有深入研究，面对如此复杂的论难场面则很容易颜面尽失，甚至难以维护儒家与学官整体的颜面。执经论议是释奠礼的一个重要内容，论议之时"道士沙门与博士杂相驳难"②，不但有博学的学官儒士主讲，而且还有佛教、道教人士杂相论难，如果儒学功底不深是很容易被揭穿的。隋代国子监举行释奠礼，大儒刘焯与刘炫二人论义，"深挫诸儒，（诸儒）咸怀妒恨，遂为飞章所谤，除名为民。"③ 释奠礼论议之时诸儒因论义不精，被二刘挫败，颜面大失，因妒生恨恶意诽谤，迫使皇

① 《新唐书》卷四八《百官志三》，中华书局1975年版，第1265页。
② 《唐会要》卷三五《释奠》，中华书局1955年版，第640页。
③ 《隋书》卷七五《刘焯传》，中华书局1973年版，第1718页。

帝将二人除名。唐高祖时举行释奠礼，高祖亲临，"时（博士）徐文远讲《孝经》，沙门惠乘讲《波若经》，道士刘进喜讲《老子》，（太学博士陆）德明难此三人，各因宗指，随端立义，众皆为之屈"①。因为学官陆德明学术造诣技高一筹，才在这次论难中战胜了道、释二教，学官与儒家的地位得到了维护。由以上两个例子可以看出，在释奠礼中，学官之间，以及学官、道士与沙门之间，三派是互相论难以显示各自的水平。从某种意义上讲，释奠礼成为三教争锋的战场，同时也是学官学术水平高低的展示台。另外，国子监内部的学官之间也常常会有辩驳学问之事，即使国子监的最高长官国子祭酒也免不了要碰到这种场面，如果自身艺不压人，难以服众事小，难免还会遭到其他学官的奚落。隋代国子祭酒元善通博儒经的程度本在国子博士何妥之下，但他善于讲学，听者忘倦，为后进所归，何妥心怀不平，"因（元）善讲《春秋》，初发题，诸儒毕集。善私谓妥曰：'名望已定，幸无相苦。'妥然之。及就讲肆，妥遂引古今滞义以难，善多不能对。善深衔之，二人由是有隙"②。何妥不理会元善的恳求，借元善于讲肆讲《春秋》的机会，突然提出古今以来的滞留问题以使元善难堪，从此二人产生嫌隙。这个例子虽为隋代的事情，但却展现了学官们在讲论中争高下的场景，客观反映了国学讲论风气的活跃。退一步讲，即使没有学术争锋，学官的学术水平如果说不过去，在教学过程中也难以避免来自学生的挑战。以上论证都说明唐代官员只有对儒家经典有着很高的造诣才能胜任学官。

（二）必须德高望重

贞观六年（632）唐太宗下令"尽召天下惇师老德以为学官"③；

---

① 《旧唐书》卷一八九上《儒学传》，中华书局 1975 年版，第 4945 页。
② 《隋书》卷七五《元善传》，中华书局 1973 年版，第 1708 页。
③ 《新唐书》卷一九八《儒学传序》，中华书局 1975 年版，第 5636 页。

贞观十一年（637），令诸州采访"儒术该通，可为师范"者为学官。① 唐高宗《补授儒官诏》提出"业科高第景行淳良者"②才堪充学官。唐代宗下令"学官委中书门下，选行业堪为师范者充"③。唐宪宗元和元年（806）敕书规定："国子监祭酒司业及学官，并先取朝廷有德望学识者充。"④唐穆宗时下令"天下诸色人中，有能精通一经，堪为师法者，委国子祭酒访择，具以名闻，将加试用"⑤。

　　所谓"淳儒""儒术该通""学识""精通一经"均是从对儒家经典的掌握角度提出的要求，即"才"的方面。所谓"老德""景行淳良""德望"均是从学官的德行方面提出的要求，"行业堪为师范""堪为师法"则是对学行标准的概指，要求才学、道德修养要达到堪为人师的程度，那么什么水平才算得上"可为师范""堪为师法"呢？实际上不同的历史时期对于德、才水平的具体规定又是不同的。但是任何一个时代对于学官的才德两项都未曾制定过一个固定的标准，因为所谓的博学与道德高尚只是一个相对的东西，根本不可能有一个固定的标杆来衡量，尤其道德更不是一个可以硬性规定的东西。因此唐代大多数选拔学官的诏令常常都是含混其词、笼而统之，但这种标准在人们的观念中又似乎达到了一种社会共识的程度。

　　如上所述，除了一般官员选任所的身、言、书、判标准之外，唐代学官还有"德望""才高"两个标准，即在知识方面要学识精博，品行方面要具备较高的道德修养。唐代学官为什么会有特殊的选任标准？关键在于学官的身份特殊。在封建时代，学校是为国家培养后备官员的基地，学官不仅担任教师的角色，本身还是朝廷的官员，而且在这双重角色之中，官员的身份又是第一位的。因为无论学校存在与

---

① 《唐大诏令集》卷一〇二《采访孝悌儒术等诏》，商务印书馆 1959 年版，第 518 页。

② 《全唐文》卷一一《补授儒官诏》，中华书局 1983 年版，第 141 页。

③ 《旧唐书》卷一一《代宗本纪》，中华书局 1975 年版，第 282 页。

④ 《全唐文》卷六三《改元元和敕文》，中华书局 1983 年版，第 673 页。

⑤ 《全唐文》卷六六《南郊改元德音》，中华书局 1983 年版，第 703 页。

否，教师的职能履行与否，学官作为朝廷官员的职位都始终存在，都要在一定程度上参与国家事务。对于学生来说，学官不仅代表着儒者的形象与个人的修养，更代表着官员的形象，是学生最早、最多接触的官员，他们的品行对学生起着潜移默化的作用，从这一层面来讲，学官又是国家后备官员培养的活样板。因此，学官不仅背负着知识传承的责任，而且在某种程度上影响着国家后备官员的品行素质，因此统治者对学官的任用相当重视。《册府元龟》总结道："自汉承秦弊，宗尚经术，求稽古之士，重学官之选。历代而下，虽废置或异，而授受之际未尝轻焉。观其延登鸿硕，优隆体貌，崇其位著，厚其禄廪，岂徒冗大官之食重高门之地而已。亦将以发挥典籍，申明治具，顾有益于风教耳。非夫大雅宏达，博闻强识，究先王之法言，蕴专门之素业，式可莫二籍甚有闻，即何以称法师之望，恢教授之业，敷畅先儒之微旨，诱掖方来之俊士，以丹青帝载而化民成俗者哉。"① 自汉代以来各朝代都对学官的授受给予了高度重视。唐代规定："凡祭酒、司业，皆儒重之官，非其人不居。"② 唐宪宗时进一步提出"国子监祭酒司业及学官，并先取朝廷有德望举职者，充东都国子监诸馆"③，学官宁缺而毋滥，重在得人。

二　唐代学官选任标准的浸变

（一）唐代后期学官德才标准的要求都有所降低

纵观有唐一代，学官选用在具体的执行过程中往往与要求不符。大体看来，唐玄宗以前，除了武则天称制与中宗韦后掌权的这一段时期由于特殊的政治原因，对于学官的选用有着以统治者喜好为转移的情况外，其他大多数时期学官的选用仍然是比较严格地遵守着"先乎德行，德均以才"的标准。安史之乱以后虽然学官的选任标准未改，但是对德才的要求却有降低的趋势。安史之乱以后，

---

① 《册府元龟》卷五九七《学校部·选任》，中华书局 1960 年版，第 7159 页。
② 《通典》卷二七《职官》，中华书局 1998 年版，第 765 页。
③ 《唐大诏令集》卷五《改元元和赦》，商务印书馆 1959 年版，第 29 页。

随着政治局势的变动，官学教育的衰落，学官的选任甚至出现某些时候不依照标准进行的情况①，学官的选任标准也出现比唐初降低的趋势。虽然统治者一再强调学行并重，可是实际执行过程中，往往由于某些原因，而偏废某一方面，甚至出现了两个标准都不符合的学官。唐文宗大和二年（828）刘蕡应贤良方正能直言极谏科，唐文宗亲自策问举人，帝引诸儒百余人于廷，出策曰："太学，明教之源也，期于变风，而生徒惰业。"刘蕡对曰："生徒惰业，繇学校之官废"，"盖国家贵其禄，贱其能，先其事，后其行，故庶官乏通经之学，诸生无脩业之心矣。"② 当然这是考试中皇帝假设的命题，不免夸大其词，但刘蕡的应对却反映了一定的社会现实，即国家任用学官不重视德行，且官员缺乏通经之才。虽然，唐代后期的统治者一直努力重振官学声望，无奈限于客观历史条件，学官的选用标准仍然无可挽回地降低了，起码从诏书反映的内容看是如此。目前所见有关唐中后期学官选任标准的史料如下：穆宗长庆元年（821）《南郊改元德音》与《长庆元年册尊号诏》均授权国子祭酒从各色人等中访求能"精通一经，堪为师法者"擢为学官。③ 其后敬宗宝历元年（825）《南郊赦文》也规定："天下诸色人中，有能精通一经，堪为师法者，委国子祭酒选择，具以名奏。"④ 这几则诏令无一例外，均表达了中央政府对于学官任用的关注，但同时也都明确了学官任用的标准，即凡精通一经，堪为师法者即符合条件。这项要求与唐前期"尽招天下淳儒老德以为教官""业科高第景行淳良者"以充学官的标准相比，对儒经掌握程度的要求有着明显的降低，从淳儒、业科高第放宽为通一经，并未对通的程度有过高的要求；从政令本身看来德行方面的要求似乎也有弱化的趋势。可

---

① 这一点参见拙文《浅析唐代国子祭酒的选任变化》，《贵州文史丛刊》2005 年第 3 期，此处不予赘述。

② 《新唐书》卷一七八《刘蕡传》，中华书局 1975 年版，第 5293、5304 页。

③ 《全唐文》卷六六《穆宗皇帝·南郊改元德音》，中华书局 1983 年版，第 703 页；《唐大诏令集》卷一〇《长庆元年册尊号诏》，第 61 页。

④ 《全唐文》卷六八《敬宗皇帝·南郊赦文》，中华书局 1983 年版，第 720 页。

见，唐后期对学官德才的要求有着明显的降低，且德一才二的顺序似乎发生了逆转，出现了偏重知识考核，弱化德行考察的倾向。当然唐中后期也出现了一些以韩愈为代表的优秀学官，但这些人在安史之乱后一百多年的时间长河中不过是众多学官中的凤毛麟角。

（二）唐代后期学官任用标准发生变化

唐前期学官选用重德行轻文辞，对德行要求高于普通官员。《唐书·选举志》"太宗时，冀州进士张昌龄、王公谨有名于当时，考功员外郎王师旦不署以第。太宗问其故，对曰：'二人者，皆文采浮华，擢之将诱后生而弊风俗。'其后，二人者卒不能有立"①。由于文辞浮华会导致风俗之弊，才子张昌龄被挡在功名场外。随着科举制度的发展，学官选任对于才能的要求出现从重经义向重文辞转化的趋势。在唐代中后期世俗重文辞潮流的带动下，因文辞而得选任国子祭酒竟然成为常事，如唐文宗时，王涯在告享祖庙时向祖先夸耀次子王洁"以奇文仕至国子祭酒"②，强调奇文而非经术或道德，恰好反映了当时对于学官选用以文为重的社会认同性。

唐肃宗上元元年（760）刘岻在上疏中批评了社会上重进士轻明经的风气，他讲道："国家以礼部为考秀之门，考文章于甲乙，故天下响应，驱驰于才艺，不务于德行。夫德行者可以化人成俗，才艺者可以约法立名，故有朝登甲科而夕陷刑辟，制法守度使之然也。陛下焉得不改而张之！至如日诵万言，何关理体；文成七步，未足化人。昔子张学干禄，仲尼曰：'言寡尤，行寡悔，禄在其中矣。'又曰：'行有余力，则以学文。'今舍其本而循其末。……夫人之爱名，如水之务下，上有所好，下必甚焉。陛下若以德行为先，才艺为末，必敦德励行，以佗甲科，丰舒俊才，没而不齿，陈寔长者，拔而用之，则多士雷奔，四方风动。风动于下，圣理于

---

① 《新唐书》卷四四《选举志》，中华书局1975年版，第1166页。
② 《文苑英华》卷八八一《代郡开国公王涯家庙碑》，中华书局1966年版，第4647页。

上，岂有不变者欤！"① 儒家历来奉行经明行修，把经学看作儒家伦理道德的载体，但是唐代重进士的风气，使人才选用普遍偏重文辞而轻德行，导致许多士人有才艺而乏德行。刘峣认为重文辞轻德行是舍本逐末的行为，只有皇帝倡导敦德励行才能彻底改变重才艺轻德行的社会风气。但刘峣一厢情愿的倡议，不但未达到力挽狂澜的功效，反而有螳臂当车之嫌。此后历代对科举选任不重德行的批评虽多，但除了重复建议恢复古代的乡举里选的意见之外，别无建树。如唐代宗宝应二年（763），以礼部侍郎杨绾为首，包括李栖筠、贾至、严武等大臣甚至提出废除科举制，恢复两汉时代察举制的意见。但历史已经证明察举制的时代已经一去不返，"举秀才，不知书；察孝廉，父别居。寒素清白浊如泥，高第良将怯如鸡"②，这种选官方式只能引起士人对于德行的矫饰和虚伪，早在汉代察举制的这种弊病就已显现，杨绾等人的建议无异于痴人说梦。由于积重难返，而皇帝和百官又没有纠正科举制弊端的有效方法，致使唐代官场逐渐形成"大臣以无文为耻"③ 的共识。

这股重文辞轻德行的风潮一直延续到唐末五代，学官的任用也受到影响，有些学官出身进士，却只懂得吟诗作赋，对于儒家经典并无高深的造诣。基于此矛盾，早在唐宪宗时期就已经规定对于新上任学官严加考试的办法，元和年间韩愈上《国子监论新注学官牒》，奏请："非专通经传，博涉坟史，及进士五经诸色登科人，不以比拟（学官）。其新受官，上日必加研试，然后放上，以副圣朝崇儒尚学之意。"④ 但考试的程序、内容以及是否切实执行，我们都不得而知。

---

① 《通典》卷一七《选举》，中华书局1998年版，第407页。

② 杨照明：《抱朴子外篇校笺》卷之十五《审举》，中华书局2007年版，第393页。

③ 《全唐文》卷二二五《唐昭容上官氏文集序》，中华书局1983年版，第2275页。"自则天久视之后，中宗景龙之际，十数年间，六合清谧，内峻图书之府，外辟修文之馆。搜英猎俊，野无遗才，右职以精学为先，大臣以无文为耻。每像游宫观，行幸河山，白云起而帝歌，翠华飞而臣赋，雅颂之盛，与三代同风，岂惟圣后之好文，亦云奥主之协赞者也。"

④ ［唐］韩愈：《韩昌黎文集校注》卷八《国子监论新注学官牒》，马其昶校注，上海古籍出版社1986年版，第637页。

唐代未能解决科举重文辞与学官重明经之间的矛盾，"文辞"成为"才"的代名词，这与学官选任以通经义为才相左，结果社会风气动摇了学官的选任标准，使学官"才"的标准出现由经义向文辞转变的现象。

域外汉学研究

大唐西市博物馆新藏唐
《张茂宣墓志》考[*]

［日］村井恭子

（日本神户大学　文学部）

2012 年，胡戟、荣新江主编《大唐西市博物馆藏墓志》（全三册，北京大学出版社）出版后，大唐西市博物馆又继续收藏墓志，其中有《张茂宣墓志》，笔者在大唐西市博物馆的协助之下，介绍此方墓志内容和相关问题，试图明确此方墓志的史料价值。本文具体提到下面两个问题：

墓主张茂宣是唐后期的河北易定镇义武军节度使张孝忠之子、张茂昭之弟。关于易定镇以及张孝忠家族（与其姻戚陈氏家族）的情况，由于除了权德舆的文章外，他们家族的墓志等石刻资料陆续被发现，因此包括相关墓志的解释，已有详细研究①。本文以这些研究为基础，对张孝忠家族情况加以若干补充。

张茂宣人生的重要经历是他在元和七年（812）出使回鹘牙帐。

---

　　* 本文为 2014 年度神户大学青年教员长期海外派遣项目 RJSPS 科研费（JP15K02894）的研究成果。

　　① 朱学武：《河北涞水唐墓清理简报》，《文物春秋》1997 年第 2 期；周铮：《张佑明墓志考辨》，《文物春秋》1999 年第 6 期；赵振华、何汉儒：《唐陈君赏墓志研究》，杨作龙、赵水森等编：《洛阳新出墓志释录》，北京图书馆出版社 2004 年版；金滢坤：《论中晚唐河朔藩镇割据与联姻的关系——以义武军节度使陈君赏墓志铭为中心》，《学术月刊》2006 年第 12 期；金滢坤、盛会莲：《唐义武军节度使陈君赏墓志铭研究》，《文献》2008 年第 1 期；张天虹：《唐易定镇的张氏家族与陈氏家族——"河朔故事"研究之二》，《首都师范大学学报》（社会科学版）2012 年第 2 期等。

几种中国典籍的相关记录有些矛盾，因此本文将这些汉籍记录与该墓志内容进行核对，由此指出汉籍史料的缺陷。

一 《张茂宣墓志》与相关碑铭

此方墓志侧面刻有兽首人身的十二生肖，墓志正方形，长77cm、宽77cm、厚11cm，共31行，由于碑面有缺损，若干文字难以释读。笔者根据在大唐西市博物馆里亲自看碑石所做记录以及博物馆提供的拓片照片试作录文于下（/：换行部分）：

唐故银青光禄大夫检校户部尚书兼光禄卿上柱国上谷 郡 开国侯赠陕 州 /大都督上谷张府君墓志铭并叙

检校太子右庶子兼偪王府长 史窦 克良篆

故吏文林郎权知光禄寺主簿□□ 尉 陈审书

上谷张公，讳茂宣，字懿明，其先燕人。九代祖奇，仕北 齐 □至右北平太守、北平王。/其后代袭统帅，称强于艮维。至贞武公，因官封于上 谷郡 家焉。曾祖逊，/唐乙失活部落刺史。祖谧，平州刺史、北平郡王、赠 太 子太傅。烈考孝忠，义武/军节度使、检校司空、同中书门下平章事、赠太师， 谥曰 贞武。其勋绩、义烈，蔚乎青/史。公即贞武之第八子也。生而岐嶷，少多大略， 博通 经史，尤精韬钤、太遁之学。性/重义好施，不事生业，善左右射，弯弓数百斤，贞 武 公大奇之，抚其背曰："尔必大吾/门也。"因以名闻，授太子通事舍人，转太常 寺 主簿。建中末，妖竖构乱，/德宗皇帝西幸奉天。贞武公乃俾公朝于□□行在。伏奏之日，诏赐从容，凡所/顾问，应对如响。德宗深 嘉 ， 特进 太子洗马，仍许归侍。及/銮舆反政，公复来朝，

换太子右 赞善 大夫，寻迁海州刺史。既为方伯所制，莫展/字人之术，乃弃官还京师。 历 □□ 嘉 王二府长史，稍迁虔王傅。虽梁园置醴，而利/刃犹匣。改太仆少卿，位亚九列，职司五辂，在公未几，能事已彰，除右羽林军将军。/顺宗皇帝登极，念羽卫之勤，诏兼御史中丞。/今天子即位，宠三朝之旧，特加御史大夫，而累上表章亟论边事，拜左金吾将军，/转鸿胪卿，并兼御史大夫。元和七年春，以本官检校工部尚书，充持节入廻鹘/ 使 。奉命星驰，车无停轨，曾未累月，达单于庭。时虏之酋长，方肆傲慢，公抗节直，/进谕之礼，义以三寸舌，挫十万虏，虏于是屈膝受诏，遣使纳贡，来与公俱。八/年春，复命，诏授检校户部尚书、兼光禄卿。明年三月廿七日，寝疾薨于怀远/里之私第，春秋四十有六。九月廿三日，诏赠陕州大都督，冬十月己酉，葬于京兆/之少陵原。南阳郡夫人许氏 祔 □。长子尚舍直长曰弘矩，嗣子太子通事舍人曰/弘规，次曰仆寺主簿弘简，次曰 弘 □，次曰弘亮，次曰岳王府参军弘度，咸温恭/仁，饰躬履善。嗟乎，公蕴文 武 之 材 ，怀贞义之节，足可以安边，塞威戎狄。今则已/矣，天可问耶？宜乎书于金石，式纪遗烈。铭曰：/

赫矣祖宗，勋绩隆崇，惟公嗣之，载扬英风，德义居心，礼乐在躬，辩而能讷，庄而能/同，虚白有地，还丹无术，东流逝水，西归落日，原氏之阡，滕公之室，遗令空在，藏经/永毕，前对青□，□ 连 凤城，川原古色，草木秋声，泉冷灯暗，山空月明，纪勋华/于贞石，托不□□□ 名 。

另外，目前我们可以看到 16 方张氏和陈氏家族碑铭，下面表A—C是此目录。

表 A：张孝忠一家碑铭一览表

No	碑主	碑铭	典据	备注
1	张孝忠	遗爱碑	权：11，文：874	
2	张孝忠	池亭记	八：65	《张孝忠山亭再葺记》
3	谷（昧谷）氏（孝忠妻）	墓志	权：27，文：967	葬地："京师少陵原"
4	谷（昧谷）氏（孝忠妻）	神道碑	权：18，文：934	同上
5	张茂昭（孝忠子）	墓志	权：21	妻：李氏，葬地："万年县少陵原"
6	张茂宣（孝忠子）	墓志	见本文	妻：许氏，葬地："京兆之少陵原"
7	张达（孝忠孙·茂和子）	墓志	新：137	妻：刘氏，葬地："殡于易上之西原新莹"

表 B：张庭光（张孝忠的异母兄弟？）家族碑铭一览表

No	碑土	碑铭	典据	备注
1	张佑明（庭光子①）	墓志	补 7－414	妻：田氏
2	张亮（庭光孙·英杰子）	墓志	补：4－178，彙：大中006，汇：北大2－112	妻：王氏
3	张锋（庭光曾孙·政文子）	墓志	补：4－183，彙：大中026，汇：河北109	妻：史氏

---

① 周铮认为：从张佑明的年龄看，张庭光是张茂昭的族弟，就与张孝忠有父子关系（《张佑明墓志考辨》，第12—13 页），但由张亮墓志（表 B—2）、张锋墓志（表 B—3）可以认为张庭光与张孝忠是同一代的，虽然张佑明与张亮同一年（贞元四年/788）出生，但由张庭宗出生于建中四年（783）的情况来看，张佑明还是张庭光的很晚时期的孩子。此外，关于易定镇张氏和陈氏的世系，已有张天虹的研究，他用多种文献和碑刻资料作两族的世系图，看两族情况很方便。见张天虹《唐易定镇的张氏家族与陈氏家族》，《首都师范大学学报》（社会科学版）2012 年第 2 期。

No	碑主	碑铭	典据	备注
4	张锋	地券	补 7 - 415	买妻史氏埋葬地
5	史氏（张锋妻）	墓志	补：4 - 177，彙：大中 005，汇：北大 2 - 111	

表C：陈恒（张孝忠的女婿）家族碑铭一览表

No	碑主	碑铭	典据	备注
1	陈君赏（陈恒孙·陈楚子）	墓志	补：9 - 405	妻：辛氏、王氏
2	陈谕（君赏子）	墓志	补：2 - 582，彙：大中 133，汇：洛阳 14 - 73	妻：苗氏
3	陈讽（君赏侄·君仪子）	墓志	补：3 - 285，彙续：广明 001，汇：陕西 4 - 168	妻：任氏
4	陈夫人（君赏侄女·君佐女）	墓志	补：4 - 252，彙续：咸通 098，汇：江苏山东 128	夫：翟君

※略称：《八瓊室金石补正①》 = 八：卷数，《全唐文补遗②》 = 补：辑数—页数，《唐代墓志彙编③》 = 彙：编号，《唐代墓志彙编续集④》 = 彙续：编号，《隋唐五代墓志汇编》 = 汇：卷名—编号，《新中国出土墓志》河北卷壹⑤ = 新：编号，《文苑英华》 = 文：卷数，《权载之文集⑥》 = 权：卷数

① 《张孝忠山亭再葺记》收入国家图书馆善本金石组编《隋唐五代石刻文献全编》，北京图书馆出版社 2003 年版，第 1 册，第 463—465 页。
② 三秦出版社，第 2 辑，1995 年版；第 3 辑，1996 年版；第 4 辑，1997 年版；第 7 辑，2000 年版。
③ 上海古籍出版社 1992 年版。
④ 上海古籍出版社 2001 年版。
⑤ 中国文物研究所、河北省文物研究所编，文物出版社 2004 年版。
⑥ 本文参照郭广伟校点《权德舆诗文集》，上海古籍出版社 2008 年版。

二 张茂宣与其家族

张茂宣的情况，两《唐书·张孝忠传》里没有附传。提到他名字的文献资料，有《唐会要》和《册府元龟》中所载出使回鹘一事（这些情况后面提到），以及他母亲谷氏（一名昧谷氏）的神道碑（表 A-4）。前者是宪宗元和七年（812）的情况，后者是德宗贞元十二年（796）的情况。根据《张茂宣墓志》，他元和九年（814）去世，享年46岁，因此出生于代宗大历四年（769）。墓志里提到历史事件，由此也可以确定时间，即"建中末，妖竖构乱，德宗皇帝西幸奉天"指建中四年到兴元元年（783—784）朱泚之乱；"及銮舆反政"指兴元元年李晟等唐军收复长安，德宗回銮一事；"顺宗皇帝登极"和"今天子（宪宗）即位"是在永贞元年（805）正月和八月。

那么，我们看墓志里记载的张茂宣官历：

---

①太子通事舍人（正七品下）→ ②太常寺主簿（从七品上）→ ③太子洗马（从五品上；约建中四年/783，茂宣约15岁）→ ④太子右赞善大夫（从四品；约兴元元年/784，茂宣约16岁）→ ⑤海州刺史（从三品）→ ⑥弃官回长安→ ⑦担任两次亲王府长史（从四品上）→ ⑧虔王①傅（从三品）→ ⑨太仆少卿（正四品上）→ ⑩右羽林军将军（武官：从三品下）→⑪兼御史中丞（正五品上；永贞元年/805，茂宣37岁）→⑫加御史大夫（从三品；永贞元年）→⑬左金吾卫将军（武官：从三品）→⑭鸿胪卿（从三品）兼御史大夫（从三品）→ ⑮检校工部尚书（正三品）充持节入回鹘使（元和七年/812，茂宣44岁）→⑯检校户部尚书（正三品）兼光禄卿（从三品；元和八年/813，茂宣45岁）→⑰去世（元和九年/813），陕州大都督（赠官：从二品）

张茂宣由张孝忠的门荫起家，其官历中，除了出使回鹘外，值得关注的是③、④时期和⑤、⑥时期。

---

① 德宗第4子李谅，见《旧唐书》卷一五〇《德宗诸子·虔王谅传》，中华书局1975年版，第4044页；《新唐书》卷八二《德宗十一子·虔王谅传》，中华书局1975年版，第3625页。

③、④时期，由于朱泚之乱德宗蒙尘奔奉天，墓志显示张孝忠命15岁的茂宣前往德宗行在。众所周知，自建中二年（781）成德镇李惟岳发动叛乱开始，河北、山东、淮西等诸镇联合叛乱，几经周折，乃至酿成朱泚之乱①。此时这些割据藩镇之间积极建立联姻关系②，张孝忠所领易定镇也属于这些割据势力之一，也与唐朝建立关系，保持着微妙均衡处在两者之间③。建中三年（782），河北等诸藩帅称王号后，张孝忠拥护唐朝一方，从此到朱泚之乱时期的情况，《旧唐书》卷一四一《张孝忠传》记载：

> 易定居二兇（朱滔、王武俊）之间，四面受敌……后孝忠为朱滔侵逼，诏神策兵马使李晟、中官窦文场率师援之。孝忠以女妻晟子凭，与晟戮力同心，整训士众，竟全易定，贼不敢深入。及上幸奉天，令大将杨荣国提锐卒六百从晟入关赴难，收京城荣国有功④。

可见易定镇陷入了困境。朱滔攻击易定之际，张孝忠得到唐军的援助，他与李晟联姻⑤，由此建立了信用关系。朱泚之乱时，张孝忠也派遣部下杨荣国，帮助唐朝收复长安。从这些情况来看，张孝忠很可

---

① 关于德宗时期割据藩镇的情况，参见日野开三郎《日野開三郎東洋史学論集》第1卷（《唐代藩鎮の支配体制》），三一书房，1980年，第95—98頁。

② 这种割据藩镇的联姻情况是安史之乱结束不久开始的，参见新见まどか《唐代後半期における〈華北東部藩鎮連合体〉》，《東方学》第123辑，2012年。新见指出：代宗时期华北东部割据藩镇重视与安禄山亲属关系，因此安禄山的"假子"李宝臣成为了他们联姻关系的中心存在。

③ 除了易定镇外，唐朝也对魏博田氏等割据藩镇降嫁公主建立联姻关系。参见金滢坤《论中晚唐河朔藩镇割据与联姻的关系》，《学术月刊》2006年第12期；陈寒《唐代公主的婚配特点及分析》，《人文杂志》1998年第3期；王剑《另一种和亲——也谈中唐以后公主下嫁藩镇问题》，《山西大学学报》（哲学社会科学版）2006年第3期。

④ 第3856—3857页。参见《新唐书》卷一四八《张孝忠传》，第4769页。

⑤ 在张孝忠遗爱碑（表A—1）记载"故太尉中书令西平王（李晟），今太尉中书令琅琊王（王武俊），皆夫人之姻也"，可见此时张孝忠将谷氏亲生女儿之一嫁给李晟儿子。

能试图遣茂宣为"质子"①，由此获得唐朝的信任，但德宗"仍许归侍"即让他返回易定。兴元元年（784），李晟等唐军收复长安后，张孝忠又派遣他到长安，这也是为了与唐朝保持关系。

这个情况，与张孝忠嗣子张茂昭比较起来更明显。在两《唐书·张孝忠传》附传及他墓志（表A—5）里记载的茂昭情况，元和五年（810）他以易、定两州归朝②之前，没有出仕京官的经历，由此可以认为张孝忠将茂昭一直置在身边，例如上述河北等诸藩镇发动叛乱时，使他统率军队对抗朱滔军③。反之，茂宣起家的①和②、④时期，他很可能住在长安，因此，虽然墓志里借张孝忠和德宗之口赞扬茂宣，但其实对张孝忠来说最重要的还是茂昭，而使茂宣担任联络易定镇与唐朝的任务。而且这种任务不是他一个人担任的，如后述兄弟茂弘、茂和也担任过禁中职位，尤其在贞元三年（787），由德宗的积极要求，幼弟茂宗（当时4岁④）尚德之女义章公主，成为了驸马都尉⑤，由此我们可以推测，此后茂宣作为纽带的重要性相对下降了。因此⑤时期，他担任外官。

下面，我们看⑤、⑥时期。这个时期茂宣官历中受到了一些挫折。墓志里写他担任过海州刺史，但结果"乃弃官还京师"，此事在德宗时期。此时海州隶属于李正己家族统治的平卢淄青镇，是领有山东半岛一带的强大割据藩镇，李正己时期统有15州，"因徙治郓，以子纳及腹心将守诸州"⑥，即他们掌握着自己管区内的人事大权，唐朝只能追认他们要求，给形式上的刺史任命。那么，张茂宣如何被任命为海州刺史呢？

我们看《册府元龟》卷一七六《帝王部·姑息门》里记载的

---

① 藩镇质子的情况，参见刘兴云《唐代藩镇质子制度》，《南都学坛》（人文科学学报）2009年第6期。

② 见《资治通鉴》卷二三八，宪宗元和五年九月条，中华书局1956年版，第7679页。

③ 见《资治通鉴》卷二二八，德宗建中四年五月条，第7344—7345页。

④ 据《旧唐书·张孝忠传附张茂宗传》，谷氏去世时茂宗是13岁，据谷氏墓志和神道碑（表A—3、A—4），她在贞元十一年（795）去世，由此，茂昭出生于建中四年（783）。

⑤ 见《旧唐书·张孝忠传附张茂宗传》，第3860—3861页。

⑥ 《新唐书》卷二一三《李正己传》，第5990页。

"张昇璘事件"（［ ］是明本汉字）：

（贞元）九年四月，削海州刺史本州团练使张昇璘官，仍令昇璘兄昇云示众决杖。昇云为定州节度［定州刺史］，昇璘娶淄青李纳女，用仕［用事］于纳。以父丧大祥，归定州，尝于公坐［公座］慢骂成德军节度使王武俊，武俊大怒，以事上闻［以事闻］。诏中使诣定州临决，遇昇璘于太原，杖而囚于别所①。

在这里提到的定州刺史张昇云即张茂昭，昇云是他本名，后来德宗赐给他"茂昭"之名②，贞元七年（791）三月，62岁的张孝忠去世后，他继承易定藩帅。关于"张昇璘"这个人物，以前的研究没确定，由其名字里的"昇"字来看，应当是茂昭同胞之弟，就是谷氏亲生孩子。《册府元龟》里写"昇璘娶淄青李纳女，用仕［用事］于纳"，可见他与平卢淄青镇李氏有婚姻关系，所以他担任海州刺史，但是他实际上没有政治权力。虽然与《张茂宣墓志》里写的他妻子是"南阳郡夫人许氏"一文不符，但是"用仕［用事］于纳"一文可以认为与《张茂宣墓志》写的"为方伯所制，莫展字人之术"内容符合。再者，张昇璘由失言被朝廷削官职，再加上受到杖刑和监禁措施。这也可以认为与墓志写的"乃弃官还京师"一文符合。由于墓志一般赞扬墓主，而隐瞒不好的事实，因此墓志很可能采取茂宣主动"弃官"的写法。由此笔者认为，这个张昇璘是张茂宣的本名，并且"李纳女"很可能不是他的正妻，所以墓志没有提

---

① 《宋本册府元龟》（以下称宋本）卷一七六《帝王部·姑息门》，中华书局1989年版影印本，第1册，第423页下栏；《册府元龟》（以下称明本）同，中华书局1960年版影印本，第2册，第2121页上栏；同样记录也可以见《资治通鉴》卷二三四，德宗贞元九年三月、夏四月条，第7543页及《新唐书·张孝忠传附张茂昭传》，第4770页。

② 《新唐书·张孝忠传附张茂昭传》里写"茂昭本名昇云，德宗时颁今名，字丰明"（第4770页）。《旧唐书》卷一三《德宗纪》，贞元十年九月戊戌条有赐名记录（第380页），由此很可能此时他同胞兄弟也改名。

到她①。

那么，除了张茂宣外，有没有其他兄弟的可能性？下面我们考察其他兄弟的情况。

根据文献和碑刻资料的记录，茂昭的弟弟有茂弘、茂宣、茂和、茂宗②。如上所述，茂宗幼年成为驸马，不会娶李纳女。茂弘只有贞元十二年（796）时担任雅王府司马（从四品下）的记录（表A—4）③，情况不清楚。茂和也只有元和年间的官历④，但他早娶朱滔女⑤，从而可能性较小。再说，《张茂宣墓志》里写他"弃官"后，担任两次亲王府长史（官历⑦），谷氏神道碑（表A—4）里写"茂宣，舒王府长史（从四品上）"，这是在贞元十二年（796），他28岁。舒王是德宗的养子李谊，永贞元年（805）去世⑥；另外，有关⑦的墓志破损部分，可以推测一个"嘉"字⑦，这个时候的嘉王有代宗第15子李运，贞元十七年（801）去世⑧。由此，假如墓志提到官历⑦的两王是舒王和嘉王的话，此在职时间都可以置在贞元九年（793）"张昪璘事件"之后。

《张茂宣墓志》里称他是张孝忠（贞武公）的"第八子"，那么谷氏还有儿子吗？据他们家族的碑刻（表A），张茂昭出生于宝历元年（762），此时张孝忠33岁，谷氏15岁；张茂宣出生时（大历四年/769），张孝忠39岁，谷氏22岁，看来，茂昭是谷氏的第一个儿

---

① 在谷氏神道碑（表A—4）里列举她亲生的孩子之名，即茂昭、茂弘、茂宣、茂宗，并且茂宣和茂宗之间还列举"嗣雍""嗣庆"两个人名字，由列举的位置和他们名字不使用"茂"字来看，他们应当是茂宣之子（笔者承蒙了荣新江先生的指教），但是茂宣墓志里没有提到他们，由此，他们或许是李纳之女所生。

② 在两《唐书·张孝忠传》中只提到茂昭、茂和、茂宗三个人。

③ 虽然谷氏神道碑列举的顺序以茂弘为茂宣的前面，但将此时茂弘和茂宣的官位比较起来，茂宣比茂弘高，因此或许茂宣年龄比茂弘大。

④ 见《旧唐书·张孝忠传附张茂和传》，第3862页；《新唐书·张孝忠传附茂和传》，第4770页。

⑤ 见《资治通鉴》卷二二七，德宗建中二年九月辛酉条，第7308页。

⑥ 他是代宗第2（一为3）子昭靖太子邈的孩子。见《旧唐书·舒王谊传》，第4042—4043页；《新唐书·舒王谊传》，第3624—3625页。

⑦ 据墓志拓片，看出"嘉"字左下的"一"和"力"部分。

⑧ 见《旧唐书》卷一一六《代宗诸子·嘉王运传》，第3393页；《新唐书》卷八二《代宗二十子·嘉王运传》，第3623页。

子，但由张孝忠的年龄来看，他应该有前妻①和其孩子。《张茂宣墓志》里写的"第八子"应该包括前妻所生之子。

学界已指出过，元和五年（810）茂昭带一家人归朝后，易定镇仍然被张孝忠家族的亲戚统治下去，尤其是张庭光家族（表B）、陈愃家族（表C）的权威很明显②。由谷氏墓志和神道碑（表A—3、A—4）来看，易定镇里至少还有谷氏家族③以及张孝忠前妻及其孩子的家族。

关于文宗时期的易定义武军节度使张璠、张元益父子④的存在，司马光《资治通鉴考异》所引《补国史》里记载"公璠（张璠）乃孝忠孙也"以及此书所引的《追（张）元益诏意》中记载"敕张元益，卿太祖孝忠……"⑤，可见他们是张孝忠之子孙，他们有前妻孩子家族的可能性。

此外，张茂昭带家族归朝之际"至京师……又表迁坟墓于京兆，许之"⑥，据他的墓志（表A—5），墓葬地是少陵原，再看张茂宣、谷氏（表A—3&4）的情况，他们也埋葬于少陵原，由此可见此墓葬地不但茂昭一家人，而且母亲谷氏、同胞兄弟也葬于此⑦。但是，他

---

① 此"前妻"意味着比谷氏早与张孝忠有婚姻关系的女性，不一定是一个人，张孝忠与谷氏结婚后，也不一定跟他解除关系。对唐律令而言，她们相当于"妾"身份。

② 周铮：《张佑明墓志考辨》，《文物春秋》1999年第6期；赵振华、何汉儒：《唐陈君赏墓志研究》，《洛阳新出墓志释录》，北京图书馆出版社2004年版，第201—202页；金滢坤：《论中晚唐河朔藩镇割据与联姻的关系》，《学术月刊》2006年第12期；金滢坤、盛会莲：《唐义武军节度使陈君赏墓志铭研究》，《文献》2008年第1期；张天虹：《唐易定镇的张氏家族与陈氏家族》，《首都师范大学学报》（社会科学版）2012年第2期。

③ 谷氏兄从政，从代宗永泰年到德宗建中初期担任过定州刺史，他家族也有可能在张孝忠所率的军里担任为某种官员。谷从政担任定州刺史的时间，见郁皓贤《唐刺史考全编》第3册，安徽大学出版社2000年版，第1554页。

④ 周铮、张天虹由张佑明墓志（表B—1）来指出张璠是张佑明的从兄。见周铮《张佑明墓志考辨》；张天虹《唐易定镇的张氏家族与陈氏家族》，第10页。

⑤ 《资治通鉴》卷二四六，文宗开成三年十一月丁卯条小注，第7937页。司马光在《资治通鉴考异》里称"按《实录》，璠，定州牙将，非孝忠孙。……《补国史》盖传闻之说，不可据。今从《实录》，但是，既然确定张璠与张佑明为从兄弟一事，张璠是张孝忠子孙的可能性大，而且我们看其他族人的情况，他们大概担任易定镇内的职位，因此"孝忠孙"一事与担任"定州牙将"一事是不矛盾的。

⑥ 《新唐书·张孝忠传附张茂昭传》，第4771页。

⑦ 张茂和之子张达回去易定生活，他去世之际作"新茔"。见表A—7。

们生活在长安时候，宅第地点都不同，谷氏宅第在安仁里（坊）、张茂昭宅第在务本里、张茂宣宅第在怀远里，即谷氏、张茂昭宅第位于街东，茂宣宅第位于街西，西市的正南面。

唐代长安城研究已指出，8世纪以后，长安城内的情况以朱雀街为界，街东以宫、东市为中心形成官僚街，街西以西市为中心形成庶民街①。谷氏是驸马之母，其宅第是德宗赐予的②，茂昭的也是德宗赐予的"甲第"③，王静研究唐朝使用长安城内空间的情况，她指出：这种皇帝对节度使赐宅是政治策略，是对他们忠顺于朝廷的一种（旌赏的）表现④。因此谷氏、茂昭宅第都在很有政治色彩的街东。由茂宣宅第的位置来看，他没有受到唐朝的太大重视，但怀远里也不是很不好的地点。尤其是西市周边，小规模店铺林立，外国商人也从事商业，为富于经济活力的地方⑤。张茂宣应该受到这种经济方面的恩惠。

三 《张茂宣墓志》与汉籍史料

"安史之乱"重创唐朝，乱后回鹘和吐蕃抬头，给唐朝造成极大压力。唐朝为了对抗吐蕃，向回鹘赐予大量丝绸和下嫁公主而建立"友好"关系，唐朝无论如何也要重视回鹘，因此关于唐与回鹘间两方使者的来往，在汉籍史料中屡被提及。

《张茂宣墓志》里提到张茂宣也是这些使者之一，元和七年（812）春，他担任入回鹘使，元和八年春之前，带回鹘"纳贡"使节回国。墓志里还提到他在回鹘牙帐，与"方肆傲慢"的回鹘可汗

---

① 妹尾达彦：《長安の都市計画》，東京讲谈社，2001年，第197—214页；朱玉麒：《隋唐文学人物与长安坊里空间》，《唐研究》第9卷，北京大学出版社2003年，第96—98页。

② 见谷氏墓志及神道碑（表A—3、4）。

③ 见《旧唐书·张孝忠传附张茂昭传》里写德宗贞元二十年十月，"赐良马、甲第、器用、珍币甚厚"，第3858页。

④ 王静：《唐长安城中的节度使宅第——中晚唐中央与方镇关系的一个侧面》，《人文杂志》2006年第2期，第129—131页。

⑤ ［日］妹尾达彦：《長安の都市計画》，第212—213页。

进行争礼，把回鹘一方驳倒，使他们接受"屈膝受诏"此一礼仪规定①。在汉籍史料中，常常看到中国王朝向外国派遣的使者与其国王争礼而说服他们此类型的记录，这是中国使者典型的成功之例，墓志很可能采用此类型的主题，加以渲染。

张茂宣出使回鹘牙帐，确有其事，在汉籍史料中，《唐会要》卷九八《迴纥》及《册府元龟》卷九八〇《外臣部·通好门》里提到他出使回鹘，我们先看这些汉籍史料中相关记录：

年代	唐会要98 迴纥②	册967 继袭③	旧/新唐书	通鉴	册965封册	其他
元和六年（811）	迴鹘可汗（爱登逻羽德密施俱录毗伽可汗）卒。遣使掘野居葛勒将军来告丧。	六年，（爱登里逻泊德没施俱录毗伽可汗）卒。	无	无	无	册976 褒异：六年六月戊申，三殿对迴鹘及奚使者颁赐有差④。
元和七年（812）	正月，册命可汗为军登里逻骨德密施合毗伽可汗，命检校工部尚书、鸿胪卿兼御史大夫张茂宣持节吊祭册立之。	七年，诏册其王为君里逻骨德密施合毗伽可汗。	无	无	无	册980 通好：七年正月癸未，以鸿胪卿张茂宣充入迴鹘使，通事舍人张贾副焉⑤。

※汉籍略称：册 =《册府元龟》（继袭门、封册门、褒异门都是外臣部）；通鉴 =《资治通鉴》；阿拉伯数字是卷数。

---

① 参见李大龙《唐代使者接待礼仪考》，《民族历史》2000 年第 2 期。
② 《唐会要·迴纥》，上海古籍出版社 1991 年版，第 2073 页。
③ 《册府元龟·外臣部·继袭门》，宋本第 4 册，第 3828 页下栏；明本第 12 册，第 11373 页下栏。
④ 《册府元龟·外臣部·褒异门》，宋本第 4 册，第 3884 页上栏；明本第 12 册，第 11463 页下栏。
⑤ 《册府元龟·外臣部·通好门》，宋本第 4 册，第 3915 页上栏；明本第 12 册，第 11515 页上栏。

对于张茂宣出使的时间，《唐会要》和《册府元龟·通好门》的记录都称元和七年正月，这可以认为与墓志内容符合；这两个史料的差异是张茂宣的任务（出使目的），前者称回鹘可汗的"吊祭册立"，后者没有提到具体内容，只称"入迴鹘使"。墓志里也没有表示具体任务，只称"进谕"，即向回鹘一方告知唐朝皇帝（宪宗）的诏敕，因此他是"入回鹘宣谕使"的可能性大。不过，一般唐朝册立外国国王之际也是通过诏敕进行的，因此暂时也要考虑他是"入回鹘吊祭册立使"的可能性。

汉籍史料的情况，我们应该考虑它们的成书年代和编纂情况。在上表汉籍中，北宋王溥撰《唐会要》自德宗时期到宣宗大中六年（852）记录是以唐代崔铉监修《续会要》为原本，所以可以看作同时代的记录，但是这本书传世过程中有散佚以及由后世人补充等情况，存在一些问题①，并且，笔者认为，同时代的记录也不一定是完全的，如《资治通鉴》那样，后代史书可以参照《实录》、野史等更多材料，足够依据。另外，由上表可见，《册府元龟》各个部、门的编辑方针不统一，其《外臣部·继袭门》根据《唐会要》或根据《唐会要》参照的原记录，反之，《外臣部·封册门》② 没有采用此时回鹘可汗交代一事。值得注意的是《外臣部·通好门》提到副使张贾一事，这意味着宋代还存在张茂宣出使回鹘的记录（例如：任命使者的诏敕等文章），由此笔者推测，此记录里可能没有提到张茂宣担任吊祭册立的任务，与《唐会要》（《续会要》）的记录有矛盾，而且在五代编撰的《旧唐书》里也没有相关记录，因此《外臣部·封册门》以及《新唐书》《资治通鉴》的编者都没有采用张茂宣出使一事。

由于《唐会要》和《册府元龟·外臣部·继袭门》张茂宣担任

---

① 关于《唐会要》版本问题，参见：古畑彻《『唐会要』の諸テキストについて》，《東方学》第78辑，1989年及《『唐会要』の流伝に関する一考察》，《東洋史研究》第57卷第1号，1998年；郑明：《〈唐会要〉初探》，中国唐史学会编：《中国唐史学会论文集》，三秦出版社1989年版。笔者承蒙古畑先生的指教和帮助，除了通行本（上海古籍本和中华书局本）外，还确认《唐会要》的五种版本，那么，对于去回鹘的唐使者的记录基本上没有差异。因此本文用上海古籍本来表示页数。

② 宋本此部分已散逸。

吊祭册立使的记录与回鹘可汗继承问题有关，所以回鹘史学者早就讨论此事，他们除了汉籍史料矛盾情况外，还关注于"军〔君〕登里逻骨德密施合毗伽可汗"之名，即与古代突厥文的发音、意义、语法加以比较而认为：这是保义可汗的名字①，此可汗在元和三年（808）即位，因此《唐会要》和《册府元龟·外臣部·继袭门》的记录是错误，对于张茂宣一事，"致误将出使回鹘使者误为册封使者而已"②。

由此两书关系来看，《唐会要》的记录是有问题的。我们看与张茂宣类似之例，即郑权出使回鹘一事。《唐会要》里记载：

> （穆宗长庆）三年（823），崇德可汗卒，其从父弟曷萨可汗立，遣使来告丧。册曷萨可汗为爱登里啰汨没密施合毗伽昭礼可汗，命工部尚书、兼御史大夫郑权吊祭册立之③。

但是，两《唐书》的《郑权传》《册府元龟》的《奉使部·称旨门》及《奉使部·绝域门》等史料④都称他是向回鹘一方告知宪宗逝世的"告哀使"。我们看《旧唐书·郑权传》的记录：

> 穆宗即位（元和十五年/820），改左散骑常侍，充入迴鹘告哀使。……既至虏廷，与虏主争论曲直，言辞激壮，可汗深敬异

① 〔日〕山田信夫：《九姓回鹘可汗の系谱》，收入氏著『北アジア遊牧民族史研究』，東京大学出版会，1989 年（初出 1951 年），第 119、124—125 页；羽田亨《唐代回鹘史の研究》，收入氏著《羽田博士史学论文集》上卷历史篇，京都大学文学部东洋史研究会，1957 年，第 215—216 页；刘义棠《漠北回鹘可汗世系、名号考》，收入氏著《维吾尔研究》，台北政治大学学报丛书编审委员会，1975 年，第 134、140 页。

② 刘义棠：《漠北回鹘可汗世系、名号考》，第 140 页；山田也早提出张茂宣不是吊祭册立使而是入回鹘使这一看法，见《九姓回鹘可汗の系谱》，第 124—125 页。

③ 王溥：《唐会要》，第 2074 页。

④ 《旧唐书》卷一六二，第 4246 页；《新唐书》卷一五九，第 4957 页；《册府元龟》卷六五三《奉使部·称旨门》，宋本第 3 册，第 2191 页上栏，明本第 8 册，第 7827 页上栏；《册府元龟》卷六六二《奉使部·绝域门》，明本第 8 册，第 7928 页上栏（宋本此部分已散逸）。

之。<u>长庆元年（821）</u>①<u>使还</u>，出为河南尹……。

可见，《唐会要》里记载的郑权出使时间、任务还有他的官衔都不正确（下线部分）②，也没有回鹘告丧的使者来唐的事实。对于从崇德可汗换昭礼可汗的情况，根据《册府元龟·外臣部·通好门》，敬宗宝历元年（825）三月，唐朝向回鹘派遣正使于人文和副使裴常守作为吊祭册立使，此两个人就是吊祭崇德可汗及册立昭礼可汗的使者③。

由此可知，《唐会要》（很可能是《续会要》）的编者连《旧唐书·郑权传》的原材料都没有使用的，可以说至少《唐会要》以《续会要·回纥》为原本的部分，其编辑工作相当草率④。看来，《唐会要》（《续会要》）的编者，首先独自判断以张茂宣为吊祭册立使，然后按此事添加回鹘可汗交代记录的可能性大。元和六年（811）回鹘派遣的掘野居葛勒将军也很可能不是告丧的使者，他或许是在《册府元龟·外臣部·褒异门》同年六月戊申条（上表）记载的回鹘使者。

《张茂宣墓志》里没有提到他担任吊祭册立使这一事实，就说明《唐会要》及《册府元龟·外臣部·继袭门》的相关记录靠不住，张茂宣可能是入回鹘宣谕使。再说，以此方墓志为契机，进一步明确《唐会要》性质的一端以及其他传世史料间相关部分的关系，这一点，此方墓志发现有很大的意义。

余　论

最后，介绍与易定义武军相关的两方新出墓志。

---

① 《册府元龟》的《奉使部·称旨门》及《奉使部·绝域门》里都记载郑权回来时间是长庆二年（822）。

② 据两《唐书·郑权传》，郑权拜工部尚书时间在出使回鹘之后。

③ 《册府元龟》卷九八〇，宋本第4册，第3916页上栏，明本第12册，第11516页上栏。参见羽田《唐代回鹘史的研究》，第230—231页。

④ 针对这个问题，笔者准备发表另一篇文章。

陈寅恪曾经关注于唐代河北地区社会组成中的民族因素，近年来，学者们重新研究这个问题。在河北省易县发现了《曹太聪墓志》，赵振华仔细考察此内容，弄清墓主曹太聪（去世于武宗会昌二年/842；享年71岁）及他一家人是汉化突厥化粟特人，他们一边率领舍利府部落，一边属于高阳军；此舍利府是易定镇节帅控辖的胡族常驻军，一支汉化的粟特裔组成的劲旅，成为高阳军卫成易州的辅助军事力量①。值得关注的是曹氏舍利府在曹太聪父亲时来到易州，他们至少当义武军成立时，已经住在这里，以后，会昌时期还保持着部落组织。

《张茂宣墓志》里提到张孝忠一家出于奚族乙失活部落，他家辈辈当部落长，统率其部落民。据两《唐书·张孝忠传》，张孝忠父亲谧，开元中带领部落民归于唐朝，虽然在史料中，没有看到张孝忠一家人统率乙失活部落的情况，但由舍利府的存在来看，乙失活部落也或许还存在，构成义武军部队的一部分。

此外，2006年在河北省曲阳县发现了《李荣墓志》，已有几篇文章②，弄清墓主李荣的人生（去世于德宗贞元十二年/796；享年50岁）及李荣家人的情况。值得注意的是李荣与张孝忠的关系，他自义武军成立之前已经为张孝忠效力，由此得到张孝忠的青睐，张孝忠将自己女儿嫁给他了。此墓志里记载"公□□□第嘱驸马都尉，请期进食，事难其人。公在姻娅之间，奉□□专使，内外尽礼，进退合仪，君子方瞻……。及归复位……"③。如上面提到，贞元三年（787）张茂宗成为驸马都尉，这里提到的驸马都尉就是他，看来李荣作为张茂宗的姐夫陪他和谷氏入朝，一段时间住在长安。不过，由于李荣的年龄与谷氏差不多，因此他妻子可能是张孝忠和前妻的女

---

① 赵振华：《唐代易州一个汉化突厥化粟特裔部落——〈高阳军马军十将曹太聪墓志〉研究》，收入第二届丝绸之路国际学术研讨会预稿集《粟特人在中国：考古发现与出土文献的新印证》，2014年8月。

② 王丽敏、吕兴娟、高晓静：《唐〈李荣墓志〉考略》，《文物春秋》2009年第6期；张重艳：《〈唐李荣墓志〉考释正补》，《文物春秋》2011年第2期。

③ 墓志录文参照王丽敏等《唐〈李荣墓志〉考略》，第62页。

儿。由李荣与张孝忠的关系以及李荣担任重要任务的情况来推测，他一家人也在义武军里具有一定的威权。与上面提到的前妻一族问题一起，我们可以考虑义武军内部权力构造。

本文通过《张茂宣墓志》的内容，针对义武军张氏相关问题以及历史史料的问题略做考释，希望以后研究进一步深入地分析，弄清更多史实。

附识：笔者在 2014 年墓志调查活动上，承蒙大唐西市博物馆王彬馆长、北京大学荣新江教授以及几位师友的支持和帮助，在此谨致谢忱。

另外，笔者去年将此小文投稿后，李宗俊、周正《唐张茂宣墓志》（收入《中国边疆史地研究》2015 年第 4 期）发表了。与本文看法有所不同，请读者参照。

传统文化研究

中国古代统治集团与民众利益的一致性和差异性[*]

付开镜

（许昌学院　魏晋文化研究所）

中国古代多数朝代的统治集团，可否与广大民众的利益达到一致性？

答案是肯定的。如果否定了统治集团与民众利益的一致性，也就否定了社会被统治阶级对王朝统治的认可与支持，实际上也就否定了中国历史的进步性和各朝政权的合法性，从而使我们的思想陷入历史教条主义的泥淖之中。因此，对中国古代统治集团与广大民众利益的关系问题，尽管论述不少，却依然存在再认识的必要。

一　中国古代统治集团与民众利益的一致性

中国古代统治集团与民众的利益存在一致性的具体表现为：

第一，中国古代自国家产生之时起，就已经具有为民众服务的性质。大禹治水与大禹之子启建立的夏朝，均以为民众服务为直接目的："禹既究其治水之大业，乃亦继承尧、舜成法，让位于其同时治

* 本文为 2014 年广西壮族自治区马克思主义理论研究和建设工程"'中国梦'的文化根基与价值追求研究"（编号 14MJ07）、广西师范学院马克思主义与民族地区社会管理创新研究中心项目"汉唐盛世情结与中华民族复兴历史进程中的自信寻根"（编号 2014MSB011）的阶段成果。

水之臣益，当时民众则群心感戴禹之大德，而拥戴禹之子启为天子。"① 因为"民不能相治，亦不暇治，于是共举一民为君"②。如果完全强调国家产生的阶级性，有违历史的真实。无论天下为公还是天下为家，都存在着统治集团与被统治集团利益的一致性问题。

第二，秦朝的速亡，证明了不以人民利益为重的王朝不可能长期存在下去的道理。秦朝是中国历史上第一个依靠法家思想为国家指导思想而统一天下的政权。秦朝统一六国后，一切以法律为准绳，从指导思想上确立了统治集团利益与民众利益的对立性，由此造成了社会矛盾的激化。史称："秦为无道，破人国家，灭人社稷，绝人后世，罢百姓之力，尽百姓之财。"③ 在陈涉发动起义后，"家自为怒，人自为斗"④，"诸郡县苦秦吏者，皆刑其长吏，杀之以应陈涉"⑤。秦朝统治者因此完全丧失了人民性，导致其迅速灭亡。秦朝灭亡之后，再无统治者从国家指导思想上，以纯粹的法家思想作为国家的指导思想来治理国家。

第三，秦的速亡让统治阶级感受到重视与保护民众利益的重要意义。刘邦建立汉朝之后，与大臣多次讨论强秦灭亡的原因，得到的结论是：强秦仁义不施。因此，刘邦在马上得天下之后，不再马上治天下。文、景二帝在位时，以黄老学说为治国的指导思想，黄老学说虽然与儒家思想有异，但是在对待民众利益这一点上，却是相通的，西汉因此形成了著名的文景之治。及汉武帝即位，采取独尊儒术的国策，从此，儒家思想取得了政治上的统治地位。以孔子和孟子为代表的儒家人物，其倡导爱民亲民护民重民学说的本质，是一种为全社会所有民众谋福利的学说⑥。这种学说，既是一种社会的泛爱，也是一种社会的大爱。它号召统治集团要为全体民众利益而奋斗，关心全社

---

① 钱穆：《文化学大义》，九州出版社 2012 年版，第 147 页。
② 《谭嗣同全集》（增订本下册），中华书局 1981 年版，第 339 页。
③ 《史记》卷八九《张耳、陈余列传》，中华书局 1982 年版，第 2573 页。
④ 同上。
⑤ 《史记》卷四八《陈涉世家》，中华书局 1982 年版，第 1953 页。
⑥ 参拙文《论孔孟政治思想的全体国民性》，载《理论月刊》2011 年第 8 期。

会各个阶层，保护全社会广大民众的利益。也只有保护社会广大民众的利益，才能保护统治集团的利益。

汉朝灭亡以后，历朝历代，多继承了汉朝以儒家思想为治国指导思想的国策，从而奠定了统治集团与广大民众利益一致性的基础。在治国理论上以儒家为民服务思想为指导，缓和了统治集团与广大下层人民之间的矛盾，在利益上肯定了民众与统治阶级利益的一致性。

第四，中国古代部分皇帝及其统治集团，本身就是广大民众利益的代表。原因在于，以皇帝为代表的统治集团与民众的利益具有相通之处，即以国王或皇帝为代表的统治集团与广大民众的利益具有一致性。因为部分新王朝的建立，一般都是得到社会民众广泛支持的结果。而且，一些新王朝成立之时，其第一代国王或皇帝及其统治集团成员，来自社会各个阶层，甚至多来自社会下层，本身就是下层人民利益的代表。如刘邦建立西汉政权之时，政府的官员，多为平民出身，形成了汉初的"布衣将相之局"①。在王朝统治集团内部，除了皇帝是私有专制之外，其他统治集团的成员也多处于流动之中，这是因为秦汉以降的选官制度，有利于统治集团内部结构的调整。如汉朝的察举与征辟制度，在相当长的一段时间内，底层民众能够参与其中，从而使得社会下层民众进入统治集团。还如隋唐的科举制度，"增加了等级的可变因素"②，使得社会下层广大民众容易进入社会上层，从而体现出全民政治参与的公平性。"科举制最重要的功能，是促成一个不靠出身而以考试入流的官僚阶层取代世袭的封建贵族阶层。"③宋人汪洙曾有《神童诗》说："朝为田舍郎，暮登天子堂。将相本无种，男儿当自强。"诗中所写正是社会阶层通过科举而产生变动的反映。尽管真正从平民身份通过科举考试进入政府中的社会下层的数量和比例非常之少，但因为具有相对的公平性，故而得到了人民的拥护。宋朝出现"取士不问家世，婚姻不问阀阅"的现象④，说

---

① 赵翼：《廿二史札记》，中华书局2001年版，第36页。
② 白寿彝主编：《中国通史》（明清卷），上海人民出版社1987年版，第899页。
③ 冯天瑜：《科举制度——中国第五大发明》，《山西大学学报》2014年第1期。
④ （宋）郑樵：《通志》卷二九《氏族序》，中华书局1987年版，第439页。

明社会底层人民通过科举，多可进入统治集团，公平性显而易见。而官员的子孙，因为少有门荫的照顾，再无前朝的特权。没有了世袭其官职的特权，官员的后人，因其才德的低劣，也可流入社会下层。如北宋的名相寇准死后，门第很快衰落，子孙陷入贫困的境地。司马光在《训俭示康》说："近世寇莱公豪侈冠一时，然以功业大，人莫之非，子孙习其家风，今多穷困。"①

因此，在中国专制时代，统治集团中总是能够涌现出为广大民众谋福祉的官员人群。社会上层与社会下层的不断转化，保证了专制帝国统治阶层不会快速腐化，也有利于维护统治集团与被统治集团利益一致性的持续。钱穆先生说，"汉唐诸代，建立了平等社会和统一政治的大规模，那时候的社会政治，比较先秦是很有进步了。政治清明，社会公道，国家富强，人生康乐"②。钱穆先生的观点，固然有其偏爱中国传统文化过度的缺点，不过，还是在一定程度上道出了历史中的真实景象。当然，无论是察举制，还是科举制，并没有完全杜绝贵族的政治经济等方面的特权，尤其是皇族集团的政治特权，在中国古代自始至终都根深蒂固，严重地危害了广大人民的利益。

第五，王朝统治集团与下层民众具有共同的利益诉求。表现有三：一是物质利益需求，包括从事生产、战胜自然灾害、维护家庭开支、婚丧嫁娶的需求等。二是安全利益需求，包括保卫国土、抗击侵略的需求等。三是精神利益需求，包括学习文化、提高修养、丰富文化生活的需求等。在中国古代王朝统治集团中，能够代表广大下层民众利益需求的最为突出的代表，是刘邦及其子孙到刘彻时代形成的统治集团。刘邦领导民众灭亡强秦，正是人民内心诉求的体现；汉朝文、景二帝实行轻徭薄赋的政策，也完全符合人民的渴求；汉武帝攻击匈奴，更是代表了广大民众的愿望。

第六，尽管各朝的最高统治者多会宣传君权神授的观念，但是，

---

① 傅云龙、吴可主编：《唐宋明清文集》第1辑《宋人文集》卷二，天津古籍出版社2000年版，第858页。
② 钱穆：《中国文化史导论》，九州出版社2011年版，第232页。

更多的则认识到"天视自我民视，天听自我民听"的重要①。西周时期统治者已发现了"惟命不于常"的道理②，并感受了"皇天无亲，惟德是辅"的真谛③。因此他们深刻体会到，要想国祚长久，就要敬天保民："人无于水监，当于民监。"④ 此后，各代的统治者，常常以广大民众利益的代表者的身份进行统治，制定出重民爱民的制度，以保证广大人民具有生存的基本的条件。

第七，在儒家看来，作为统治者和被统治者，只是社会分工不同而已。孟子认为，所谓社会的统治与被统治，是社会分工的区别，劳心者治人，劳力者治于人，其中的"治"，并非是压迫的"治"，而是依照民情、顺应民情的"治"，与"治水"而顺水性相同。因此，社会分工的不同，主要表现为职业的不同。统治集团对民众的治理，是民众需要一个集团进行管理，只有存在这样的一个管理阶层，民众才能顺利从事各种活动。

二　中国古代统治集团与民众利益的差异性

中国古代统治集团与民众的利益存在相当大的差异性。这是因为，无论是自然资源，还是社会资源，都具有有限性或稀缺性，都不足以满足社会所有人群的无限性需求。因此，通过政治权力对自然资源和社会资源进行分配，就成为统治集团统治天下的必然手段。而以政治特权为标准对自然资源和社会资源进行分配，就有可能产生社会的不公。这是统治集团与民众利益存在差异性的前提。具体表现为：

以王权或皇权集团为代表的特权阶层，决定了这个阶层与社会下层民众利益存在严重的差异，必然造成社会利益尤其是物质利益分配的严重不公。王权或皇权政治是专制政治，因此，王权和皇权政治必然要滋生一个特权阶层。而这个特权阶层，理所当然地要享受政治、

---

① 《尚书·泰誓》。
② 《尚书·康诰》。
③ 《尚书·蔡仲之命》。
④ 《尚书·酒诰》。

经济、法律、文化等方面的特权——有做官的特权，有取得更多社会财富的特权，有减免刑法处罚的特权，有享受政府开办学校教育的特权，等等。这个特权阶层，正是造成王权和皇权政治与民众利益差异性的根源。一般而言，当新王朝建立之初，统治集团成员与社会下层人民接触甚多，他们或有过在社会下层生活的阅历，或深刻洞察社会下层民众的疾苦和思想，而且他们的人数不多。因此，这一时期的统治集团，多能够较严格地控制其阶层成员的欲望，以减少民众的负担，从而得到民众的认可与拥护。但是，随着"长治久安"，统治集团内部成员的数量开始扩大，成员思想开始发生异化，其特权也不断地扩大或变相扩大，他们与社会广大民众利益的一致性也就逐渐缩小，甚至对立起来。与此同时，该王朝的合法性也相应地逐渐缩小直到完全丧失。

特权的存在是社会矛盾产生的根本原因。如果说，当新的王朝建立之初，民众对新兴的皇权统治集团充满信任的话，那么，到了新王朝中后期，民众对这个特权阶层会表现出强烈的不满情绪。这个特权阶层的人数，随着统治时间的延长，也会越来越多。他们对社会最大的危害，是在占有社会财富的份额越来越大之时，还会利用其特权抢占社会的财富，由此造成社会矛盾越来越重。如明初朱元璋有 24 个儿子，除太子朱标和朱棣外，其他 22 个儿子到了明朝后期，已繁衍男性后代达 2 万多人，加上其他皇帝的诸子支系，宗室食禄人数已过10 万人，成为社会的沉重负担。①

王权和皇权运行的过程，也就是特权阶层与民众利益一致性逐渐丧失的过程。专制政治决定了王朝滋生腐朽阶层的必然性，这是专制政权不可避免的宿命。在中国古代王权和皇权运行过程中，各个王朝在开国之初，都会想方设法让其统治能千秋万代地传承下去。秦始皇之所以称为"始皇帝"，就是梦想他的帝国能够经历千世万世。问题在于，如果一个王朝的继立者，能够对下层广大民众的思想有较为深

---

① （明）王世贞：《弇山堂别集》卷一《宗室之盛》，中华书局 1985 年版，第 6—9页。

刻的认识的话，他也就可能会抑制王权或皇权统治集团对民众利益的无限性的侵夺，从而使得这个或王朝与社会广大民众利益一致性的存在多延长一段时间；反之，如果继立者是一位暴君，或是一位庸君，他也就难以抑制王权或皇权统治集团对民众利益无限性的侵夺，而使得这个王朝与社会广大民众利益一致性的时间快速地缩减下去。王朝与社会广大民众利益一致性丧失的过程，也是社会广大民众反对现存政权的过程。

并非所有王朝统治集团建立之时，他们的利益与民众的利益都存在一致性的政治基础。这是因为，旧王朝的灭亡与新王朝的建立，并非全部是社会下层民众的反抗造成的。如南朝宋齐梁陈的更代，是汉人政权的更迭，其中虽然有民意的成分，而更多的则是统治集团上层政治斗争的使然。又如许多少数民族入主中原，对汉人的统治十分残暴，因此，也就谈不上其利益与广大民众的利益的一致性。像五胡十六国时期的胡羯入主中原，元蒙、满清的入主中原，莫不如此。他们在入主中原之时，时常采取等级制度来保护其民族的利益，残酷压迫汉民族人民和其他民族人民。

三　中国古代统治集团与民众利益差异性的调节机制

王朝统治集团与民众利益存在差异是不容分辩的事实。在每个王朝建立之初，统治集团的高层，都会承认这种差异，并深刻认识到这种差异扩大化将带来的严重后果。因此，在开国之初，统治者一般都努力缩小二者之间的差异，如在财富分配上，尽量减小统治集团对社会财富的占有量，而加大社会底层民众对社会财富的占有量，并以此来取得民心的支持，以夯实统治的根基；在官员选用上，也重视来自平民的人员的选拔；在法律运作上，减轻法律的惩罚力度；等等。但是，封建统治集团总是容易腐朽的，随着社会的发展，统治集团成员的数量越来越大，由于社会上食利人数一般都以几何数字形式增加，而社会财富一般只能以自然数字形式增加甚至没有增加，如此一来，统治者与被统治者在社会财富分配上的矛盾就更为突出。这种矛盾造成了民心的变化，表现为广大人民从支持现政府到怨恨现政府，社会上就会出现民怨沸腾的现象，甚至引发"民变"等群体性事件的发生。

统治集团与民众利益差异性的调节机制主要有以下两种：

第一种是自上而下的调节性的改革。自上而下的调节，一般称为改革，或称变革。自上而下的改革，显然是由皇权上层着手改革。改革的内容，可以涉及经济、政治、军事、文教诸方面，也可能只是进行经济性的改革。中国皇权专制时期自上而下的改革很多，著名的改革如宋朝的王安石改革、明朝的张居正改革等。通过自上而下改革的调节，虽然不可能从根本上解决问题，却可以在一定程度上调节双方利益的差异，从而延缓政权合法性丧失的进程。但是，这种自上而下的改革，却因为损害了统治集团中既得利益集团的利益，而容易受到阻挠，其效果不会持久。而这些改革家本身，一般都不会有一个完美的结局。改革不能成功，便意味着以君主为代表的统治集团与广大民众利益再难达到一致性。可见，这种自上而下的调节机制一般难以达到改革的原始目标。

第二种是自下而上的革命。当旧皇权受到民众的唾弃时，总有新的集团出现，以代替旧的统治集团。这些新兴的集团，常常能代表民众的利益，并受到民众的拥护。因此这些新的集团，就成为民众利益与意志的代表。他们会在民众的支持下，开展推翻旧皇权的活动。这是一种自下而上的调节。自下而上的调节，属于暴力性的运动，对社会的破坏性极大，往往会造成人口的大量非正常的死亡，也会造成社会财富非正常的破坏。但是，这种革命，却是历史发展的必然结果。因为在王朝统治末年，王朝统治集团上层人物中多已腐败无能，缺乏社会危机感，而又不能放弃其既得利益，进行有效的改革。但是，社会需要继续向前运行，只有革命一途可走。虽然革命是无奈的选择，却又是必然的选择。当然，广大人民的选择，却依然是皇权的政治，而难以诞生民主的政治。不过，新生的统治集团，却能在一段时间内代表民众的利益，因此，民众拥护它，支持它，从而又达到了新兴的统治集团与广大民众的利益产生新的一致性。

四　两种特殊的政权转换方式和统治集团与民众利益的调节幅度

中国古代政权的更代，除了革命性的方式以外，还存在另外两种政权转移方式，即王朝在异姓中的禅代和少数民族入主中原。这两种方式，从表面上看，与广大民众利益的关系似乎不大，而事实上，却大有关联。

第一种是王朝禅代。王朝禅代，一般对前朝统治集团的打击不是毁灭性的，只是对统治集团进行改造。对于前朝的皇帝与皇室成员，要进行严格的管制，甚至屠杀。而对前朝的大臣，除了要严厉打击忠于前朝者外，其他官员多会被保留职位，使之摇身而变为新兴王朝的权贵。在这种政权更变的过程中，统治集团与民众的利益也可以得到一定程度的调节。这是因为，新政权同样需要广大民众的支持，故而，新政权也要采取一些利民的政策。但是，这种利益调节机制的功能，毕竟有限。这是因为，统治集团对利益的争夺，主要表现为对上层社会政治权力的争夺，尽管在权力争夺过程中也存在血腥屠杀事件，但是，与自下而上的社会革命相比，对前朝统治集团的破坏力度要小得多。前朝的统治集团中的许多成员被保留下来而转化为新王朝的新贵，并没有被大量消灭，他们还照样参与社会利益的分配。在新王朝建立之时，下层社会广大民众的社会负担虽然有所减轻，但减轻的幅度比起革命性的改朝换代，一般而言，要小得多。

第二种是少数民族入主中原。少数民族入主中原，在中国古代，有五胡十六国、南北朝以及辽、夏、金、元、清等朝。少数民族统治中国部分地区或整个中国，虽然也是改朝换代，但这与汉民族的改朝换代却有所不同。正如顾炎武所说："有亡国，有亡天下。"[①] 少数民

---

① （清）顾炎武：《日知录》卷一三"正始"条，上海古籍出版社1985年版，第1014页。

族入主中原之时，对汉民族而言，具有"亡天下"的性质。少数民族入主中原，多会对汉人的资源进行大肆掠夺，对汉人的反抗进行血腥镇压。因此，他们入主中原之时，其统治相当残暴，与广大汉人的利益差异性很大。当此之时，民族矛盾上升为社会的主要矛盾。汉民族的政治利益、经济利益，乃至其他任何利益，都或多或少地被剥夺了。只是当少数民族在中原站住脚跟之时，为了能取得长治久安，方才采取一些缓和矛盾的政策，以减轻一点剥削和压迫，以免引起汉人的极度仇恨和反抗。到了这一时期，少数民族的统治者，与广大汉民族人民之间的利益之争，才有可能缓和下来。当然，也不排除部分少数民族入主中原之后，主动采取了汉化的政策，从而使少数民族融合在汉民族之中。这样的少数民族统治集团，一般多采取了汉人政权的治国指导思想即儒家思想。如北魏孝文帝改革，便以汉人儒家思想为治国的指导思想，从而使鲜卑人的利益与广大社会民众的利益分配达到了相对的和谐状态。相反，如元蒙统治集团，其入主中原之时，便充满了血腥；而在中原的统治，也以民族压迫政策为主导，把人分为四等。因此，元蒙对中国的统治，自始至终都缺少人民性，与广大人民的利益难以一致。

五 简短的结论

一般而言，人的社会地位由其所占有社会资源的多少决定。而社会资源在任何时期都存在着数量的有限性甚至稀缺性。因此，社会资源的分配过程，也就是社会利益的分配过程。统治集团制定的社会利益的分配制度，是衡量社会是否合理的重要标准。

中国古代统治集团与广大民众的利益，既具有一致性，又具有差异性。中国古代由汉民族主持的朝代更代之初，多能够代表广大人民的利益。中国古代一些王朝之初，尤其是汉人建立的王朝之初，一般都有其进步性。中国历史上的一些皇帝，以及统治集团中的许多精英人物，都堪为广大民众利益的代表。他们的政治行为，与民众的利益存在共同之处。

　　由少数民族入主中原的朝代更迭，呈现两种历史情景：迅速接受汉文化的少数民族政权，多会重视广大汉民族人民的利益，其政权中人民性的成分浓厚；而不愿意接受汉文化的少数民族政权，多会对汉民族和其他少数民族施行残酷的统治，其政权中人民性的成分甚少。中国古代专制政权更代的历史，就是这样反复循环。当旧的统治集团与社会广大民众利益失去一致性的时候，民众对它的支持率也就越来越低，其政权的合法程度也就越来越小，最终为新生的统治集团取而代之。

　　专制统治，并非从其开始之时就以民众的对立面出现。马克思主义的阶级分析法，虽然是研究历史的一把利剑，但是，如果随意挥舞，完全有可能掉进教条主义的陷阱之中。新中国成立以后，历史学家翦伯赞提出了"让步政策"的理论，并因此受到批判[1]。其实，让步政策理论的本质，依然是阶级论的翻版，对马克思阶级斗争理论做了一点补充而已。这与中国历史本来面目并不完全契合。

---

　　[1]　郑起东：《关于翦伯赞的"让步政策"论》，《北京日报》2010 年 4 月 19 日，第20 版。

宗教史专题

脱凡入圣：唐宋时期五祖形象的建构与重塑

冯金忠

（河北省社会科学院）

弘忍为中国禅宗史上的五祖，他师承四祖道信，弘法于东山（即冯茂山）二十余年，影响甚隆，门人徒众遍天下，时称"东山法门"。"以道信、弘忍为代表的东山法门的出现，标志着禅宗的正式形成。"① 相比于四祖及之前其他诸祖，流传下来的弘忍的资料较为丰富。传世典籍《宋高僧传》《景德传灯录》《五灯会元》等僧传、灯录均有记载，但这些典籍成于宋代及以后，时代较晚，在可靠性上不免有些欠缺。② 20 世纪初，由于敦煌遗书的发现，一些唐代禅籍，如《楞伽师资记》《传法宝纪》《历代法宝记》《神会语录》等重见天日，其中对五祖弘忍有记载，乃至专传，特别是记述弘忍禅法的《修心要论》③，为研究弘忍禅法及其生平事迹提供了第一手资料。资

---

① 杨曾文：《唐五代禅宗史》，中国社会科学出版社 1999 年版，第 89 页。

② 杨曾文先生即指出其中多有难以凭信的成分，参见《弘忍及记述其禅法的〈修心要论〉》，《中国文化》1996 年第 1 期，第 94 页。

③ 敦煌写本《修心要论》全称为《蕲州忍和尚导凡趣圣悟解脱宗修心要论》，题作"五祖禅师述"，当即由弘忍的弟子抄录而辗转流传下来的。在日本龙谷大学图书馆所藏的策子本称《西天竺国沙门菩提达摩师观门法大乘法论》，朝鲜安心寺 1570 年的刊本题为《最上乘论》。参见杨曾文《弘忍及记述其禅法的〈修心要论〉》，《中国文化》1996 年第 1 期，第 98 页。

料上的突破，推动了五祖弘忍的研究，近些年来取得了一系列成果。① 但同时也应该看到，由于立场、所处派别及时代的差异，诸典籍作者在对五祖记载上也颇有抵牾舛异。如果将唐代禅籍与宋代禅籍的记载加以比较，便会发现五祖的形象有很大的不同。顾颉刚先生曾提出"古史层累说"，他认为，时代愈后，传说的古史期愈长；时代愈后，传说中的人物愈放愈大。顾先生针对的是中国历史上的传说时代，但这一论断对于研究真伪参互、事实与传说杂糅的中国初禅时代的五祖弘忍也是具有启发意义的。

唐代高僧的传记，首先应该提到的是道宣的《续高僧传》。此书成于唐初，为道信立有专传②，但并未为弘忍立传。道宣、弘忍二人，时代约略同时，道宣，乾封二年（667）卒，在他去世时，弘忍仍在世，7 年之后弘忍才圆寂。古代讲究盖棺定论，少有为生人立传的传统。故书中不及为弘忍立传。法如为弘忍弟子，现存河南省嵩山会善寺遗址的《法如行状》，撰成于武则天永昌元年（689），提出了中国禅宗最早的付法传承的祖统说。其云："明者即南天竺三藏法师菩提达摩，绍隆此宗，步武东邻之国。传曰神化幽迹，入魏传可，可传粲，粲传信，信传忍，忍传如。"③ 虽然提到了弘忍，但亦不过提名而已。从现有记载来看，首次为弘忍立传的是唐人间丘均。

---

① 代表性成果有任继愈《弘忍与禅宗》（《佛学研究》1994 年第 1 期）、杨曾文《弘忍及记述其禅法的〈修心要论〉》（《中国文化》1996 年第 1 期）等。2012 年第二届黄梅禅宗文化高峰论坛中即有一个专题"四祖与五祖研究"。总论东山法门的尚不计，专论五祖的论文即有习细平《五祖弘忍的禅法特色》、果兴《从禅僧的角度来看：五祖弘忍的禅法与传承》、万里《生儿石女老黄梅——关于五祖弘忍禅师"夺胎"与"转生"的文献考察》、谭洁《五祖弘忍一世法嗣考论》、董群《从弘忍一传法嗣的贡献看其在禅宗史上的地位》、张培锋《弘忍大师〈最上乘论〉笺证稿》、张云江《〈最上乘论〉蠡测四题》、程正《敦煌本〈修心要论〉文献研究史》、宋坤《〈敕赐黄梅重建五祖禅师寺碑〉简释》、荆三隆、魏玮《弘忍处世观的当代解读》、徐文明《五祖为栽松道者后身传说的由来》，等等。

② 《道信传》见《续高僧传》卷二一。该书"自序"云此书所载，"始距梁之初运，终唐贞观十有九年，一百四十四载"，而道信卒于永徽二年（651），《续高僧传》成书时，当时道信尚在世。故据学者考证，道宣其始并未为道信立传，今传为后来所补。参见〔日本〕中嶋隆藏《〈楞伽师资记·道信传〉管窥》，《佛学研究》，1994 年，第 193 页。

③ 陆耀遹：《金石续编》卷六《唐中岳沙门释法如禅师行状》。

据载，弘忍于唐咸亨五年（674）圆寂后，"学士间丘均撰碑文"①。《神会语录》中亦载"间丘均造碑文，其碑见在黄梅②"。但碑文所撰具体时间不详，从上下文来看，似乎是在弘忍圆寂后，或稍后。间丘均，《旧唐书·文苑传》有传，附于《陈子昂传》之后。生卒年不详，益州成都人，以文章著称，与陈子昂、杜审言等齐名，景龙中（708年左右）为安乐公主所荐，起家拜太常博士。景云元年（710），李隆基（即以后的唐玄宗）联合太平公主等发动政变，杀死了韦后及其党羽，安乐公主也被杀。受安乐公主的牵连，间丘均也被贬循州（治今广东五华县华城镇）司仓卒，有集十卷。③但考诸史籍，他还曾流寓于今四川为官，《滇略》卷三云"罢官流寓南中，碑碣多出其手"。《大清一统志》卷三六九亦云间丘均，"武后时官博士，后从唐九征为管记，南中碑碣多出其手"。例如四川牛头山下瑞圣寺磨崖碑，即由间丘均而撰。④

间丘均，景龙中刚踏入仕途，弘忍去世时，他尚未入仕。《宋高僧传》卷八《弘忍传》则明确提到开元中，太子文学间丘均为塔碑⑤。宋人慧洪所集《林间录》亦云"开元中，文学间丘均为塔碑，徒文而已"⑥。也就是，此碑撰于唐玄宗开元年间。但当时间丘均已被贬循州或为官于蜀，所谓的"学士"或"文学"不过是他曾任的官职，而非撰碑之时的官职。从时间上看，不排除是其南谪途中，行经黄梅时所撰。如果此推测不误，此碑当撰于开元初（713）或稍后。但即使如此，此时弘忍圆寂已近四十年。间丘均有文名，而且虔信佛教，撰写此碑也在情理之中。但此碑早已亡佚，根据《林间录》

---

① 《历代法宝记》卷一《弘忍禅师》，《大正新修大藏经》第51册。参考郝春文主编《英藏敦煌社会历史文献释录》（第一编第八卷），社会科学文献出版社2012年版，第13页所录编号为S. 1776A背《历代法宝记》（颂唐朝第五祖弘忍禅师碑）。

② 杨曾文编校：《神会和尚禅话录》，中华书局2008年版，第108页。

③ 《旧唐书》卷一九〇《陈子昂附间丘均传》，中华书局1975年版。

④ 《六艺之一录》卷七六《瑞圣寺》。

⑤ 一说是学士，另一说是太子文学，官职颇有异同。

⑥ （宋）慧洪集：《林间录》卷一，《大正新修大藏经》第87册。

的说法毁于唐武宗会昌法难。① 《全唐文》及今人编录的《全唐文补编》《全唐文拾遗》等均未著录。

另据《楞伽师资记》，弘忍圆寂后，其弟子玄赜所在的安州寿山的寺院，请范阳卢子产，于寺的墙壁绘制弘忍画像。前兵部尚书李迥秀为赞曰："猗欤上人，冥契道真，摄心绝智，高悟通神，无生证果，现灭同尘，今兹变易，何岁有邻。"② 是说弘忍已经契合真如，达到超离世俗认识的至高觉悟，永远脱离生死轮回的境界，是对弘忍禅法的高度评价。

东山法门虽然由道信开创，但由弘忍昌大其门，走向了极盛。门下徒众及远来求法者甚众，《历代法宝记》云："后四十余年，接引道俗。四方龙像，归依奔凑。"《神会语录》中亦云："忍大师开法经三十年，接引道俗，四方归仰，奔凑如云"。即使僻在广东一隅的乡野之人慧能也风闻其声，而慕名到黄梅求教。但应该看到，当时弘忍在东山弘化四众，虽然声名已远播京师，甚至唐高宗也曾两次召请③，但直至弘忍圆寂，当时东山法门仍主要在地方传播，势力仍未延及北方，仍保持了自达摩以来禅宗所具有的民间性及山林佛教的特点。

弘忍与其师四祖道信一样足不下山，坚持传统的禅法修行方式，远离尘俗，于人迹罕至的山谷中潜心修行。他随师住双峰山三十年（道信圆寂后，又留该山供奉三年），于永徽五年（654）移住东山，一住就是二十一年。"自出家处幽居寺，住度弘愍，怀抱贞纯，缄口于是非之场，融心于色空之境。役力以申供养，法侣资其足焉。"④ 弘忍继承了道信以来的农禅传统，不辞劳苦，"役力以申供养"，不

---

① 《林间录》卷一曰："会昌毁废，唐末烽火，更遭蹂践，愈不可考。"

② （唐）净觉集：《楞伽师资记》卷一，《大正新修大藏经》第85册。

③ 《历代法宝记》记载，显庆五年（660），唐高宗曾两次召请弘忍入朝，弘忍均加以拒绝，唐高宗遂敕赐衣药，就凭冯茂山供养。但此事在唐代典籍《楞伽师资记》《传法宝纪》及后出的《祖堂集》《宋高僧传》等中均未记载。杨富学先生对此材料处理较为慎重，他在《敦煌本〈历代法宝记·弘忍传〉考论》（《华林》第1卷，中华书局2001年版）指出，"其真实性有待考证。若此记载不误，则可为弘忍生平提供新的资料。"

④ （唐）玄赜：《楞伽人法志》，引自《楞伽师资记》卷一。

靠俗众布施和官府供养，自己劳作，自食其力。山中不仅交通不便，而且条件艰苦，《楞伽师资记》记载，曾有弟子向弘忍抱怨："学道何故不向城邑聚落，要在山居？"弘忍答曰："大厦之材，本出幽谷，不向人间有也，以远离人故，不被刀斧损斫。——长成大物后乃堪为栋梁之用。故知栖神幽谷，远避嚣尘，养性山中，长辞俗事，目前无物，心自安宁。从此道树花开，禅林果出也。"① 由于刻意与尘俗，特别是官府和朝廷保持距离，这使他生前、身后之名，相比其弟子神秀和慧能来说显得大为逊色。

弘忍圆寂后，其弟子开始改变山林弘法的传统，将禅法播迁到各地，特别是向城邑乃至京师传播，从而使禅宗在全国范围内产生了影响。神秀的显赫自不必言，他是两京法主，三帝国师。另一个弟子法如，乃弘忍十大弟子之一，被弘忍认为"堪为人师"，他"北游中岳，后居少林寺"。垂拱二年（686），都城名僧惠端禅师等人慕名前来请开禅法，永昌元年（689）圆寂。② 玄赜，俗姓王，也是弘忍著名弟子，长期在安州（治所在今湖北安陆）寿山寺居住修行。唐景龙二年（708）应诏入东京洛阳广开禅法。弘忍诸弟子分头弘法，大多成为一方的禅门领袖。但在貌似繁盛的背后也孕育着东山法门的分裂。"禅宗制造宗谱，始于弘忍的诸大门徒，大致有禅与楞伽二家传承，同时流行。神秀、慧能死后，争夺六祖和七祖的继承权的斗争在南北两宗同时展开。"③ 虽然弘忍的诸弟子及再传弟子，抬高各自师门，认为自己的师门才是正传嫡脉，但无论南宗还是北宗，在弘忍之前诸祖上并无异词，也就是说弘忍的五祖地位是南北宗共同承认的，并无分歧。

五祖弘忍在官方地位的正式确立是在唐安史之乱后，这是与其再传弟子神会的努力分不开的。由于神会在安史之乱中建戒坛，为朝廷筹集军饷，立下大功，他所在的南宗在朝廷的支持下终于击败了北

---

① （唐）杜朏：《传法宝纪》，见杨曾文校写新版·敦煌新本《六祖坛经》附编一，宗教文化出版社2005年版，第178页。

② （清）陆耀遹：《金石续编》卷六《唐中岳沙门释法如禅师行状》。

③ 杜继文、魏道儒：《中国禅宗通史》导言，江苏人民出版社2007年版，第18页。

宗，取得了统治地位。陈宽《再建圆觉塔志》载："司徒中书令汾阳王郭子仪复东京之明年，抗表乞［菩提达摩］大师谥。代宗皇帝谥曰圆觉，名其塔曰空观。"① 按，"复东京之明年"，即乾元元年（758），在战事吃紧、唐军仍未完全扭转颓势之时，郭子仪为什么突然替达摩申请谥号呢？胡适先生推断，这一年正是神会替郭子仪筹饷立功之年，神会立有大功，不求荣利，只求为他的祖师请谥，郭子仪能不相助么？② 但这次被追谥的只是初祖达摩，过了十余年，弘忍才获得朝廷谥号。史称，"代宗敕谥大满禅师，塔曰法雨也"③。由于安史之乱后，南禅获得了朝廷承认的正统地位，贞元十二年（796），唐廷敕命慧能为六祖，神会为七祖。弘忍的五祖地位遂获得了官方的承认。唐宣宗时敕建大中东山寺，南唐加弘忍师号曰广化。宋景德中改赐东山寺额曰真慧。④ 宋英宗于治平年间（1064—1067）御书"天下祖庭"，崇宁元年（1102），宋徽宗御书"天下禅林"，赐于五祖寺。在此背景之下，弘忍从民间到庙堂，从隐到显的地位变化，表现在唐宋间诸史籍中，其形象也发生了一些变化。

一　五祖嗣法记载的衍化变异

根据中国禅宗排定的传承谱系，达摩传慧可，慧可传僧璨，僧璨传道信，道信传弘忍，弘忍传慧能。六代均为单传。这一传承世系当是在弘忍之后追溯而成的。《续高僧传·法冲传》中提到达摩、慧可

---

① （清）陆心源：《唐文拾遗》卷三一，中华书局 1983 年版。

② 胡适：《菏泽大师神会传》，见黄夏年主编《胡适集》，中国社会科学出版社 1995 年版，第 90 页。

③ 《宋高僧传》卷八《唐蕲州东山弘忍传》。文中只云代宗时，具体时间不详。据唐人独孤及《舒州山谷寺觉寂塔隋故镜智禅师碑铭》（《全唐文》卷三九〇）云唐代宗大历七年，唐廷册谥三祖僧璨为镜智禅师，塔曰觉寂。五祖弘忍的追谥，或与之同时，待考。

④ 《全唐诗》卷三三五裴度《真慧寺五祖道场》："遍寻真迹蹑莓苔，世事全抛不忍回。上界不知何处去，西天移向此间来。岩前芍药师亲种，岭上青松佛手栽。更有一般人不见，白莲花向半天开。"按，《全唐诗》所拟标题不确，唐宣宗敕建大中东山寺，宋景德中始改赐寺额真慧。因此，真慧寺之名出现在宋景德之后，裴度所在的唐中叶断不能出现此名。

授法弟子多人，与后世禅宗记载的一般"一代一人"的传承颇有不同，以情理揆之，这种情况当更近于事实。

自唐武德七年（624）后，道信在蕲州双峰山弘法三十年，广开法门，接引群品，四方龙象尽受归依，门徒一度达到五百余人，"归者，荆州法显、常州善伏，皆北面受法"①。弘忍不过是众弟子之一。弘忍幼年便师事道信。②《景德传灯录》卷三言弘忍，"生而岐嶷，童游时，逢一智者，叹曰'此子阙七种相，不逮如来。'后遇信大师，得法嗣"。《宋高僧传》记载，弘忍投于四祖门下，时年七岁。"至双峰，习乎僧业，不諠艰辛。夜则敛容而坐，恬澹自居。洎受形俱，戒检精厉。信每以顿渐之旨，日省月试之。忍闻言察理，触事忘情。痖正受尘渴方饮水如也。信知其可教，悉以其道授之。复命建浮图，功毕，密付法衣以为质要。"《景德传灯录》《宋高僧传》均成于宋代，在记载弘忍得法时，详略有所不同。《景德传灯录》记载甚略，未及细节。《宋高僧传》则提到了四祖对弘忍"日省月试之"，在经过一番考察后，知其可教，才付以法衣。虽然二书记载详略有所不同，但所言传付过程都是很顺利的，看不到中间有什么波澜。但在唐代典籍中，我们则看到了另一番景象，即中间有争吵和斗争。

杜胐《传法宝纪·道信禅师》记载，永徽二年（651）八月，道信命弟子山侧造龛，"门人知将化毕，遂谈究锋起，争希法嗣。及问将传付，信喟然久之曰：'弘忍差可耳'，因诚嘱，再明旨赜"。众弟子为争夺法嗣唇枪舌剑，发生了激烈的争论。显然，在道信晚年仍没有一个深孚众望，为众人共推的弟子，这才出现了"谈究锋起，争希法嗣"颇具戏剧性的一幕。此种情形与以后弘忍选法嗣时，众人皆瞩目于大弟子神秀颇有不同。这反映当时弘忍在众弟子中虽然入师门甚早，但并不是鹤立鸡群、众望所归的。在弟子争嗣斗争已趋白热化、逼着道信对人选表态时，道信才说出弘忍的名字。但从当时道信

---

① （唐）杜胐：《传法宝纪》，见杨曾文校写《新版敦煌新本〈六祖坛经〉》附编一，宗教文化出版社 2005 年版，第 178 页。

② 弘忍师事四祖道信的时间，诸典籍记载略异，或言七岁，或言十二岁。印顺法师在《中国禅宗史》（中华书局 2010 年版）以时间推断，比较倾向于十二岁之说。

"喟然久之"的细节来看，他并不是立刻说出弘忍，而是经过了较长思索、反复衡量。这反映他对于众弟子争嗣始料不及，根本没有精神准备，心中似乎也并无后嗣的现成人选。他说"弘忍差可耳"，也就是说，认为弘忍差不多，感觉总体上弘忍与众弟子相比要略胜一筹。

道信晚年众弟子争立事件，似乎是弘忍弟子神秀、慧能等相争的预演。杜朏没有回避这些矛盾和冲突，如实加以记录。但在《传法宝纪·弘忍传》中则没有类似记载，而且提到"信特器之"，恐非实录。同一部书记载为什么会出现如此矛盾？很可能由于两传具有不同的来源，而编者杜朏疏于统一所致。一般来说，传主的记载多来自其弟子徒众等的行状，多讳饰美化之词。以此来看，道信传中对当时传法过程的记载较为可信。也就是说，在五祖嗣法过程中并不是那么顺利，中间也有一些波折和斗争。

《楞伽师资记》《神会语录》等唐代禅籍对道信晚年法嗣之争没有记述，也是可以理解的。《楞伽师资记》的作者净觉，是弘忍的再传弟子，神会则是六祖慧能的弟子。净觉和神会在门派上虽然有南北宗的差别，但在弘忍师承四祖道信这一点上则是认识完全一致的。在他们看来，弘忍是道信的衣钵传人，乃众望所归。当然不愿意将本门内部的矛盾和斗争这些不光彩的事情示人。中国古代历来讲究为尊者讳，为贤者讳，作为后世门人弟子，一般不会记述不利于师尊的言辞。《传法宝纪》是一部记述禅宗北宗（神秀派）传法世系的著作，作者杜朏，京兆（府治今陕西西安）人，字方明。关于他的事迹，史书上无专门记载。唐严挺之《大智禅师碑铭》（《全唐文》卷二八〇）中有一"朏法师"，神秀弟子义福曾从之学习大乘经论。另外，日本僧人圆仁入唐求法所带回的书中有《南岳思禅师法门传》二卷，在其《日本国承和五年入唐求法目录》中题为"卫尉丞杜朏撰"；在《慈觉大师在唐送进录》中题为"清信弟子卫尉丞杜朏撰"①。杨曾文先生对于"朏法师"和"卫尉丞杜朏"与《传法宝纪》的作者杜朏究竟是否一人持相当谨慎的态度，但亦指出《传法宝纪》的作者

---

① 《大正藏》第55册，卷一《目录部》。

杜朏与神秀一系的人是有密切关系的。① 不过从《传法宝纪》作者杜朏的题衔来看，称曰"京兆杜朏字方明撰"应是一个在俗的身份，或者至少在撰写此书时尚未出家。正是由于这个身份，他在撰述和编集时才少有忌讳和门户之见。

唐代其他禅籍对此法嗣之争虽然没有记载，但也留下了一些蛛丝马迹。《历代法宝记》云弘忍"其性木讷沉厚，同学轻戏，默然无对。常勤作务，以礼下人。昼则混迹驱给，夜便坐摄至晓，未常懈倦"。《楞伽师资记》所引玄赜《楞伽人法志》表述得较为隐晦，说弘忍"住度弘愍，怀抱贞纯。缄口于是非之场，融心于色空之境。役力以申供养，法侣资其足焉"。从中我们也不难体味到弘忍遭受到同门排挤，在这种情况下他选择了隐忍缄默。显然，当时弘忍与众同门关系并非十分融洽，并非众望所推之人。

从以上唐代诸籍来看，在道信门墙的弘忍沉默寡言，拙于言辞，并时常遭受同门之排挤，但到了五代的《祖堂集》，情况则为之一变，其书卷二说弘忍，"幼而聪敏，事不再问"。净修禅师赞曰："五祖七岁，洞达言前。石牛吐雾，木马含烟。身心恒寂，理事俱玄。无情无种，千年万年。"宋初赞宁《宋高僧传·弘忍传》，没有提到弘忍聪颖，也没有说其木讷，只是强调了他的勤勉课业，与唐朝史籍中弘忍木讷的记载亦有差别。

二　五祖退贼故事及唐宋时期对弘忍的神化

弘忍在东山（即冯茂山），《历代法宝记》云："时有狂贼可达寒奴戮等，围绕州城数匝，无有路入，飞鸟不通。大师遥见来彼城，群贼退散。递言：'无量金刚执杵趁我怒目切齿，我遂奔散。'忍大师却归凭茂山。"② 其中，"凭茂山"即冯茂山、东山。

可达寒奴戮等围城，弘忍至城下，贼军纷纷表示看到有无量金刚

---

① 杨曾文：《唐五代禅宗史》，中国社会科学出版社1999年版，第141页。
② "戮"，敦煌文书S. 1776号内或作"饶"或作"绕"。郝春文主编《英藏敦煌社会历史文献释录》（第一编第八卷）第14页以"饶"字为是。

201

执杵向他们怒目而视，遂吓得一哄而散，弘忍得以回到东山。故事颇有神异色彩，《传法宝纪》《宋高僧传》等书未载。这种记载不外是渲染弘忍之神通法力，在禅籍中并不鲜见。"可达寒奴戮"，指隋末朱粲起义。朱粲，亳州城父人。初为县佐史。大业末，从军讨长白山王薄起义，遂聚结为群盗，号"可达寒贼"，自号"迦罗楼王"（佛家所称金翅鸟，天龙八部之一，两翅相距三百六十里，以龙为食）。"奴戮"，亦作"奴僇"，谓施以刑辱，使为奴隶，这里泛指农民。朱粲在隋末活动于汉水和淮水之间，势力发展很快，曾拥众二十万，僭称楚帝于冠军，建元昌达。所克州县，皆发其藏粟以充食，迁徙无常，去辄焚余赀，毁城郭，又不务稼穑，专以劫掠为业。于是百姓大馁，死者如积，人多相食。军中罄竭，无所虏掠，乃取婴儿蒸而啖之，因令军士曰："食之美者，宁过于人肉乎！但令他国有人，我何所虑。"即勒所部，有掠得妇人小儿皆烹之，分给军士，乃税诸城堡，取小弱男女以益兵粮。① 朱粲曾在东山所在的蕲州一带活动，《旧唐书》卷四十《地理志》记载，"蕲州中　隋宜春郡。武德四年，平朱粲，改为蕲州，领蕲春、蕲水、罗田、黄梅、沔水五县。"因此，《历代法宝记》所言可达寒奴戮围城的故事并非空穴来风。

四祖道信生前曾有于吉州退贼的故事。《续高僧传》卷二一《道信传》记载道信，附名住吉州寺，"被贼围城七十余日，城中乏水，人皆困弊。信从外入，井水还复。刺史叩头，贼何时散。信曰：'但念般若。'乃令合城同时合声，须臾外贼见城四角大人力士威猛绝伦。思欲得见刺史。告曰：'欲见大人可自入城。'群贼即散"②。由于弘忍幼年即师事道信，在吉州时他很可能曾亲历其事。从这个角度来看，这两件事不排除是同一事。杨富学先生认为《弘忍传》文中所载狂贼（指农民起义）围攻州城，因惧弘忍法力而退散的故事与《续高僧传》《景德传灯录》及《传法宝纪》中所载道信事几无二致。因此认为对弘忍事迹的叙述，似有与道信事相混之嫌。他主要根

---

① 《旧唐书》卷五六《朱粲传》。

② 此故事又见于《传法宝纪》《神会语录》，文字与《续高僧传》间有异同，但故事情节相同。

据时间进行了论证。隋末贼围吉州的时间，《景德传灯录》径言为大业十三年（617）。杨富学先生考证这次农民起义是梁尚慧。是年，广东梁尚慧起义军由南向北进入江西，至吉州（今江西省吉安市）时，围城达两个月之久。当时正在庐山大林寺修持的道信，闻讯后立即率徒众赶往吉州，以佛教徒特有的方式解了吉州之围。这在乾隆年间修《吉安府志》和光绪年间修《江西通志》中都有详尽记载。杨先生认为，这一年弘忍才 16 岁，恐难当此大任。况且除《弘忍传》之孤证外，其他史籍（包括禅宗史书）均未载其曾经驻锡于吉州，更无吉州退敌之说。故他认为是传文作者误将道信大师事撺入弘忍传中。[①]

杨先生的分析有些道理，但也有扞格难通之处，首先，地点不同，一是蕲州，另一是吉州；其次，故事经过不同。特别是情节明显不同，很难相信两者反映的是同一件事。隋唐之际，朱粲在淮南一带烧杀抢掠，杀人如麻，给当地人民的生命及财产造成了极大的破坏，对广大人民来说无疑是一场梦魇和难以忘却的记忆。弘忍退敌之事，可能并无其事，但朱粲军围困蕲州却实有其事。弘忍弟子借助朱粲围城事件虚构了弘忍退敌的故事，以突出其神通法力，突出其救民水火的慈悲形象。当然，在故事的建构中也不排除参考了道信吉州退敌的故事。

五祖退敌的故事，出现在《历代法宝记》中，反映在唐前期对弘忍的神化即已开始。唐后期随着南禅获得朝廷的承认，取得正统地位，弘忍五祖地位正式确立，关于弘忍灵迹的记载越来越多。在他的诞生之时似乎就与众不同。《祖堂集》中说："母怀之时，发光通宵，每闻异香，身体安泰。后乃生育，形自端严。哲者观之云：'此子缺七种大人之相，不及佛也。'"这种记载为稍后的《宋高僧传》所承袭，《宋高僧传》卷八《弘忍传》云："其母始娠，移月而光照庭室，终夕若昼。其生也灼烁如初，异香袭人，举家欣骇。迨能言，辞气与

---

① 杨富学：《敦煌本〈历代法宝记·弘忍传〉考论》，《华林》第 1 卷，中华书局 2001 年版。

邻儿弗类。"

在五代及宋代僧人的笔下，弘忍不仅生而绝异，而且似乎颇有望气之能，具有先见之明。《宋高僧传》卷八《弘忍传》记载了这样一个故事："又信禅师尝于九江遥望双峰，见紫云如盖，下有白气，横开六岐，信谓忍曰：'汝知之乎？'曰：'师之法旁出一枝，相踵六世。'信甚然之。及法融化金陵牛头山，贻厥孙谋，至于慧忠凡六人，号牛头六祖，此则四祖法又分枝矣。"法融，为牛头初祖，他本为三论宗人，与四祖道信并无师承关系，但由于东山法门影响日盛，牛头宗人便伪托出了道信付法于法融的故事，并模仿东山法门建立了法融—智岩—惠方—法持—智威—慧忠的六祖传承之说。① 自法融到慧忠相传六代，号称牛头六祖。牛头六祖的说法产生于唐天宝年间（约750年左右），此时距弘忍去世已有七八十年。而弘忍仅仅依靠观看云气的形状变化，便能预见到几十年后的牛头宗的法系传承情况，实在是太过神奇，其荒诞无稽自是不言自明。

弘忍在圆寂前已有预感，咸亨五年（674），他命弟子玄迹起塔，预为布置。至二月十四日，问塔成否。玄迹答言，功毕。弘忍云，不可同佛二月十五日入般涅槃。后至上元二年（675）二月十一日，奄然坐化。②《神会语录》中说"至上元年，大师春秋七十有四。其年二月十一日，奄然坐化。是日，山崩地动，云雾蔽于日月"③。即使在五祖圆寂后，其灵异现象仍时有发生。《宋高僧传·弘忍传》云："蕲春自唐季割属偏霸，暨开宝乙亥岁王师平江南之前，忍肉身堕泪如血珠焉。僧徒不测，乃李氏国亡之应也。今每岁孟冬，州人邻邑奔集作忌斋，犹成繁盛矣。其讳日将近，必雨雾阴惨，不然霰雪交霏，

---

① 李华《润州鹤林寺故径山大师碑铭》（《全唐文》卷三二〇）言牛头六祖是法融、智岩、慧方、法持、智威、玄素。刘禹锡《牛头山第一祖融大师新塔记》（《全唐文》卷六〇六）则认为是法融、智岩、法持、智威、玄素、法钦。到了宗密《禅门师资承袭图》，以法融为第一祖，智岩第二，慧方第三，法持第四，智威第五，慧忠第六。又说智威的弟子有润州鹤林寺玄素，玄素的弟子有径山道钦（一称法钦），都是相承传授牛头禅的宗旨的。牛头宗的世系，后来即以此为定说。

② 《历代法宝记》卷一。

③ 杨曾文编校：《神会和尚禅话录》，第108页。

至日则晴朗焉。"

三　五祖拜师故事的衍化

唐宋间，弘忍师事四祖道信的故事经历了一个由简到繁、逐步增益的过程。首先，弘忍从主动投师变为了被动接受。敦煌本《传法宝纪》记载，弘忍"童真出家，年十二事信禅师"，《历代法宝记》则云"七岁事信大师，年十三入道披衣"，均寥寥数语，仅此而已。到了五代时，《祖堂集》卷二《弘忍和尚》则云弘忍"母怀之时，发光通宵，每闻异香，身体安泰，后乃生育。形儿端严，哲者观之，云：'此子阙七种大人之相，不及佛也。'"同书《道信和尚》更是敷演为一个生趣盎然的故事，但仍未明言是道信主动招纳弘忍。到了宋初的《宋高僧传》卷八《弘忍传》则记载，四祖看中弘忍后，想纳其为弟子，乃遣人随其归舍，具告所亲，喻之出家。父母欣然。这种看法遂为后世沿袭，《景德传灯录》卷三记载四祖"俾侍者至其家，于父母所乞令出家，父母以宿缘故，殊无难色"。在这里弘忍是被动的，四祖道信慧眼识珠，主动要求将其纳入门下。之所以发生如此改动，不外是为了显示弘忍卓异出群，与众不同，以为他日后得承衣钵而张本。

再则，五祖与四祖初次邂逅的对话也有一个变化。在较早的记载中，并无具体的对答记录。从现有诸典籍来看，这对答内容出现在五代时期。《宋高僧传》记载，道信禅师邂逅弘忍。问之曰："何姓名乎？"弘忍对问朗畅，区别有归，理逐言分，声随响答。道信熟视之，叹曰："此非凡童也！"这里确实提到了四祖曾询问五祖姓名，但并未记录五祖是如何回答的，只是提到五祖声随响答，令四祖大为嗟赏。而这也为后世典籍的进一步衍化预留了空间，可以说是后世四祖、五祖精彩的对话的滥觞。《祖堂集》中的对答故事已经十分丰满，颇有神奇色彩。文中曰："忽于黄梅路上见一小儿，年七岁，所出言异。师乃问子何姓"，子答曰："姓非常姓。"师曰："是何姓？"子答："是佛性。"师曰："汝勿姓也。"子答曰："其姓空故。"师谓左右曰："此子非凡，吾灭度二十年中，大作佛事。"子问曰："诸圣从何而证？"师云："廓然，廓然。"子曰："与摩则无圣去也。"师曰："犹有这个纹彩在。"师乃付法偈曰："花种有生性，因地花性生。大缘与性合，当生不生生。"《五灯会元》卷一《四祖道信大医禅师》记载略同，"一日往黄梅县，路逢一小儿，骨相奇秀，异乎常童。祖问曰：'子何姓？'答曰：'姓即有，不是常姓。'祖曰：'是何姓？'答曰：'是佛性。'祖曰：'汝无姓邪？'答曰：'性空，故无。'祖默识其法器，即俾侍者至其母所，乞令出家。母以宿缘故，殊无难色，遂舍为弟子，以至付法传衣"。

四　栽松者转世传说的出现

《历代法宝记》《传法宝纪》《宋高僧传》《景德传灯录》等书均记载弘忍，俗姓周。《联灯会要》说弘忍，"无父，从母姓周氏"。《楞伽师资记》说弘忍，"其先寻阳人，贯黄梅县也。父早弃背，养母孝障，七岁奉事道信禅师，自出家处幽居寺"。《宋高僧传》卷八《弘忍传》则对其祖父、父亲情况有进一步的发挥："王父暨考，干名不利，贲于丘园，既成童丱，绝其游弄。厥父偏爱，因令诵书，无记应阻其宿熏，真心早萌其成现。"在被四祖看中后，想纳其为弟子，也经过了其父母的同意。《景德传灯录》卷三记载，四祖道信"俾侍者至其家，于父母所乞令出家，父母以宿缘故，殊无难色"。诸书对弘忍家世情况，记载有所不同，但都明确提到了五祖的父母。也就是说，从这些记载来看，弘忍虽然早慧卓异，具有佛根，但从生理来看，与常人并无太大的区别，也是父母结合孕育而生。

但同时，唐末出现了五祖为栽松者转世的传说和记载①，为五祖的身世蒙上了一层神秘色彩。据《禅门诸祖师偈颂》卷二《禅月大师山居诗》第九："龙藏琅函遍九垓，霜钟金鼓振琼台。堪嗟一

---

① 《石门文字禅》卷二二《栽松庵记》在提到这个故事时称，"自唐至今，学者疑信相半，不能决也"，表明唐代时已经有了弘忍为栽松者转世的传说。

句无人得，遂使吾师特地来。无角铁牛眠少室，生儿石女老黄梅。令人转忆庞居士，天上人间不可陪。"这首诗为唐末诗僧贯休所作，又见《禅月集》卷二三。诗中"生儿石女老黄梅"，即是说弘忍为"石女"所生。这可以说是载道者故事的缘起。① 但此时只是道出了弘忍身世的离奇，但还没有出现载松者的身影。惟白《建中靖国续灯录》卷一载："尔时五祖弘忍大师，童儿得道，乃栽松道者后身，居黄梅东山，大振玄风。"这表明北宋末已经明确出现了弘忍为栽松者转世的文字记载，但事迹尚简。到了南宋时，这个故事又被加以演绎，已蔚为可观了。据《五灯会元》卷一《五祖弘忍大满禅师》：

> 五祖弘忍大师者，蕲州黄梅人也。先为破头山中栽松道者。尝请于四祖曰："法道可得闻乎？"祖曰："汝已老，脱有闻，其能广化邪？傥若再来，吾尚可迟汝。"乃去，行水边，见一女子浣衣。揖曰："寄宿得否？"女曰："我有父兄，可往求之。"曰："诺我，即敢行。"女首肯之，遂回策而去。女周氏季子也。归辄孕，父母大恶，逐之。女无所归，日佣纺里中，夕止于众馆之下。已而生一子，以为不祥，因抛浊港中。明日见之，溯流而上，气体鲜明，大惊，遂举之。成童，随母乞食，里人呼为无姓儿。逢一智者，叹曰："此子缺七种相，不逮如来。"后遇信大师，得法嗣，化于破头山。

这故事又见于宋人慧洪《林间录》。惠洪对此传说似乎情有独钟，多次言及此事。其所著《石门文字禅》卷二十二《栽松庵记》记载：

> 《僧史补》曰：四祖道信禅师以唐武德七年至破头山，爱洞

① 徐文明：《五祖为栽松道者后身传说的由来》，《第二届黄梅禅宗文化高峰论坛论文集》，2012 年。

壑深秀，有终焉之志。禅者相寻而来，遂成丛林。有僧不言名氏，日以种松为务，私请祖曰："衣法可以见付乎？"师叱之曰："汝能再来，乃可耳。"于是僧出山，至浊港，见女子浣，呼曰："我托宿得否？"女曰："我家具有父兄，可从问之。"僧曰："汝诺我乎？"女曰："诺。"女，周氏之季也。僧即还山中，危坐而化。周氏之女因有娠。父母怒而逐之。于众屋之中，日庸纺里闾间。已而生子，女以为不祥，弃浊港中。明日视之，跏趺波间，泝流而上。异之，取养。七岁，随母往来黄梅道中，四祖偶见，问曰："童子何姓？"曰："姓固有，但非常性。"祖曰："是何姓？"对曰："是佛性。"祖曰："然则汝无姓耶？"对曰："惟空固无。"于是四祖笑之，乞于其母，为剃落。二十授以衣法，为第五祖。即游双峰，见栽松之全身。又至东山，见周氏之全身。浊港周氏子孙之盛，殆今甲黄梅，三尺童能言其事。僧赞宁《僧史》曰："五祖弘忍禅师者，姓周氏，本河南，迁止蕲之黄梅，诞生之夕异香满室。"此矫诬之词也。然可证佐者，母既出于周氏，而曰祖师姓周乎？僧契嵩作《定祖图》亦不能辨，何也？岂当衲子以常理疑之乎？夫圣人之托化，岂假父母之缘，如伊尹生于空桑，宝公生于鹰巢，独不论父母之缘耶？自唐至今，学者疑信相半，不能决也，建炎元年十一月记。

惠洪明言弘忍为栽松者后身的故事引自《僧史补》。《僧史补》无考，作者不详。栽松道者的典故，影响甚广，后世多种禅籍都有提及。周氏之女未婚而孕的故事，在东西方文化传统中都不鲜见，如《新约全书·马太福音》里圣母玛利亚未婚而怀了圣灵的儿子耶稣，《诗经·大雅·生民》里姜嫄"履帝武敏"，即踩了上帝的足迹而怀上周之始祖后稷，均属于此类。

由于这个故事本身的荒诞性，一些人对此抱持怀疑乃至否定的态度。南禅门人惠洪对此却是深信不疑的，他认为圣人之托化，不同于常人，不能以常理进行衡量。他还列举了中国历史上几个例子加以佐证，例如伊尹生于空桑，宝公生于鹰巢。宝公，即宝志，又称志公，是南北朝时期的宋朝人。是一个被神化了的和尚，宋元嘉十三年（436），生于建康东阳（今南京市栖霞区东阳镇）一株古树的鹰巢中，一位朱姓妇女去井边汲水，听见树上小儿的啼哭声，就取下带回去抚养，所以后人传说宝公生有一双鹰爪般的手，如李白就称他是"锦幪鸟爪，独行绝侣"。

徐文明先生对这栽松者转世传说的产生及流传过程进行了分析，指出其纯属故事，并非历史史实。他还追溯了这一故事产生的渊源，指出，这一传说大概在五祖秀禅师时出现，经过白云守端的《颂古》而广为流传，至《建中靖国续灯录》的记录而载入禅门史册，又由于惠洪的两三演绎增广而定型，在后世遂成定说，无人再怀疑了。①这故事本身固属无稽，自不待言，但这故事背后所反映的社会心理意识才是我们应该努力探寻的。因为任何虚构的故事产生都有其社会土壤，并不会凭空产生，其产生在五代、宋，这时间节点是颇值得思量的。

首先，弘忍是禅宗五祖，但在故事当中其前身却被说成是一个道士，反映了当时三教融合的时代背景。佛教作为一个外来宗教，自两汉之际传入中国，即开始了适应中国文化土壤的调适，并在与儒、道斗争中，彼此的认同越来越加深，一步步趋于融合。至隋唐两宋，不仅三教鼎立的局面达到了一个高潮，三教理念的交流也空前频繁。在唐代，皇帝经常召集三教名流一起论辩。如现今保留在《白居易集》中的一篇《三教论衡》，即是唐文宗太和元年（827）十月皇帝生日那天"对御三教谈论"的简要实录。白居易以儒臣身份出场，另有安国寺沙门义林和太清宫道士杨弘元。三人间的辩难问答，虽不免虚应故事，但读来也还饶有趣味，并能从一个侧面了解到唐代调和三教的情况。余英时先生指出："唐宋以来中国宗教伦理发展的整个趋势，这一长期发展最后汇归于明代的'三教合一'，可以说是事有必

---

① 徐文明：《五祖为栽松道者后身传说的由来》，《第二届黄梅禅宗文化高峰论坛论文集》，2012年。

至的。"① 禅宗作为完全中国化的佛教派别，在这一背景之下，必然吸收诸多儒、道的因素。正如黄心川先生所指出的，禅宗是一个典型的儒、释、道三教结合的派别。② 宋代时在统治者的倡导下，道教经过了唐末五代的沉寂又蓬勃复兴，其发展势头一度压过了禅宗。禅门僧人感到有必要借助道教来扩大禅门的社会影响力，说禅宗五祖弘忍的前身是一个道士，既迎合了道教徒的心理，也无形中扩大了禅宗的影响，可谓一石两鸟。

再则，反映了禅宗的世俗化。唐宋时期是中国历史上从贵族社会到平民社会的重要转折期。世俗与宗教是一个对立的范畴，但在实际生活中，世俗与宗教又是交织在一起的，宋代宗教主流发展的主题是世俗化。刘浦江在《宋代宗教的世俗化与平民化》一文中认为："唐代是佛教和道教的全盛时期，而自唐末五代以后，佛、道二教均趋于世俗化和平民化。佛教的变化主要表现在唐代义学宗派的衰落和新禅宗的崛起，以及佛教前所未有的社会影响。"③ 余英时先生指出，唐代中后期兴起的新禅宗、宋代出现的新儒学（理学）和两宋之际兴起的新道教鼎立而三，"都代表着中国平民文化的新发展，并取代了唐代贵族文化的位置"④。任继愈先生表述得更为直接，说禅宗是民众的佛教。正是由于禅宗的基础是一般民众，在教义和传播方式上势必照顾到一般民众的思维特点和知识水平。在民间社会中，投胎转世观念在百姓中根深蒂固，也为他们津津乐道。弘忍为栽松道者转世的说法，易于为百姓接受，也利于加固五祖在百姓中的影响。

以上我们通过对唐代敦煌禅籍《楞伽师资记》《传法宝纪》《历代法宝记》等与宋代僧传和灯录加以比较，发现五祖弘忍的形象发

---

① 余英时：《中国近世宗教伦理与商人精神》中篇，安徽教育出版社 2001 年版，第165 页。

② 黄心川：《"三教合一"在我国发展的过程、特点及其对周边国家的影响》，《哲学研究》1998 年第 8 期。

③ 刘浦江：《宋代宗教的世俗化与平民化》，《中国史研究》2003 年第 2 期。

④ 余英时：《中国近世宗教伦理与商人精神》，《士与中国文化》，上海人民出版社1987 年版，第 462 页。

生了很大的变化。在唐前期，禅宗门人出于宣传的需要，即有意识地遮隐了一些不利于弘忍的记载（如道信晚年的法嗣之争），开始了对弘忍的神化，并编造、附会了蕲州退贼等灵异故事，至宋代更是愈演愈烈，其形象逐步定型。反映了唐宋时期禅宗兴盛、与儒道融合和不断世俗化的时代特点，反映了禅宗在发展中不断调适自身，以适应社会和民众需要，这也正是它能在社会上立足并具有强大生命力、不断发展的根源所在。

从俗世公主到佛教菩萨

——石家庄苍岩山南阳公主信仰初探[*]

宋燕鹏　丁　磊

（中国社会科学院　中国社会科学出版社）

　　众所周知，数十年来人类学、历史学、民俗学等学科的中外学者皆对中国民间神祇的研究投入了相当大的努力，取得较为丰硕的成果。[①] 但是很明显，这些成果多是基于江南和华南地域经验之上的，相比之下有关华北的研究则比较薄弱。我国地域广大，故欲做南北民间神祇信仰的比较，也必须对华北加以细致的个案研究。在社会史视野下，民间神祇必定要打通断代来进行分析，方能厘清信仰发展、演变的轨迹。

　　佛教在南北朝以来传播的过程中，通过编造佛教神异故事来消解民间神祇的地位，营造出中国佛教神祇体系并树立其权威，以获取民众对自身的崇拜。但唐宋以降佛教僧侣也利用民间神祇作为扩大影响、吸引民众崇拜的因子，以求获得发展。苍岩山福庆寺就是近千年来以南阳公主信仰为自己的号召。南阳公主信仰大致产生于唐宋之际，经由元明清的发展，形成以今河北井陉苍岩山为中心，以今山西阳泉和河北石家庄地区为主体的信仰圈。南阳公主信仰从产生开始就受到浓厚的佛教影响，并且长达千年被作为苍岩山福庆寺的信仰主体。

---

　　* 本文为河北省教育厅人文社会科学重点项目［SD2010016］、中国博士后基金第51批面上资助［2012M510484］成果

　　① 见［美］韦思谛编，陈仲丹译《大众宗教》，江苏人民出版社2006年版。

苍岩山位于河北省井陉县城南七十里，地处太行山东麓，扼守晋冀交通咽喉，风景秀丽，清代被誉为"井陉八景"之首——"苍岩叠翠"，福庆寺建筑群即是其中最主要的组成部分。福庆寺建筑群规模宏大，布局顺应山势参差错落，不拘一格。在古建筑周边，保存有大量石碑，计有宋碑 2 通，金、元碑各 1 通，明碑 10 通，清碑百余通，民国碑刻十余通。这些碑刻记载着福庆寺所供奉的南阳公主形象的演变情况，对研究苍岩山地域文化有重要的参考价值，更重要的是为我们观照唐宋以降佛教与民间神祇的关系提供了很好的一个北方范例。

一 华北佛教与公主形象的演变

苍岩山福庆寺碑刻对公主形象皆有所描述，构建出一条完整的公主形象演变线索。此部分将以上述碑刻资料为基础，结合相关史料、地方志，综合分析其形象塑造过程。

（一）北宋碑刻中的公主形象

苍岩山现存碑刻中，"公主"一词最早见于北宋乾兴元年（1022）的《井陉县大化乡新修苍岩山福庆寺碑铭并序》①，在现存碑刻中年份最早。摘录如下：

> 有僧诠悦者……本贯真定府井陉县大化乡孤台村人也。至道元年正月内，于五台山花岩寺出家……于咸平五年正月内，因巡礼名山，睹其盛事，将思建立，遂乐住持。虽碑志莫存，然廊宇仍在。居人云："昔有公主于此出家"……古老相传云："旧名兴善寺"，然罔知帝代，莫测兴废，石井犹存，宴台犹在……至

---

① 该碑刻现存苍岩山碑廊。录文另见《井陉县志》编纂委员会《井陉县志》，河北人民出版社 1986 年版，第 573 页。苍岩山福庆寺宋代碑刻本为两通，其一为上述乾兴元年碑，另一为熙宁年间（1068—1077）碑刻。由于后者残损颇多，识别难度较大，在此不做录文。然而其也是福庆寺香火绵延的物证之一。

于皇宋建隆岁，以名山胜境特许存留，虽沐圣恩，仍呼山院。师乃躬亲洒扫，志在焚修，凿石室以居僧，刊荆榛以通路，罔思懈倦，彩绘檐楹，雕镂佛像，积有年矣……师知銮辂之将起……欲叩帝闻，用成佛事。迺于孤台僧智赟夙兴夜寐，自北徂南……臻于谯郡，冒冤疏而抗疏，俟斧钺以甘刑……诏下藩维许加名号……即有邑宰清河公张献可一心奉道……遍观僧宇，回报府庭，邑长以理以通抄，郡牧具实而条奏。至大中祥符七年，奉敕赐福庆为额……

从此篇碑文中可知，苍岩山寺庙在五台山僧人诠悦来此住持之前就已存在，但在当时就已经不知其始建年代，"罔知帝代，莫测兴废"；宋初建隆年间称为"山院"，在咸平五年（1002）诠悦来此住持之前已衰落，又由诠悦重振；这篇碑文也说明了寺院名称的由来，即僧人诠悦和智赟向宋真宗上疏寻求支持，大中祥符七年（1014）朝廷正式下诏赐名"福庆寺"，从此该处寺庙始名为福庆寺，拥有了宋廷高规格的正式承认。华严宗中唐时期由僧人澄观在五台山传播，宋代也颇为流行①，而"出家于五台山花岩寺"表明诠悦很可能属华严宗。当时对于寺庙的描述有"昔有公主出家于此""旧名兴善寺""石井犹存，宴台犹在"等，但至于"公主"为何人、何时出家、"兴善寺"的由来等问题则语焉不详，公主的身世和形象均模糊不清。"古老相传云旧名兴善寺"，但对其渊源也所知甚少，"石井""宴台"似乎与"兴善寺"有着某些联系，而撰文者也未多加描述。

（二）金代碑刻中的公主形象

时隔近二百年，金代泰和六年（1206）的《苍岩山福庆寺石桥记》对于公主的描述则清晰了一些，作者为"太谷县乡贡进士"，姓名难以辨认。下款"本寺僧智鉴立石"②。摘录如下：

---

① 魏道儒：《中国华严宗通史》，凤凰出版社 2008 年版，第 170 页。
② 该碑刻现存福庆寺门口。录文见《井陉县志》编纂委员会《井陉县志》，第 574 页。

……梵刹一所，名曰福庆。世说□□□□之寺，公主乃隋文帝女，炎汉杨坚祖十四代孙也。□□□□□此地养病。寺之西有石泉，亘古亘今，或多人少人，朝饮暮挹，而无盈朔。公主饮之水，洗之体……邀公主归。公主奏曰："□□富贵莫若于此，尘世俗缘终是幻化。"帝知意坚，遂建此寺。寺东北名曰銮台，乃文帝一行洎卫所之处……公主不亲声色，不殖货利，真出世人也……寺之中间有东西大涧深不可测……东北乃妙阳公主真容堂一座，是时圆顶披缁，主宰寺者……大中祥符年间，僧众承袭于后。至圣朝大定间，平定州天宁寺衍公禅师到此游礼……往之涧南，来之涧北，道路险阻。如得一桥行立，善不可加……不辞劳苦，回山复水，驱驰道路，缘化众人共成此桥……信河北胜地一绝。桥之上盖殿一座，以覆桥邪……

在金代泰和年间其依然延续"福庆寺"的名称，寺庙中已有"銮台""妙阳公主真容堂"等建筑；在此时期，以平定州天宁寺衍公禅师游礼为契机，为便利山涧南北往来，"缘化众人共成此桥"，又盖殿一座，即屡经修葺，保留至今的小石桥及天王殿。

这篇碑文也开始出现了公主的详细介绍。公主身世"乃隋文帝女，炎汉杨坚祖十四代孙也"；通过对略有破损碑文的释读，也大略了解了公主与苍岩山及福庆寺的渊源，即公主在"此地养病"，用位于寺西的"石泉""饮之水，洗之体"，对于"养病"的疗效，碑文残缺现已无法识别；后文叙述说，隋文帝因为公主看透尘缘、不愿返回，"遂建此寺"，即认为"福庆寺"前身乃隋文帝时所建，"銮台"是文帝驻跸遗迹。值得注意的是，依碑文所述，文帝为公主"建寺于此"，则寺院本应为尼寺。同时碑文又出现"妙阳公主真容堂"，说明这一时期已有祭祀"妙阳公主"的活动。同时，据宋、金两碑所载，苍岩山寺院至少自宋大中祥符年间就成为僧寺，而"妙阳公主真容堂"明显晚于宋大中祥符而早于金泰和年间，所以公主信仰开始正式形成时间应在僧人进入福庆寺之后。至于"隋文帝女""养病""石泉""銮台""妙阳""建寺"之说如何而来，一则可能为金代未加考证，仅依北宋乾兴碑所载，进行添加附会而成；二则可能参考不断演化的民间传说而成；三则北宋乾兴以后对公主事迹确实有所发现，得出相关结论。但是很明显，围绕公主的传说开始附着在苍岩山，以及它的周边。

（三）元代碑刻中的公主形象

元皇庆元年（1312）五月《广平路威州井陉县苍岩福庆禅寺碑》①，由"正奉大夫、太子宾客王思廉撰"，"奉训大夫、太子司仪郎野素书并题额"。摘录如下：

> 苍岩旧无兰若，隋文帝女尝患风疠，闻此中石井旱不涸、水不溢，给用不竭，可医此疾，遂舍其侧，以供以饮食汤沐。久之，病良愈，固弃家为佛子。文帝不能强，乃为建寺，比丘尼从者如云。寺有……公主真容堂。东北銮台、宴台，云是文帝驻跸之地。土人相传，弗克考究，或名兴善，或呼山院，亦不知何代，石刻所书如此。大中祥符七年，敕赐今额。从孤台诠悦、智赟之请也……大定间跨涧构石梁，实平定之天宁衍公倡之……国朝甲辰岁，僧普仪来居，二十余年，佛殿、文殊殿、公主堂、楼桥……灿然一新。继参临济之慵菴而得法，朝直命住元氏县三圣院，仪不喜尘市，故挂锡于此。后以慵菴泊总统所真定路僧俗管禅教诸师，德疏开普化堂、主临济席，所至四周钦仰，门资百余人……

首先从碑额题款来看，此碑由在任朝廷高官撰文题额。虽碑文作者王思廉叙述"曩予以事至北障城村，父老盛谈此寺之胜，恨不一到，忽承兹属，即为纪之"，似是随意而为，但这至少说明此

---

① 该碑刻现存福庆寺门口。录文见（明）王士翘《西关志》，北京古籍出版社 1990 年版，第 578—579 页；《井陉县志》编纂委员会《井陉县志》，第 575 页。

信仰受到朝廷高官重视以及可能潜在的支持和笼络。其总体表现出较为浓厚的官方色彩，这与先前碑刻撰文者的身份地位形成较明显的对比。碑文开头叙述了公主与苍岩山的渊源，碑文断言"苍岩旧无兰若"，寺庙乃隋文帝为女所建。"尝患风厉"之说，未见于宋碑，金泰和碑不易辨别，不知所述虚实。以"石井"之水治疗后，公主病愈，"固弃家为佛子"，所说又承袭金泰和碑。公主形象较金代所述基本无变化。开头说"苍岩旧无兰若"，即表示此寺源于"隋文帝女"，且在当时已经有了"比丘尼从者如云"的规模。

此碑也延续了前碑所述。"石井""宴台"在北宋乾兴元年碑中简略出现，"文帝一行泪卫所之处"的"銮台"及公主疗养所用的"石泉"在金泰和六年碑中出现，而此处则有可治疗公主疾病的"石井"及"云是文帝驻跸之地"的"銮台、宴台"。碑文又说，"或名兴善，或呼山院，亦不知何代，石刻所书如此，大中祥符七年，敕赐今额。从孤台诠悦、智赟之请也……"，这应是其时引用北宋乾兴元年碑所述。"大定间跨涧构石梁，实平定之天宁衍公倡之"，也与金代泰和碑相应。

同时，本碑文也提供了当时苍岩山寺院的情况。"国朝甲辰岁（1304），僧普仪来居，二十余年……灿然一新"，说明此时的寺院在普仪住持下继续发展，普仪"继参临济之慵菴而得法"，而此时"福庆禅寺"的庙宇有"佛殿、文殊殿、公主堂……"即信仰上既尊崇佛教临济宗，同时也供奉公主。"朝直命住元氏三圣院，仪不喜尘市，故挂锡于此"，表明当时官方对于本区域寺院已具备了有效控制，而"福庆禅寺"在其中稍远于"尘市"，即受控制可能又相对较少。

（四）明代碑刻中的公主形象

明代中后期，苍岩山碑刻所载公主事迹有了较大发展，公主信仰的内容也在此前后基本定型。福庆寺明代碑刻共有 10 通，相隔年份相对较近，碑刻内容联系较密切，碑文内容也较多。明代碑刻中最早的当属嘉靖六年（1527）的《苍岩重修福庆寺记》。^① 此碑由"光禄大夫、柱国、少保、兼太子太保、吏部尚书致仕、太原乔宇撰并书"，"亚中大夫、贵州布政使司右参政致仕、元氏赵维藩篆"，年款为"嘉靖六年岁在丁亥夏六月之吉"，在苍岩山现存各碑中尤为著名，被称为"尚书古碣"。碑文全篇主要记述乔宇同刘元瑞游历苍岩、妙阳公主事迹及当时福庆寺重修庙宇等。其中公主事迹与重修庙宇有如下记载：

> 一老衲名续来，跽而言曰："此隋公主真容之殿，寺之盛，实公主肇之。"问何以故，曰："公主幼患风癣，闻岩上有石井，能已此，遂汤沐其侧，未几痊愈，乃舍身事佛，比丘尼从者云集。金大定中始改为僧寺，而公主之香火益崇。岁久，殿渐坏，续来矢奋重修，躬操畚锸，亲负瓦石，又募于众，得隆平县义民侯瓒捐赀，协力共举此役。远近闻者咸乐为助。经始于正德丙子（1516）正月十五日，落成于正德庚辰（1520）十月十五日，金壁辉映，栋榱完美焕然，视昔有加，上为皇家祝亿万寿、下为百姓祈福，庶以毕吾志而已。幸值杖履来临，领赐一言以纪金石，以为兹山重。"^②

从此处碑文来看，僧人续来认为此寺因"隋公主"而发源，对于公主驾临苍岩的原因，这里也与元皇庆元年碑所叙大体一致，只是由"风疠"变为"风癣"，皆指皮肤病之一种，似应视为一疾。与金、元碑相比，在续来口中没有出现隋文帝"驻跸"之事；而"金大定（1161—1189）中始改为僧寺"则明显与北宋乾兴碑、金代泰和碑及元皇庆碑所述诠悦重振寺院，敕赐福庆名号的事实相左，当为续来误传。

碑文也记载了福庆寺当时的情况。明正德年间，经续来及"隆

---

① 该碑刻现存福庆寺附近。录文见（明）王士翘《西关志》，第 579—580 页；《井陉县志》编纂委员会《井陉县志》，第 575 页。

② 碑文中公元纪年为笔者所加。

平县义民侯瓒"等人共同努力，得以重建"隋公主真容之殿"等建筑。可见续来在福庆寺公主信仰的发展延续上也起到了一定的作用。对于续来的说法，乔宇在碑文末有以下陈述：

> 予因忆隋唐之际佛法为盛，岩之建寺，像设鼻祖于公主，事或有，然多历年所。殿之圮而复振，旧而复新，焚修供奉，绵绵不绝者，得非其山之灵有以阴相之欤？若其教法别为一端，与疗疾、创建之颠末，姑未深诘。特以续来之服茹粗淡、知守僧规，又能修饰增拓其殿宇，以祝上釐赞民社为第一事。其心有可取者，故备书之……

乔宇说"事或有"，从中可以看出，其对公主与苍岩山寺庙渊源故事认可度不高；而通篇碑文未出现一次"妙阳公主"字样，似乎也是作者有意为之；紧接上文，将寺庙绵延不绝归功于"其山之灵"的暗中护佑，也包含了些许对苍岩山中其他祭祀的委婉意见。

"若其教法别为一端，与疗疾、创建之颠末"一句则将乔宇的分析更加清楚地表现了出来。"别为一端"的独特信仰结构与"创建、疗疾"究竟孰前孰后，是否存在有意的"颠末"，后人虚构附会公主故事的可能性有多大，作者虽"姑未深诘"，但疑问却是相当肯定的。这一观点也为本文论证提供了重要启发。

万历二十年（1592）的《重修苍岩园觉殿记》①也提供了"妙阳公主"的相关形象：

> 攀练蹑梯，环门而上，侧足入楼，捏塑六牙白象负释迦在虚空中。楼东石殿三间，世传隋文帝女妙阳公主跏趺处也。公主有疮疾，性好菩萨，□故入山为优婆夷。山畔有水一池，公主浴水疾愈，后人构龙王祠，名曰"浴龙池"。……池边有说法台……

---

① 碑刻现存苍岩山南阳公主祠之北侧。录文参见《井陉县志》编纂委员会《井陉县志》，第 576 页。

公主尝……为众生显证一年……一老猿□诸，终日徘徊台下，学公主安禅状，自是公主披忍铠，握戒珠，若悟所谓园觉者。一日告众生曰："智月自园，奉风谁觉"，语未了，俨然园寂。众生皆合掌，右绕三匝而唱南无曰："此岂经称园觉，菩萨所现化耶"，乃制宝座装金骨，咸焚香礼拜如生。久之，老猿亦化，众人起塔□骨，名曰老猿祖师塔……

由上述碑文可以看出，较之宋金元及明代嘉靖碑，此碑关于公主事迹描写不仅多出很多细节，也出现了一些变化。"疮疾"之事延续金以来碑文说法，但"性好菩萨"则为以前碑文所未载，"性好菩萨"是否在疗疾之前很值得推敲，而公主"显证"及"圆寂"等明显为后人附会，这些加工已将公主形象由宋金时所知的疗疾、病愈、出家之贵胄正式塑造为明万历间所载的"有疮疾，性好菩萨"、痊愈留居说法，成为"菩萨所化现"的佛家弟子。"老猿祖师"形象的出现可能与佛教故事中所塑造的猿猴形象有关①，由此更增添了公主的神话色彩。

本碑对当时民众的信仰状况描述如下：

……即今重修之园觉殿也。殿基下藏舍利五粒，上有佛一、菩萨二，金刚立于前，罗汉列于侧……每岁四月八日，乡人多做金像，葺施宝盖于上，幢幡集隘山川，箫鼓聒动天地，时猕猴群聚岩畔，俗请之众猴朝菩萨，亦赵魏之间一招提也……

---

① 如唐传奇《求人心遇猿僧》就描写了一个猿猴化为僧人，"吾独好浮图式，脱尘俗，栖心岩石中不动"，俨然一得道高僧，以《金刚经》对凡夫俗子"宗素"教育，同时又带着本性的狡黠，因为它把宗素带的食物都吃光了，继而"走为上计"。〔（唐）张读《宣室志》，中华书局1983年版，第106—107页〕此中神猿不仅善变化、有神通，而且是个佛教徒。元代杂剧无名氏《龙济山野猿听经》中信佛之神猿已经和苍岩山之"老猿祖师"颇类似。足见神猿而皈依佛教的故事，在唐、宋、元之际颇多，对猴行者、孙悟空的形象也有重要影响。参见刘荫柏编《西游记研究资料》，上海古籍出版社1990年版，第303—304页。

其中出现"舍利""佛""菩萨""金刚""罗汉"等，又上文有"六牙白象负释迦"，表明附着在公主形象上的佛教内容的大量存在；"四月八日"显然成为苍岩山民间信众活动之日并且规模较大，而农历四月初八为释迦牟尼诞辰之日，则此活动当与佛教信仰有关。本篇碑文也叙述了碑记由来。"观察尹公"尹应元认为苍岩山"甲于六合"，但惜其生于井陉而不为人知，适逢园觉殿重修竣工，于是邀井陉人、汝郡守霍鹏"为之记"。从中不难看出地方官对苍岩山及福庆寺的些许推崇之意，这将在后文继续论述。

万历二十五年（1597），由"乡进士、文林郎、致仕知县邑人毕秦"撰写了《苍岩寺重修桥碑记》。[①] 碑记载有公主事迹如下：

> 迤逦而东，有真容殿……隋公主病，癣疥失明，朝夕汤沐于泉侧，其疾遂愈。遂修行于此，趺坐而化，至今有遗骨在焉。

这里的叙述与万历二十年碑文相比，并未提及公主原本"性好菩萨"之事，疾病多出了"失明"，与上碑承接的是"金骨在焉"。万历十六年（1588）霍鹏、许时雍、毕秦三人《游苍岩谒隋公主真容殿》题诗碑中，霍鹏诗就有"羽化一凫金骨在"，但"金骨"未见于宋金元及嘉靖碑等各碑。对于文帝遗迹，后文也多出了"銮驾璐""团尖""射朵"等"隋帝临幸之处"。关于此时寺庙情况，碑文接着记载道：

> ……四月八日，香火甚盛，所施钱不时修葺。至万历间，好事者申文贮之官库，岁以为常，其楼殿倒毁不堪矣。僧人觉朋……拜办补修，撤旧址而一新之，比前增广一丈。起于丙申至丁酉春，工完竖碑……

---

① 碑刻现存桥楼殿下山梯之南侧，可惜 20 世纪 80 年代维修时，将碑阴朝外，碑文朝墙，故阅读困难。录文可参见《井陉县志》编纂委员会《井陉县志》，第 577 页。

可见稍早于当时，寺庙香火较为旺盛，"四月八日"被民众作为固定祭祀的日期，寺院建筑也因施钱而一度得到修葺。万历年间"好事者"挪用捐资，逐渐使其出现破损；修复工程"起于丙申至丁酉春"（1596—1597），且建筑规模较以前有所扩大，则表示苍岩山福庆寺信仰仍能得到较有力的支持。

对于公主入苍岩，毕秦在碑文中有这样一番评论：

> 余惟公主修行，辞富入山，本为保身延命之计，岂有意祸福于人乎？然能使各处之人斋戒拜祷，俨然如在其上，无乃其山之灵秀乎？虽祀典不载，往牒不可考，然使人肃然收敛于僻，不于其有益于愚夫愚妇乎？……

毕秦认为，公主疗疾出家，用意只在自身，他对万历二十年碑的神化塑造进行了隐晦的批驳，推出"其山之灵秀"代替之，即并不接受"祀典不载，往牒不可考"的公主信仰。但由于此信仰能够使"愚夫愚妇""肃然收敛于僻"，因而撰文者从社会功利的角度并不反对此信仰的存在。

万历四十二年（1614）夏，有"文林郎、知井陉县知县屈大伸、儒学教谕郭邦畿、儒学训道张鸣凤、典史张乾、获鹿县丞曹懋□、陉山驿驿丞阎方升"等署名的《苍岩山福庆寺复修子孙殿碑记》①，碑文主要记载了子孙殿相关情况，录文如下：

> 尝闻苍山出秀，天然奇绝，公主尊神坐落于此，威灵震耀于四方，感应一逐而弗届。惟□三月中旬，退迩男女，倾心向注，拭目以望苍山者难以胜数。其间慕子孙圣母有多何也。盖曰麟趾呈祥如斯□□□。由子孙圣母而出，于是本寺僧人海宝遂□□，诚惟□往居之，劳募化功德之主，倾财输粟，共□成阴，鸠工饰材，同修福果。在公主迤左创建子孙圣母庙宇，并塑送

---

① 该碑刻现存福庆寺门口之桥楼殿侧。

生、眼光二位神像，于时筑斯庙也。筑之侧有□□之众，度之则有薨薨之声，数堵皆兴，作庙翼翼，神其妥于斯矣。工成浩大□以不无□□文圣之灵台者，虽曰海宝鸠工于昭昭，实由神力默助于□□，于是勒碑以铭以垂不朽。神□妥□□□阴□者乎。夫愿□官则禄位高迁，求嗣则□□□□，求名则科甲联登，商则财流涌进，农则谷粟丰盈，福与□□□□□名同斯石之悠久矣。谨疏。

由此碑文可知，此时公主信仰依旧兴盛，碑文撰者称之为"公主尊神"。民众活动日期由万历二十五年记载的释迦牟尼诞辰"四月初八"变为此碑所载"三月中旬"。这就是如今苍岩山三月庙会的来源。

碑记对"子孙圣母"缘由未作详细解释，也未说明"公主"与"子孙圣母"有何关系，但从文中可以推断出二者不是同一信仰对象，祈求子嗣这一元素的加入成为此时苍岩山信仰的重要变化。僧人"海宝"募化众人，"创建子孙圣母庙宇"，则明显表现出释家与世俗需要的妥协和局部的融合。碑末对于信众求"官""嗣""名""商""农"灵验的描述，更将碑文所述"公主"的神力扩展为无所不能。

稍晚于万历，有崇祯元年（1628）立石的《创建苍岩行宫重修各殿记》，摘录如下：

> ……苍岩……乃隋妙阳公主修真之处。□宫主幼患癣，大几失明，闻是山境也……有泉泠泠修洁，于是卸铅华，甘淡□□□□□之□□□□□□浴毕且愈，遂证道于此，隋帝……乃建寺以盛之。□数年趺坐而化，今其遗骨□□容犹存，可凭而吊也……远近进香者咸乐为施舍，故其寺时时修葺。□万历初，好事者申文，将施舍之物一一贮至官库以待别须。□□后乃□为□遣宫监收，正数外稍有赆余，官辄视为已物，缄而收之。□□任寺宇□颓圮□坏□□□□□□之捐以一补其寔漏。载丁卯秋，观察都公授事井陉道，闻其事，心其恻然。粤戊辰初夏复当四方进

香之期，井陉道都公谋诸获鹿尹□公曰，□神香火之费而充人□□之润可乎。今后须慎择其人而任之……委本县典史王公监其事，维持□方，□清贞有声，乃躬为汝记。……盖大殿三□猴儿祖师殿一□。本寺内有各殿——□□，殿中原有各神——□□，金碧辉煌，丹青焜耀，巍然焕然……夫世之慷慨勤施、奉法礼佛者□不乏人，而王公能首倡之，使后之收税者悉踵而□之……

此碑文主要记述了崇祯初福庆寺重修情况。万历初，寺庙所得施舍被"好事者"收至官库，这与毕秦所述相一致。后又派"宫监"收取，官员"缄而收之"，使寺庙无钱修缮，残破不堪。"观察都公授事井陉道"听闻后"心其恻然"，随后由县典史王氏"监其事"，在崇祯元年恢复了寺庙建筑。与《重修苍岩园觉殿记》中"老猿祖师塔"相应，本碑记出现了"猴儿祖师殿"，当属对公主信仰的附属内容猿猴的进一步神化。

（五）清代碑刻中的公主形象

苍岩山清代碑刻共计百余通。时间上起康熙后期，直至光绪年间，其中又以嘉、道以后居多。这一时期碑刻所载寺庙、公主渊源内容基本延续前碑，对当时的社会文化信仰状况有较多记述。

清代较早的碑刻为康熙四十年（1701）《桥楼殿碑·重建苍岩山桥楼殿记》[①]，撰文者为"特旨起陞两浙盐运使司盐运使、知井陉县事西岭高熊徵"，碑文记载如下：

苍岩山……真西北一名胜也。中奉□□□□，其香火之盛甲北路。每岁三月，燕赵之人男女老幼点香拜祝络绎于道，南无之声震山谷。……考公主文帝女也，少瘿痼瘀，闻苍山有石泉可疗，就浴而愈，主遂焚修，竟得坐化，唐因建为福庆寺云。时隋都长安距此不甚远，事或有之，然已不可渊考矣。但以皇家贵主

---

① 碑刻现存苍岩山桥楼殿侧。

辞金屋而入深山，初虽惑于神仙之说，然终能却繁华……志操有
足多者。何今之人……□诚膜拜以邀福利，有坠崖者，则咸曰彼
心有不虔，为神所嫉也，众皆莫之惜。于是神益酷而信益坚，奉
念专而得愈广，嗟乎，使□诚能尽人而福之祸之，何以江都之
变，国破家亡，至亲为戮，坐视其毙而曾莫之救耶。亦惑之。甚
者□予于仲春来宰是邦即熟耳其事，恐愚民易惑难晓。意欲禁
绝，常思此山为一方名胜，公主千余年庙食于兹，远近之人崇奉
笃信，牢不可破。一旦遽变似难卒改。故一仍其旧，适届会期循
往例，收得众布赀钱百六十余贯。时有桥楼殿未成，悉捐之毕其
工。……桥塌殿圮前令改造，工□以大未能卒事。后之人且□将
所得赀钱载归者，功遂废置。夫苍岩既为境内名山，四方所瞻
仰，则修废补坠亦县令之事也。倘因神以为利，其若斯民何。
□□国学生候选州同知郝赋重其成，不数月而工告竣……

撰文者对寺庙创始与公主事迹叙述基本延续前人所述，而认为
"事或有之，然已不可渊考矣"，即不甚认同。"唐因建为福庆寺云"
则与宋乾兴碑记载相左，当为误传。

对当时的福庆寺，高氏描写为"香火之盛甲北路"，"每岁三月，
燕赵之人男女老幼点香拜祝络绎于道，南无之声震山谷"则更详细
描述了其信仰状况。对于公主出家，撰文者措辞为"惑于神仙之
说"，至于其信仰的"益坚""愈广"和信众的功利心理，更以江都
之变反诘之，在总体上对这一信仰表现出较明显的反对立场。高氏
"意欲禁绝"，但公主信仰根基早已深厚，非其能轻易更改，只得
"一仍其旧"，官方也还要对破损建筑加以修复。

与前碑撰文者高氏相比，当时更多的地方势力似乎依然对福庆寺
信仰抱有支持态度。康熙五十七年（1718），苍岩山立有《重修小桥
楼殿碑记》①，碑文如下：

---

① 碑刻现存苍岩山桥楼殿侧。

　　　　盖闻菩萨普济于世人，如天之无不覆，如地之无不载，岂仅区区一方一隅之小补也哉。况苍岩山尤为井邑之名山，四方善男信女无不岁岁焚香拜谒，处心顶戴。……考前人之述备矣，然菩萨之创始，有年不能考厥所由，但年深日久，殿宇颓圮，金像破坏，不堪栖神焉。今有晋州善人吴福亮等目睹恻然……于是纠聚善信，共发虔心募化，十方善人各捐资财，金装三大菩萨、绘塑四天王。起肇于康熙五十六年，告成康熙五十七年。于是庙貌焕然而崔巍，金像蔚然而辉煌，不仅为菩萨之原楼，更有助于圣境之壮观也。于是为记。

　　从碑文内容看，撰文者对"菩萨之创始"已经明确表示"有年不能考厥所由"，而这里的"菩萨"似当理解为"公主"。在当时被称为"菩萨"，其"公主"身世如何也就无人深究，而其信仰程度应当又有所加深。正文后署名"杨庄□守□臧协祖、西安府昌安县千总王廷杰、江南松江府娄县朱元瑒、井陉县监生郝崇陛……"等众人，落款为"赐进士文林郎知井陉县事知县吴茂陵、儒学教谕张国缙、儒学训导高廷瑜、典史朱瑛"，可见其时地方官员对福庆寺信仰的支持依旧稳固。

　　时隔百余年，道光十一年（1831），福庆寺立有《苍岩山重修殿宇碑记》①，撰文者为"乾隆癸卯举人、前署福建大田县知县、现任直隶元氏县训导□城□济"。碑文详细记述苍岩山地理，对信仰状况也有所提及，现将相关内容摘录如下：

　　　　……信者则苍岩为最。每岁三月暨冬十月，远近数百里间，涉山进香者络绎不绝，而神又以其福喜祸淫之权频诛□□，往往殿前跪拜之际，忽有辫发直竖，掷诸墙外坠落山下为肉泥者。以故□怖骇愕，靡不肃然起敬，香火之盛丝若也。……出壝则为灵

---

　　①　碑刻现存苍岩山南阳公主祠之北侧。

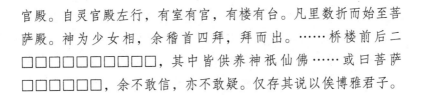

官殿。自灵官殿左行，有室有宫，有楼有台。凡里数折而始至菩萨殿。神为少女相，余稽首四拜，拜而出。……桥楼前后二□□□□□□□□□□，其中皆供养神祇仙佛……或曰菩萨□□□□□，余不敢信，亦不敢疑。仅存其说以俟博雅君子。

从碑记中可知，此时苍岩山民间信仰依旧盛行，而信仰活动的时间则由明霍鹏《重修苍岩园觉殿记》所载的"四月八日"、清高熊徵《重建苍岩山楼桥殿记》所载的"每岁三月"演化为"每岁三月暨冬十月"，庙会时间由每年三月一次，增加为三月和十月两次。而碑文记载"灵官殿""菩萨殿""供养神祇仙佛"等，则表明此时信仰范围依然宽泛。

对于"神"的灵验描述，较高氏《重建苍岩山楼桥殿记》所载更使人"骇愕"，对信仰对象的神化几乎达到了极限而令人产生畏惧。而此时关于"菩萨"的事迹，撰文者称"不敢信，亦不敢疑"，模棱两可，实则有疑。"仅存其说以俟博雅君子"一语则带有几分狡黠。

与上碑同时所立另有《重修苍岩山福庆寺碑记》。碑文由"文林郎、知井陉县事陈兆鼋敬撰并书"，记载了重修福庆寺的活动：

> 苍岩山……为隋公主修真之处。上有福庆寺，内设公主像……灵显非讹，祈求必应。每岁季春之月，朝山者四方云集，香火之盛莫过斯。余……知公主实一方之神，敬阅寺中碑记，自前明正德丙子年，经住持僧续来募化重修以后，迄今已历三百余载，风雨飘摇，无复曩时之庙貌矣，余心不禁欷然。迨于庚寅之春，倡首捐产，劝谕绅民踊跃量输。……越一载而告成……

另有道光十二年（1832）民间无题碑文记载如下：

> ……重修菩萨大殿三间、阎王殿三间、大佛殿六间、大桥楼殿六间、钥匙殿三间、子孙殿三间、龙王庙三间、挎□登山庙一

座、金刚殿三间、灵官庙八座、三教殿三间、牌楼一座、砖塔一座、钟楼一所，新建伽蓝殿三间、伟佗庙一座、碑房三间、影壁一座。自山门外以至于大火池，栏杆、阶级、道路，一切重修经始于道光九年三月，落成于道光十二年十月……

从道光诸碑可知，自明正德间续来修缮以后，道光十一年前后福庆寺经历了又一次较大规模修复和新建。而民间碑文所载重修诸殿，则充分反映出此时福庆寺以公主信仰、佛教信仰为主，兼有道、儒。在公主称谓上，则多以"神""菩萨""圣母"称之，几乎未出现"妙阳"，"公主"一词出现的次数亦大为减少。

公主形象的最终变化源于光绪年间井陉知县言家驹的考证。[①] 言家驹援引《隋书·列女传》所载，指出隋文帝有两女，其一为北周宣帝皇后，另一位下嫁柳述的隋兰陵公主，并无出家于此地的"妙阳公主"，从而认为"隋文帝女""妙阳公主"之称是错误的。与此同时，他提出苍岩山所奉公主是隋朝南阳公主。南阳公主为"炀帝之长女也"，十四岁"嫁于许国公宇文述子士及"，宇文士及之兄化及在江都兵变后将其挟持，化及兵败，公主至窦建德处，后出家为尼。[②] 因而言家驹在《苍岩山神隋南阳公主奉敕慈佑记》中称，"南阳公主随窦建德归洺州削发为尼……以尼而终，则公主乃炀帝女，非文帝女也"。他所联系的线索是，南阳公主最后削发为尼，皈依了佛教，这与苍岩山公主为佛教菩萨有暗合之处。

此论断推出以后，苍岩山遂由祀"妙阳公主"改祀南阳公主。"妙阳公主真容殿"也改称为"南阳公主祠"。光绪十九年（1893），清廷下诏将南阳公主封为"慈佑菩萨"，不但肯定这一论断，还正式授予其高规格的"正祀"的地位。于是苍岩山公主就正式成为南阳公主，为世人所知，直至今日。

① （清）言家驹：《苍岩山妙阳公主考》，《续修井陉县志》卷一《山川》，《中国地方志集成·河北府县志辑》，上海书店出版社 2006 年版，第 7 册，第 270 页。
② 《隋书》卷八〇《列女传》，中华书局 1997 年版，第 1799 页。

二 苍岩山公主形象塑造与信仰延续的推动力

从现存关于苍岩山信仰的碑刻及其他资料来看，苍岩山公主信仰内涵丰富，其形成过程较为漫长，内容来源较为多样，自北宋以来受到多方面的影响。笔者认为，推动苍岩山福庆寺的发展，以及公主形象不断被塑造的因素主要包括官方政策的影响、苍岩僧众的意图、民间信众的需求、地方势力的作用等方面。以下将对上述各因素分别进行具体阐述。

（一）官方政策的影响

在中国传统社会，官方政策始终对社会生活各方面存在较为重要的影响作用。其中，官方对民间精神文化领域的控制尤为严密，在苍岩山信仰的发展中，官方政策作为其宏观的生存环境，对其意义之重大不容小视。

据北宋乾兴《井陉县大化乡新修苍岩山福庆寺碑铭并序》所载，苍岩山寺院"至于皇宋建隆岁，以名山胜境特许存留，虽沐圣恩，仍呼山院"，此即国家政策对其影响的重要表现。后周显德二年（955），世宗柴荣为有效控制人口与经济，下令"敕天下寺院，非敕额者悉废之"，并"禁私度僧尼"，使"是岁，天下寺院存者两千六百九十四，废者三万三百三十六"[1]。此即历史上有名的"三武一宗灭佛"的"一宗"。此政策极大限制了当时北方佛教的发展。北宋建国之初，太祖赵匡胤废去这一政策，于建隆元年（960）六月诏"诸路州府寺院，经显德二年停废者勿复置；当废未毁者存之"[2]，扶持佛教发展开始成为当时的官方政策。乾兴碑文说"建隆岁"苍岩寺院"以名山胜境特许留存"，当是苍岩山寺院也在后周政策实施范围之内，导致损毁，而"建隆"年间又因政策利好而刚刚开始恢复。

---

① 《资治通鉴》卷二九二《后周纪三》，中华书局1956年版，第9527页。
② （宋）李焘：《续资治通鉴长编》卷一，中华书局1979年版，第2册，第17页。

然而究竟因损毁之后规模有限，"虽沐圣恩"，苍岩寺院也只能称"山院"，发展较为缓慢。

碑文又载，"大中祥符七年（1014），奉敕赐福庆为额"，即时隔五十余年，由宋太宗赐寺名"福庆"，寺院获得宋廷高规格的支持。虽有诠悦重建寺院在先，但敕赐寺额，对于其发展依然至关重要。因为经过后周的这一次佛教废毁运动之后，北宋政府开始加强对寺院的管理。赐额既是寺院的护身符，无敕额者政府就有权加以取缔或转移用途。① 因此，北宋时期获得赐额，是苍岩山福庆寺发展史上的一个重要环节。

元代，佛教禅宗遍布天下，而苍岩山又靠近禅宗临济宗祖庭所在地真定②，这对其发展自然影响较大。元皇庆《广平路威州井陉县苍岩福庆禅寺碑》记载普仪"继参临济之慵菴而得法，朝直命住元氏县三圣院，仪不喜尘市，故挂锡于此。后以慵菴泊总统所真定诸路僧俗，管禅教诸师"即表明，当时苍岩寺院归属佛教临济宗管辖，这正与元朝禅宗分布普遍相应。元代沿袭了金代严密的僧官管理制度，设立了与路、州、府等行政单位相应的僧务机构。在各路设僧录司，州设僧正司，府设都纲司。③ 碑文表明，当时此区域范围内的宗教信仰事宜受到了元朝政府的严密控制，"元氏县三圣院"可能为其中心，而福庆寺则较为清净。普仪投到临济之慵菴长老门下，实际上是寻找可以依靠的保护伞。

至明代，国家形势良好，社会基本稳定，经济生活状况有所发展，本区域内也呈太平景象，然而纵观苍岩山碑刻，上自北宋，下迄民国，唯独在相对稳定的明代前、中期出现断层，笔者以为这也源于官方政策的作用。元末时期，朱元璋势力以民间宗教为组织纽带，逐步发展壮大，进而推翻元朝政权，其自然了解宗教信仰在组织民众中的作用。明代建立后，其当然会对这股随时可能兴起的力量有所警惕。《大明律》第一百八十一条载，"凡师巫假降邪神，书符咒水，

① 黄敏枝：《宋代佛教社会经济史论集》，台北学生书局 1989 年版，第 302—303 页。
② 闫孟祥：《宋代临济禅的发展演变》，宗教文化出版社 2006 年版，第 3 页。
③ 苏鲁格、宋长红：《中国元代宗教史》，人民出版社 1994 年版，第 59 页。

扶鸾祷圣"等都被严加禁止。在这一政策下,不被列为国家正祀的"杂祀""淫祀"受到了很大限制,因此,起于民间而不载于祀典的公主信仰,在此时代可能作为"杂祀"而没有发展的空间。

然而,对于民间的祭祀活动,明初官方不可能进行全面清理。当时民间信仰既极为普遍,又根深蒂固,官方无法彻底消除。因此,一方面,官方为了限制非官方意识形态的发展,对民间祭祀采取排斥的态度;另一方面,其可能采用控制利用的手段,"选择性的对民间象征加以提倡",以民间所奉各种神祇控制其信众,从而达到预期目的。① 因此,各类民间信仰在此时期也能艰难延续。

明代民间宗教信仰的活跃期起于明中期以后。明弘治(1488—1505)、正德(1506—1521)前后,国家基本稳定,社会经济繁荣,官方对社会的整体控制开始相对松懈,各阶层的精神文化生活也日趋活跃。② 以此为契机,民间信仰逐渐从洪武以来的低谷期逐步得到恢复和发展,而"妙阳公主"的神化在此期间完成也就并非偶然。值得一提的是,这一时期记载公主相关事迹的碑文大多由在任或致仕官员撰文,显示出苍岩寺院信仰与官方的微妙关系。嘉靖六年《苍岩重修福庆寺记》中,致仕阁老乔宇虽然对其"别为一端"不满,对"疗疾、创建"顺序也十分怀疑,但考虑到其事实上"祝上釐讚民祉"的作用,也予以包容。乔氏碑文所述尚无神化公主事迹,而至万历二十年,乡人霍鹏应"观察"尹应元之邀撰《重修苍岩园觉殿记》,便直接将公主"菩萨所化现"的事迹载于碑文。由此可知,公主神化塑造极可能在嘉靖初至万历二十年之间,撰碑载其事迹,更充分表明官方对公主信仰的支持和推动态度。其后,明代毕秦、屈大伸、刘景燿等人各自从不同观点出发,但最终都因其总体积极的社会功用而对妙阳公主信仰持支持态度。明中后期官方总体上的支持和利用,使公主形象拥有了神化的外部支持,福庆寺也得以延续发展。

清代以后,官方总体上对公主信仰依旧持笼络保留的态度,直至

---

① 王铭铭:《象征与社会——中国民间文化的探讨》,天津人民出版社1997年版,第94页。

② 商传:《明代文化史》,东方出版中心2007年版,第26页。

言家驹考证公主非妙阳而为南阳，光绪帝下诏封南阳公主为慈佑菩萨，公主信仰才发生了彻底变化。

（二）苍岩山僧众的推动

作为苍岩山寺庙的主体，福庆寺僧众对寺庙发展和公主信仰的形成起着不可替代的作用。公主信仰的形成，究其实质，是宋金以来苍岩山僧人和民众对公主形象的逐步塑造。福庆寺将这一形象逐渐发展，促进其信仰的产生，又推动其与自身的融合，也就使自身得以发展壮大。

北宋乾兴碑中出现的僧人"诠悦"，对当时破败的寺院进行艰辛的重建，使寺庙得以延续；其与"智赟"求得"福庆"寺额，对福庆寺早期发展影响也非同一般。两位对福庆寺可谓有开拓之功。另外，从诠悦"于五台山花岩寺出家"来看，其所属应为华严宗，则北宋时期苍岩山宗教信仰主要为佛教华严宗。金代泰和碑所载"平定州天宁寺衍公禅师"来此倡议修建跨涧石桥，不仅便于交通，对寺院整合和联系也起到了促进作用。"妙阳公主真容堂"的出现，表明宋金僧众在公主形象形成初期的重要意义。元皇庆碑记载普仪"继参临济之慵菴而得法……挂锡于此。后以慵菴洎总统所真定路僧俗，管禅教诸师……"则表明，不晚于此时，苍岩山寺院由北宋诠悦带来的华严宗，转承禅宗临济宗，这也当是苍岩山宗教信仰演变的一件大事。"僧普仪来居，二十余年，佛殿、文殊殿、公主堂、楼桥……灿然一新"，反映其对此时寺院修建有重要作用。"公主堂"的存在则表明公主信仰在普仪住持之后依然得到支持。

明代碑文载有"续来""觉朋""海宝"等僧。"续来"在明正德年间带领众人修建"隋公主真容之殿"，"觉朋"在万历中期"拜办补修"，海宝在万历末年创建"子孙圣母庙宇"，三人均发展和充实了苍岩山信仰。至于公主的"菩萨所化现"形象，虽未明确是何人所说，但以其风格内容而言，更近于僧人或信众所云。将"妙阳公主"演化为"菩萨所化现"，即将佛教元素融入公主形象之中，使其成为苍岩山福庆寺佛教供奉体系的独特一员。

（三）民间信众的需求和支持

民众不但是信仰的接受者，同时也是成为信仰的支持者和创造者。作为民间信仰活动的主要土壤，民众对与之相关的信仰自然有重要影响，其各个方面的需求也会逐渐投射到信仰内容当中，对信仰对象的塑造产生作用。对于民众来说，"不管什么神，只要对自己有利、有用、有所寄托"，就会成为其诉求现实功利的信仰对象。[①] 在民间信仰的延续发展过程中，民众的需求不断添加到已受支持的信仰对象形象中，使其壮大兴盛；而民众的需求未得到实现，信仰就有衰落之虞。

苍岩山现存早期碑刻对民众的支持有较多记载。北宋乾兴碑名为《井陉县大化乡新修苍岩福庆寺碑铭并序》，即表明"大化乡"民众之功。金泰和《苍岩山福庆寺石桥记》中，"衍公禅师"倡议在两涧之间修桥一所，当即得到信众响应，"缘化众人共成此桥"。这一支持虽未直接影响公主信仰发展，但其对苍岩山寺院发展而言，也是大有裨益的。明嘉靖《苍岩重修福庆寺记》中，"续来"说在"妙阳公主真容之殿"的修建过程中，"又募于众，得隆平县义民侯瓒捐赀，协力共举此役。远近闻者咸乐为助"，表明信众在公主信仰延续上作用之大。

关于民众需求的直接记载，则在明万历年间开始出现。中国传统社会中，多数民众对信仰对象需求的几乎是普遍一致的，即寻求佑护，保证社会安定、农业丰收、人口兴盛等，苍岩山信仰也基本如此。正如万历《苍岩山福庆寺复修子孙殿碑记》所载，"夫愿□官则禄位高迁，求嗣则□□□□，求名则科甲联登，商则财流涌进，农则谷粟丰盈……"这些对于信仰对象灵验的描述，本身就是信众需求的真实反映。此碑所载"子孙圣母庙"的形成，与明中后期至清初人口情况相应，充分反映出这一时期民众祈求子嗣昌隆的意愿，而这一形象的塑造，对延续和丰富苍岩山信仰也有极大意义。

明后期以至清时期，民众对苍岩山信仰支持更是有增无减。明万历

---

① 　徐小跃：《中国传统宗教的信仰模式及其对中国民间宗教的影响》，《江西社会科学》2006 年第 2 期。

《苍岩寺重修桥碑记》载"四月八日，香火甚盛，所施钱不时修葺"，又有"拜办补修，撤旧址而一新之，比前增广一丈"；万历《苍岩山福庆寺复修子孙殿碑记》载"劳募化功德之主，倾财输粟，共□成阴，鸠工饰材，同修福果"；清康熙《重建苍岩山桥楼殿记》载"每岁三月，燕赵之人男女老幼点香拜祝络绎于道，南无之声震山谷"；康熙《重修小桥楼殿碑记》载"今有晋州善人吴福亮等目睹恻然……于是纠聚善信，共发虔心募化，十方善人各捐资财，金装三大菩萨、绘塑四天王"等。民间"慷慨勤施，奉法礼佛"，是支持苍岩山寺院和公主信仰的重要基础。清季民国时期，由于社会动荡不安，民众期盼稳定，明清盛行的理学纲常又在此时反映于公主信仰之中，使其有"勉天下□忠孝曲合乎大道"的功用，也可看作信众需求所致。

另外，由碑记所载，信众大规模活动时间在明万历二十年和二十五年为"四月初八"，万历四十二年改为"三月中旬"，清康熙四十年为"每岁三月"，道光十一年为"每岁三月暨冬十月"，一年两次庙会，直至今日。民众集中活动内容逐渐由礼佛演变为祭祀公主，并且规模扩大，这些变化也是苍岩山信仰演变的表现。

在信仰塑造过程中，民间信众的上层，即本地官员、乡绅等地方势力也发挥着作用。他们不但是官方政策的执行者，也是本地事务的直接管理者。一方面，这些人中的大多数为封建正统意识形态即儒家文化的传承者，自身对鬼神"敬而远之"甚至有所排斥；另一方面，为达到稳定本地社会秩序、提高区域文化声望等目的，他们又常保留反对意见而任其发展，甚至主动参与其中。① 这些地方势力对公主形象进行大力渲染，对公主信仰进行宣传，最终客观上推动了苍岩山信仰的壮大。

三　小结

依现存碑文，苍岩山寺院至少起源于五代后周之前，至后周受到

---

① 赵世瑜：《狂欢与日常——明清以来的庙会与民间社会》，生活·读书·新知三联书店 2002 年版，第 29 页。

周世宗打击佛教政策的影响而衰败。此后大体经历了四个阶段：北宋初年，随着扶持佛教政策的推行，寺院在五台山华严宗僧人诠悦的住持下得以初步恢复，后得到真宗赐额"福庆"，受到宋廷支持；北宋乾兴后至金代泰和前，公主形象开始受到福庆寺僧人供奉，公主被定为隋文帝女"妙阳公主"，因疗疾至此、病愈出家、文帝建寺的故事开始形成，元代皇庆前后，福庆寺由华严宗变为临济宗，而公主供奉得到延续；明代嘉靖前后，公主形象和身世逐渐融入大量佛教元素，妙阳公主病愈之后为众生证道、了悟圆觉，被神化为"菩萨所化现"的形象，成为苍岩山佛教信仰体系的从属部分，其信仰基本形成；万历中期后至清康熙中期前，公主形象和信仰内容得到进一步丰富并定型，逐渐由从属于佛教信仰成为较独立的民间信仰，神化程度进一步加强，至清光绪年间言家驹认为公主为南阳公主，苍岩山遂由妙阳公主改祀南阳公主，延续至今。

对于公主信仰的演变，其在形成、发展阶段首先受到国家政策的制约，基本随官方意志变化而兴衰，而随着这一信仰影响由小到大，逐渐根深蒂固，其又近乎超出官方控制。苍岩山僧众为公主信仰的直接推动者，而地方势力和本区域信众从根本上发挥着影响力。公主由凡人被塑造为菩萨，逐渐融入佛教体系之中，这主要是僧众的作用；随着时间发展，其又逐渐从佛教体系中相对独立出来，这当是由民众起主要作用。总体来看，在苍岩寺院的千年延续中，公主信仰融合了以上各方的意图，成为生于俗世，融入佛教，限于儒家纲常，与官方政策相互作用，影响华北一方的独特的区域民间信仰。

文献研究

上海古籍出版社新整理本《毛诗注疏》卷三、卷四、卷五点校补正

孔祥军

（扬州大学社会发展学院）

2013 年上海古籍出版社出版发行了新整理本《毛诗注疏》，据《校点前言》，此次整理以足利学校所藏南宋刘叔刚一经堂刊刻十行本《附释音毛诗注疏》为底本，并参考了包括单疏本《毛诗正义》在内的诸多善本以及前贤校勘成果。依照此说，从文献整理角度而言，此本当是集大成者①，理应受到足够的重视，然而笔者在阅读过程中，发现了数量惊人的标点校勘问题，本文即针对卷三《鄘风·卫风》、卷四《王风·郑风》、卷五《齐风·魏风》部分所见问题，逐条罗列，各作补正，补者补其未逮，正者正其错谬，凡三百一十一条，冀有裨于读者也。

本文主要引据文献，为省篇幅，率用简称，详情如下：

《足利学校秘籍丛刊第二·重文毛诗注疏》，汲古书院影印足利学校藏南宋刘叔刚一经堂刊《附释音毛诗注疏》，昭和四十八年出版第一卷、第二卷，昭和四十九年出版第三卷、第四卷，简称十行本；又此本乃上古本之底本，故行文所及又多有称之为底本者。

《南宋刊单疏本毛诗正义》，人民文学出版社 2012 年影印日本杏

---

① 此本乃继清殿本、民国万有文库本、传世藏书本、北大简体、北大繁体、台湾新文丰分段标点本、儒藏本之后，最新出版的标点整理本，理当后出转精，故有学者称之为"最佳整理本"（吕友仁：《四种整理本〈毛诗注疏〉平议》，《中华文史论丛》2014 年第 4 期）。

雨书屋藏南宋刊本，简称单疏本。

《中华再造善本丛书·附释音毛诗注疏》，北京图书馆出版社2006年影印国家图书馆藏元刊明修本，简称元刊明修本。

《中华再造善本丛书·十三经注疏·附释音毛诗注疏》，北京图书馆出版社2006年影印北京市文物局藏元刊明修本，简称文物本。

《续修四库全书》第五六册《毛诗要义》，上海古籍出版社2002年影印日本天理大学附属图书馆藏宋淳祐十二年徽州刻本，简称《要义》。

《十三经注疏·毛诗注疏》，日本东京大学东洋文化研究所藏闽刊本，简称闽本。

《十三经注疏·毛诗注疏》，日本内阁文库藏万历十七年刊本，简称明监本。

《十三经注疏·毛诗注疏》，日本东京大学东洋文化研究所藏汲古阁刊本，简称毛本。

《殿本十三经注疏·毛诗注疏》，线装书局2013年影印天津图书馆藏武英殿刊本，简称殿本。

《景印文渊阁四库全书·毛诗注疏》，台湾商务印书馆1983年影印本，简称库本。

《阮刻毛诗注疏》，西泠印社出版社2013年影印上海图书馆藏嘉庆年间江西南昌府学刊本《重刊宋本毛诗注疏附校勘记》，简称阮本，所附校勘记简称卢记。

《百部丛书集成·七经孟子考文补遗·毛诗》，台湾艺文印书馆1964年影印日本原刊本，简称《考文》《考文·补遗》。

《四库全书珍本初集》经部第二十六、二十七集《十三经注疏正字》，沈阳出版社1998年影印本，简称《正字》。

《续修四库全书》第一八〇、一八一册《宋本十三经注疏并经典释文校勘记·毛诗注疏校勘记》，上海古籍出版社2002年影印南京图书馆藏清嘉庆阮氏文选楼刻本，简称阮记。

《十三经注疏·毛诗注疏》，上海古籍出版社2013年整理本，简称上古本，其校勘记简称上古记，本校各条起首所列页码即指此本之页码，所标行数指自右向左，经文、疏文凡单行者为一行，经下《传》、笺双行小注为一行。

《中华再造善本丛书·毛诗诂训传》，北京图书馆出版社 2003 年影印国家图书馆藏宋刻本，简称巾箱本。

《中华再造善本丛书·监本纂图重言重意互注点校毛诗》，北京图书馆出版社 2003 年影印国家图书馆藏宋刻本，简称监图本。

《景印宋本纂图互注毛诗》，"国立故宫博物院"1995 年影印本，简称纂图本。

《毛诗郑笺》，汲古书院影印日本静嘉堂文库藏抄本，平成四年出版第一卷，平成五年出版第二卷，平成六年出版第三卷，简称日抄本。

《中华再造善本丛书·经典释文》，北京图书馆出版社 2003 年影印国家图书馆藏宋刻宋元递修本，简称《释文》。

《中华再造善本丛书·尔雅》，北京图书馆出版社 2002 年影印国家图书馆藏宋刻本，简称《尔雅》。

《中华再造善本丛书·尔雅疏》，北京图书馆出版社 2003 年影印国家图书馆藏宋刻宋元明初递修本，简称《尔雅疏》。

《通志堂经解·毛诗集解》，哈佛大学燕京图书馆藏清康熙十九年通志堂刻本，简称《集解》。

《吕氏家塾读诗记》，北京图书馆出版社 2003 年影印国家图书馆藏宋淳熙九年江西漕台刻本，简称《读诗记》

卷三之一

柏舟

1 页二四七　三行　共姜，共伯之妻也。妇人从夫谥姜姓也。

正：后句显当点断为"妇人从夫谥。姜，姓也。"共姜之共，乃因其夫之谥号共伯；共姜之姜，乃因其姓。陆德明此意甚明，岂可联为一句？

2 页二四七　七行　言"卫世子"者，依《世家》，共伯之死时，釐侯已葬，入釐侯羡，自杀。

正：检《史记·卫康叔世家》："釐侯卒，太子共伯余立为君。共伯弟和，有宠于釐侯，多予之赂，和以其赂赂士，以袭攻共伯于墓上，共伯入釐侯羡，自杀。"则共伯之死，乃遭其弟和所攻，困于釐侯之墓道，不得以而自尽，故《疏》文之"时"显当属下，原句当改作"言'卫世子'者，依《世家》，共伯之死，时釐侯已葬，入釐侯羡，自杀"。

3 页二四七　十一行　《世家》武公和篡共伯而立，五十五年，卒。《楚语》曰："昔卫武公年九十有五矣，犹箴儆于国。"则未必有死年九十五以后也。则武公即位四十一二以上，共伯是其兄，则又长矣，其妻盖少，犹可以嫁。

补："则未必有死年九十五以后也"，不明何义，其中"有"字，元刊明修本、文物本、闽本、明监本、毛本、阮本皆同，而《要义》引作"其"，考《疏》上文引《国语》，则卫武公九十五仍健在，故推测九十五未必即是其死年，意谓卫武公死时更在九十五岁以上，故作"其"正贴合上下文义，"有"字则显因与"其"字形相近而讹，微《要义》，此惑岂可得解？上古本于此失校。又，"犹箴儆于国"之"于"，底本作"子"，元刊明修本同；文物本作"于"，闽本、明监本、毛本、阮本同，《要义》亦引作"于"，检《国语》原文正作"于"，则"子"字亦显因与"于"字形相近而讹，上古本径改底本，不出校说明，舛误甚矣！

正："则武公即位四十一二以上"，其意不明，"即位"后当点断，武公即位时，年岁在四十一二以上，故原句当改为"《世家》武公和篡共伯而立，五十五年，卒。《楚语》曰：'昔卫武公年九十有五矣，犹箴儆于国。'则未必其死年，九十五以后也。则武公即位，四十一二以上，共伯是其兄，则又长矣，其妻盖少，犹可以嫁。"

君子偕老

4 页二五六　二行　沈云："毛及吕忱并作'玼'解。王肃云：'颜色衣服鲜明貌，本或作"瑳"。'"此是后文"瑳兮"。王肃注：

"好美衣服絜白之貌。"若与此同，不容重出。今检王肃本，后不释，不如沈所言也。

正：上古本整理者于此段《释文》未能反复斟酌，遂不知沈云所止，若"此是后文'瑳兮'。王肃注：'好美衣服絜白之貌。'若与此同，不容重出"云云乃陆元朗语，则陆氏所见王肃本"瑳兮瑳兮"有注，然而，为何紧随其后陆氏又言："今检王肃本，后不释，不如沈所言也"，则王肃本于"瑳兮瑳兮"又无注，两相矛盾，绝不可通，故"此是后文'瑳兮'，王肃注：'好美衣服絜白之貌。'若与此同，不容重出"显为沈氏所云，陆氏所见与沈氏不同，故云"不如沈所言也"，此其一。又，若从上古本标点，据沈所言，则王肃注"玼兮"云"颜色衣服鲜明貌，本或作'瑳'"。而据上文所考，"若与此同，不容重出"乃沈氏语，仔细玩味此八字，可以推知，所谓"若与此同"者，乃指若与此处所谓"'玼'本或作瑳"同，则王肃只要在前"瑳兮"注"颜色衣服鲜明貌"一次即可，无须又在后"瑳兮"注"好美衣服絜白之貌"，此所谓"不容重出"也。据沈氏语气句义，"本或作瑳"绝非王肃注，乃是沈氏语，其所见之本"玼兮"或作"瑳兮"，故沈氏引王肃后注"瑳兮"，以明王氏既注"玼兮"，又注"瑳兮"，王氏不容重出二注以解一"瑳"，故"本或作瑳"者不可从，若"本或作瑳"乃王肃注文，则其义明当，无须沈氏置辩，也不存在所谓"不容重出"的问题了，此其二。综上两点，原句当改作"沈云：'毛及吕忱并作"玼"解。王肃云："颜色衣服鲜明貌"，本或作"瑳"，此是后文"瑳兮"，王肃注："好美衣服絜白之貌。"若与此同，不容重出。'今检王肃本，后不释，不如沈所言也。"

5页二五八 十二行 扬，广扬而颜角丰满。

正：此毛《传》语，本诗云："扬且之颜也"，故毛释"扬"为"广扬"，释"且之颜"为"而颜角丰满"，后《疏》文标起止"传清视至广扬"，亦以"广扬"为断，阮记据之以为读以"扬"字逗，"广扬"句绝，是也。而《疏》文又云："上《传》曰：扬，眉上广。此及《猗嗟》《传》云：'扬，广'，是眉上为扬。"据此，似当断作"扬，广，扬而颜角丰满"，然检《猗嗟》诗"抑若扬兮"，毛《传》正作"扬，广扬"，则此处《疏》文所谓"此及《猗嗟》《传》云：'扬，广'"，当作"此及《猗嗟》《传》云：'扬，广扬'"，"广"后之"扬"或省或阙也，浦镗《正字》以为脱文，或是。要之，不足据此以驳《传》之作"扬，广扬"也。

6 页二五九 一行　毛以为言夫人能与君子偕老者，故服此瑳兮瑳兮，其鲜盛之展衣，以覆彼绉絺之上。绉絺是当暑绌去祥延烝热之服。

正：瑳兮瑳兮，如何可服，所服者展衣也，则"故服此瑳兮瑳兮其鲜盛之展衣"不可点断，明矣。

补："绌"，底本作"绁"，文物本、闽本、明监本、毛本、阮本同，《要义》亦引作"绁"。本诗作"蒙彼绉絺，是绁袢也"，又下《疏》文云："绉絺是绁袢之服"，则作"绌"显误，考底本之"绁"，纟旁之"世"写作"丗"，上古本整理者误认"丗"为"出"，遂讹"绁"为"绌"，而致原文义不可通，新造谬误，贻害深远！

7 页二五九　十四行　《内司服》："掌王后之六服，袆衣、揄翟、阙翟、鞠衣、展衣、褖衣。"郑司农云："展衣白，鞠衣黄，褖衣黑。"玄谓"鞠衣黄，桑服也。色如曲尘，象桑叶始生。《月令》：'三月荐鞠衣于先帝，告桑事也。'"褖者，实褖衣也。男子之褖衣黑，则是亦黑也。六服备于此矣。以下推次其色，则阙翟赤，揄翟青，袆衣玄，是郑以天地四方之色差次六服之文。

正：上古本整理者此段标点全然不知《周礼》郑注之起止，检《周礼·内司服》郑注，于此段所引当起于"郑司农云"，止于"袆衣玄"，且内多节略，对照原注，此段当改作"《内司服》：'掌王后之六服，袆衣、揄翟、阙翟、鞠衣、展衣、褖衣。''郑司农云：展衣白，鞠衣黄，褖衣黑。玄谓：鞠衣黄，桑服也。色如曲尘，象桑叶始生。《月令》：三月荐鞠衣于先帝，告桑事也。''褖者，实褖衣也。''男子之褖衣黑，则是亦黑也。六服备于此矣。''以下推次其色，则阙翟赤，揄翟青，袆衣玄。'是郑以天地四方之色，差次六服之文。"

8页二六〇 一行 襐衣上有展衣，郑司农云"展衣白"，上又有"鞠衣，以色如曲尘故取名焉"，是鞠衣黄也。

正：按照如此标点，则易使读者以为"鞠衣以色如曲尘故取名焉"亦郑司农所云，然据上条校记所引，郑玄《周礼·内司服》注云"鞠衣黄，桑服也。色如曲尘，象桑叶始生"，则孔氏据此而撰《疏》文也，意在说明展衣之上有鞠衣，襐衣、展衣、鞠衣构成里外三层之服，鞠衣之名与其色曲尘有关。又"鞠衣黄"，则确为郑注所引郑司农之语，应加引号以明之，上古本当加不加，不当加反加，可谓舛乱甚矣！原句当改作"襐衣上有展衣，郑司农云'展衣白'，上又有鞠衣，以色如曲尘，故取名焉，是'鞠衣黄'也。"

9页二六〇 五行 《玉藻》云："一命禮衣。"《丧大记》曰："世妇以禮衣。"是《礼记》作"禮衣"也。定本云："《礼记》作'禮'，无'衣'字。"

正：郑笺云："'展衣'字误，《礼记》作'禮衣'"，此段《疏》文正是释此而发，故"《礼记》作'禮衣'"乃引笺文，岂能不加引号？又定本所云"《礼记》作'禮'"，"无'衣'字"实为《疏》文，岂有定本此诗郑笺自云"《礼记》作'禮'，无'衣'字"之理？上古本标点之误，一经点破真令人无语也！原句当改作"《玉藻》云：'一命禮衣。'《丧大记》曰：'世妇以禮衣。'是'《礼记》作"禮衣"'也。定本云：'《礼记》作"禮"'，无'衣'字。"

桑中

10页二六三 十行 下孟□□孟弋、孟庸，以孟类之，盖亦列国之长女。

补："下孟□□孟弋孟庸"，元刊明修本、文物本、阮本与底本同；闽本作"下孟弋孟庸"，无"孟□□"，明监本、毛本同。阮记云："案：此十行阙二字，闽本以下辄改者，非。"阮说无据，十行本确实早于闽本，但何以见得前者必是，后者必非？又考本诗下云"云谁之思？美孟弋矣"、"云谁之思？美孟庸矣"，则此正所谓"下孟弋孟庸"者也，若从底本有"孟口口"三字，则不惟无经文可落实之，又不符合"孟姜""孟弋""孟庸"二字之例，又检《要义》所引正作"下孟弋孟庸"，亦见确无"孟口口"三字也！《要义》所承或为八行本，则八行本系统不误，十行本系统误衍三字也。闽本不误，或因承八行本，或据八行本而删，详情待考。要之，阮说误矣，上古本失校！

定之方中

11 页二六六　十一行　毛则"定之方中"、"揆之以日"，皆为得其制。既得其制，则得时可知。郑则"定之方中"得其时，"揆之以日"为得其制，既营室得其时，树木为豫备，两止而命驾，辞说于桑田，故百姓说之。

补：《疏》言"两止而命驾"，不知何意，元刊明修本同；文物本作"雨止而命驾"，闽本、明监本、毛本、阮本同。考本诗云"星言夙驾"，笺云："星，雨止星见"，则正是"雨止而命驾"也，"两"显因字形与"雨"相近而讹，上古本失校！

正：本诗《小叙》云："文公徙居楚丘，始建城市而营宫室，得其时制，百姓说之，国家殷富焉。"上段《疏》文乃释《叙》也，故比较毛、郑所解时、制之异，以释"始建城市而营宫室，得其时制"；而"既营室得其时"以下，则释"百姓说之"。故毛、郑比较为一段，后文为一段，且"百姓说之"当加引号以明为《叙》文。原句当改作"毛则'定之方中'、'揆之以日'，皆为得其制，既得其制，则得时可知；郑则'定之方中'得其时，'揆之以日'为得其制。既营室得其时，树木为豫备，雨止而命驾，辞说于桑田，故'百姓说之'。"

12 页二六九　七行　《郑志》张逸问："楚宫今何地？仲梁子何时人？"答曰："楚丘在济、河间。疑在今东郡界中。仲梁子先师，鲁人，当六国时，在毛公前。"然卫本河北，至懿公灭乃东徙渡河，野处漕邑，则在河南矣。又此二章升漕虚、望楚丘，楚丘与漕不甚相远，亦河南明矣。故疑在东郡界中。杜预云："楚丘，济阴成武县西南，属济阴郡，犹在济北，故云济、河间也。"但汉之郡境已不同，郑疑在东郡，杜云济阴也，毛公鲁人，而春秋时鲁有仲梁怀为毛所引，故言"鲁人，当六国时"，盖承师说而然。

正：杜预云云，乃《左传》隐公七年杜注，其云"楚丘，卫地，在济阴城武县西南"，届"西南"而止，"属济阴郡"云云皆孔《疏》，上古本整理者曾一检《左传》杜注乎？又上文标点于孔氏所引郑答之语多缺引号，如"疑在东郡界中""济河间"等，且逗号、句号使用混乱，全然漠视文气原意，真可谓舛乱殊甚者也。今改之作"《郑志》张逸问：'楚宫今何地？仲梁子何时人？'答曰：'楚丘在济、河间，疑在今东郡界中。仲梁子，先师，鲁人，当六国时，在毛公前。'然卫本河北，至懿公灭，乃东徙渡河，野处漕邑，则在河南矣，又此二章升漕虚、望楚丘，楚丘与漕不甚相远，亦河南，明矣，故'疑在东郡界中'。杜预云：楚丘，'济阴成武县西南'，属济阴郡，犹在济北，故云'济河间'也，但汉之郡境已不同，郑疑在东郡，杜云济阴也。毛公，鲁人，而春秋时鲁有仲梁怀，为毛所引，故言'鲁人，当六国时'，盖承师说而然。"

13 页二七〇　一行　《春秋》，正月城楚丘。《谷梁传》曰"不言城卫，卫未迁"，则诸侯先为之城，其城文公乃于其中营宫室也。

正："其城"二字显当上属，城其城者，前"城"为动词，筑城也；后"城"为名词，楚丘之城墙也；文公乃于楚丘城中营宫室也。

14 页二七〇　二行　《左传》曰："凡土功，水昏正而栽，日至而毕。"则冬至以前皆为土功之时。

正："栽"，底本作"栽"，元刊明修本、闽本、明监本、毛本、阮本同；文物本作"栽"，《要义》亦引作"栽"。检《左传》庄公二十九年作"水昏正而栽"，栽者，树版筑墙也，故字当从木，不当从衣，"裁"者形近而讹也。上古本不出校记，径改底本，误甚！

15 页二七〇　九行　其术则《匠人》云："水地以县，置槷以县，视以影。为规识日出之影与日入之影。昼参诸日中之影，夜考之极星，以正朝夕。"注云："于四角立植而县，以水望其高下。高下既定，乃为位而平地。于所平之地中央树八尺之臬，以县正之，视之以其影，将以正四方也。日出日入之影其端，则东西正也。又为规以识之者，为其难审也。自日出而画其影端以至日入，既则为规测影两端之内规之，规之交乃其审也。度两交之间中屈之以指桌，则南北正也。日中之影，最短者也。极星，谓北辰也。"

正：上古本整理者对此段《疏》文所引《周礼·匠人》及郑注有诸多不明之处，故其标点错乱甚多，今改之作"其术则《匠人》云：'水地以县，置槷以县，视以影。为规，识日出之影与日入之影。昼参诸日中之影，夜考之极星，以正朝夕。'注云：'于四角立植，而县以水，望其高下。高下既定，乃为位而平地'，'于所平之地中央，树八尺之桌，以县正之，视之以其影，将以正四方也'，'日出日入之影，其端则东西正也。又为规以识之者，为其难审也。自日出而画其影端，以至日入，既则为规测影两端之内规之规之交，乃其审也。度两交之间中屈之以指桌，则南北正也'，'日中之影，最短者也。极星，谓北辰也'。"

16页二七四　二行　《笺》云：灵，善也。星，雨止星见。凤，早也。文公于雨下，命主驾者："雨止，为我晨早驾。"欲往为辞，说于桑田，教民稼穑，务农急也。

七行　此章说政治之美，言文公于善雨既落之时，命彼倌人云："汝于雨止星见，当为我早驾，当乘之往辞，说于桑田之野，以教民之稼穑。"

正："欲往为辞""当乘之往辞"皆不辞，与后文不可点断，又文公所言"星言凤驾"，则"当乘之往辞说于桑田之野"云云非其语也，故两句当分别改作"《笺》云：灵，善也。星，雨止星见。凤，早也。文公于雨下，命主驾者：'雨止，为我晨早驾。'欲往为辞说于桑田，教民稼穑，务农急也。""此章说政治之美，言文公于善雨既落之时，命彼倌人云：'汝于雨止星见，当为我早驾。'当乘之往辞说于桑田之野，以教民之稼穑。"

17页二七四　五行　《笺》云：国马之制，天子十有二，闲马六种，三千四百五十六匹；邦国六，闲马四种，千二百九十六匹。

页二七五　三行　"天子十有二，闲马六种；邦国六，闲马四种"，皆《校人》文也。

十二行　诸侯言六，闲马四种。

十五行　故《郑志》赵商问曰："《校人》职天子十有二，闲马六种，为三千四百五十六匹；邦国六，闲马四种，为二千五百九十二匹；家四，闲马二种，为千七百二十八匹……"

十八行　答曰："邦国六，闲马四种，其数适当千二百九十六匹。家四，闲马二种，又当八百六十四。"

正：检《周礼·校人》郑注云："每厩为一闲，诸侯有齐马、道马、田马，大夫有田马，各一闲，其驽马则皆分为三焉。"又下《疏》文云："六厩成校，校有左右，则为十二厩，即是十二闲。"据此，"闲"者厩也，天子十二厩，而马有六种；诸侯六厩，马有四种；大夫四厩，马两种；其义甚明，则此上诸句"闲"字皆当属上，上古本所谓"闲马六种""闲马四种""闲马二种"，皆可笑之至者也！

18 页二七四　十五行　《辀人》职注云："国马谓种马、戎马、齐马、道马，高八尺。"田马七尺，驽马六尺。

正："田马七尺""驽马六尺"，亦为《周礼·辀人》郑注，理当加引号如前。

19 页二七五　八行　故郑又云："每厩为一闲"，明厩别一处，各有闲卫，故又变厩言闲也。以一乘四匹，三乘为皁，则十二匹三皁为系，则三十六匹六系成厩，以六乘三十六则二百一十六匹。

正："厩"，底本皆作"厩"，本诗孔《疏》凡底本作"厩"者，上古本皆改作"厩"，是为守本不严也。又，一乘四匹，三乘为皁，三四十二匹也，"十二匹"为断；三皁为系，三乘十二，三十六匹也，"三十六匹"为断，上古本标点联断舛乱，以致原句意晦，误甚。当改作"故郑又云：'每厩为一闲'，明厩别一处，各有闲卫，故又变厩言闲也。以一乘四匹，三乘为皁，则十二匹；三皁为系，则三十六匹；六系成厩，以六乘三十六，则二百一十六匹。"

卷三之一校勘记

20 页二七六　　［一］　　盖亦衣不端 阮本同。阮校云："闽本、明监本、毛本同。案：浦镗云'不，当"玄"误'，是也。"

按："不"，元刊明修本、文物本与底本同，殿本亦同，库本则改作缺笔之"玄"，则库本非照抄殿本也，检《要义》引作"玄"，则浦镗所云是也，库本改之是也。上古本《校点前言·校勘所用其他参校本及前人成果》（三）"注疏本主要参校"后明明列有《文渊阁四库全书》本《毛诗注疏》，则整理者显然将之视为参校本，于此却未提及，不禁使人怀疑是否参校库本，类此情形，比比皆是，可见其所谓参校诸本，绝不可信也。

21 页二七六　　［二］　　此注刺君 阮本同。阮校云："案：浦镗云'注，当"主"字误'，是也。"

按："注"，元刊明修本、文物本、闽本、明监本、毛本皆与底本同，《要义》引作"主"，则浦镗所云是也。上古本漏列相关版本信息。

22 页二七六　　［三］　　下同"下"上原衍"又"字，据《四部丛刊》单注本、《经典释文》改。

按：浦镗《正字》云："音义'又下同'，'又'衍字"，此或为上古记所本。"又下同"，元刊明修本、文物本、闽本、明监本、毛本、阮本、纂图本皆与底本同；巾箱本作"下同"；监图本作"下注同"；上古本仅据巾箱本及《释文》而改底本，颇嫌武断，且漏列相关版本信息。

23 页二七六　　［四］　　以为媛助也 阮本同。阮校云："相台本'媛'作'援'。《考文》古本同。案：'援'字是也。《正义》引《尔雅》孙炎注云'君子之援助然'，是其证也。以'援'解'媛'，所谓训诂之法，亦见《说文》'媛'字下。"

按："媛"，元刊明修本、文物本、闽本、明监本、毛本、阮本、巾箱本、纂图本、日抄本皆与底本同。监图本作"援"，又底本郑笺云："媛者，邦人所依倚，以为媛助也"，下《疏》文引笺语却作

"邦人所依倚以为援助"，皆可证当作"援"，阮记不知直据《正义》引文而牵连旁涉，殊失校勘之旨，上古本照录阮记，不深思熟虑、详察各本，亦无后出转精之义。又，底本于"媛"字左上角画有小圈，以为标记，本行页眉写有"援"字，则读此本者亦以为当作"援"，若此底本细节之处，上古本整理者一概忽略不计，真可谓草草了事者也。

24 页二七六　　[五]　　士丧礼爵弁服　闽本、明监本、毛本、阮本同。阮校云："案：浦镗云'士，误"中"'，是也。"今按：此句下文乃比较《仪礼》"爵弁服"、"皮弁服"下所记在《士冠礼》与《士丧礼》中之异同，文见《仪礼》《士冠礼》及《士丧礼》。"中丧礼"显误。

按：仅读此条校记，真有不知所云之感，翻检底本方有所悟。底本作"中丧礼爵弁服"，元刊明修本、文物本、闽本、明监本、毛本、阮本皆同，则浦镗《正字》所云，意谓"中"字误，当作"士"，故阮记引之，上古本整理者径改底本"中"字作"士"，于校记中亦不交代说明，以致读者无从理解，粗疏之甚也。又其按语，措辞拙劣，"中丧礼"者亘古未有，何劳如是辨别，且《疏》文云"以《士冠礼》'爵弁服'、'皮弁服'之下有'玄端'无'褖衣'，《士丧礼》'爵弁服'、'皮弁服'之下有'褖衣'无'玄端'，则褖衣当玄端"，据此，"爵弁服"、"皮弁服"下所记在《士冠礼》与《士丧礼》中只有异，没有同，上古本整理者谓之"异同"，亦因行文随意而不知其误。综上所云，其校记当改为"士丧礼爵弁服'士'原作'中'，闽本、明监本、毛本、阮本同。阮校云：'案：浦镗云"士，误'中'"，是也。'据改。"

25 页二七七　　[六]　　因颜色依为美女　"美"原作"姜"，据阮刻本及文意改。

按：底本作"依为姜女"，元刊明修本、文物本、闽本同；明监本、毛本、阮本作"依为美女"，阮记云闽本作"依为美女"显误，浦镗《正字》云"依"下阙"倚"字，阮记云"依"当作"已"，均乏确凿之证，而上古本径改之，无乃太过武断也。

26 页二七七　　［七］　　頖弁传曰"頖"原作"颇"，据阮本改。

按：底本作"颇弁传曰"，元刊明修本作"颇口传曰"，文物本作"颇升传曰"，闽本作"頖弁传曰"，明监本、毛本、阮本同。检《要义》引作"頖弁传曰"，则底本"颇"当为"頖"之讹。

27 页二七七　　［八］　　故直云城卫　阮本同。阮校云："案'城'，当作'灭'，即《序》'卫为狄所灭'也。形近之讹。"

按：元刊明修本、文物本、闽本、明监本、阮本皆与底本同，作"城卫"；毛本作"灭卫"，此条所谓阮记，实为卢宣旬所补，卢氏补记多举毛本为说，颇疑此校亦因见毛本作"灭"而发，检《正义》所引正作"灭卫"，则毛本改之是也，卢记校之亦是也。

28 页二七七　　［九］　　梓实桐皮曰椅也"椅"原作"梓"，据《四部丛刊》单注本、阮本改。

按：元刊明修本、文物本、闽本、明监本、毛本与底本同，作"曰梓"；巾箱本、监图本、纂图本、阮本作"曰椅"，《释文》亦作"曰椅"，又下《疏》引陆机云"梓实桐皮曰椅也"，则作"曰梓"显误。

29 页二七七　　［一〇］　　疑在今东郡界中"中"原作"今"，阮本同。阮校云："闽本、明监本、毛本下'今'字作'中'。案：所改是也。"今按：下文有"故疑在东郡界中"之语可证，据改。

按：元刊明修本、文物本与底本同，作"界今"，又《考文·补遗》古本亦同，而《要义》所引却作"界中"，"在今东郡界今"不辞，则当以作"界中"者为是。

30 页二七七　　［一二］　　故文公徙居楚丘而建国焉"徙"原作"徙"，据阮本及上文改。

按：元刊明修本、文物本与底本同，作"徙居"；闽本、明监本、毛本、阮本作"徙居"，上古记漏列版本信息。

31 页二七七　　［一三］　　星晴也"晴"原作"精"，闽本、明监本、毛本、阮本同。据《四部丛刊》单注本、《经典释文》改。

按：注疏本系列之元刊明修本、文物本、闽本、明监本、毛本、阮本皆作"精"，经注本系列之监图本、纂图本亦作"精"；作

"晴"者，惟巾箱本与《释文》耳，不知上古本整理者从何认定作"精"必非，作"晴"必是，而竟然径改底本也？！

卷三之二

相鼠

32 页二八一　九行　〇《韩诗》："止节，无礼节也。"

正：此处底本明明作"〇无止韩诗止节无礼节也"，上古本出校记以为"无止"二字为衍文，并径直删去，可谓误谬之极，辩见下文第五十一条。而此处"止节"二字，必当断开，《韩诗》乃释"止"字为"节"义，若联为一词，则易使人误解《韩诗》释"止节"为"无礼节也"，其实，此"无礼节也"乃释"无止"二字，故原句当改作"〇无止，《韩诗》：'止，节，无礼节也。'"

33 页二八一　十二行　上云有皮有齿，已指体，言之明。此言体，非徧体也，故为支体。

正：本诗"相鼠有体"，《传》云："体，支体也"，《疏》正释之也，所谓"上云有皮有齿"，乃指诗云"相鼠有皮""相鼠有齿"，二者虽言"皮"言"齿"，乃以"皮""齿"指代鼠之全体，同样此处言"体"，也是以"体"指代鼠之全体，则此"体"也与"皮""齿"性质相仿为"支体"而非徧体，上古整理者不明《疏》义，胡乱断句，而使文义隐晦不彰，故当改作"上云'有皮'、'有齿'，已指体言之，明此言体，非徧体也，故为支体"。

干旄

34 页二八四　二行　故《左传》曰："官有世功，则有官族邑"，亦如之。是有功之臣得世官邑也。

正：检《左传》隐公八年："官有世功，则有官族，邑亦如之"，据此，则上古本之错谬显而易见也，原句当改作"故《左传》曰：'官有世功，则有官族，邑亦如之'，是有功之臣得世官邑也。"

35 页二八四　六行　卒章言"干旄"，《传》曰："析羽为旌。"

补："干旄"，元刊明修本、文物本同；闽本作"干旟"，明监本、毛本、阮本同，《要义》所引亦作"干旟"。考本诗卒章"孑孑干旄，在浚之城"，毛《传》云："析羽为旌"，则此《疏》必当作"干旄"，作"干旟"显误，上古本失校。

36页二八四　二行　卿建旌者，设旒縿而载之游车，则空载析羽，无旒縿也。

正：考前《疏》言："卿而得建旌者，《乡射记》注云：'旌，总名也。'《尔雅》云：'注旄首曰旌。'则干旄、干旌一也。既设旒縿有旆旟之称，未设旒縿，空有析羽，谓之旌。"则孔氏意谓旌为总名，但若强调设"旒縿"则有专名"旆""旟"，以与无"旒縿"之"旌"相对，则"设旒縿而载之"当为句，专指旆、旟也。又前《疏》言："卒章言'干旄'，《传》曰：'析羽为旌'，于《周礼》则游车之所载。"则此析羽之旌为游车所载，则"游车"当属下，原句当改作"卿建旌者，设旒縿而载之，游车则空载析羽，无旒縿也"。

37页二八五　六行　前经言干旄是浚郊之贤者，识卿大夫，建旌而来此，又云"良马"，是又识其乘善马也。

正：干旄如何是贤者，如此句读显然不通，下文"良马"既然用引号强调以表示其为经文，为何此处"干旄"却不加引号？于此，皆可见整理者之率尔操觚也，原句当改作"前经言'干旄'，是浚郊之贤者识卿大夫建旌而来，此又云'良马'，是又识其乘善马也"。

38页二八六　十四行　诗云"四牡彭彭"，武王所乘。

补："四牡"，元刊明修本、文物本、阮本同；闽本作"四骊"，明监本、毛本同，《要义》所引亦作"四骊"。检《毛诗》有"四牡彭彭"句者，《小雅·北山》、《大雅·烝民》二首，前者刺幽王，后者美宣王，皆与武王无涉；又《大雅·大明》有句云"驷騵彭彭，维师尚父，时维鹰扬，凉彼武王，肆伐大商"，则正合此处所云"武王所乘"之义，且此《疏》文实引许慎《五经异义》之文（详参下条校勘记），故有"四""驷"之别，单疏本《春秋公羊疏》卷一引《异义》："《诗》云'四騵彭彭'，武王所乘"（北京图书馆出版社

2004 年影印国家图书馆藏宋刻元修本），则当作"四骊"，上古本失校。

39 页二八六　十五行　互也闻之。《周礼》，校人掌王马之政，凡颁良马而养乘之，乘马一师四圉，四马为乘。此一圉者，养一马而一师监之也。《尚书·顾命》"诸侯入应门，皆布乘黄朱"，言献四黄马朱鬣也。既实周天子驾六，校人则何不以马与圉以六为数？《顾命》诸侯何以不献六马？《王度记》曰"大夫驾三"，经传无所言，是自古无驾三之制也。

补："互也闻之"，不知所云，上古本整理者竟然堂而皇之照抄底本，不出校记，令人无语。"互"，元刊明修本、文物本、闽本、明监本、毛本、阮本皆同。而《要义》引作"玄"，此玄乃郑玄自称也，考此段《疏》文："又，《异义》：'天子驾数，《易·孟》《京》、《春秋公羊说》：天子驾六；《毛诗说》：天子至大夫同驾四，士驾二，《诗》云"四骊彭彭"，武王所乘，"龙旗承祀，六辔耳耳"，鲁僖所乘，"四牡騑騑，周道倭迟"，大夫所乘。谨案：《礼·王度记》曰：天子驾六，诸侯与卿同驾四，大夫驾三，士驾二，庶人驾一，说与《易》、《春秋》同。''玄之闻也，《周礼·校人》："掌王马之政"，"凡颁良马而养乘之，乘马一师四圉"，四马为乘，此一圉者养一马，而一师监之也。《尚书·顾命》："诸侯入应门"，"皆布乘黄朱"，言献四黄马朱鬣也。既实周天子驾六，《校人》则何不以马与圉以六为数？《顾命》诸侯何以不献六马？《王度记》曰"大夫驾三"，经传无所言，是自古无驾三之制也'。"自"异义"以下，皆孔《疏》所引许慎《五经异义》，自"玄之闻也"以下，皆反驳《异义》天子驾六之说，故皆是郑玄《驳五经异义》之文，此本无可疑，而历来注疏传本有误，故浦镗《正字》云："玄，误互"，阮记是之，日本内阁文库藏万历十七年刊明监本于"互"字处用红笔特志之，并与页眉写有"玄"字，此皆卓识。《要义》所引是也，上古本失校。

正：据上文，"玄之闻也"以下至"三之制也"，皆郑玄《驳五经异义》之文，故当用引号。又"《周礼》校人"云云，乃《校人》篇也，当加书名号，"掌王马之政"，"凡颁良马而养乘之，乘马一师四圉"皆《校人》文当加引号。"养一马而一师监之也",《校人》文明明说"乘马一师四圉",岂非前后矛盾,实则"养一马"三字当属上,作"四马为乘,此一圉者养一马,而一师监之也"。综上所述,原段当改作"玄之闻也,《周礼·校人》:'掌王马之政','凡颁良马而养乘之,乘马一师四圉',四马为乘,此一圉者养一马,而一师监之也。《尚书·顾命》:'诸侯入应门','皆布乘黄朱',言献四黄马朱鬣也。既实周天子驾六,《校人》则何不以马与圉以六为数?《顾命》诸侯何以不献六马?《王度记》曰'大夫驾三',经传无所言,是自古无驾三之制也'。"

载驰

40 页二九〇 十二行 是乃众幼稺且狂进,取一蘱之义。

正:此《传》文以释经"众稺且狂",考下文《疏》:"论语云:狂者进取,注云:狂者进取,仰法古例,不顾时俗,是进取一蘱之义。"据此,"进取一'蘱'之义"乃成语,则原句当改作"是乃众幼稺且狂,进取一蘱之义"。

41 页二九一 十二行 一蘱者,一端不晓变通,以常礼为防。不听归唁,是童蒙而狂也。

正:"一端不晓变通",不辞,"一端"当属上,又两句本一义,岂可断开?故原句当改作"一蘱者一端,不晓变通,以常礼为防,不听归唁,是童蒙而狂也。"

考槃

42 页二九九 三行 言先君者,虽今君之先以通于远要,则不承继者,皆指其父,故《晨风》云"忘穆公之业",又曰"弃先君之旧臣"。先君,谓穆公也。此刺"不能继先君之业",谓武公也。

补:全句义晦,不知所云,底本之"则",元刊明修本、文物本、阮本同;闽本作"刺",明监本、毛本、殿本同。揆诸上下文,显当作"刺",唯有作"刺"句意始通。详下。上古本失校。

正:"先君者",乃句首引辞,"虽今君之先,以通于远",意指虽然此"先君"之"先"字可以涵盖今君之远祖先人,"要刺不承继者,皆指其父",意指若是专指不能继承前辈余烈者时,此"先"则皆是今君之父。下文所引《晨风》为证,所谓先君即康公父穆公,故本诗之先君乃庄公父武公也。如此《疏》义方明,故原段当改作"言先君者,虽今君之先,以通于远,要刺不承继者,皆指其父,故《晨风》云'忘穆公之业',又曰'弃先君之旧臣'。先君,谓穆公也。此刺'不能继先君之业',谓武公也。"

硕人

43 页三〇一　三行　《硕人》,闵庄姜也。庄公惑于嬖妾,使骄上僭。庄姜贤而不答,终以无子,国人闵而忧之。嬖,补意反。上,时掌反。僭,作念反。

正:"忧之"前皆为本诗《小叙》,"嬖"以下是双行小注。按照上古本的格式,这样排版,只能说明"嬖"字以下皆为郑笺,然而显然应是《释文》,则"忧之"之下阙"〇"以隔开。检底本此处正有"o"标记,则整理者之疏漏,明矣!

44 页三〇一　四行　惑者,谓心所嬖爱,使情迷惑。故夫人虽贤不被答偶。

补:"答偶",不辞。元刊明修本、阮本同。文物本作"答遇",闽本、明监本、毛本同。揆诸文义,显当作"答遇",上古本失校。阮记以"偶"比照"耦",以为作"答偶"不误,弥缝之迹,跃然纸上,岂可据信!

45 页三〇二　十五行　太子居东宫,因以东宫表太子,故《左传》曰"娶于东宫得臣之妹",服虔云"得臣,齐士子名,居东宫"是也。

补:"齐士子"如何居东宫?"士子",元刊明修本同;文物本作"太子",阮本同;闽本作"世子",明监本、毛本同。《要义》所引作"世子",则当作"世子",作"太子"亦误,上古本失校。

46 页三〇二　十七行　《释亲》云,男子谓女子先生谓姊,后生为妹,妻之姊妹同出为姨,女子谓姊妹之夫为私。孙炎曰:"同出，俱已嫁也。私，无正亲之言。然则谓吾姨者，我谓之私。邢侯、谭公皆庄姜姊妹之夫，互言之耳。《春秋》'谭子奔莒'，则谭子爵，言公者，盖依臣子之称，便文耳。"

正："《春秋》'谭子奔莒'，则谭子爵，言公者，盖依臣子之称，便文耳。"此句明明是《疏》文解释经文"谭公为私"是"公"而非"子"，如何成为孙炎《尔雅》注中的文字，显然引号当删。孙炎注当届"互言之耳"而止。

47 页三〇三　十七行　以脂有凝有释，散文则膏脂，皆总名对例，即《内则》注所云"脂，肥凝者，释者曰膏"。

正：此句标点错乱，使人不知其意，"散文则膏、脂皆总名"，"对例即《内则》注所云'脂，肥凝者，释者曰膏'。"所谓散文，即零散出现膏或脂，都是可以涵盖其他的总名，但是当膏、脂同时出现时，即所谓对例，二者便有不同，凝者称脂，释者称膏，如此句意方明。故原句当改作"以脂有凝有释，散文则膏、脂皆总名，对例即《内则》注所云'脂，肥凝者，释者曰膏'"。

48 页三〇七　九行　鳣，大鱼，似鳣而短鼻，口在颔下，体有邪行，甲无鳞，肉黄，大者长二三丈，今江东呼为黄鱼。

正：甲如何有鳞？"甲"字明显当属上，作"体有邪行甲"。

卷三之二校勘记

49 页三〇八　〔一〕　长张丈反"张"原作"丁"，闽本、明监本、毛本、阮本同。据《四部丛刊》单注本、《经典释文》改。

按："张"，元刊明修本、文物本、闽本、阮本、监图本、纂图本（与底本同作"丁"）；巾箱本作"张"；明监本、毛本作"竹"，而上古记却谓此二本作"丁"，不知所据何本，误甚。

50 页三〇八　〔二〕　此言雨征"征"原作"微"，据闽本、明监本、毛本、阮本改。

按："微"，元刊明修本漫漶不清；文物本作"赤"；闽本、明监本、毛本、阮本作"征"。《要义》亦引作"征"。本诗云"朝隮于西，崇朝其雨"，孔《疏》释之云："言朝有升气于西方，终朝其必有雨，有隮气必有雨者，是气应自然"，则朝有升气为终朝有雨之征也，若作"微"字，义无所出，显因形近而讹，而作"赤"者于义尤谬，则当作"征"。

51页三〇八　　［三］　韩诗止节"韩"上原衍"无止"二字。按此乃《释文》混入于注者，据《四部丛刊》单注本删。

按：此条校记可谓尤谬者也，"无止"二字既是《释文》，如何竟成为衍文，而整理者又怎能据巾箱本《释文》删注疏本《释文》，此真乃篡改文献之典型。检底本，本诗云"相鼠有齿，人而无止"，下小注"止，所止息也。笺云：止，容止。《孝经》曰：容止可观。"紧随其后有一不规则小"o"，与后文隔开，"无止，《韩诗》：止，节，无礼节也"。前后区分，清楚明白。即便怀疑此"o"为后人所描摹添加，然检《释文》"无止"大字，小注云："毛：止，所止息也。郑：止，容止也。《韩诗》：止，节，无礼节也。"又日抄本本诗郑笺亦届"容止可观"而止，据此，亦可知"无止"为《释文》标目，何得竟删之？巾箱本所引《释文》率多刊落，岂可依此为据？监图本、纂图本于此，作"止，《韩诗》：止，节，无礼节也。"亦省去标目之"无"字，而未全录《释文》，与巾箱本相仿也。又，元刊明修本郑笺作"止，容止。《孝经》曰：容止可观。无止，则虽居尊无孔为也"，后无《释文》；文物本郑笺作"止，容止。《孝经》曰：容止可观。无止，则虽居尊无礼节也"，后无《释文》；闽本郑笺作"止，容止。《孝经》曰：容止可观。无止□□□□无礼节也"，后无《释文》，哈佛大学图书馆藏闽本同，日本内阁文库藏闽本郑笺作"止，容止。《孝经》曰：容止可观。无止，《韩诗》：正节无礼节也"；明监本郑笺作"止，容止。《孝经》曰：容止可观。无止，则虽居尊无礼节也"，后无《释文》，毛本同。可见此笺历代注疏本竟舛乱如此，后人颇有订正，如浦镗《正字》云："笺'无止则虽居尊无礼节也'，案：此十字即系《释文》'无止韩诗止节无礼节也'十字之误，而羼入笺"，所言是也；山井鼎《考文》总结云："'无止则虽居尊无礼节也'，谨案：此亦《释文》混入于注者也，古本注止于'容止可观'也，无此十字，宋板作'无止韩诗止节无礼节也'，上下相连中间无圈矣。正德、嘉靖本从之，而阙'韩诗止节'四字；万历、崇祯本妄补'则居尊'四字，以相接续，而不知《释文》错入；今当以古本为正也"，所言亦然；浦氏、山氏有《释文》混入笺文之说，乃因其所据校勘之底本皆为汲古阁本即所谓毛本也，而上古本所据底本乃汲古书院影印之足利学校藏南宋刘叔刚所刻之十行本，本有间隔符号，以别郑笺、《释文》，哪来混入注文之说？其说似本阮记转引《考文》，而全然不顾所据底本之情形，且竟然肆意删去"无止"二字，一错再错，令人无语。

52 页三〇九　[四]　马骋于彼"骋"原作"聘"，据阮本及下文改。

按："聘"，元刊明修本漫漶不清，文物本同；闽本作"骋"，明监本、毛本、阮本同。上古记漏列版本信息。又，上古记谓据阮本改，为何不言据闽本改，难道阮本比闽本刊刻时间更早？更可信？《邶风·简兮》诗"执辔如组"，《疏》"以御者执辔于此，使马骋于彼"，亦可为证。

53 页三〇九　[七]　而云卿士而　阮本同。阮校云："闽本、明监本、毛本下'而'字作'者'。案：所改是也。"

按：元刊明修本、文物本与底本同；闽本、明监本、毛本作"者"，《要义》亦引作"者"。揆诸文义，作"者"乃引出下文解释"为公，而为卿士"之因，若作"而"则全句义不可通，故《要义》所引是也，阮记以为闽本等改之，实宋本本然，非闽本改之也。

54 页三〇九　[八]　竹萹竹也"萹"原作"篇"，闽、监、毛本同，阮本同。阮校云："小字本、相台本'篇'作'萹'。案'萹'字是也。"今据《四部丛刊》单注本、《经典释文》改。下同。

按：此本诗毛《传》，元刊明修本、文物本、闽本、明监本、毛本、阮本、纂图本与底本同；巾箱本、监图本、日抄本皆作"萹"。又底本引《释文》作"萹竹本亦作扁"，而底本《疏》文则"萹""篇"间出，则底本之刊刻混乱，可见一斑。

55 页三〇九　[一〇]　序云入相于周"入"原作"又"，闽本、明监本、毛本、阮本同。阮校云："'又'，当作'入'，形近之讹。"今据阮校改。

按：此处所谓阮记实卢宣旬所补，而浦镗《正字》已云："'入'，误'又'"，卢氏乃仍浦说而没其名也。

卷三之三

氓

56 页三一〇　三行　美反正，刺淫泆也。氓，莫耕反，民也。《韩诗》云"美貌"。

正："泆也"前皆为本诗《小叙》，"氓"之下是双行小注。按照上古本的格式，这样排版，只能说明"氓"字以下皆为郑笺，然而显然应是《释文》，则"也"之下缺"〇"以隔开。检底本此处正有"o"标记，则整理者之疏漏，明矣！

57 页三一一　一一行　既求谋已与之相识，故以男子之通称言之。

正："既求谋已"的主语是氓，"与之相识"及"故以男子之通称言之"的主语是此诗之妇人，而"之"即代指男子，若中间不加点断，则句意不通，故原句当改作"既求谋已，与之相识，故以男子之通称言之。"

58 页三一二　一一行　上云"来即我谋"，男就女来与之谋也。今此送之，故知至此顿丘，定室家之谋。又下云"匪我愆期"，则男子于此与之设期也，故知"且为会期"。言"目"者，兼二事也。

正：此《疏》乃释笺文，笺云："言民诱己，己乃送之，涉淇水，至此顿丘，定室家之谋，且为会期"，下文"故知"后"且为会期"，整理者加了双引号，以示乃引笺语，不知上文"故知"后"至此顿丘，定室家之谋"为何不加双引号，难道"至此顿丘，定室家之谋"非《疏》所引笺语？整理者施加标点，往往不能前后一致，或根本未能注意到此处乃引文也，当正之。

补："言目者"之"目"，前文无所交代，不知何出，"目"，元刊明修本、文物本、闽本同；毛本作"日"；明监本作"且"，阮本

261

同。详玩郑笺及《疏》文，作"且"是也，所谓"且"即指"且为会期"之"且"，所谓"兼二事"，一事即笺文"定室家之谋"，另一事即笺文"为会期"，《疏》文即释此二事，定谋、设期也，"且"正连缀二者，以明男子至此顿丘既与妇人定谋，且又与之设期也，故作"且"无可疑。浦镗《正字》云："'且'，误'日'"，是也，又可见其为毛本之误而发；阮记云："明监本、毛本'且'误'日'，闽本不误"，今明监本作"且"不误，不知其所指何本？又其云"闽本不误"，今检日本东京大学东洋文化研究所藏本、日本内阁文库藏本、美国哈佛大学图书馆藏本，此三种闽本皆作"目"，哈佛本"目"旁有红字注"且"字，则阮记所云"闽本不误"，实不可信。上古本失校。

59 页三一三　九行　以尔车来，以我贿迁。贿，财。迁，徙也。《笺》云：女，女复关也。

补：此处笺文云"女，女复关"，而诗文原作"以尔车来"，毛《传》亦无"女"字，不禁使人疑惑，郑玄为何于此释"女"？本诗前文有句云"尔卜尔筮，体无咎言"，笺云："尔，女也。复关既见此妇人，告之曰：我卜女筮，女宜为室家矣。"此笺"女也"与"复关"之间并无联系，十分唐突，若将上文郑笺"女，女复关"，置入此处，则文义大昶，"尔，女也，女，女复关。复关既见此妇人"，且下文郑笺多云复关以指代此氓，正因此处以发端也，不然先有"复关"，后再解释"女，复关"，绝无此理也。故显而易见"女女复关"乃因错简而乱入后笺也。

60 页三一四　二行　乐，音洛，下同。

正：上古本于"乐"字左旁加竖线专名号，此"乐"指人？指物？指地？令人百思不得其解。显误！当删去专名号。

61 页三一五　五行　《小雅》亦言过礼之盛，和乐过礼之言也。燕乐嘉宾过厚，贤也，不以礼。耽者，非礼之名，故此禁女为之。

正：此段乃《疏》文所引郑玄答张逸问，过礼即过厚，乃崇嘉宾也，绝非"不以礼"，此处"不以礼"显当属下，与"耽者"为一句。又"和乐"乃指上文所引《小雅》"和乐且耽"之文，当加引号。故原句当改作"《小雅》亦言过礼之盛，'和乐'，过礼之言也。燕乐嘉宾，过厚贤也。不以礼耽者，非礼之名，故此禁女为之。"

竹竿

62 页三二一　八行　桧，古活反，又古会反，木名楫，本又作"檝"，子叶反，徐音集。

正：此《释文》文，"木名楫"，不辞，毛《传》云："桧，柏叶松身，楫，所以櫂舟也。"据此，木何以名楫？考《释文》，此处"桧"为大字，下小注云："古活反，又古会反，木名"；"楫"为大字，下小注云："本又作'檝'，子叶反，徐音集。"可见因上古本整理者标点错误，而导致原文文义大乖，不可卒读，原句当改作"桧，古活反，又古会反，木名。楫，本又作'檝'，子叶反，徐音集。"

芄兰

63 页三二二　九行　杜氏以《传》言："初，卫宣公烝于夷姜，生伋子，为之娶于齐而美，公娶之生寿及朔。"

补："美"，底本本作"姜"，元刊明修本、文物本、闽本同；明监本、毛本、阮本作"美"，《正义》所引亦作"美"。揆诸文义，显当作"美"，底本于此字右旁画有"○"，并在页脚注有"美"字，则读此书者亦以为当作"美"，是也。上古本不遵从底本用字，径改之，又不出校说明，误甚。

64 页三二三　四行　容仪可观，佩玉遂遂然垂其绅带，悸悸然有节度。

正：此毛《传》，乃释经文"容兮遂兮，垂带悸兮"，详言之，"容仪可观"乃释"容兮"，"佩玉遂遂然"乃释"遂兮"，"垂其绅带"乃释"垂带"，"悸悸然有节度"乃释"悸兮"，则"佩玉遂遂然垂其绅带"何能连为一句？显当断开！故原句当改作"容仪可观，佩玉遂遂然，垂其绅带，悸悸然有节度。"

65 页三二四　四行　《尚书》注云："人君十二而冠佩，为成人。"

正：佩为名词解则为佩物也，如何能冠？此处句读显误，当改作"《尚书》注云：'人君十二而冠，佩为成人。'"

66 页三二五　四行　《士丧礼》曰："纩极二"，注云："极，犹放弦也，以沓指放弦令不掣也。生者以朱韦为之而三。死用纩，又二，明不用也。"

补：前"纩"，底本作"纊"，元刊明修本、文物本同；闽本、明监本、毛本、阮本作"纩"，《要义》所引亦作"纩"。下文有"死用纩，又二"，明此当作"纩极二"，检《仪礼·士丧礼》作"纩"，"纩""纊"本非一物，或因形近而讹。上古本不遵从底本用字，径改之，又不出校说明，误甚。

河广

67 页三二六　八行　于今令犯七出，虽在三不去之中，若不顺父母与淫、无子，亦出。虽古亦应然，以其终不可绝嗣与勃德故也。

补："勃德"，义不可解，浦镗《正字》云："'勃'，当'悖'字误"，揆诸文义，甚是，上古本失校。

68 页三二六　十二行　故《易·鼎卦》注云，嫁于天子，虽失礼无出，道远之而已。以天子天下为家，其后无所出故也。

正："道远之而已"，不知何义，此"道"字显当属上，作"虽失礼，无出道，远之而已"，检宋本《礼记正义》卷三十七《内则》，《疏》云："故《鼎卦》'初六'郑注云：嫁于天子，虽失礼，无出道，废远而已"（北京图书馆出版社 2003 年影印国家图书馆藏宋绍熙两浙东路茶盐司刻宋元递修本），据此"废远而已"，亦可证"远之而已"为句也。

伯兮

69 页三二九　三行　冶氏为戈戟之刃不言叟刃是无刃也

补："冶氏"，底本作"治氏"，元刊明修本、文物本同；闽本、明监本、毛本、阮本作"冶氏"，《要义》所引亦作"冶氏"。检

《周礼·考工记》:"冶氏为杀矢刃",则当作"冶氏"无疑。上古本不遵从底本用字,径改之,又不出校说明,误甚。

70 页三二九 十一行　建者,建于车上,非车上所建也。

补:"非车上所建",元刊明修本、文物本、闽本、明监本、毛本、阮本同。然,《要义》引作"轸非车上所建"。本诗郑笺云:"兵车六等:轸也、戈也、人也、殳也、车戟也、酋矛也,皆以四尺为差",《疏》文先引《考工记》以释之,"《考工记》曰:兵车六等之数,车轸四尺谓之一等;戈柲六尺有六寸,既建而迤,崇于轸四尺,谓之二等;人长八尺,崇于戈四尺,谓之三等;殳长寻有四尺,崇于人四尺,谓之四等;车戟常崇于殳四尺,谓之五等;酋矛常有四尺,崇于轸四尺,谓之六等。"此本无问题,然《疏》文又引《庐人》以自设疑,"又,《庐人》先言戈、殳、车戟、酋矛、夷矛之短长,乃云'攻国之兵',又云'六建既备,车不反复',注云:'六建,五兵与人也',则六建于六等,不数轸而数夷矛。"据《疏》文所引《庐人》郑注,又有所谓"六建",此六建是五兵:戈、殳、车戟、酋矛、夷矛,再加上人,即所谓"五兵与人也",恰巧于前此所引《考工记》六等之说可相比较,而其差别则在于六等有轸无夷矛,六建有夷矛无轸,那么为何在此用《考工记》六等之说以释郑笺,而不用《庐人》六建之说呢。《疏》文既自问,又自答,"不引之者,因六等自轸历数人殳以上为差之备,故引之,六等者,自地以上数之,其等差有六,故注云'法《易》之三材六画',非六建也,建者,建于车上,轸非车上所建也。"郑笺明谓"兵车六等",其旨重在等差,而《考工记》正是历数自轸至酋矛之等差,故引之因阐明笺旨也,至于《庐人》六建之说,其意重在建,所谓建者,建于车上也,而轸者,《考工记》郑注云"舆后横木",故《疏》云:"轸非车上所建也",若无"轸"字,到底何物"非车上所建"呢,主语既阙,句意遂晦,则《要义》所引是也,正可补此千古未知之主语,真可谓一字千金也!

有狐

71 页三三二 九行 作《有狐》诗者，刺时也。以时君不教，民随时杀礼为昏，至使卫之男女失年盛之时为昏，而丧失其妃耦，不得早为室家，故刺之。

正："以时君不教"为句，则不教之内容不明，细玩文义，不教者，不教民随时杀礼为昏也，方贴合原句文义，故原句当改作"作《有狐》诗者，刺时也。以时君不教民随时杀礼为昏，至使卫之男女失年盛之时为昏，而丧失其妃耦，不得早为室家，故刺之。"

木瓜

72 页三三四 五行 而作是诗也。瓜，古花反。遗，唯季反，下注同。

正："诗也"前皆为本诗《小叙》，"瓜"以下是双行小注。按照上古本的格式，这样排版，只能说明"瓜"字以下皆为郑笺，然而显然应是《释文》，则"诗也"之下阙"〇"以隔开。检底本此处正有"o"标记，则整理者之疏漏，明矣！

73 页三三四 六行 有狄之败懿公时也。

正：此处显当断开，作"有狄之败，懿公时也。"

74 页三三四 七行 戴公卒，文公立齐桓公，又城楚丘以封之，则戴也、文也，皆为齐所救而封之也。

正："文公立齐桓公"，按照如此标点，齐桓公竟为卫文公所立也！上古本整理者岂非篡改历史乎？原句显当改作"戴公卒，文公立，齐桓公又城楚丘以封之，则戴也、文也，皆为齐所救而封之也。"

75 页三三四 九行 《外传》《齐语》曰。

正：按照如此标点，《国语》与《国语·齐语》竟成两书？或是上古本整理者竟然不知《春秋外传》即《国语》之别称，故用顿号将外传、齐语隔开？显当改作"《外传·齐语》曰"。

76 页三三六 一行 玖，音久，《书》云"玉黑色"。

补：此句乃《释文》文，"书云玉黑色"，元刊明修本、文物本、闽本、明监本、毛本、阮本、监图本、纂图本同；巾箱本作"字书云石黑色"。原文作"书云"，易引起歧义，浦镗《正字》以为脱"字"字，检宋本《释文》："玖，音久，玉名。《字书》云'玉黑色'。"则浦说是也，上古本失校。

卷三之三校勘记

77 页三三七　　［一］　蚩蚩"蚩蚩"原衍"者"字，闽、监、毛本、阮本同。阮校云："小字本、相台本无'者'字。案：有者衍也。"今据单注本删。

按：元刊明修本、文物本、闽本、明监本、毛本、阮本与底本同，有"者"字；巾箱本、监图本、纂图本、日抄本皆无；则似注疏本系统毛《传》有"者"字，而经注本系统无，然检《要义》所引亦无"者"字，则似当以无"者"为是。

78 页三三七　　［二］　非我心欲过子之期"心"原作"以"，闽、监、毛本、阮本同。阮校云："小字本、相台本'以'作'心'。"今据单注本改。

按："以"，元刊明修本、文物本、闽本、明监本、毛本、阮本与底本同；巾箱本、监图本、纂图本、日抄本皆作"心"，《读诗记》卷六亦引郑氏曰作"心"；揆诸文义，显当作"心"。又，山井鼎《考文》谓古本"非我以欲"之"欲"上有"心"字，考日本内阁文库藏明监本于"欲"上右旁注"心"字，或山井鼎所见"心"字正为读古本者所添于"欲"上，而为其误读，阮记谓"《考文》古本'以'、'心'复出，亦误"，似非定论。

79 页三三七　　［五］　陨隋"隋"原作"惰"，阮本同。阮校云："小字本、相台本'惰'作'隋'，闽本、明监本、毛本亦同。案：'惰'是误字。"今据单注本改。

按："惰"，元刊明修本、文物本、监图本同；闽本、明监本、毛本、阮本、巾箱本、纂图本、日抄本作"隋"；又山井鼎《考文》谓古本作"坠"，阮记以为此因《正义》而误，此说纯属推测难以取信，底本在此"惰"右旁标记"o"，并在本行页眉写有"坠"，则读此书者以为当作"坠"；又宋本《读诗记》卷六云："毛氏曰：陨，堕也"，宋本《释文》亦云"隋也，字又作堕"；则此一字有"惰""隋""坠""堕"之异，何能必以"隋"者为是？存其疑可也，而上古本竟径改之，草率之甚也！

80 页三三七　　［六］　　帷裳童容"帷"原作"帏"，小字本、闽本、明监本、毛本、阮本同。阮校云："相台本'帏'作'帷'，《考文》古本同。案：'帷'字是也。"今据单注本改。

按："帏"，元刊明修本、文物本、闽本、明监本、毛本、阮本、监图本、纂图本、日抄本皆同；今所见存世文献，唯有巾箱本作"帷"；又孔《疏》明曰："帏裳，一名童容"，此处之"帏裳"，各本均同，且《要义》亦引作"帏裳，一名童容"，则郑笺原文必作"帏裳童容"！巾箱本及《考文》古本所作"帷"显然因涉经文、毛《传》"帷裳"而误，阮记理屈词穷，竟谓孔《疏》释笺用"帏"字是因引《周礼注》而说之，以顺彼文耳，今检宋本《仪礼要义》卷四十一"主妇车以疏布襗亦名帏裳童容"条引："案：卫诗云'渐车帏裳'，注云：'帏裳童容'"（"国立故宫博物院"1992 年影宋本），此处之"帏裳"不知为阮氏作校勘记之顾广圻将何说？上古本误信阮记，轻改原文，舛误甚矣！

81 页三三七　　［七］　　冒此深水渐车之难而来 闽本、明监本、毛本、阮本同。深，元刻明修本作"淇"。

按："深"，闽本、明监本、毛本、阮本皆同；元刊明修本、文物本作"淇"；考前《疏》云："帏裳在傍，渡水则湿"，旨在表明淇水之深，则与后句"言己虽知汝贫，犹尚冒此深水渐车之难而来"，前后相应，又笺云"我乃渡深水，至渐车童容，犹冒此难而往"，则作"深"为长，且《要义》所引亦作"深"，故作"深"是也。

82 页三三七　　［八］　　曾不复念其前言"复念"二字原倒。据单注本乙正。

按：底本作"曾不念复其前言"，元刊明修本、文物本、闽本、明监本、毛本、阮本皆同；巾箱本作"曾不复念其前言"，监图本、纂图本、日抄本同。则注疏本系统似当作"曾不念复其前言"，而与经注本系统不同，又孔《疏》云："笺'曾不复念其前言'，今定本云'曾不念复其前言'，俗本多误"，则唐初已有此两说，且其乃以"曾不念复其前言"为是，而俗本多误。又，《疏》文释笺云："复其前言者，谓前要誓之言，守而不忘，使可反复，今乃违弃，是不思念复其前言也"，笺文之"念"是思念，即经文"不思其反"之"思"；笺文之"复"是复其前言，即经文"不思其反"之"反"，郑笺已云"反，复也"；据此，此处郑笺只能是"曾不念复其前言"，以与经文"不思其反"相配，若做"复念"则义不可通也！上古本竟谓底本原倒，何草率之甚！又轻改底本，令人无语。

83 页三三七 ［九］ 许偕至于老耄"耄"，阮本作"者"。

按：上古本此条校记，不列众本信息，仅云阮本作某，不知是草率了事而致，抑或是间有遗漏，令人无法理解。"耄"，闽本、明监本、毛本同；元刊明修本作"老"，文物本同；阮本作"者"。揆诸文义，权衡三者，显当以"耄"为是。

84 页三三七 ［一〇］ 无之亦下二句是也 闽、监本、毛本、阮本同。阮校云："案浦镗云'之，当"礼"误'，非也。此'无'字是'刺'之误。"

按：无之，不合原句语境，似误，而究竟当作何字，理当从原文语境考察判定，考《疏》文云："毛以为君子当柔润温良，自谓无知，今而不然，是为骄慢，故二章章首一句及第四句是也。下二句言有威仪，是无礼也。次二句言佩觿、佩韘，明虽幼而行成人之事，不当骄慢。郑以为幼而行成人之事，当任用大臣，不当骄慢，上四句是也。无之，亦下二句是也。"细读原文，"无之亦下二句是也"之"亦"究竟何义，乃是判定问题的锁钥，此处之"亦"正与上文"下二句言有威仪是无礼也"相配，孔氏旨在说明"下二句言有威仪是无礼"这一点郑与毛的看法是一致的，故而用"亦"以区别于此上毛、郑句意之异，明乎此，则不难判断"无之"确如浦镗《正字》所言，为"无礼"之讹，阮记不深察经疏，妄加驳斥，误甚！上古记不加论断，亦非。殿本此处即改作"无礼"，是也。

85 页三三七至三三八　　［一一］　玦用正玉棘若择棘　闽、监本、毛本、阮本同。阮校云："案浦镗云'王，误"玉"；檡，误"择"。'以《仪礼》考之，浦校是也。"今按：《仪礼·士丧礼》作"决，用正王棘，若檡棘。"胡培翚《正义》曰："古文王为玉，今文檡为泽。"

按：《诗疏》所引其他文献自成系统，与通行本有所差别是正常现象，且"玉""王""择""檡"从刻字字体的角度看，其差别可以说是微乎其微的，检《要义》所引作"正王棘若择棘"，"择"同底本，而"王"同《仪礼》，亦可见其传刻情况之复杂。又，上古记最末引胡培翚《正义》云云，使人感觉"古文王为玉，今文檡为泽"乃胡氏之说，但清人胡氏又如何获知古文、今文之别？实际上此所谓古文、今文只不过是胡氏引用《仪礼》郑注之文，郑玄于《仪礼》注率多记录今文作某，古文作某，上古本整理者不知直接引用郑注，而舍近求远，或其本欲炫耀收罗参考之广博，未料竟画蛇添足而贻笑大方也。

86 页三三八　　［一二］　又春秋杞伯姬来妇　阮本同。阮校云："妇，当作'归'。"

按：此条阮记，实为卢宣旬所补，卢氏校语至简，未列诸本信息，而上古本竟亦阙之，明显是照抄卢记，而不曾一检众本也。"妇"，元刊明修本、文物本、阮本与底本同；闽本作"归"，明监本、毛本同，《要义》所引亦作"归"。来妇，不辞，考《疏》文云："若犯余六出，则去，故《杂记》有出夫人礼。又《春秋》杞伯姬来归，及此宋桓夫人皆是也。"所谓"归"，《左传》庄公二十七年云："凡诸侯之女，归宁曰'来'，出曰'来归'"，则此处作"来归"正贴合《疏》文之义。又通检《左传》未见有犯六出而来归之杞伯姬，而《春秋》经云："（成公）五年，春王正月，杞叔姬来归"，杜注云"出也，《传》在前年"，又《左传》成公四年："杞伯来朝，归叔姬故也"，杜注："将出叔姬，先修礼朝鲁，言其故"，据此，则《疏》文所谓"杞伯姬"似当作"杞叔姬"，然而不管是

"杞伯姬"还是"杞叔姬",此处显当作"归",上古本失校。

87 页三三八　［一三］　戈秘六尺有六寸　闽、监、毛本、阮本同。阮校云："浦镗云：'柲,误"秘"',是也。"今按《周礼·考工记》作"柲"。

按："秘",元刊明修本、文物本、闽本、明监本、毛本、阮本同。《要义》所引则作"戈柲六尺有六寸",与《周礼·考工记》合,则当作"柲"无疑。

88 页三三八　［一四］　洗南北直室东西　闽本、明监本、毛本、阮本同。阮校云："浦镗云：'隅,误"西"'。以《士昏礼》考之,是也。"今按《士昏礼》作"隅"。

按："西",元刊明修本、文物本、闽本、明监本、毛本、阮本同。《要义》所引则作"洗南北直室东隅",与《仪礼·士昏礼》合,则当作"隅"无疑。

89 页三三八　［一五］　房外内皆名为堂也　"皆"原作"背",阮本同。阮校云："闽本、明监本、毛本'背'作'皆'。案：所改是也。"按此形近之讹,今正之。

按：底本作"背",元刊明修本、阮本同;文物本、闽本、明监本、毛本作"皆"。揆诸文义,"房外内皆名为堂",显当作"皆"以概外、内也,《要义》所引亦作"皆",而阮记云："闽本、明监本、毛本'背',作'皆',案：所改是也",实非闽本所改,宋本已然,阮说误也。

90 页三三八　［一六］　厉深可厉之旁　"旁"原作"者",阮本同。阮校云："小字本、相台本'者'作'旁',闽本、明监本、毛本亦同。"按单注本作"旁",今据改。

按：底本作"者",元刊明修本、文物本、阮本同;闽本作"旁",明监本、毛本、巾箱本、监图本、纂图本、日抄本同;又《读诗记》卷六引云："毛氏曰：厉,深可厉之旁",亦可为证。

卷四之一

王城谱

91 页三四〇　六行　僖二十五年《左传》称襄王赐晋文公阳樊温源之田，晋于是始启南阳。杜预云："在晋山南河北，故曰南阳。"

正："在晋山南河北"，不知所指，考《水经注》卷九："清水又东南流，吴泽陂水注之，水上承吴陂于修武县故城西北……马季长曰：晋地，自朝歌以北至中山为东阳，朝歌以南至轵为南阳。故应劭《地理风俗记》云：河内殷国也。周名之为南阳，又曰晋始启南阳。"则杜注此处"在晋"必当断开，"山南"释"南"，"河北"释"阳"，"山南河北"释"南阳"也。

92 页三四〇　十三行　《洛诰》云：周公曰："予惟乙卯，朝至于洛师，我乃卜涧水东，瀍水西惟洛食。我又卜瀍水东，亦惟洛食。"

正：上古本于"洛师"左旁加专名号，则洛师为地名，然此句句意本谓至于驻扎洛邑之众，故只能在"洛"旁加专名号。又"涧水东瀍水西"乃述所卜之处，不当分为两句，故原句当点作"《洛诰》云：周公曰：予惟乙卯，朝至于洛师，我乃卜涧水东、瀍水西，惟洛食。我又卜瀍水东，亦惟洛食。"

93 页三四二　四行　《郑语》云，王嬖褒姒，使至于为后而生伯服，王欲杀太子以成伯服，必求之申，是申后见废，太子奔申，王欲于申求之。

正：按照如此标点，则"王欲于申求之"之前，皆《郑语》文。然检《郑语》，"桓公为司徒，甚得周众与东土之人，问于史伯曰：'王室多故，余惧及焉，其何所可以逃死？'史伯对曰：'王室将卑，戎狄必昌，不可偪也……（幽王）而嬖是女也，使至于为后而生伯服……王欲杀太子以成伯服，必求之申，申人弗畀，必伐之，若伐申，而缯与西戎会以伐周，周不守矣。"据此原文"必求之申"之前乃引《郑语》所载史伯预测之辞，而"是申后见废"以下则为

《疏》文，乃释《郑谱》"废申后，太子宜咎本申"之辞，故原句当点作"《郑语》云，王嬖褒姒，使至于为后而生伯服，王欲杀太子以成伯服，必求之申。是申后见废，太子奔申，王欲于申求之。"

黍离

94 页三四五　一行　《周本纪》云："平王东徙洛邑，避戎寇。平王之时，周室微弱，诸侯以强并弱，齐、楚、秦、晋始大，政由方伯。"是平王东迁，政遂微弱。《论语》注云："平王东迁，政始微弱者。"始者，从下本上之辞。遂者，从上向下之称。彼言十世，希不失矣。据末而本初，故言"始"也。此言天子当为《雅》，从是作《风》，据盛以及衰，故言"遂"也。

正："平王东迁，政遂微弱"，此为本诗《小叙》郑笺之文，理当加引号以强调。考《论语·季氏》："孔子曰：天下有道，则礼乐征伐自天子出；天下无道，则礼乐征伐自诸侯出；自诸侯出，盖十世希不失矣。"《集解》："孔曰：希，少也，周幽王为犬戎所杀，平王东迁，周始微弱"。则"平王东迁，周始微弱"为注文，不当将"者"字亦引入。又"彼言十世希不失矣"，"彼"乃指《论语》，与"此"指郑笺相对，而"十世希不失矣"乃成文，岂可断开？故原句当点作"《周本纪》云：'平王东徙洛邑，避戎寇。平王之时，周室微弱，诸侯以强并弱，齐、楚、秦、晋始大，政由方伯。'是'平王东迁，政遂微弱'。《论语》注云'平王东迁，政始微弱'者，'始'者，从下本上之辞。'遂'者，从上向下之称。彼言'十世希不失矣'，据末而本初，故言'始'也。此言天子当为《雅》，从是作《风》，据盛以及衰，故言'遂'也。"

95 页三四五　四行　下列于诸侯，谓化之所及，才行境内，政教不加于诸侯，与诸侯齐其列位，故其诗不能复更作《大雅》、《小雅》，而与诸侯同为《国风》焉。

正："下列于诸侯"，此为本诗《小叙》郑笺之文，观其后文之"谓"字，则知理当加引号以强调。

96 页三四七　六行　郑君和合二说，故《异义》天号。《今尚书欧阳说》："春曰昊天，夏曰苍天，秋曰旻天，冬曰上天。"《尔雅》亦云《古尚书说》，与毛同。谨案：《尚书·尧典》羲和以昊天总勑以四时，故知昊天不独春也。《左传》夏四月，孔丘卒，称曰"旻天不吊"，非秋也。玄之闻也，《尔雅》者，孔子门人所作，以释六艺之言，盖不误也。春气传施，故以广大言之。夏气高明，故以远人言之。秋气或生或杀，故以闵下言之。冬气闭藏而清察，故以监下言之。皇天者，至尊之号也。六艺之中，诸称天者，以情所求之耳，非必于其时称之。"浩浩昊天"，求天之博施。"苍天苍天"，求天之高明。"旻天不吊"，求天之生杀当得其宜。"上天同云"，求天之所为当顺其时也。此之求天，犹人之说事，各从其主耳。若察于是，则尧命羲和"钦若昊天"，孔丘卒，"旻天不吊"，无可怪耳。是郑君和合二说之事也。

正：此段标点舛误甚多，故不烦详引。上古本似不明《疏》文体例，自"异义"以下至"非秋也"，皆孔《疏》所引许慎《五经异义》，自"玄之闻也"以下，至"无可怪耳"，乃反驳《异义》之说，故皆是郑玄《驳五经异义》之文，岂能不施以引号以明之？又上古本整理者对《疏》文文义亦不甚明了，故将"尔雅亦云古尚书说"联为一句，误甚！原段当点作"郑君和合二说，故'《异义·天号》：今《尚书》欧阳说："春曰昊天，夏曰苍天，秋曰旻天，冬曰上天。"《尔雅》亦云。古《尚书》说，与毛同。谨案：《尚书·尧典》羲和以昊天总勑以四时，故知昊天不独春也。《左传》夏四月，孔丘卒，称曰"旻天不吊"，非秋也。玄之闻也，《尔雅》者，孔子门人所作，以释六艺之言，盖不误也。春气传施，故以广大言之。夏气高明，故以远人言之。秋气或生或杀，故以闵下言之。冬气闭藏而清察，故以监下言之。皇天者，至尊之号也。六艺之中，诸称天者，以情所求之耳，非必于其时称之。"浩浩昊天"，求天之博施。"苍天苍天"，求天之高明。"旻天不吊"，求天之生杀当得其宜。"上天同云"，求天之所为当顺其时也。此之求天，犹人之说事，各从其主耳。若察于是，则尧命羲和"钦若昊天"，孔丘卒，"旻天不吊"，无可怪耳。'是郑君和合二说之事也。"

208 页三四七　十三行　《尔雅》春为苍天，夏为昊天。欧阳说春为昊天，夏为苍天。郑既言《尔雅》不误，当从《尔雅》。而又从欧阳之说，以春昊夏苍者，郑、《尔雅》与孙、郭本异，故许慎既载《今尚书说》，即言"《尔雅》"亦云，明见《尔雅》与欧阳说。

补：底本"郑尔雅与孙郭本异"，元刊明修本、文物本、闽本、明监本、毛本、阮本同。上古本点作"郑、《尔雅》与孙、郭本异"，不知何义？检单疏本《尔雅疏·释天》引作"郑读尔雅与孙郭本异"，《要义》引作"郑读尔雅与孙郭异"，"与孙郭异"与"与孙郭本异"，文义可通，皆指郑玄所见《尔雅》与孙炎、郭璞所见《尔雅》版本有异，而若阙"读"字，则"郑尔雅"真不知何谓也，浦镗《正字》云："脱'读'字"，是也。上古本失校。

97 页三四七　十五行　虽苍昊有春夏之殊，则未知孰是，要二物理相符合，故郑和而释之。

补："二物"，元刊明修本、文物本、闽本、明监本、毛本、阮本同。二物如何"和而释之"？作"二物"显为不当，且考《疏》文，此"二说"有明指，即《尔雅》说"春为苍天，夏为昊天"，及欧阳说"春为昊天，夏为苍天"，又前《疏》亦云"是郑君和合二说之事也"，而《要义》所引亦作"二说"，故"二物"显为"二说"之讹，浦镗《正字》云："'说'，误'物'"，是也。上古本失校。

君子于役

98 页三四九　七行　〇曷，音寒末反。

补：底本作"音寒末反"，元刊明修本、文物本、闽本、明监本、毛本、阮本皆同；监图本、纂图本皆无"音"字。宋本《释文》无"音"字，考《释文》注音通例，或作"音某"，或作"某某反"，无有"音某某反"者，此处"音"字显为衍文，上古本失校。

君子阳阳

99 页三五一　五行　其乐只且！《笺》云：君子遭乱，道不行。

其且乐此而已。

补："其且乐此而已"之"且"，元刊明修本、阮本、巾箱本、监图本、纂图本、日抄本皆同；文物本作"自"，闽本、明监本、毛本同。《释文》此处注"乐"音："音洛。注'且乐'、'和乐'及下章同。""注且乐"指此处笺文"其且乐此而已"之"且乐"，"注和乐"指下章《传》文"陶陶和乐貌"之"和乐"，"下章"指下章"其乐只且"之"乐"，据此，则陆元朗所见亦当作"且"而非"自"，考《疏》文云："言时世衰乱，道教不行，其且相与乐此而已"，可知此处确当作"且"，作"自"者误矣，上古本失校。

100 页三五一　六行　【疏】"君子"至"只耳"

补："只耳"之"耳"，惟底本如此，元刊明修本、文物本、闽本、明监本、毛本、阮本皆作"且"，此《疏》文标起止，自经文"君子阳阳"，至"其乐只且"，故作"'君子'至'只且'"，何得作"只耳"？底本显误，上古本不作考订，一仍旧误，以讹传讹，贻害远矣。

101 页三五一　十四行　《鹿鸣》云"吹笙鼓簧"，言吹笙，则鼓簧是簧之所用，本施于笙。言笙可以见簧，言簧可以见笙。

正："鼓簧是簧之所用"，真不知何义，此处显然有误，当点作"《鹿鸣》云'吹笙鼓簧'，言吹笙则鼓簧，是簧之所用本施于笙，言笙可以见簧，言簧可以见笙。"

102 页三五二　三行　《笺》"由从"至"官职"，《释诂》云："由，从自也。"俱训为自，是由得为从。

正：既然是"俱训为自"，怎么能点作"由，从自也"，整理者不仅未能理解《疏》文，对《尔雅》书例显然也是大段不甚了了，此句当点作"《笺》'由从'至'官职'，《释诂》云：'由，从，自也。'俱训为自，是由得为从。"

扬之水

103 页三五三　八行　此刺平王不嫌。非是周人而特言周人者，时诸侯亦有使人戍焉，故言周人以别之。

正："非是周人而特言周人者"，此句何义，百思不得其解，标点显然有误。考本诗《小叙》云："刺平王"，又云"周人怨思焉"，则《疏》文意指，此诗既是刺平王，则其怨者自然是周人，而又特别强调周人的原因是，除了周人之外，还有其他诸侯也派其国平民戍守申地，为了与后者相区别，所以要说明是周人。故原句当点作"此刺平王，不嫌非是周人，而特言周人者，时诸侯亦有使人戍焉，故言周人以别之。"

104 页三五四 十二行 《笺》"怀安"至"之甚"，《释诂》云："怀，安止也。"俱训为止，是怀得为安。

正：既然是"俱训为自"，怎么能点作"怀，安止也"，此句当点作"《笺》'怀安'至'之甚'，《释诂》云：'怀，安，止也。'俱训为止，是怀得为安。"

105 页三五五 八行 扬之水，不流束蒲。蒲，草也。《笺》云：蒲，蒲柳。○蒲，如字。孙毓云："蒲草之声不与'戍许'相协，《笺》义为长。今则二蒲之音未详其异耳。"

正：既然"蒲草之声不与'戍许'相协，《笺》义为长"，则孙毓显然知道作为"蒲草"之"蒲"与作为"蒲柳"之"蒲"读音之异，否则何从判断？既然如此，不是与后文"今则二蒲之音未详其异耳"自相矛盾吗？故"今则二蒲之音未详其异耳"显然是陆元朗之语，孙毓乃晋人，陆氏为唐人，孙知而陆否，不足为奇，所谓"今"指唐初也。故原句当点作"扬之水，不流束蒲。蒲，草也。《笺》云：蒲，蒲柳。○蒲，如字。孙毓云：'蒲草之声不与'戍许'相协，《笺》义为长。'今则二蒲之音未详其异耳。"

中谷有蓷

106 页三五八 八行 "嗟乎，复何与为室家乎"，其意言舍此君子则无所与，此其有余厚于君子。定本作"余"，俗本作"殊"，非也。

正："此其有余厚于君子"乃《疏》文引郑笺之语，从而引出下文定本云云，若属上句，则定本、俗本，不知为何处而发，故原句当点作"'嗟乎，复何与为室家乎'，其意言舍此君子则无所与。'此其有余厚于君子'，定本作'余'，俗本作'殊'，非也。"

兔爰

107 页三五九　五行　隐三年《左传》曰："郑武公、庄公为平王卿士。王贰于虢。郑伯怨王。王曰：'无之。'故周、郑交质。王子狐为质于郑，郑公子忽为质于周。父平王崩，周人将畀虢公政。

正："父"，底本作"及"，元刊明修本、文物本、闽本、明监本、毛本、阮本皆同。揣味此处文气，作"父"显非，上古本之"父"，不知从何而来？匪夷所思之极者也！

108 页三六一　四行　《释器》云："繴，谓之罿。罿，罬也。罬谓之罦。罦，覆车也。"孙炎曰："覆车，网可以掩兔者也。一物五名，《方言》异也。"

正：孙炎所云之"方言异也"，皆指各地方言之异故有"一物五名"的现象，与杨雄《方言》有何关系？繴、罿、罬、罦、覆车，无一见于《方言》，故此处之书名号必须删去。

大车

109 页三六八　十一行　《皋陶谟》曰："予欲观古人之象，日、月、星辰、山、龙、华、虫，作会；宗彝、藻、火、粉米、黼、黻、絺绣。"于华虫以上言作绘，明画为绘文。宗彝以下言絺绣，明是絺为绣文。

正：据下文《疏》引郑玄语"次三曰华虫""鸑画以雉，谓华虫也"，可知"华虫"为一物，不可点断。又，絺者，刺也，"絺为绣文"，刺绣之义，岂能与宗彝诸像并列，整理者显然未能读懂原文，"日、月、星辰、山、龙、华虫"，乃绘于衣者；"宗彝、藻、火、粉米、黼、黻"，乃绣于裳者，故原句当点作"《皋陶谟》曰：'予欲观古人之象，日、月、星辰、山、龙、华虫，作会；宗彝、藻、火、粉米、黼、黻，絺绣。'于华虫以上言作绘，明画为绘文。宗彝以下言絺绣，明是絺为绣文。"

110 页三六八　十二行　但王者相变，礼制不同，周法火与宗彝亦画而为衣，不复在裳，故郑于《司服》引《尚书》以校之。《周礼》考之而立说。

正：《周礼》考之而立说，究竟何义？此处标点显误，当点作"但王者相变，礼制不同，周法火与宗彝亦画而为衣，不复在裳，故郑于《司服》，引《尚书》以校之《周礼》，考之而立说。"

111 页三六八　十八行　如郑此言，是氅以上则衣用缋絺冕，则衣亦绣也。

正：观此句标点，可知整理者对《疏》文前此所引郑语根本未能理解，今不以辞烦，录之如下，"故郑于《司服》，引《尚书》以校之《周礼》，考之而立说云：'古者天子冕服十二章，至周而以日、月、星辰画于旌旗，而冕服九章。登"龙"于"山"，登"火"于"宗彝"。九章，初一曰龙，次二曰山，次三曰华虫，次四曰火，次五曰宗彝，皆昼以为缋。次六曰藻，次七曰粉米，次八曰黼，次九曰黻，皆絺以为绣。则衮之衣五章，裳四章，凡九也。鷩昼以雉，谓华虫也，其衣三章，裳四章，凡七也。氅画虎雉，谓宗彝也。其衣三章，裳二章，凡五也。絺刺粉米，无画也，其衣一章，裳二章，凡三也。玄者衣无文，裳刺黻而已，是以谓之玄焉。'"所谓"如郑所言"指此也。而前《疏》又云："以氅衣之属，衣则昼绘为之，裳则刺繡为文……言氅衣之属者，自氅以上当有衮冕、鷩冕与氅冕之服，其衣皆用缋也。若絺冕，则衣刺粉米，惟用绣。玄冕则衣无文，不复用绣。"综合两段引文可知，冕服有五：衮冕、鷩冕、氅冕、絺冕、玄冕。以周制言之，衮冕九章，衣五章，裳四章；鷩冕七章，衣三章，裳四章；氅冕五章，衣三章，裳二章；此三冕，衣皆用画，裳皆用绣；絺冕三章，衣一章，裳二章，衣、裳皆为绣，衣绣粉米，裳绣黼、黻；玄冕裳一章，绣黻。据此，氅冕以上，衣皆用画，絺冕则衣绣矣，故原句当点作"如郑此言，是氅以上则衣用缋，絺冕则衣亦绣也。"

卷四之一校勘记

112 页三七四　　[一]　　是殷顽民于成周也 阮校云："闽、监本、毛本'是'下有'迁'字，闽本剜入。按：所补是也。"

按：底本无"迁"字，元刊明修本、文物本、阮本同；闽本、明监本、毛本有"迁"字，《要义》所引亦有"迁"字。揆诸文义，若无"迁"字，则"殷顽民于成周"无谓语，显不可缺，有者是也。阮记云："明监本、毛本'是'下有'迁'字，闽本剜入，案：所补是也"，而上古记竟然把"明监本"抄成"闽监本"，何其疏漏草率啊。

113 页三七四　　[二]　　晋文侯于是乎定天子 "乎"原作"平"，据《国语·郑语》改。

按："乎"，底本作"平"，元刊明修本、文物本、闽本、明监本、毛本、殿本、库本、阮本皆同。而《要义》所引则作"乎"，与《郑语》合，作"乎"是。上古本虽漏列众本情况，但所改是也。

114 页三七四　　[三]　　于是诸侯乃即申侯而共立 "共"原作"其"，阮本同。阮校云："毛本'其'作'共'。"按《周本纪》作"共"。据改。

按："共"，底本作"其"，元刊明修本、文物本、阮本同；闽本、明监本、毛本作"共"。此处所谓阮记，实为卢宣旬所补，而卢记易使人仍为仅毛本作"共"，上古记漏列版本信息，误矣。

115 页三七四　　[四]　　风雅之作本自有体犹而云贬之谓之风者言作为雅颂贬之而作风 阮本同。阮校云："闽本、明监本、毛本同。按'体'字绝句，'犹'字当在'贬之而作风'上，即'由'字也。"

按：元刊明修本、文物本、闽本、明监本、毛本、阮本皆与底本同。此句文气不顺，故阮记有此怀疑，然检《要义》所引，无"犹"字，全句"风雅之作，本自有体，而云贬之谓之风者，言作为雅颂，贬之而作风"，句意明了，文辞通畅，则所谓"犹"字当在"贬之而作风"上之说，纯属推测，不可据信。

116 页三七四　　[五]　　古诗人质　闽本、明监本、毛本、阮本同。阮校云："'诗'当作'时'。《桑柔·正义》引作'时'可证，今《尔雅疏》亦误为'诗'。"

按："诗"，元刊明修本、文物本、闽本、明监本、毛本、阮本皆同。阮记所云是也，又宋本《法苑珠林》卷四《日月篇·地动部》"《尔雅》曰穹苍苍天也"条小注："李巡曰：古时人质"（上海古籍出版社 1991 年影印宋碛砂版大藏经本，第 30 页），亦可为证。殿本改"诗"为"时"，是也。

117 页三七四　　[六]　　君子于往行役　闽本、明监本、毛本、阮本同。阮校云："小字本、相台本无'于'字，《考文》古本同。案：有者衍。"

按：元刊明修本、文物本、闽本、明监本、毛本、阮本皆与底本同，有"于"字；巾箱本、监图本、纂图本、日抄本皆无"于"字。此为注疏本系统与经注本系统之别，阮记以为"有者衍"，岂其必然？

118 页三七四　　[八]　　又作七也反"作"下原衍"且"字，闽本、明监本、毛本、阮本同。据单注本、《经典释文》删。

按：十行本作"又作且七也反"，元刊明修本、文物本、闽本、明监本、毛本、阮本、监图本、纂图本皆同，惟有巾箱本作"又作七也反"，无"且"字。又，宋本《释文》大字标目"只且"，小注"子徐反，又作且，七也反"，有"且"字，通志堂本、卢文弨本《释文》皆同，则上古记所谓据《经典释文》删，不知如何理解！又阮元《毛诗释文校勘记》卷八"只且"条云："子徐反又作且七也反，通志堂本、卢本同。案：此不误，卢文弨欲删'作且'二字，非也。下云'七也反'，即为'又作且'作音，卢不得此意。"考《释文》通例，若一字多音，则云"某字某某反，又某某反"，而无"又作某某反"者，故卢文弨欲删"作且"二字，衍文一字或为常见，但连衍两字，实属罕见。原陆元朗之意，此处"只且"之"且"读子徐反，又作"且"读七也反，二者字同音异而字义复异，前者是语气词，置于句末以足其文气，《北风》"既亟只且"，《释文》注此"且"云"子余反",乃是此意,又《山有扶苏》"乃见狂且",《释文》注此"且"云"子余反,辞也",亦可为证;后者是连词,作"姑且"解,笺云"其且乐此而已",正是此意。故此处之"且"绝不可删,阮记云不误,是也,上古本轻改底本,误甚。

119 页三七四　　[九]　　董泽之蒲可胜既乎"董"原作"熏",据阮本及宣十二年《左传》改。

按:"董泽",底本作"熏泽",元刊明修本、文物本同;闽本、明监本、毛本、阮本作"董泽",《要义》所引亦作"董泽","熏泽"显误。

120 页三七四　　[一一]　　叶似萑 闽本、明监本、毛本、阮本同。阮校云:"浦镗云'茬,误"萑"'。考《尔雅》注,是也。"

按:底本作"萑",元刊明修本、文物本、闽本、明监本、毛本、阮本同。《要义》所引则作"茬"。检宋本《尔雅·释草》"萑蓷"郭注云:"今茺蔚也叶似茬","茬""萑"非一草,故郭璞云"叶似茬"以释"萑",若作"叶似萑"以释"萑",岂有此理乎?《要义》所引是也。十行本作"叶似萑"者,或涉上文"释草云萑蓷"而误也。

121 页三七四　　[一二]　　徒用凶年深浅为厚薄 闽本、明监本、毛本、阮本同。阮校云:"相台本'厚薄'作'薄厚'。案:'薄厚'是也。《正义》'薄厚'字凡四见,又标起止云'至薄厚',皆其证。"

按:"厚薄",元刊明修本、文物本、闽本、明监本、毛本、阮本、巾箱本、监图本、纂图本皆与底本同;日抄本作"薄厚"。阮说或是。

122 页三七五　　[一三]　　是诸侯背也 阮本同。阮校云:"明监本、毛本同'背'下有'叛'字,闽本剜入。案:所补是也。"

按:底本无"叛"字,元刊明修本、文物本、阮本同;闽本、明监本、毛本作"背叛",《要义》所引亦作"背叛"。诸侯背也,不辞,显当作"背叛"。

123 页三七五　　[一四]　　射王中肩"射"原作"附",据阮本及桓五年《左传》改。

按："射"，底本作"附"，元刊明修本、文物本同；闽本作"射"，明监本、毛本、阮本同。附王中肩，不辞，显误。上古本既不列版本信息，又不据闽本而反据后出之阮本，令人无从理解。

124 页三七五 ［一五］ 罦覆车"罦"原作"称"。按此标起止，当从传文，今据阮本改。

按："罦"，底本作"称"，元刊明修本、文物本同；闽本作"罦"，明监本、毛本、阮本同，《要义》所引亦作"罦"。此处所谓"传罦覆车"，既为《疏》文引前《传》以标所释起止之语，而本诗"有兔爰爰，雉离于罦"，毛《传》云："罦覆车"，则显当作"罦"，"称"字无从得见。上古本既不列版本信息，又不据《要义》而反据后出之阮本，疏矣。

125 页三七五 ［一七］ 夷上洒下不溍"不"原作"水"。今按：《释丘》作"不"，下文引郭云"不，发声也"，《正义》引《释丘》亦作"不溍"。据改。

按："不"，底本作"水"，元刊明修本、文物本、闽本、明监本、毛本、阮本、巾箱本、监图本、纂图本皆同；惟殿本改作"不"。此本为陆德明《释文》，宋本《释文》正作"不"，是也。上古记牵连其他，而无一字语及《释文》，疏矣。

126 页三七五 ［一九］ 萧获 闽本、明监本、毛本、阮本同。阮校云："浦镗云'荻，误作"获"，下同。'考《尔雅·释文》，浦校是也。余同此。"

按：底本作"获"，元刊明修本、文物本、闽本、明监本、毛本、阮本同。《要义》所引则作"萩"。检宋本《尔雅·释草》正作"萧萩"，又日本南北朝时期翻刻宋监本《尔雅·释草》亦作"萧萩"（汲古书院昭和四十八年影印本），单疏本《尔雅疏·释草》云："萧萩，释曰：李巡曰萩一名萧，陆玑云：今人所谓萩蒿者是也"，则作"萩"实无可疑。十行本作"获"，或因形近而讹，阮记云："考《尔雅释文》，浦校是也"，《尔雅》篇内何时有《释文》？此处《释文》显当作"释草"，上古记照抄不辨，亦误。殿本《考证》

云："臣宗万按：'荻'字宜作'萩'，音秋。《说文》云：萩，萧也；襄公十八年《左传》：秦周伐雍门之萩；是也。《尔雅·释草》文字误作'荻'，故《疏》仍其讹，荻，菼也，非萧也。"殿本所辨甚是，然谓《疏》仍其讹则似误，至少据《要义》所引，《疏》本不误，或是十行本刊刻时致误，亦未可知。

127 页三七五　[二〇]　王氏云　闽本、明监本、毛本、阮本同。阮校云："'王氏'，当作'生民'，形近之讹。《蓼萧·正义》可证。"

按：《疏》文底本原作："王氏云：'"取萧祭脂"，是萧所以供祭祀也。'"元刊明修本、文物本、闽本、明监本、毛本、阮本皆同。阮说不确，其证有二。其一，《要义》所引正作"王氏云"，则其所见本如此，底本不误。其二，宋本《读诗记》卷二十六《生民》"诞我祀如何"节"于是或取萧以祭脂"条，引"王氏云：'"取萧祭脂"，则宗庙之祭升臭也。'"此处之"王氏"绝不可能为"生民"之讹，因此处本说《生民》之诗，何能再引《生民》，则宋人亦见说诗之"王氏"。通检《毛诗正义》，行文多次提及"王氏"，所指皆为王肃，则此处之"王氏"或即为王肃。

128 页三七五　[二二]　底本自"中同几精气合也"至《丘中有麻》首章《正义》"谓地之瘠薄者也"为抄配。

按：按照这句校记，底本阙此数页自不待言，但是并未交代上古本所补依据何本，按照正常思路，没有交代，就是根据底本所抄补的文字，然而抄补文字并无《释文》，今上古本补阙之处却有《释文》，则令人百思不得其解也，上古本究竟用哪个本子补配呢？

卷四之二

缁衣

129 页三七八　十一行　《外传》云："皆子男之国，虢、郐为大。"则八邑各为其国，非虢、郐之地无由得献之桓公也。

正："非虢郐之地"，显当与后文断开。

130 页三七九 一行 故服虔云："郑东郑，古邻国之地"。

正："郑东郑"，岂可联为一句，原句当点作"故服虔云：'郑，东郑，古邻国之地'。"

131 页三七九 二行 僖三十三年《左传》称文夫人葬公子瑕于邻城之下。服虔云："邻城，故邻国之墟。"杜预云："邻国在荥阳密县东北。新郑在荥阳宛陵县西南。"是郑非邻都，故别有邻城也。

正：检《左传》僖公三十三年："文夫人敛而葬之邻城之下"，杜预注云："邻城，故邻国，在荥阳密县东北"，又隐公元年，杜注："郑在荥阳苑陵县西南"，则原文之"新郑在荥阳宛陵县西南"，不知是否引用杜注，即使是引用也不可与上注联为一句。

132 页三八二 四行 此与《淇澳》国人美君有德，能仕王朝，是其一国之事，故为《风》。苏公之刺暴公，吉甫之美申伯，同寮之相刺美，乃所以刺美时王故为《雅》。

正："此"指《缁衣》之诗，故"此与淇澳"当断开。又，前文"故为风"既为句，后文"故为雅"为何不单列为句，可谓前后失照，故原句当点作"此与《淇澳》，国人美君有德，能仕王朝，是其一国之事，故为《风》。苏公之刺暴公，吉甫之美申伯，同寮之相刺美，乃所以刺美时王，故为《雅》。"

133 页三八三 四行 而天子与其臣皮弁，以日视朝，则卿士旦朝于王，服皮弁不服缁衣，故知是卿士听朝之正服。

正：《周礼·玉藻》："皮弁以日视朝"，此为成语，不当点断，又"卿士听朝之正服"，乃引本诗毛《传》，乃《疏》文所释，故当加引号。原句当改为"而天子与其臣，皮弁以日视朝，则卿士旦朝于王，服皮弁不服缁衣，故知是'卿士听朝之正服'。"

将仲子

134 页三八五 九行 经三章皆陈拒谏之辞。"岂敢爱之，畏我父母"，是小不忍也。后乃兴师伐之，是致大乱也。

正：此《疏》文乃释本诗《小叙》"小不忍以致大乱焉"之语，故"小不忍""致大乱"皆当加引号以明之。故原句当改为"经三章皆陈拒谏之辞。'岂敢爱之，畏我父母'，是'小不忍'也。后乃兴师伐之，是'致大乱'也。"

135 页三八五　十行　此事见于《左传》隐元年《传》曰，郑武公娶于申，曰武姜，生庄公及共叔段。

正：此事见于《左传》隐元年，当断，《传》曰引领下文当用冒号，则原句当点作"此事见于《左传》隐元年，《传》曰：郑武公娶于申，曰武姜，生庄公及共叔段。"

136 页三八七　五行　此今共北淇水傍，鲁国泰山汶水边纯杞也。

正：上古本于"淇水""鲁国""泰山""汶水"左旁分别画有专名号，但"共"为地名，"今共"者，其时之共县也，故亦当加专名号。又，共北淇水旁与鲁国泰山汶水边为并列的地理位置，理当用顿号，不当用逗号，故原句当点作"此今共北淇水傍、鲁国泰山汶水边纯杞也。"

大叔于田

137 页三九〇　十行　叔负才恃众，必为乱阶，而公不知禁，故刺之。经陈其善射御之等，是多才也。襢裼暴虎，是好勇也。火烈具举，是得众也。

正："多才""好勇""得众"，皆本诗《小叙》之文，理当加引号；"襢裼暴虎""火烈具举"，皆本诗经文，亦当加引号；故原句当点作"叔负才恃众，必为乱阶，而公不知禁，故刺之。经陈其善射御之等，是'多才'也。'襢裼暴虎'，是'好勇'也。'火烈具举'，是'得众'也。"

138 页三九一　一行　大叔于田，乘乘马。

补："大叔于田"，元刊明修本、文物本、闽本、明监本、毛本、阮本、巾箱本、监图本、纂图本、日抄本，皆与底本同。而《释文》云："'叔于田'，本或作'大叔于田'者，误"，阮记据此以为："此诗三章共十言叔，不应一句独言大叔……其首句有大字者，援序入经耳，当以《释文》本为长。"今检敦煌残卷伯二五二九《毛诗故训传·大叔于田》正作"大叔于畋，乘乘马"，又单疏本正义标所释经句起止云"大叔至伤女"，今传世本《唐石经》作"大叔于田，乘乘马"，则唐人所见此句多作"大叔"，陆元朗所谓作"或作大叔于田者误"，难以据信，阮记是之，并作揣测之语，实绝不可信。上古记失校。今人袁梅《诗经异文汇考辨证》据元九经本及《清石经》以为正本当无"大"字，其不足取信，更毋庸置辩也。

139 页三九三　十二行　鸨，音保，依字作"騇"。

补："騇"，元刊明修本、文物本、阮本、监图本与底本同；闽本作"鸨"，明监本、毛本、纂图本同。鸨，依字作"鸨"，前后均为一字，语意显然不符，此处"鸨"字所言乃大叔所乘之乘马，与马相关，则依字当作"騇"，故底本作"騇"是也，又单疏本《正义》所引皆作"騇"，故作"鸨"者误矣。上古本失校。

140 页三九四　七行　郭璞曰："今呼之为乌验。"

正："验"，底本作"騘"，元刊明修本、文物本、阮本同；闽本作"騘"，明监本、毛本同，单疏本亦作"騘"。"騘"即"騘"之异体字，读忽；验，读燕；二者字异音别，其义亦殊，检宋本《尔雅》郭注亦作"騘"，则上古本讹"騘"为"验"，所谓新造谬说者也，误甚。

141 页三九四　十一行　弢弓，谓驰弓而纳之弢中。

补："谓"，元刊明修本、文物本作"盖"；闽本、明监本、毛本、阮本皆与底本同，单疏本亦作"谓"。作"谓"辞气畅达，作"盖"似误，上古本失校。

清人

142 页三九七　十一行　襄十年《左传》云："舞，师题以旌夏。"杜预云："题，识也。以大旌表识其行列。"然则，题者表识之言，笺申说累荷之意，言乔者矛之柄，近于上头及矛之鋈室之下，当有物以题识之，其题识者，所以悬毛羽也。

补："题者表识之言"之"题"，元刻明修本、文物本、阮本同；闽本作"矛"，明监本、毛本同；单疏本作"题"，《要义》所引亦作"题"，揆诸文义，显当作"题"，作"矛"者显误，上古本失校。

正："然则表识之言"以上，皆释"题"者之义，当为一句；"笺申说累荷之意"一下，乃总释笺文"乔，矛矜近上及室题，所以县毛羽"，则当为一句。又，矛之柄近于上头，当断，故原句当点作"襄十年《左传》云：'舞，师题以旌夏。'杜预云：'题，识也。以大旌表识其行列。'然则，题者表识之言。笺申说累荷之意，言乔者，矛之柄近于上头，及矛之銎室之下，当有物以题识之，其题识者，所以悬毛羽也。"

卷四之二校勘记

143 页三九九 [一]　又为幽王大司徒　"又"下原衍"云"字，据单疏本删。

按：底本作"又云为幽王大司徒"，元刊明修本、文物本、闽本、明监本、毛本同；单疏本无"云"字，《要义》所引亦无"云"字。揆诸文义，无"云"字是也，浦镗《正字》云："'又'，衍'云'字"，是也，阮记云："此不误，浦镗云衍'云'字，非也"，阮说误甚。

144 页三九九 [一]　桓公曰善　"曰"原作"臣"，阮本同。阮校云："山井鼎云《史记》'臣'作'曰'，是也。"据改。

按：底本作"桓公臣善"，元刊明修本、文物本、闽本、明监本、毛本同；单疏本"臣"作"曰"，《要义》所引亦作"曰"。浦镗《正字》云："'曰'误'臣'"，是也。阮记不引《正字》，疏矣，上古记不引单疏本、《要义》，疏漏甚矣。

145 页三九九 [三]　虽未踰年　"踰"原作"喻"，据单疏本、阮本改。

按：底本作"虽未喻年"，元刊明修本、文物本同；闽本"喻"作"踰"，明监本、毛本、阮本同，单疏本亦作"踰"，上古记漏列版本信息。

146 页三九九〔四〕　是突前篡之初　"初"原作"笺"，阮本同。阮校云："闽本、明监本、毛本'笺'作'初'，案：皆非也。当作'事'，上下文可证。"今据单疏本改。

按：底本作"是突前篡之笺"，元刊明修本、文物本、阮本同；闽本"笺"作"初"、明监本、毛本同，单疏本作"初"，《要义》所引亦作"初"，作"初"是也。阮记云当作"事"，误甚。

147 页三九九〔五〕　宜是初年事也　"年"原作"田"，阮本同。阮校云："闽本、明监本同。毛本'田'作'年'，案：皆非也。'田'，当作'日'，形近之讹。"今据单疏本改。

按：底本作"宜是初田事也"，元刊明修本、文物本、闽本、明监本、阮本同；毛本"田"作"年"，单疏本作"年"，《要义》所引亦作"年"，浦镗《正字》云："'年'，监本误'田'"，是也。阮记云当作"日"，误甚。

148 页三九九〔六〕　虽当突前篡之时　"之"字原脱，阮本同。据单疏本补。

按：底本无"之"字，元刊明修本、文物本、阮本同；闽本有"之"字，明监本、毛本同，单疏本有"之"字。阮记云："明监本、毛本'时'上衍'之'字，闽本剜入"，单疏本已有"之"字，阮说误甚。

149 页四〇〇〔七〕　度谓宫室车服之制　"车"原作"衣"，据单疏本改。

按：底本作"度谓宫室衣服之制"字，元刊明修本、文物本、闽本、明监本、毛本、阮本同。单疏本"衣"作"车"。衣、服同物，联言重复，且此处《疏》文乃引《周礼·大司徒》郑注文，郑注云"度谓宫室车服之制"，与单疏本合，则"衣"显为"车"字之讹。

150 页四〇〇〔八〕　在天子之宫　"之"字原脱，闽、监、毛本、阮本同。阮校云："小字本、相台本'宫'上有'之'字，明监本、毛本同。闽本剜入，《考文》一本同。案：有者是也。"今据单疏本补。

按：底本无"之"字，元刊明修本、文物本、阮本同；闽本有"之"字，明监本、毛本、巾箱本、监图本、纂图本、日抄本皆同。宋本《周礼疏》卷三《宫正》贾《疏》云："诗云：适子之馆兮，郑云：卿士所之之馆，在天子之宫中"（北京图书馆出版社 2003 年影印国家图书馆藏宋两浙东路茶盐司刻宋元递修本），有"之"字；元刊本《汉制考》卷四《诗》："适子之馆兮，笺：卿士所之之馆，在天子之宫，如今之诸庐也"（北京图书馆出版社 2006 年影印国家图书馆藏元至元六年庆元路儒学刻本），亦有"之"字，则有者是也。上古记云"今据单疏本补"，令人无法理解，单疏本只录《正义》，不录经文、毛《传》、郑笺，如何据单疏本以正郑笺之脱漏？荒唐至极者也！

151 页四〇〇［一〇］　非民所能改授之也"授"原作"受"，闽本、明监本、毛本、阮本同。阮校云："浦镗云：'授，讹"受"'。是也。"今据单疏本改。

按：底本作"非民所能改受之也"，元刊明修本、文物本、闽本、明监本、毛本同；单疏本"受"作"授"，《要义》所引亦作"授"。《疏》文前云："采禄，王之所授也"，则"非民所能改授也"，若作"受"字，则句意不通，当作"授"也。

152 页四〇〇［一一］　此缁衣即士冠礼所云"即"原作"卿"，闽本、明监本、毛本、阮本同。阮校云："浦镗云：'即，误"卿"'。是也。"今据单疏本改。

按：底本作"此非缁衣卿士冠礼所云"，元刊明修本、文物本、闽本、明监本、毛本同；单疏本"卿"作"即"，《要义》所引亦作"即"。作"卿"显误，当作"即"也。

153 页四〇〇［一二］　则缁衣卿士所服也"则"原作"周"，阮本同。阮校云："闽本、明监本、毛本'周'作'则'。案所改非也，周当作'明'，形近之讹。"今据单疏本改。

按：底本作"周缁衣卿士所服也"，元刊明修本、文物本、阮本同；闽本"周"作"则"，明监本、毛本同，单疏本亦作"则"，《要义》所引亦作"则"。作"周"文义不通，当作"则"也。阮记云当作"明"，猜测之见，误甚。

154 页四〇〇 ［一三］　是致大乱也"乱"下原衍"大"字，据单疏本删。

按：此条上古记不列版本信息，底本作"是致大乱大也"，元刊明修本、阮本同；文物本作"是致大乱国也"，闽本、明监本、毛本同；单疏本作"是致大乱也"，上古本以之为是，恐未必然。

155 页四〇〇 ［一四］　杞枸檵"檵"原作"继"，据单疏本及《四牡》传改。

按：底本作"杞枸继"，元刊明修本、文物本、闽本、明监本、毛本、阮本同；单疏本作"继"作"檵"。浦镗《正字》云："檵，误从纟旁作"，阮记云："案：考彼《传》及《尔雅》皆是檵字，此'继'字当误"，皆是也。上古记不列版本异同，失校。

156 页四〇〇 ［一六］　檀强韧之木　阮本同。阮校云："小字本、相台本'韧'作'忍'。"按单疏本作"忍"。

按："韧"，元刊明修本、文物本、闽本、明监本、毛本作同；巾箱本、监图本、纂图本、日抄本作"忍"。《疏》文云"故云强韧之木"，单疏本同，则注疏本系统作"韧"，经注本系统作"忍"，二者并行不悖也。上古记云"按单疏本作'忍'"，令人无法理解，单疏本只录《正义》，不录经文、毛《传》、郑笺，如何据单疏本以证郑笺？此又荒唐至极也！

157 页四〇〇 ［一七］　依字韦旁作刃"韦"原作"木"，据单注本改。

按：底本作"依字木旁作刃"，元刊明修本、文物本、闽本、明监本、毛本、阮本皆同；唯有巾箱本"木"作"韦"，上古记所谓单注本当指此本，然监图本、纂图本皆宋刊单注本系统，其作"木"不作"韦"，又宋本《释文》亦作"木"，则陆元朗原文定当作"木"，巾箱本见《传》作"韧"遂望文生义，妄改《释文》"木"为"韦"，误矣，上古本又据此而轻改原文，误甚。

158 页四〇〇 ［一九］　言其不妄为武也"也"字原脱，闽本、明监本、毛本、阮本同。据单疏本补。

按：底本无"也"字，元刊明修本、文物本、阮本同。然闽本、明监本、毛本皆有"也"字，上古记云三本皆无，不知其所据何本也！

159 页四〇一［二二］ 欲止前住"住"原作"往"，闽本、明监本、毛本、阮本同。据单疏本改。

按：底本作"欲止前往"，元刊明修本、文物本、闽本、毛本、阮本同；明监本"往"作"住"，单疏本作"住"，《要义》所引亦作"住"。浦镗《正字》云："住，误往"，是也。上古记云明监本与底本同作"往"，不知其所据何本。

160 页四〇一［二三］ 骖与中对文"与"字原脱，闽本、明监本、毛本、阮本同。据单疏本补。

按：底本无"与"字，元刊明修本、文物本、阮本同；闽本剜入"与"字，明监本、毛本同，单疏本有"与"字，《要义》所引亦有"与"字，考之原文，有者是也，阮记云："明监本、毛本，'骖'下衍'与'字，闽本剜入"，据单疏本、《要义》，可知阮说大谬，然阮氏所据本闽本、明监本、毛本皆有"与"字，今本挍所据本亦有"与"字，然上古记却云三本皆与底本同无"与"字，不知其所据何本。

161 页四〇一［二五］ 狄人已去"已"原作"以"，闽本、明监本、毛本、阮本同。据单疏本改。

按：底本作"狄人以去"，元刊明修本、文物本、闽本、阮本同；明监本"以"作"已"，毛本同，单疏本作"已"，揆诸文义，当作"已"字。上古记云明监本、毛本与底本同作"以"字，不知其所据何本。

162 页四〇一［二七］ 鲁颂以二矛与重弓共文"二"字原脱，闽本、明监本、毛本、阮本同。按《鲁颂·閟宫》曰"二矛重弓"，据单疏本补。

按：底本无"二"字，元刊明修本、文物本、阮本同；闽本有"二"字，明监本、毛本同，单疏本有"二"字，《要义》所引亦有"二"字，考之原文，有者是也，阮记云："明监本、毛本，'以'下衍"二"字,闽本窜入。案:此无"二"字,乃与上下文互见,不当添也",据单疏本、《要义》,可知阮说大谬,然阮氏所据本闽本、明监本、毛本皆有"二"字,今本校所据本亦有"二"字,然上古记却云三本皆与底本同无"二"字,不知其所据何本。

163 页四〇一［二八］ 然则题者表识之言"则"字原脱,闽本、明监本、毛本、阮本同。据单疏本补。

按:底本无"则"字,元刊明修本、文物本、阮本同;闽本窜入"则"字,明监本、毛本同,单疏本有"则"字,《要义》所引亦有"则"字,考之原文,有者是也,阮记云:"明监本、毛本,'题'误'则'、'矛'二字,闽本窜入",据单疏本、《要义》,可知阮说大谬,然阮氏所据本闽本、明监本、毛本皆有"则"字,今本校所据本亦有"则"字,然上古记却云三本皆与底本同无"则"字,不知其所据何本。

164 页四〇一［二九］ 中军谓将也"谓"原作"为",闽、监、毛本、阮本同。阮校云:"小字本、相台本'为'作'谓',《考文》古本同。案:'谓'字是也。《释文》以'谓将'作音可证。"今据单疏本改。

按:底本作"中军为将也",闽本、明监本、毛本作同;元刊明修本漫漶;巾箱本"为"作"谓",监图本、纂图本、日抄本同;文物本作"中军为中也"。考《要义》所引亦作"谓",又《读诗记》卷八云:"郑氏曰:左谓御者,右车右也,中军谓将也",则当作"谓",浦镗《正字》云:"谓,误为",是也。文物本作"中军为中也",显误。上古记云"今据单疏本改",令人无法理解,单疏本只录《正义》,不录经文、毛《传》、郑笺,如何据单疏本以正郑笺?此又荒唐至极也!

165 页四〇一［三〇］ 左阳也"左"原作"右",闽本、明监本、毛本、阮本同。据单疏本及《少仪》注改。

按:底本作"右阳也",元刊明修本、文物本、闽本、明监本、毛本、阮本同;单疏本"右"作"左",《要义》所引亦作"左"。《疏》文云:"《少仪》云'军尚左',注云:'左,阳也,阳主生,将军有庙胜之策，左将军为上，贵不败绩'"，揆诸文义，前后皆言尚"左"，无由作"右阳"也，浦镗《正字》云："左，误右"，是也。

166 页四〇一 ［三一］　郑丘缓为右"丘"原作"兵"，据单疏本及成二年《左传》改。

按：底本作"郑兵缓为右"，元刊明修本、文物本、闽本、明监本、毛本、阮本同；单疏本"兵"作"丘"，《要义》所引亦作"丘"。浦镗《正字》云："丘，误兵"，是也。上古记不列版本异同，失校。

卷四之三

羔裘

167 页四〇二　八行　以桓、武之世，朝多贤臣。

补："世"，元刊明修本作"出"，文物本同；闽本、明监本、毛本、阮本与底本同，单疏本亦作"世"，《要义》亦引作"世"。揆诸文义，"出"字显为"世"字之讹，上古本失校。

168 页四〇四　一行　羔裘晏兮，三英粲兮。晏，鲜盛貌。三英三，德也。《笺》云：三德，刚克、柔克、正直也。

正：经文作"三英粲兮"，《传文》"三英，三德也"，显为释经而言，《疏》文亦云："言有三种之英，故《传》以为三德"，笺文更是释此三德，而上古本竟然点作"三英三，德也"，诚令人匪夷所思。

遵大路

169 页四〇六　一行　遵大路兮，掺执子之手兮。《笺》云：言执手者思望之甚。

正：笺文"言执手者"当断，"思望之甚"为句，岂可联为一句！

女曰鸡鸣

170 页四〇七　一行　定本云古义无士字，理亦通。

正：本诗《小叙》云："陈古义以刺今不说德而好色也"，《疏》文有云："经之所陈，皆是古士之义好德不好色之事……故序指言刺不悦德也"，细玩《疏》文之义，其所见之本当作"陈古士义以刺今不说德而好色也"，故有所谓"定本云'古义'，无'士'字，理亦通"，上古本整理者既不加深思，无法点断，亦不足为奇了。

171 页四〇八　七行　弋取凫鴈，我欲为加豆之宾而用之，与子宾客作肴羞之馔共食之。

补："加豆之宾"不辞，其"宾"字，底本作"宾"，元刊明修本、文物本同；闽本作"实"，明监本、毛本、阮本同，单疏本亦作"实"。考前笺文作"所弋之凫鴈，我以为加豆之实，与君子共肴也"，下《疏》文又云："故以所射之凫鴈为加豆之实，与君子共肴之"，则显然当作"加豆之实"，而底本讹作"宾"者，或因涉下文"宾客"而误，上古本失校。

172 页四一〇　五行　上章与宾客饮酒，《笺》不言异国。于此言异国者，上章燕即是此客，但辞不言来客非异国。至此章言来送之与别，故以异国称之。

正：此处标点多误，故原文义不可晓。本章经文云："知子之来之，杂佩以赠之"，郑笺云："赠，送也。我若知子之必来，我则豫储杂佩，去则以送子也。与异国宾客燕时，虽无此物，犹言之以致其厚意"。《疏》文意谓，上章经文"宜言饮酒，与子偕老"，笺云："宜乎我燕乐宾客而饮酒，与之俱至老，亲爱之言也"，亦言饮酒，而笺文不及"异国"，而本章笺文则云"与异国宾客燕时"，乃是上章经文没有"来"字，故知其宾客非远道而来之异国宾客，而本章经文则云"知子之来之"，有"来"字，又云"赠之"，下文《疏》文云："赠之者，以物与之，送之与别"，可知赠即送也，故郑氏称之为异国宾客。据此，原句当点作"上章与宾客饮酒，笺不言异国，于此言异国者，上章燕即是此客，但辞不言'来'，客非异国，至此章言'来'，送之与别，故以异国称之。"

有女同车

173 页四一〇 十五行 大子忽尝有功于齐，齐侯请妻之齐女，贤而不取，卒以无大国之助，至于见逐，故国人刺之。

正：此本诗《小叙》，《疏》文释之云，"此太子忽尝有功于齐，齐侯喜得其功，请以女妻之，此齐女贤而忽不娶"，"此言齐女贤而忽不娶"，"此《序》言忽有功于齐，齐侯请妻之，则请妻在有功之后，齐女贤而忽不娶"，据此可知，"齐侯请妻之"为句，"齐女贤而不取"为句，上古本整理者将"齐女"二字属上，不惟于句法不通，亦大乖文义也。

山有扶苏

174 页四一六 四行 乃唯见此壮狡童，昏之昭公。

正："壮狡童""昏之昭公"，皆不知何义，《疏》文有增字释经之例，本诗经文云"乃见狡童"，壮狡释"狡"，童昏释"童"，则原句岂能点断？逗号当删。

褰裳

175 页四二一 十三行 言他人者，先乡齐、晋、宋、卫，后之荆、楚。

页四二二 十七行其实大国非独齐、晋，他人非独荆、楚也。定本云："先向齐、晋、宋、卫，后之荆、楚也。"

正：荆楚其是两地？而上古本整理者竟然用顿号隔开，此处《疏》文明言："楚则远在荆州，是南夷大国"，何整理者昏聩若此也！

176 页四二一 十四行 狂童之狂也且！狂行，童昏所化也。

正：本诗经文"狂童之狂也且"，毛《传》释之为"狂行童昏所化也"，《疏》文又释《传》义云："'狂童之狂也且'，言其日益为狂，故《传》解其益狂之意，言突以狂行童昏，其所风化于人，人又从之，徒众渐多，所以益为狂行，作乱不已"，则其狂行，非童昏所化也，而是其狂行童昏有以化人，人重渐多，益为狂行，此即"狂童之狂也且"之"狂"之义，而《传》乃释此狂之由来，正是公子突之"狂行童昏"也，则"狂行童昏所化也"岂可断为两句？逗号当删。

卷四之三校勘记

177 页四二四 ［一］　以桓武之世朝多贤臣"贤臣"二字原脱，闽本、明监本、毛本、阮本同。据单疏本补。

按：底本无"贤臣"二字，元刊明修本、文物本、阮本同；闽本有此二字，明监本、毛本同，单疏本有此二字，《要义》所引亦有此二字。此处《疏》文云："以桓、武之世，朝多贤臣，贤者陵迟自庄公为始，故言'自'也"，本释笺文"郑自庄公而贤者陵迟"，若无贤臣二字，则贤者必属上，则"陵迟自庄公为始"，不成句也，且与笺文"贤者陵迟"不照，结合单疏、《要义》，可知此处必有"贤臣"二字，阮记云："闽本、明监本、毛本，'贤'下衍'臣贤'二字"，阮说误甚！而上古记竟谓"闽本、明监本、毛本、阮本同"无贤臣二字，斯又更不知所云矣。

178 页四二四　［二］　亦谓朝多贤臣具此三德"多"原作"夕"，闽本、明监本、毛本、阮本同。阮校云："夕，当作'多'。"今据单疏本改。

按："多"，底本作"夕"，元刊明修本、文物本、阮本同；闽本作"多"，明监本、毛本同，单疏本亦作"多"。"朝夕贤臣"不辞，"夕"显为"多"字之讹。然上古记竟谓"闽本、明监本、毛本、阮本同"，联系上下诸条及其他相似情况，不禁让人怀疑上古本整理者到底有没有一检原书，而竟有如此疏漏舛误！

179 页四二四　［七］　璜半璧也"半"原作"圭"，闽本、明监本、毛本、阮本同。阮校云："《说文》'圭'作'半'。案'半'字是也。"今据单疏本改。

按："半"，底本作"圭"，元刊明修本、文物本、阮本同；闽本作"半"，明监本、毛本同，单疏本亦作"半"、《要义》所引亦作"半"。此处阮记为卢记所补，据所引《说文》及单疏、《要义》，当作"半"也。上古记竟谓"闽本、明监本、毛本、阮本同"，令人无语。

180 页四二五［九］　下传亦云佩有琚瑀"瑀"原作"玖"，闽本、明监本、毛本、阮本同。据单疏本及《女有同车》传文改。

按："瑀"，底本作"玖"，元刊明修本、文物本、阮本同；闽本作"瑀"，明监本、毛本同，单疏本亦作"瑀"、《要义》所引亦作"瑀"。据《有女同车》毛《传》及单疏、《要义》，作"瑀"者是也，阮记云："闽本、明监本、毛本，'玖'作'瑀'。案：'瑀'字误改也"，阮说大谬。上古记竟谓"闽本、明监本、毛本、阮本同"，令人无语，又所谓《女有同车》，不知何物也！

181 页四二五　［一一］　此篇所陈非言古士"言"字原脱，闽本、明监本、毛本、阮本同。据单疏本补。

按：底本无"言"字，元刊明修本、文物本、阮本同；闽本有"言"字，明监本、毛本同，单疏本亦有"言"字。有者是也，阮记云："闽本、明监本、毛本，'非'下衍'言'"，阮说大谬。上古记竟谓"闽本、明监本、毛本、阮本同"，令人无语。

182 页四二五［一三］　郑庄公世子"庄"原作"太"，据单注本改。

按：底本作"太"；元刊明修本作"庄"，文物本、闽本、明监本、毛本、巾箱本、监图本、纂图本、日抄本皆同。"太"字显为"庄"字之讹。底本于"太"字右上有一小圈，以示标记，此行页脚写有"庄"字，则读此书者亦知此字之误。上古记不列众本，失校。

183 页四二五［一六］　后世传道其德也"道其"原作"其道"，阮本同。阮校云："小字本、相台本'其道'作'道其'，《考文》古本同。案'道'字在'其'上者是也。《释文》以'传道'作音可证。"今据单疏本乙正。

按：底本作"其道"，元刊明修本、文物本、闽本、明监本、毛本、阮本同；巾箱本作"道其"，监图本、纂图本、日抄本同。则注疏本系统作"其道"，经注本系统作"道其"，孰是孰非，难以遽断，阮说不可从也。而单疏本何来郑笺之文，上古记居然据单疏本以正之，真乃匪夷所思之极者也。

184 页四二五［一八］　其华菡萏"其"下原衍"其"字，闽本、明监本、毛本、阮本同。据单疏本删。

按："其"，底本作"其其"，元刊明修本、阮本同；文物本作"也其"；闽本作"其"，不重衍"其"字，明监本、毛本同，单疏本亦作"其"、《要义》所引亦作"其"。卢记云："衍一'其'字"，是也。上古记竟谓"闽本、明监本、毛本、阮本同"，令人无语。

185 页四二五［二〇］　笺人之至意同"笺"原作"丑"，闽本、监本、毛本、阮本同，阮校云："毛本'丑'作'笺'。"今据单疏本、毛本改。

按："笺"，底本作"丑"，元刊明修本、文物本、阮本同；闽本作"笺"，明监本、毛本同，单疏本亦作"笺"。上古记所谓阮校，实为卢记所补，上古本整理者见卢记云："毛本'丑'作'笺'"，便想当然地认为因为只有毛本作"笺"，故闽本、明监本自然皆与底本同作"丑"，而不复检核闽本、明监本，致有所谓"闽本、监本、毛本、阮本同"之谬说。于此条校记，正可见上古本整理者之瞒天过海、敷衍了事也。

186 页四二五［二一］　是龙红一草而别名"别"原作"列"，闽本、明监本、毛本、阮本同。据单疏本改。

按："别"，底本作"列"，元刊明修本、文物本、阮本同；闽本作"别"，明监本、毛本，单疏本亦作"别"。"一草而列名"，不辞，"列"显为"别"字之讹也。上古记竟谓"闽本、明监本、毛本、阮本同"，令人无语。

187 页四二六［二三］　不应言槁游也"槁"原作"桥"，据单疏本改。

按："槁"，底本作"桥"，元刊明修本、文物本、闽本、明监本、毛本、阮本同，《要义》所引亦作"桥"。然唯有单疏本作"槁"。本段《疏》文乃释郑笺之义，其云："笺以作者若取山木隰草为喻，则当指言松、龙而已，不应言槁、游也。今松言槁，而龙云游，明取槁游为义。山上之木言枯槁，隰中之草言放纵，明槁松喻无恩于大臣，游龙喻听恣于小臣。言养臣颠倒，失其所也。"据《疏》文所释，郑玄意在槁松与游龙相对，以明对大臣恩薄而待小臣意厚也，又《释文》云："毛作'桥'，其骄反，王云：高也；郑作'槁'，苦老反，枯槁也"，并《疏》文而观之，则此处当作"槁游"绝无可疑也，诸本及《要义》所引皆误。阮记云："案：'槁'字是也，凡《正义》说笺者，例用'槁'，十行本多未误，唯'不应槁游也'一字误作'桥'耳。"所言是也。上古记不列众本，失校。

188 页四二六［二七］　郑世子忽复归于郑"归"原作"思"，闽本、明监本、毛本、阮本同。据单疏本及桓十五年《左传》改。

按："归"，底本作"思"，元刊明修本、文物本、阮本同；闽本作"归"，明监本、毛本同，单疏本亦作"归"，《要义》所引亦作"归"。卢记云："'思'，当作'归'"，是也。上古记竟谓"闽本、明监本、毛本、阮本同"，令人无语。

卷四之四

丰

189 页四二七　十行　《我行其野》《笺》云新特，谓外婚，谓妇为昏也。

补："笺"，元刊明修本、文物本、闽本、明监本、毛本、阮本皆与底本同，单疏本亦作"笺"，《要义》亦引作"笺"。检《我行其野》诗"不思旧姻，求尔新特"，毛《传》云："葍，恶菜也；新特，外昏也"，又孔《疏》标起止云"传葍恶菜新特外昏"，则此处所引所谓笺云者，当是彼诗《传》文也，浦镗云："'传'，误'笺'"，诚为卓识。上古本失校。

190 页四二八　二行　言往日有男子之颜色丰然丰满，是善人兮，来迎我出门，而待我于巷中兮。子当时别为他人，不肯共去，今日悔恨我本不送是子兮。所为留者亦不得为耦，由此故悔也。

补："子当时别为他人"之"子"，元刊明修本、文物本同；闽本作"予"，明监本、毛本、阮本同，单疏本亦作"予"。揆诸上下文，作"予"是也，予者女子自谓也，自谓当时因为他男子而未肯与是子共去，而今亦不得与他男子为配偶，因而悔恨也。上古本失校。

东门之墠

191 页四三〇　九行　墠，音善，依字当作"墠"。

补：墠，依字当作"墠"，句义不可解。元刊明修本、文物本、闽本、明监本、毛本、阮本皆同；巾箱本作"墠，音善，字亦作'坛'"，监图本作"壇，善，依字当作'墠'"，纂图本作"坛，音善，依字当作'墠'"。宋本《释文》以"东门之坛"标目，下小注云："音义，除地町町者也，依字当作'墠'"，通志堂本、抱经堂本《释文》"义"作"善"。据此，《释文》所云实是为"东门之坛"之"坛"字释音，非为"墠"也，而附释音于经注本时，因底本经文诗名为"东门之墠"，硬行插入，遂有所谓"墠依字当作墠"之怪说，诸注疏本延其误也，浦镗云："'坛'，误'墠'"，是也，巾箱本觉察义不可通，虽改后墠为坛，监图本、纂图本皆录《释文》原文，故有此诸说之异。

192 页四三一　二行　远而难，则如茹藘在阪。

补："远"，底本作"墠"，元刊明修本、文物本同；闽本作"远"，明监本、毛本、阮本、巾箱本、监图本、纂图本、日抄本皆同，《要义》所引亦作"远"。墠而难，不辞，又考下《疏》文引《传》文谓："远而难，则如茹藘在阪"，则此处之"墠"显误，上古本整理者不出校说明，径改底本，太过草率也。

193 页四三一　十行　言其易，可以奔男止，自男不来迎己耳。

正："可以奔男止"，不知何义，"止"字显当属下句，"止自男不来迎己耳"意谓：我之所以止步没有奔男，因自男子未能来迎我也。换言之，若是男子来迎我，我则义无反顾与其私奔，此即所谓易者也。故原句当点作"言其易，可以奔男，止自男不来迎己耳。"

子衿

194 页四三七 十行 汝何故弃学而去挑兮達兮，乍往乍来在于城之阙兮。

正："挑兮達兮"乃本诗经文，"乍来乍往"为释义之语，则皆当断开，原句当点作"汝何故弃学而去，挑兮達兮，乍往乍来，在于城之阙兮。"

扬之水

195 页四三九 一行 《笺》云："鲜，寡也。忽兄弟争国，亲戚相凝，后竟寡于兄弟之？，独我与女有耳。作此诗者，同姓臣也。"

补："亲戚相凝"，义不可解，"凝"，元刊明修本、文物本同；闽本作"疑"，明监本、毛本、阮本、巾箱本、监图本、纂图本、日抄本皆同，《要义》所引亦作"疑"。考下《疏》文释此笺文云："今忽既不能诛除逆乱，又复兄弟争国，亲戚相疑，终竟寡于兄弟之恩，唯我与汝二人而已"，则此"凝"字显为"疑"字之讹，上古本失校。

野有蔓草

196 页四四五 九行 仲春、仲秋，俱是画夜等，温凉中。

补："画夜等"，不知何义，"画"，元刊明修本作"昼"，文物本、闽本、明监本、毛本、阮本皆同，单疏本亦作"昼"。"昼""夜"相对，"画"字显为"昼"字之讹，上古本失校。

溱洧

197 页四四六 五行 蕑，古颜反，字从艹。《韩诗》云"莲也"。若作竹下，是蕑策之字耳。

补："蕑策之字"之"蕑"，底本作"简"，元刊明修本、文物本、闽本、明监本、毛本、阮本、巾箱本、监图本、纂图本、日抄本皆同。《释文》亦作"简"，"简策"成文，且其明谓"若作竹下"，与"字从艹"相别，则上古本之"蔄策之字"不知从何而来，错改底本，新造谬误，荒唐疏漏之极者也。

卷四之四校勘记

198 页四四八〔四〕 妇人之服不殊裳"妇"原作"而"，闽本、明监本、毛本、阮本同。据单疏本改。

按："妇"，底本作"而"，元刊明修本、文物本、阮本同；闽本作"妇"，明监本、毛本同，单疏本亦作"妇"、《要义》所引亦作"妇"。又《读诗记》卷八《丰》："孔氏曰：妇人之服不殊裳"，则"而"字显误，当作"妇"。上古记竟谓"闽本、明监本、毛本、阮本同"，令人无语！

199 页四四八〔五〕 以不得配耦 配，单疏本作"妃"。

按：元刊明修本、文物本、闽本、明监本、毛本、阮本皆与底本同，作"配耦"，考《疏》文上云"此诗是妇人追悔愿得从男陈行嫁之事"、"此作者设为女悔之辞"，则"不得配耦"者不得相配之男子也，若作"妃"，则显然义不可通，单疏本似误。

200 页四四九〔六〕 故各自为刺也"各自"原作"名曰"，据单疏本改。

按："各自"，底本作"名曰"，元刊明修本、文物本、闽本、明监本、毛本、阮本皆同；单疏本作"各自"，阮记云："'名曰'当作'各自'，形近之讹"，阮说是也。

201 页四四九〔七〕 则如茹蔄在阪"如"字原脱，阮本同。阮校云："相台本'则'下有'如'字，《考文》古本同。"今据单疏本及阮校补。

按：底本无"如"字，元刊明修本、文物本、闽本、明监本、毛本、阮本、监图本、纂图本，皆同；巾箱本有"如"字，日抄本同，《要义》所引亦有"如"字。毛《传》云："男女之际近而易，则如东门之坛；远而难，则如茹蔄在阪"，"近而易"配"远而难"，"则如东门之坛"对"则如茹蔄在阪"，若阙"如"字，辞气不昶、前后失照也，又下《疏》文云："故云'男女之际近而易，则如东门之壝；远而难，则如茹蘆在阪'也"，此乃引《传》文，故"如"字不可阙。

202 页四四九［八］　后篇同"同"字原脱，闽本、明监本、毛本、阮本同。据单疏本、《经典释文》补。

按：底本无"同"字，元刻明修本、文物本、闽本、明监本、毛本、阮本同；巾箱本有"同"字，监图本、纂图本同，《经典释文》有"同"字。浦镗云："脱'同'字"，是也。上古记云"据单疏本"补，单疏本如何能补《释文》之阙，实乃奇闻也！

203 页四四九［一一］　则近在东门外"近"字原脱，闽本、明监本、毛本、阮本同。据单疏本补。

按：底本作"则在东门外"，元刊明修本、文物本、阮本同；闽本作"则近在门外"，明监本、毛本同，单疏本亦作"则近在门外"。考《疏》文云："坛阪可以喻难易耳，无远近之象，而云近远者，以坛繫东门言之，则近在门外"，若作"则在东门外"，前后语复，当从单疏本作"则近在门外"，阮记云："闽本、明监本、毛本，误作'则近在门外'"，误矣。上古本检核疏漏，竟妄改作"则近在东门外"，谬甚矣！

204 页四四九［一二］　郑以为女呼男迎己之辞"呼"原作"乎"，闽本、明监本、毛本、阮本同。据单疏本改。

按："呼"，底本作"乎"，元刻明修本、文物本、阮本同；闽本作"呼"，明监本、毛本同，单疏本亦作"呼"。卢记补云："'乎'，当作'呼'"，是也。上古记竟谓"闽本、明监本、毛本、阮本同"，令人无语！

205 页四四九［一三］　风而且雨"而"原作"雨"，闽本、明监本、阮本同。阮校云："毛本作'风而且雨'。"据单疏本、毛本改。

按："而"，底本作"雨"，元刻明修本、文物本、阮本同；闽本作"而"，明监本、毛本同，单疏本亦作"而"。上古记所谓阮校，实为卢宣旬所补，上古本整理者见卢记毛本云云，遂想当然以为唯有毛本作"而"，故竟谓"闽本、明监本、阮本同"，亦可见其实未一检诸本也！

206 页四四九 ［一五］　故曰校也 曰，单疏本作"称"。

按："曰"，元刊明修本、文物本、阮本皆与底本同；闽本作"称"，明监本、毛本同，单疏本亦作"称"。曰、称孰是，难以遽定，而阮记云："明监本、毛本，'曰'误'称'"，既漏列闽本，又妄下结论，实不可从。

207 页四四九 ［一六］　衣眦谓之襟李巡曰衣眦衣领之襟 二"眦"原均作"皆"，闽本、明监本、毛本、阮本同。据单疏本、《经典释文》改。

按："眦"，底本作"皆"，元刊明修本、文物本、闽本、明监本、毛本、阮本皆同，《要义》亦引作"皆"；单疏本则作"眦"。浦镗云："'眦'误'皆'"，阮记云："案浦镗云：'眦'误'皆'，考《尔雅》是也"，又引段玉裁说"作'皆'不误，'皆'犹'交'也，衣皆谓衣领衣之交处也"，今单疏本作"眦"，又《尔雅》《尔雅疏》皆作"眦"，则可知段说不确，浦说是也，上古记云据《经典释文》改，今检《释文》无一语及此，实乃舛谬荒唐之极者也。

208 页四五〇 ［二〇］　如云从风"云"原作"其"，闽、监、毛本、阮本同。阮校云："小字本、相台本'其'作'云'。案：'云'字是也。"今据单疏本及阮校改。

按："云"，底本作"其"，元刻明修本、文物本、闽本、明监本、毛本、阮本同；巾箱本作"云"，监图本、纂图本、日抄本同。检《集解》卷十一录宋人李樗云："［郑氏］曰：如云者，如其从风"，据此，综合诸本情况，则似是注疏本系统作"如其从风"，经注本系统作"如云从风"。阮记遽以"云"字为是，太过武断，而上古记所谓据"单疏本"改，单疏本何来郑笺之文，此又是咄咄怪事者也。

209 页四五〇 ［二三］　皆白常 闽本、明监本、毛本、阮本同。常，《国语·吴语》作"裳"。

按："白常"，元刊明修本、文物本、闽本、明监本、毛本、阮本皆与底本同，单疏本亦作"白常"，《要义》所引亦作"白常"，则众本无异文，作"白常"是也。又，宋本《国语》（北京图书馆出版社 2006 年影印国家图书馆藏宋刻宋元递修本）亦作"白常"，《国语正义》《国语集解》皆无异说，上古记所云作"白裳"，不知其所据何本，实不可信！

210 页四五〇 〔二四〕　　不得早相配耦 阮本同。配，单疏本作"妃"。

按："配"，元刊明修本、文物本、闽本、明监本、毛本、阮本皆与底本同；单疏本作"妃"。上古本漏列版本信息。

211 页四五〇 〔二五〕　　溥溥然沾润之兮"沾"原作"露"，阮本同。阮校云："毛本'露'作'沾'。"今据单疏本、毛本改。

按："沾"，底本作"露"，元刻明修本、文物本、阮本同；闽本作"沾"，明监本、毛本同，单疏本亦作"沾"。上古记所谓阮校，实为卢宣旬所补，上古本整理者见卢记毛本云云，遂想当然以为唯有毛本作"沾"，故谓据"毛本改"，亦可见其实未一检诸本也！

212 页四五〇 〔二六〕　　郑以仲春为婚月"婚"原作"媒"，闽本、明监本、毛本、阮本同。阮校云："浦镗云'婚，误"媒"'，是也。"今据单疏本改。

按："婚"，底本作"媒"，元刊明修本、文物本、闽本、明监本、毛本、阮本皆同；单疏本作"婚"。考《疏》文云："郑以仲春为婚月，故引以证，此为记时，言民思此时而会者，为此时是婚月故也"，前后"婚月"相配，若前作"媒月"，则义不可通也。

213 页四五〇 〔二七〕　　士与女合会溱洧之上"女"字原脱，毛本同。阮校云："小字本、相台本'与'下有'女'字，明监本、毛本同。闽本剜入。案此脱也。"今据宋本单注本补。

按：底本无"女"字，元刻明修本、文物本、阮本同；闽本有"女"字，明监本、毛本、巾箱本、监图本、纂图本、日抄本同。无"女"字不成辞，有者是也。毛本明明有"女"字，而上古记竟谓其无，揣摩上古记通例，此处所谓"毛本同"似当为"阮本同"，上古记草率荒唐甚矣，于此可见一斑。

卷五之一

齐谱

214 页四五一　十行　《齐世家》云：太公望吕尚者，东海土人也。

正："土"，底本作"上"，元刊明修本、文物本、闽本、明监本、毛本、阮本同，单疏本亦作"上"，《要义》所引亦作"上"。考《史记·齐太公世家》亦作"上"，则经典文献，无一作"土"者，此处之"土"，乃上古本整理者新造之误，篡改文献，荒谬之甚者也！

215 页四五二　十行　《齐世家》云哀公之弟胡公始徙都薄姑，而周夷王之时。哀公之同母少弟山杀胡公而自立，是为献公。

正："而周夷王之时"，显然语气未断，句意未尽，岂可遽以句号截断之！原句显当点作"《齐世家》云：哀公之弟胡公始徙都薄姑，而周夷王之时，哀公之同母少弟山杀胡公而自立，是为献公。"

216 页四五三　一行　《禹贡》："五百里甸服：百里赋纳总，二百里纳铚，三百里纳秸服，四百里纳粟，五百里纳采。五百里侯服：百里采，二百里男邦，三百里诸侯。五百里绥服：三百里揆文教，二百里奋武卫。五百里要服：三百里夷，二百里蔡。五百里荒服：三百里蛮，二百里流。"分此五服者，尧之旧制也。五服距面至二千五百里，四面相距而其方五千里。禹既敷土，广而弥之，故为残数居其间。今以弥成而至于五千里，四面相距乃万里焉。

补："五百里纳采"之"采"，元刊明修本、文物本、明监本与底本同；闽本作"米"，毛本、阮本同，单疏本亦作"米"，《要义》所引亦作"米"。采，如何可纳？此处之"采"，显为"米"字之讹，上古本失校。细辨明监本所作之"采"，其上一撇"丿"似为后人所加，非原刻如此也。

正："分此五服者，尧之旧制也。"所谓"此"者，至上文《禹贡》五服之法也，按照这样的标点，易使人理解为前文《禹贡》所分之五服，乃尧之旧制也，显然与事实不符！尧之旧制：五服距面二千五百里，四面相距方五千里；大禹"广而弼之"，五服距面五千里，四面相距方万里，整整扩大了一倍，则《禹贡》五服绝非尧之旧制也。据此，"尧之旧制也"后之句号，当改为逗号，且应一逗到底，以呼应"分此五服者"之引领全句也。上古本整理者未能涵泳经义，宜其不知起讫也。

217 页四五三　九行　言其复夏禹之旧制，弼成五服。实是尧时以夏禹所定，故云禹制也。

正："实是尧时以夏禹所定"，不知所云，考《齐谱》云："周公致太平，敷定九畿，复夏禹之旧制"，此处《疏》文乃释"复夏禹之旧制"之义，意谓大禹为臣，弼成五服，此事本在唐尧之时，而此处称之为夏禹之制，乃因此事为大禹所定，故系之于禹，而称禹制，"弼成五服"与"实是尧时"岂可断为两截？故原句当点作"言其'复夏禹之旧制'，弼成五服，实是尧时，以夏禹所定，故云禹制也。"

218 页四五三　十四行　且齐武王时地方百里，未得薄姑，至周公、成王时，薄姑氏与四国作乱。

正：上古本于"齐武王"左旁加直线专名号，不知齐武王为何人？此处"齐"必当与"武王"断开，武王者，周武王也，原句当点作"且齐，武王时地方百里，未得薄姑，至周公、成王时，薄姑氏与四国作乱。"

219 页四五四　六行　《地理志》云，潍水出今琅耶箕屋山。

正：上古本于"箕屋山"左旁加直线专名号，据此，则潍水出箕屋山，考《汉书·地理志》琅邪郡箕县条，班固自注："侯国，《禹贡》潍水北至都昌入海，过郡三，行五百二十里"，则箕为箕县，非有箕屋山也，此处专名号，当分别加于"箕""屋山"之左，以示区别。

鸡鸣

220 页四五七　九行　鸡鸣而夫人已起于朝盈之时。夫人不在君所，而得言朝盈以戒君者，以鸡鸣之后未几而朝盈，朝盈与鸡鸣时节相将，以鸡既鸣，知朝将盈。故夫人于鸡鸣之时并云朝盈耳，非是知朝盈之后复来告君也。

正："鸡鸣而夫人已起于朝盈之时"，不辞，《疏》文既谓"鸡鸣之后未几而朝盈"，则鸡鸣、朝盈，时有先后，夫人闻鸡鸣而起之时，尚未朝盈也，"于朝盈之时"显当属下，意谓夫人因鸡既鸣知朝将盈，而非身见朝已盈而返之告君，故原句当点作"鸡鸣而夫人已起，于朝盈之时，夫人不在君所，而得言朝盈以戒君者，以鸡鸣之后未几而朝盈，朝盈与鸡鸣时节相将，以鸡既鸣，知朝将盈，故夫人于鸡鸣之时并云朝盈耳，非是知朝盈之后复来告君也。"

221 页四五七　十一行　朝盈谓羣臣辨色，始入蒲于朝上。

正："蒲于朝上"，不知何义，"蒲"底本作"滿"，元刊明修本、文物本同，闽本作"满"，明监本、毛本、阮本同，单疏本作"滿"。"滿"即"满"也，上古本整理者录作"蒲"，篡改底本，失之远矣。

正："始入"二字义当属上，"辨色始入"义不可分，此句逗号或可删去，或置于"始入"之后。

222 页四五八　十五行　此《传》言"纚笄而朝"者，展衣以见君，褖衣以御君。郑以《周礼》六服差次所用为此说耳，非有经典明文。

正：上古本整理者于"褖衣以御君"后加句号，可见其根本未能读懂原文，遂乱加标点！《疏》文于此句之前有长篇说明，"《传》言'夫人纚笄而朝'，首服纚笄以朝君"，此为毛说；"如郑此言，则夫人以礼见君，当服展衣，御于君当服褖衣，皆首服次，燕居乃服纚笄耳"，此为郑说；二者相异，《疏》文解释郑玄之所以认为"展衣以见君，褖衣以御君"，乃因"以《周礼》六服差次所用为此说"，实际上并无"经典明文"，而若依上古本的标点"展衣以见君，褖衣以御君"便变成了毛说，全句义乖，不知所云了，故原句当点作"此《传》言'纚笄而朝'者，展衣以见君，褖衣以御君，郑以《周礼》六服差次所用为此说耳，非有经典明文。"

223 页四五八　十六行　《列女传》鲁师氏之母齐姜戒其女云。

补："姜"，底本作"善"，元刊明修本、文物本同；闽本作"姜"，明监本、毛本、阮本同，单疏本亦作"姜"，《要义》所引亦作"姜"。考《太平御览》卷五百四十一引《列女传》云："鲁师春姜者，鲁师氏之母也"，此作"春姜"，则与"齐姜"相近，而与"齐善"相远矣，"善"显当是"姜"字之讹，上古本径改底本，不出校说明，误矣。

224 页四五八 十七行 然则古之书传有言夫人纚笄而朝君者，毛当有所依据，而言未必与郑同也。

正："而言"二字显当属上。

225 页四五八 十四行 今定本作"与子憎"。据郑云我，我是子之训，则作"与"者非也。

正："我是子之训"之"子"，底本作"予"，元刊明修本、文物本、毛本同，单疏本亦作"予"；闽本作"子"，明监本、阮本同。考经文原文作"无庶予子憎"，此与《疏》文所见所谓定本"与子憎"，"予"、"与"二字为异，故《疏》文释云，据郑笺所云之我，知我即释"予"之训，故当作"予子憎"，而作"与子憎"者非。据此，可知底本作"予"本不误，乃因形近而讹为"子"，浦镗云："'予'，监本误'子'"，是也。上古本篡改底本，遂造讹误，舛谬甚矣！

还

226 页四六一 十二行 传"还便"至"山名"此"还"与下茂、好、昌、盛，皆是相誉之辞。

正：所谓"此还"，乃指经文"子之还兮"之"还"，与下经文"子之茂兮"之"茂"、"揖我谓我好兮"之"好"、"子之昌兮"之"昌"，皆与"还"同是互相赞誉之辞，而经文本无"盛"字，盛字乃承昌字而来，则"昌盛"之间不可点断，原句当点作"此'还'与下茂、好、昌盛，皆是相誉之辞。"

227 页四六二 九行 其猛建者，虽善用兵者不能免也。

补："建"，元刊明修本、文物本同；闽本作"捷"，明监本、毛本、阮本同；单疏本作"健"，《要义》所引亦作"健"。考单疏本《春秋正义》闵公元年引《陆机毛诗义疏》作"健"（《四部丛刊续编》影钞本），宋八行本《春秋正义》同（北京图书馆出版社 2003年影印国家图书馆藏宋庆元六年绍兴府刻宋刻元修本）；《读诗记》、《段氏毛诗集解》引《陆玑疏》皆作"健"；单疏本《尔雅疏》引《陆机疏》作"健"；揆诸文义，结合众本，作"健"是也，"健"即"健"也，"捷"显因与"健"形近而讹，"建"亦误也，上古本失校。

著

228 页四六三　八行　"俟我"至"乎而"，毛以为士亲迎，夫既受妇于堂，导之而出，妻见其夫衣冠之饰。此陈其辞也，妻言君子待我于门内之着乎而，我见君子塞耳之瑱以素象为之乎而，又见其身之所佩饰之以琼华之石乎而言。士亲迎妻，见其服饰。今不亲迎，故举以刺之也。

正："士亲迎妻，见其服饰"，如此标点，则士见其妻之服饰也，而上文又云"妻见其夫衣冠之饰"，"我见君子塞耳之瑱以素象为之乎而"，二者矛盾，显然有误，今细读原文，可知上古本整理者点破原文也，原句当点作"'俟我'至'乎而'，毛以为士亲迎，夫既受妇于堂，导之而出，妻见其夫衣冠之饰。此陈其辞也，妻言君子待我于门内之着乎而，我见君子塞耳之瑱以素象为之乎而，又见其身之所佩饰之以琼华之石乎而。言士亲迎，妻见其服饰。今不亲迎，故举以刺之也。"

229 页四六四　十二行　且此诗刺不亲迎。

补："且"，元刊明修本、文物本、阮本与底本同，单疏本亦作"且"；闽本作"耳"，明监本、毛本同。"耳"显为"且"字之讹，上古本失校。

230 页四六五　十一行　孙毓云："案《礼》之名充耳，是塞耳，即所谓'瑱悬当耳'，故谓之塞耳。悬之者，别谓之纮，不得谓之充耳，犹瑱不得名之为纮也。故曰'玉之瑱兮'。夫设缨以为冠，不得谓冠是缨之饰；结组以悬佩，不可谓佩所以饰组。今独以瑱为紞之饰，谬于名而失于实，非作者之意。以毛、王为长。"斯不然矣言。

正：孙毓所言承毛、王而来，以为充耳即塞耳，亦即瑱也，而悬之者谓之紞，充耳非紞也；而笺文以为"悬紞之末，所谓瑱也"，则以所悬之物为瑱；《疏》文以后者为是，而以孙毓之说为非，孙说既从毛、王而来，如何自云"以毛、王为长"，此类语气显然是他人评骘之言，实乃《疏》文也，"以毛、王为长，斯不然矣"，语气连贯，为《疏》文判定之语，理应置于孙毓引文之外。

东方之日

231 页四六七　六行　姝者，初昏之貌。

补："姝"，底本作"妹"，日抄本同；文物本作"姝"，闽本、明监本、毛本、阮本、巾箱本、监图本、纂图本皆同，《要义》所引亦作"姝"；元刊明修本漫漶。考经文原文作"彼姝者子"，《释文》大字"彼姝"，小注"亦朱反"，则底本之"妹"显为"姝"字之讹。上古本径改底本，不出校说明，疏漏之甚。

232 页四六七　六行　有姝姝美好之子，来在我室。

补："姝姝"，元刊明修本、文物本、阮本、巾箱本、监图本、纂图本、日抄本皆同；闽本作"姝然"，明监本、毛本同，《要义》所引亦作"姝然"。考《疏》文云："言彼姝然美好之子，来在我之室兮"，据此，则作"姝然美好之子"似更胜也。阮记据《静女·正义》以为当作"姝姝然美好之子"，而"闽本以下，用以改笺，非也。各本亦脱去'然'字"，此皆臆说，《要义》所引已作"姝然"，何闽本所改之有？上古本失校。

233 页四六七　十一行　有女以男逼己，乃诉之言，东方之日兮，以喻告不明之君兮。

正：以喻者，"告不明之君"也，故"言"字当属下，原句当点作"有女以男逼己，乃诉之，言东方之日兮，以喻告不明之君兮。"

234 页四六八　十三行　东方之月兮，彼姝者子，在我闼兮。

正："彼姝者子"，底本如此，元刊明修本、文物本同；闽本作"彼姝者子"，明监本、毛本、阮本、巾箱本、监图本、纂图本、日抄本同，《要义》所引亦作"彼姝者子"，唐石经本、敦煌残卷伯二五二九录此诗经文皆作"彼姝者子"。《疏》文有云："故其时之女，言彼姝然美好之子，来在我之室兮"，此姝然美好之子乃男子也，与妹何关？"彼妹者子"之"妹"显为"姝"字之讹，而上古本整理者竟然堂而皇之，照录不误，不加校改，实在是令人无语。

东方未明

235 页四七二　八行　注云：代，更也。礼未大敛，代哭以水守壶者，为沃漏也。以火守壶者，夜则视刻数也。

正："代哭以水守壶者"，不辞，前《疏》引《挈壶氏职》："凡丧，悬壶以代哭，皆以水火守之"，则"代哭"二字显当属上，原句当点作"注云：代，更也。礼，未大敛，代哭。以水守壶者，为沃漏也；以火守壶者，夜则视刻数也。"

卷五之一校勘记

236 页四七三 ［三］　后九年而卒"后"上，单疏本有"立"字。

按：元刊明修本、文物本、闽本、明监本、毛本、阮本皆与底本同，"后"上无立字；单疏本有"立"字，《要义》所引亦有"立"字。"后九年"指谓不明，"立后九年"语意完具，当以有"立"字者为是。

237 页四七四 ［五］　成王周公封东至海　闽本、明监本、毛本、阮本同。阮校云："浦镗云'至"非奄君名也"疑在下"成王"节疏内，错误在此'，是也。当以'此成王'起接'管仲之言也'下，凡移百九十三字。"

按：上古记于阮记所云不置可否，检单疏本此段《疏》文顺序与底本及诸本皆同，《要义》所引亦然，则此处并无前后颠倒之事也，浦镗误之在前，阮记沿讹在后，上古记复不加辨别，所误同也。

又，"错误在此"四字，非浦镗《正字》之文，乃阮记语也；"此成王"，所加引号亦误，当作此"成王"，则此条校记应改为：成王周公封东至海 闽本、明监本、毛本、阮本同。阮校云："浦镗云'至"非奄君名也"疑在下"成王"节疏内'，错误在此，是也。当以此'成王'起接'管仲之言也'下，凡移百九十三字。"据单疏本及《要义》，《疏》文不误，浦镗与阮校所疑非也，皆不可从。

238 页四七四［一一］ 鸡鸣至之声 "鸡鸣"下原衍"思贤妃也"四字，"至"下原衍"苍蝇"二字，闽本、明监本、毛本、阮本同。据单疏本删。

按：底本作"鸡鸣思贤妃也至苍蝇之声"，元刊明修本、文物本、闽本、明监本、毛本、阮本皆同；单疏本作"鸡既至之声"。考本诗经云："鸡既鸣矣，朝既盈矣，匪鸡则鸣，苍蝇之声"，《疏》文标起止当如单疏本作"鸡既至之声"，阮记云："案：此标起止有误。《序》有《疏》已在上矣，'鸡鸣思贤妃也'六字不当更见于此，依其常例，但取经首末二字而已，当云'鸡既至之声'。"阮记所见，是也。而上古本竟然写作"鸡鸣至之声"，所谓更造新谬之甚者也！

239 页四七四［一三］ 当服褖衣 "服"原作"复"，闽本、明监本、阮本同。据单疏本、毛本改。

按："服"，底本作"复"，元刊明修本、文物本、阮本同；闽本作"服"，明监本、毛本同，单疏本亦作"服"，《要义》所引亦作"服"。《疏》文"御于君，当服褖衣"，作"复"显误。闽本、明监本明明作"服"，为何上古本说其与阮本同作"复"？寻其原委，大概是上古本整理者看见卢记补云："毛本，'复'作'服'"，遂想当然以为闽本、明监本不作"服"，遂有类此怪论。

240 页四七四［一五］ 并驱而逐二兽 "二"原作"禽"，闽本、明监本、毛本、阮本同。阮校云："小字本、相台本'禽'作'二'。案：'二'字是也，'禽'字误。"今据单疏本及阮校改。

按："二"，底本作"禽"，元刊明修本、文物本、闽本、明监本、毛本、阮本皆同，《要义》所引亦作"禽"；巾箱本作"二"，监图本、纂图本、日抄本皆同。据此，则注疏本系统作"禽兽"，经注本系统作"二兽"，孰是孰非，难以遽断，阮记以为当作"二兽"，失之武断也！单疏本无一字涉及此诗郑笺，而上古本竟然可以据之以改底本，令人无语！

241 页四七四 [一七] 山之侧"之"字原脱，"侧"原作"则"，闽本、明监本、阮本同。阮校云："毛本'则'字作'侧'。"今据单疏本、毛本补改。

按："山之侧"，底本作"山则"，元刊明修本、文物本、阮本同；闽本作"山侧"，明监本、毛本同；单疏本作"山之侧"。《疏》文云："猎之所在，非山则泽，下言'之阳'，此言'之间'，则是山之南，山之侧，故知'猛，山名'。""山之南"对"之阳"，"山之侧"对"之间"，作"山则"、"山侧"皆误。此处所谓阮校，实为卢宣旬所补，卢记云："毛本，下'则'字作'侧'"，上古本漏引"下"字，又见卢记，遂想当然以为闽本、明监本不作"侧"，遂竟谓"闽本、明监本、阮本"同，显然未核原书，谬甚。

242 页四七五 [一八] 牝名狼"名"字原脱，阮本同。阮校云："闽本、明监本、毛本'牝'下有'名'字。案所补是也。"今据单疏本及阮校补。

按：底本作"牡狼"，元刊明修本、文物本同；阮本作"牝狼"；闽本作"牝名狼"，明监本、毛本同，单疏本作"牝名狼"，《要义》所引亦作"牝名狼"。《疏》文云："舍人曰：狼，牡名獾，牝名狼"，"牡狼"、"牝狼"皆误，上古本云"名字原脱"，则底本当作"牝狼"，而今底本作"牡狼"，此又无从理解之怪事也！

243 页四七五 [一九] 所谓瑱也"瑱"原作"琼"，据单疏本、阮本改。

按："所谓瑱也"，乃郑笺，如何能据单疏本改底本郑笺之误？且此条上古记不列众本信息，可谓草率疏漏之甚者也！"瑱"，底本作"琼"，元刊明修本、文物本同；闽本作"瑱"，明监本、毛本、阮本、巾箱本、监图本、纂图本、日抄本皆同。考下《疏》文引笺文亦云"所谓瑱也"，宋陈祥道编《礼书》卷五"士瑱"条注引郑笺云"所谓瑱也"（北京图书馆出版社 2006 年影印国家图书馆藏元至正七年福州路儒学刻明修本），则作"瑱"是也。又，底本于此笺上，书于页眉有"瑱"字，则读此书者，亦以为当作"瑱"也！而上古本整理者于此却不提一字，又不能广列众本，而云据单疏本、阮本改，真是令人匪夷所思之校记也！

244 页四七五〔二○〕 人君以玉为之"之"字原脱，闽本、明监本、毛本、阮本同。阮校云："小字本、相台本'为'下有'之'字，《考文》古本同。案有者是也"今据单注本及阮校补。

按：底本无"之"字，元刊明修本、文物本、闽本、明监本、毛本、阮本同；巾箱本有"之"字，监图本、纂图本、日抄本同。无"之"字，则句意不足，宋陈祥道编《礼书》卷五"士瑱"条注引郑笺云"人君以玉为之"（北京图书馆出版社 2006 年影印国家图书馆藏元至正七年福州路儒学刻明修本），则有"之"字者是也。

245 页四七五〔二二〕 亦每门而揖"门"字原脱，据单疏本补。

按：底本无"门"字，元刊明修本、文物本、闽本、明监本、毛本、阮本同；单疏本有"门"字，《要义》所引亦有"门"字。《疏》文云："至夫家引入之时，每门而揖，明女家引出之时，亦每门而揖"，前后"每门而揖"相对应也，若作"亦每而揖"，不知所揖者为何处也，浦镗《正字》云："脱'门'字"，是也。上古记不列众本信息，误矣。

246 页四七五〔二四〕 宜降杀以两"杀"字原脱，闽本、明监本、毛本、阮本同。据单疏本补。

按：底本无"杀"字，元刊明修本、文物本、阮本同；闽本有"杀"字，明监本、毛本同，单疏本有"杀"字，《要义》所引亦有"杀"字。"宜降杀以两"，辞气具足，又单疏本、闽本等及《要义》所引皆有"杀"字，则有者是也。阮记云："闽本、明监本、毛本，'降'下衍'杀'字"，阮说误也。上古记竟谓"闽本、明监本、毛本、阮本同"，谬甚！

247 页四七五〔二五〕 取其韵句故耳"句"字原脱，闽本、明监本、毛本、阮本同。据单疏本补。

按：底本无"句"字，元刊明修本、文物本、阮本同；闽本有"句"字，明监本、毛本同，单疏本有"句"字。"取其韵句故耳"，辞气具足，又单疏本、闽本等皆有"句"字，则有者是也。阮记云："闽本、明监本、毛本，'韵'下有'句'字。案：所补非也。或言韵，或言韵句，一也。"阮说误也。上古记竟谓"闽本、明监本、毛本、阮本同"，谬甚！

248 页四七六［三六］　欲取无益于禁"禁"原作"其"，据单疏本、阮本改。

按："禁"，底本作"其"，元刊明修本同；文物本作"禁"，闽本、明监本、毛本、阮本同，单疏本亦作"禁"。考《疏》文："言'柳柔脆之木'者，欲取无益于禁，故以柔脆解之"，此乃释《传》："柳，柔脆之木。樊，藩也。圃，菜园也。折柳以为藩园，无益于禁矣。"若作"无益于其"，不知何义也，当作"禁"也。上古本不列众本信息，失校。

卷五之二

南山

249 页四七七　三行　《笺》云：襄公之妹，鲁桓公夫人文姜也。襄公素与淫通。及嫁公，谪之。公与夫人如齐，夫人愬之襄公，襄公使公子彭生乘公而搤杀之。

正："笺云"二字，底本无，此本《小叙》下之笺文，例无"笺云"，且自底本以来各本皆无"笺云"二字，为上古本所独创，新造谬衍，所误甚矣！

"及嫁公，谪之"，如此标点，则"谪之"之主语乃文姜，文姜又谪谁乎？显当点作"及嫁，公谪之"，语意为顺。

补："谪"，元刊明修本、文物本、闽本、明监本、毛本、阮本、监图本同；巾箱本作"讁"，纂图本、日抄本同。宋本《释文》出音标目作"讁"，下《疏》文单疏本作"讁"、《要义》所引亦作"讁"，阮记："案：讁字是也"，或是。上古本失校。

250 页四七八 三行 且桓六年九月经书"丁卯，子同生"，即庄公也。

正：上古本于"子同"左旁加专名号，如此则鲁庄公名子同，显误，当改在"同"左旁加专名号。

251 页四七八 六行 何休云：干胁拉折声。

补："干胁拉折声"，不知何意，检单疏本，"胁"字后有"也"字，则原句当点作"何休云：干，胁也，拉折声。"文义始晓然，上古本失校。

252 页四八〇 二行 今定本云"失阴阳之正义"，亦通也。

正：前笺云"失阴阳之匹"，底本与其之异，正是"匹""正"之异也，则定本不当有"义"字，原句当点作"今定本云'失阴阳之正'，义亦通也。"

253 页四八〇 九行 《传》于《诗》由多训为用，此当言用此道以归鲁也。

正：经文云"齐子由归"，《疏》文所云意谓毛《传》释经文之"由"字多作"用"义，据此，则此处之"由"乃用此道之义，故原句当点作"《传》于《诗》'由'，多训为用，此当言用此道以归鲁也。"

254 页四八〇 十一行 以"归止"谓文姜归，则"怀止"亦谓文姜怀，不宜谓襄公思，故易《传》，以为非责文姜之来也。

补："非贵文姜之来"，不知何意，"贵"，元刊明修本、文物本同；闽本作"责"，明监本、毛本、阮本同，单疏本亦作"责"。此处《疏》文乃释笺文，《疏》文意谓经文所言"既曰归止"乃文姜归鲁，则"何又怀止"乃文姜思齐，而非齐襄公思文姜，所以诗人于此乃非责文姜来齐也，即笺文所云"非其来也"之义，下文《疏》文又云"上言'曷又怀止'，笺谓责文姜之来"，故"贵"字显为"责"字之讹，上古本失校。

255 页四八一 九行 奇，天数矣，独举五而言，明五必有象，故以喻。文姜与侄娣、傅姆五人俱是妇人，不宜以襄公往双之。

正：所喻者何？正是"文姜与侄娣、傅姆五人俱是妇人，不宜以襄公往双之",而此即为"五必有象"之"象",则"故以喻"后之句号当删去。

256 页四八二 十四行 衡,古横字也。"衡猎之,纵猎之",谓既耕而柬西践蹂騔摩之也。

补:"柬西践蹂",不知何义,"柬",元刊明修本作"东",文物本、闽本、明监本、毛本、阮本同,单疏本亦作"东",《要义》所引亦作"东","东西践蹂",正与纵横猎之相配,则"柬"字显为"东"字之讹,上古本失校。

257 页四八三 十一行 《笺》以此责鲁桓之辞不宜惟言文姜之穷极邪意,故易《传》以为盈,责鲁桓之盈纵文姜,不禁制之。

正:经文云"既曰告止,曷又鞠止",《传》云:"鞠,穷也",笺云:"鞠,盈也。鲁侯,女既告父母而取,何复盈从令至于齐乎?又非鲁桓。"《疏》文乃释笺训"鞠"为"盈"而易《传》训"鞠"为"穷"之因,乃在于诗人意在非责鲁桓公,而非责文姜,故"《笺》以此责鲁桓之辞"当点断,文气始顺,原句当点作"笺以此责鲁桓之辞,不宜惟言文姜之穷极邪意,故易《传》以为盈,责鲁桓之盈纵文姜,不禁制之。"

258 页四八四 三行 《笺》言恣极邪意,令至齐者,申说极为至之义,"恣极",解义之言,非经中极也。

正:经云:"既曰得止,曷又极止",笺云:"女既以媒得之矣,何不禁制,而恣极其邪意,令至齐乎?又非鲁桓。""恣极邪意令至齐",乃《疏》文所引郑笺,例当加引号,又"经中极"之"极"正指"曷又极止"之"极",与笺文所谓"恣极"无涉,亦当加引号以明之,故原句当改为"笺言'恣极邪意令至齐'者,申说极为至之义,"恣极",解义之言,非经中'极'也。"

甫田

259 页四八四 九行 求大功与求诸侯一也,若诸侯从之,则大功克立所从言之异耳。

正:"则大功克立"显当点断,原句当作"求大功与求诸侯一也，若诸侯从之，则大功克立，所从言之异耳。"

260 页四八四　十行　天子衰，诸侯兴，故曰霸。

补："故"，元刊明修本、文物本、闽本、明监本、毛本、阮本皆同；单疏本作"政"，《要义》所引同。揆诸文义，诸侯所兴者政也，所谓春秋霸政也，故当作"天子衰，诸侯兴政曰霸"，上古本失校。

卢令

261 页四八八　一行　兔极于前，犬疲于后，俱伪田父之所获。

正："伪"，底本此处本作"为"，而有笔迹经其左旁，上古本整理者未能仔细辨识，遂以为作"伪"，今检各本无作"伪"者，与文义也绝不可通，可知为上古本新造之误也。

262 页四八八　六行　今定本云"喻人君能有美德"，喻字误也。

正：前文郑笺作"言人君能有美德"，则所谓定本与其乃有"言""喻"之别，而《疏》文以为"喻字误也"，"喻"确有所指，显当加引号以明之。

敝笱

263 页四八九　十一行　齐则襄公通妹，鲁则夫人外淫，桓公见杀于齐襄公，恶名不灭，是为二国患也。

正：上古本于"齐襄公"左旁加有专名号，如此，则恶名不灭之主语变为鲁桓公，显然与史事不符，"襄公"应属下，其乃"恶名不灭"也，故原句当点作"齐则襄公通妹，鲁则夫人外淫，桓公见杀于齐，襄公恶名不灭，是为二国患也。"

264 页四九一　三行　毛以鳏为大鱼，郑以鳏为鱼子，而与鲂相配，则鲂之为鱼中鱼也，故可以为大，亦可以为小。

正："鱼中鱼"，不知何义，《疏》文意谓毛氏以为鳏为大鱼，郑玄以为鳏为鱼子，鲂又与鳏相配，则鲂只能是中等之鱼，所以既能与作为大鱼的鳏配，也能与作为鱼子的鳏相配，故原句当点作"毛以鳏为大鱼，郑以鳏为鱼子，而与鲂相配，则鲂之为鱼，中鱼也，故可以为大，亦可以为小。"

265 页四九二　一行　今定本云"所使出于义"是也。

正：前笺"亦文姜所使止"，此处所谓定本所云当指"所使出"，而"止""出"二字为异，则原句当点作"今定本云'所使出'，于义是也。"

266 页四九二　四行　其于"唯唯"义亦同也。唯唯，维癸反，沈养水反。《韩诗》作"遗遗"，言不能制也。

正：底本"义亦同也"后，有"○"以隔断，元刊明修本、文物本、闽本、明监本、毛本、阮本皆同。检单疏本《疏》文，至"义亦同也"而止，又检《释文》，"唯唯维癸反"以下皆为《释文》，则"○"乃区别前后不同也，按照常例，《释文》当在笺文之后，而不当在《疏》文之后，有此特例，或因合刻者将《疏》文插入附释音经注本时，偶有疏忽，插错位置，遂有如许奇怪情况。上古本灭去"○"，易使读者以为"唯唯维癸反"以下亦为《疏》文，贻害甚远也！

载驱

267 页四九二　八行《载驱》，齐人刺襄公也。无礼义，故盛其车服，疾驱于通道大都，与文姜淫播其恶于万民焉。

正：此为本诗《小叙》，笺云："故，犹端也"，又《疏》文云："此'故'乃与上为句，非生下之辞，是以笺特释之，'无礼义故'犹言'无礼义端'，端谓头绪也。"上古本整理者岂熟视笺、《疏》而无睹者乎？！古人明言如此，竟仍点破，辞无复以加之也！原句当点作"《载驱》，齐人刺襄公也。无礼义故，盛其车服，疾驱于通道大都，与文姜淫，播其恶于万民焉。"

268 页四九三　三行　经因驱车而言车饰，故先言载驱。《序》以美其车服然后驱之，且欲见其驱车所往之处，故令"疾驱"与"通道大都"为句，而后言之经有车马之饰而已，无盛服之事。既美其车，明亦美其服，故协句言之。

正："而后言之经有车马之饰而已"，不知何义，整理者于《疏》

文可谓大段不甚了了。经文云"载驱薄薄，簟茀朱鞹"，驱车在前，车饰在后，《疏》文释此云："经因驱车而言车饰，故先言载驱"；《序》云"盛其车服，疾驱于通道大都"，车服在前，疾驱在后，《疏》文释此云"《序》以美其车服然后驱之，且欲见其驱车所往之处，故令'疾驱'与'通道大都'为句，而后言之"。《疏》文意在解释经、《序》叙述相异颠倒之因，所谓"而后言之"之"之"正指"疾驱"也，而"经有车马之饰而已"以下又为另一新句，乃释《序》作"车服"，而经有"车"无"服"之因。故原句当点作"经因驱车而言车饰，故先言载驱；《序》以美其车服，然后驱之，且欲见其驱车所往之处，故令'疾驱'与'通道大都'为句，而后言之。经有车马之饰而已，无盛服之事，既美其车，明亦美其服，故协句言之。"

269 页四九三　五行　四章下二句皆言文姜来会齐侯，是与文姜淫之事。大都通道人皆见之，是播其恶于万民也。

正：经文四章下二句云"鲁道有荡，齐子发夕""鲁道有荡，齐子岂弟""鲁道有荡，齐子翱翔""鲁道有荡、齐子游敖"，皆言"文姜来会诸侯"，"大都通道人皆见之"，则《疏》文此段非作两截，理属一句，又"与文姜淫""播其恶于万民"皆引《小叙》之文，亦并当加引号，故原句当点作"四章下二句皆言文姜来会齐侯，是'与文姜淫'之事；大都通道人皆见之，是'播其恶于万民'也。"

270 页四九三　七行　此"故"乃与上为句，非生下之辞，是以《笺》特释之"无礼义故"，犹言"无礼义端"。端，谓头绪也。

正：照此标点，原句无从理解，笺文云"故，犹端也"，乃释《小叙》"无礼仪故"之"故"，则"是以笺特释之"当为句，故原句当点作"此'故'乃与上为句，非生下之辞，是以笺特释之，'无礼义故'犹言'无礼义端'，端谓头绪也。"

271 页四九四　三行　《序》言疾驱，故云疾驱。驱与驱音义同，皆谓驱马疾行也。

正："驱与驱音义同"，真不知何义也，检底本原作"《序》言疾駈，故云疾驱。駈与驱音义同，皆谓駈马疾行也"，元刊明修本、文物本、闽本、明监本、毛本、阮本同，单疏本惟"皆谓驱马疾行也"为异，则句义可通，上古本篡改底本，遂使读者无从理解，误甚矣！

272 页四九四　十四行　《小宛》云"明发不寐"，谓此至明之开发，未尝寝寐，故为发夕至明。所以立文不同，皆为夕发至旦。

补："谓此至明之开发"之"此"，元刊明修本、文物本、闽本、明监本、毛本、阮本皆与底本同，《要义》所引亦作"此"；单疏本则作"比"。"比至"者，至也，为经典常见用语，细玩《疏》文，作"比"为胜，上古本失校。

273 页四九六　六行　《序》言"疾驱于通道大都"、"行人彭彭"，是为通道。

正：本诗《小叙》无"行人彭彭"之文，此"行人彭彭"乃经文也，岂可用顿号相联，此处《疏》文乃引《序》言以释经文也，则原句当点作"《序》言'疾驱于通道大都'，'行人彭彭'，是为通道。"

猗嗟

274 页四九七　九行　趋，本又作"趡"，七须反，又七遇反。

正："趋本又作趡"，不知何义，底本明明写作"趋本又作趡"，元刊明修本、文物本、闽本、明监本、毛本、阮本、巾箱本、监图本、纂图本皆与底本同，《释文》亦同。则上古本篡改底本，误甚！

275 页四九七　十三行　若，犹然也。此言颀若长兮，《史记·孔子世家》称孔子说文王之状云"黯然而黑，颀然而长"，是之为长貌也。今定本云"颀而长兮"，而与若义并通也。

正：如此标点，《疏》义晦暗不明，底本经文作"颀而长兮"，正是《疏》文所谓定本，而《疏》文所见之本当作"颀若长兮"，故原文当点作"若犹然也，此言'颀若长兮'，《史记·孔子世家》称孔子说文王之状云'黯然而黑，颀然而长'，是之为长貌也。今定本云'颀而长兮'，'而'与'若'义并通也。"

276 页四九九　三行　正大如鹄三分，侯广而正居一焉。

正：如此标点，不知何义，侯者，箭靶也，正者，箭靶之靶心也，靶心三分箭靶而居其中，故原句当点作"正大如鹄，三分侯广而正居一焉。"

277 页四九九　八行　孙毓云："姊妹之子曰甥，谓吾舅者吾谓之甥。"

正："谓吾舅者吾谓之甥"，显当点断为"谓吾舅者，吾谓之甥"。

278 页五〇〇　十二行　正，鸟之捷黠者射之难中，以中为俊，故射取名焉。

正：正本为鸟名，且是"鸟之捷黠者"，故原句当点作"正，鸟之捷黠者，射之难中，以中为俊，故射取名焉。"

279 页五〇〇　十三行　据宾射为丈也。

正：原句不通，"丈"，元刊明修本作"文"，文物本、闽本、明监本、毛本、阮本同，单疏本亦作"文"，《要义》亦引作"文"。细辨底本之"丈"，或为不规范之"文"，上古本整理者不加详查，照录不误，遂使原文无从理解也。

280 页五〇一　二行　《笺》云：反复也。

正：复乃释反也，显当点作"笺云：反，复也。"

卷五之二校勘记

281 页五〇二［四］　冠緌共为一同 闽本、明监本、毛本、阮本同。同，单疏本作"物"。

按："同"，元刊明修本、文物本、闽本、明监本、毛本、阮本皆与底本同。单疏本作"物"，《要义》所引亦作"物"，揆诸文气，共为一物，语气通顺，作"物"是也。

282 页五〇二［五］　奇天数矣 单疏本作"奇数多矣"，参下文，单疏本为是。

按："奇天数矣"，元刊明修本、文物本、闽本、明监本、毛本、阮本皆与底本同。单疏本作"奇数多矣"，《要义》所引亦作"奇数多矣"，考《疏》文云："奇数多矣，独举五而言，明五必有象，故以喻文姜与侄娣、傅姆五人俱是妇人，不宜以襄公往而双之"，意谓奇数不惟有五，三、七、九，皆是奇数，奇数可取者多矣，而独举五而言者，因以五可喻文姜等五人，此五为奇数，故襄公不宜再至文姜处而为六人之偶数。文义晓畅，毫无轩轾，若作"奇天数矣"，则不知葛屦与天数有何关系。浦镗《正字》于此处云"疑"，明其有疑；阮记则云："案：天当作大，形近之讹也，'奇大数矣'者，谓奇之数，不止于五也"，是说纯属猜测，不如浦镗阙疑之审也。

283 页五〇三［八］　笺云言无德而求诸侯"笺云"二字原脱，闽本、明监本、毛本、阮本同。阮校云："小字本、相台本'言'上有'笺云'，《考文》古本有，亦同。案有者是也。"今据单疏本改。

按：底本无"笺云"，元刊明修本、文物本、闽本、明监本、毛本、阮本皆同；巾箱本有"笺云"，监图本、纂图本、日抄本皆同。则注疏本无此二字，而经注本有，此为两大系统之异，阮记以有者为是，未必然也，上古本整理者不惟轻改底本已为草率，居然"据单疏本改"，单疏本何有郑笺之文，疏漏莫此为甚！

284 页五〇三［九］　笺以一鳏若大鱼 闽本、明监本、毛本、阮本同。单疏本无"一"字。

按：底本有"一"字，元刊明修本、文物本、闽本、明监本、毛本、阮本同；单疏本无"一"字，《要义》所引亦无"一"字。考此处《疏》文"笺以鳏若大鱼"，乃谓郑笺之义以为若如传说鳏为大鱼，今毛《传》"鳏，大鱼"，则并无"一鳏"之语，单疏、《要义》是也，此"一"字当删！浦镗《正字》："'一'，疑为字误"，是也，阮记云："'一'，当作'鲂'，刊时字坏而如此"，是说纯属臆断也。

285 页五〇三［一〇］　所使出于义是也"出"单疏本作"止"。按据文意当作"止"。

按：底本作"出"，元刊明修本、文物本、闽本、明监本、毛本、阮本同；单疏本作"止"。揆诸文义，此处必当作"止"，浦镗《正字》："'止'，误'出'"，是也，阮记云："'出'是'止'字之讹"，亦是也，上古本不列众本信息，失校。

286 页五〇三［一四］　而来与文姜会也"也"字原脱，闽本、明监本、毛本、阮本同。据单疏本补。

按：底本无"也"字，元刊明修本、文物本、闽本、明监本、毛本、阮本、监图本、纂图本、日抄本皆同；唯巾箱本有"也"字，此"也"字显为巾箱本所衍。上古本整理者竟谓据单疏本补，单疏本何能补郑笺之阙，而此处本不得有"也"字，上古本篡改底本，贻误深远！

287 页五〇三［一五］　前谓之鞃"鞃"原作"艰"，闽本、明监本、毛本、阮本同。阮校云："浦镗云'鞃，误"艰"，下同'。是也。"今据单疏本、《经典释文》改。

［一六］　曰鞃"鞃"原作"艰"，据单疏本、《尔雅》改。

［一七］　鞃以韦靶车轼也"鞃"原作"艰"，闽本、明监本、毛本、阮本同。据单疏本、《经典释文》改。

按：底本作"艰"，元刊明修本、文物本、闽本、明监本、毛本、阮本同；单疏本作"鞃"，《要义》所引亦作"鞃"。《疏》文明谓"《释器》云：舆革前谓之鞃"，则此为《尔雅·释器》之文，与《经典释文》何干？难道上古本整理者认为《释器》乃《释文》中之一篇？而校记［一六］云据《尔雅》改、校记［一七］又云据《经典释文》改，前后矛盾，荒唐之甚者也！又校记［一六］"曰鞃"云云，乃李巡之语，又见于《尔雅疏》所引，上古记谓据《尔雅》改，又误！

288 页五〇四［二七］　但作者既美其身业技艺"业"原作"弃"，闽本、明监本、毛本、阮本同。据单疏本改。

按：底本作"弃"，元刊明修本、文物本同；闽本作"业"，明监本、毛本、阮本同；单疏本作"有"。"业技艺"，不辞，作"有"是也。上古记云"闽本、明监本、毛本、阮本"与底本同，作"弃"，已误，又谓据单疏本改，意谓单疏本作"业"，又误，错谬如此，令人无语。

卷五之三

魏谱

289 页五〇五　五行　皇甫谧云：舜所营都或云蒲坂，即河东县是也。

正：上古本于"河东县"左旁画有专名线，意谓蒲坂为河东县。考皇甫谧为魏末晋初之人，据笔者拙作《晋书地理志校注》研究，其时有河东郡，无河东县，皇氏此语，本指蒲坂为河东郡之县，省称"河东县"，类似表达，在许慎《说文》"邑部"甚多，故此处当在"河东"左旁画专名线。

290 页五〇五　十一行　魏世家绝不知所封为谁，故言"周以封同姓"。

正：上古本于"魏世家"左旁画有书名号，此处之所谓《魏世家》，不知何指，《史记》有《魏世家》乃晋献公所封毕万之魏，与此魏国之魏无涉，又下《疏》云："魏无世家"，则此处《疏》文之"魏世家"，绝非某书，而是魏国传承之世家之义，故原书名号当删。

291 页五〇六　十二行　其与秦、晋邻国日见侵削，国人忧之。

正："日渐侵削"为句，当点作"其与秦、晋邻国，日见侵削，国人忧之。"

葛屦

292 页五〇八　六行　褾也，领也在上，好人尚可使整治之，谓属著之。

正：此郑笺，《疏》文云："言褾之也，领之也，在上之衣尊，好人可使整治之"，则褾也、领也为并列之意，则原句当点作"褾也、领也在上，好人尚可使整治之，谓属著之。"

293 页五一〇　六行　传"提提"至"为饰"《释训》云："提提，安也。"孙炎曰："提提，行步之安也。言安谛，谓行步安舒而审谛也。"

327

正：孙炎所释乃在“提提”，与“安谛”何涉？本诗“好人提提”，毛《传》：“提提，安谛也”，则《疏》文所谓“言安谛”云云，乃释毛《传》而发，与孙炎何干？故原句当点作“传‘提提’至‘为饰’《释训》云：‘提提，安也。’孙炎曰：‘提提，行步之安也。’言‘安谛’，谓行步安舒而审谛也。”

294 页五一〇　七行　《士昏礼》云：“妇至，主人揖妇以入。及寝门，揖入。”是妇至门夫揖而入也。

正：此句多处当断开，当点作“《士昏礼》云：‘妇至，主人揖，妇以入。及寝门，揖入。’是妇至门，夫揖而入也。”

汾沮洳

295 页五一三　三行　藚，水舄也。

四行　传“藚水舄也”

补：前句为毛《传》，其“舄”，元刊明修本、文物本、闽本、明监本、毛本、阮本、监图本、纂图本同，《释文》亦作“舄”；巾箱本作“蕮”，日抄本同。后句为《疏》文表起止之语，其“舄”，元刊明修本、文物本、闽本、明监本、毛本、阮本同；单疏本作“蕮”，《要义》所引亦作“蕮”。考下《疏》所引郭璞、陆机语，则有“艹”头者似胜，上古本失校。

园有桃

296 页五一五　十五行　园有棘，其实之食。棘，枣也。

正：“棘”、“枣”，底本作“棘”、“棗”，元刊明修本、文物本、巾箱本、监图本、纂图本、日抄本皆同；闽本作“棘”“枣”，明监本、毛本、阮本同。考《释文》明云：“从两束”，则当作“棘”“棘”，作“棘”“枣”者皆因形近而讹也，上古本篡改底本，误甚！

陟岵

297 页五一七　三行　《笺》云：止者，谓在军事作部列时。

补：“止”，元刊明修本、文物本、闽本、阮本、巾箱本、监图本、纂图本皆同，《要义》所引亦作“止”；明监本作“上”，毛本同，日抄本同。考本诗云“上慎旃哉，犹来无止”，《疏》文释之云：“又言：若至军中，在部列之上，当慎之哉，可来乃来，无止军事而来，若止军事，当有刑诛。故深戒之。”据此，则“谓在军事作部列时”显为“上”字之义，又单疏本表起止云“笺上者至列时”，亦为当作“上”字之证，阮记亦以为应作“上”字，是也，上古本失校。

伐檀

298 页五二〇　六行　经《序》倒者，《序》见由在位贪鄙，令君子不得仕如其次以述之。

正：“令君子不得仕”为句，故原句当点作“经《序》倒者，《序》见由在位贪鄙，令君子不得仕，如其次以述之。”

299 页五二一　九行　以下云漘侧，则是厓畔之处，故云“干，厓也”。

正：此处之“漘侧”，非泛指，乃特指，乃指其后经文“置之河之侧兮”之“侧”、“置之河之漘兮”之“漘”，故当示以区别，原句当点作“以下云‘漘’、‘侧’，则是厓畔之处，故云‘干，厓也’”。

300 页五二二　九行　郭璞曰：其雌者名貜，貜乃刀反。

补：“貜”，底本作“貍”，元刊明修本、文物本、闽本、明监本同，单疏本亦作“貍”；毛本作“貜”。阮记以为当作“貍”，是也，上古本为何著录为“貜”，令人匪夷所思。又单疏本作“郭璞曰：其雌者名貍䝞”，郭璞东晋人，其注《尔雅》，岂有以反切注音者，此处“乃刀反”显然是唐人《正义》释音之文，通检全《疏》，不乏此例，则底本乃将《疏》文注音小子进为大字，且又衍“貍”字，遂使其后版本相沿而讹也，检本卷上古本校勘记第二七条，即因厘正底本类似错误而出校，然此处为何不著一字，显为漏校。

301 页五二二　十一行　《释天》云：东猎为狩，宵田为獠。

补：“狩”，底本作“兽”，元刊明修本、文物本、闽本、明监本、阮本同；阮本作“狩”，单疏本亦作“狩”，《要义》亦引作

"狩"。检《尔雅·释天》作"东猎为狩"，则当作"狩"，上古本径改底本，不出校说明，误甚。

302 页五二四　一行　《释鸟》云：鹢，鹑，其雄鹊，牝庳。

正："鹊"，底本作"鸗"，元刊明修本、文物本、阮本同，单疏本亦作"鸗"；闽本作"鹊"，明监本、毛本同。检《尔雅·释鸟》作"鸗"，浦镗《正字》云："鸗，误鹊"，阮记谓闽本等作"鹊"皆误，是也。则底本作"鸗"是也，上古本妄改底本，遂造新谬，贻害远矣！

硕鼠

303 页五二七　一行　黍麦指谷食言之，是鼠之所食。

正：此处之"黍麦"，非泛指，乃特指，乃指本诗经文"无食我黍"之"黍"、"无食我麦"之"麦"，故当示以区别，原句当点作"'黍'、'麦'指谷食言之，是鼠之所食。"

卷五之三校勘记

304 页五二八　［一］　其封域南枕河曲"其"上原衍"子"字，闽本、明监本、毛本、阮本同。据单疏本删。

按：底本有"子"字，元刊明修本、文物本、闽本、明监本、毛本、阮本同。单疏本此处有一空格，而非字句常态，似为剜去之迹，考底本《疏》文此处云"故言周以封同姓子"，乃释《魏谱》前文"周以封同姓焉"之语，故"子"字显为不当，浦镗《正字》云："焉，误子"，亦据《谱》断《疏》，而阮记则云："案：'子'当作'云'，形近之讹"，则显为臆说。

305 页五二八　［八］　魏俗利其事"事"原作"士"，闽本、明监本、毛本、阮本同。今据单疏本改。

按：底本作"士"，元刊明修本、文物本、阮本同；闽本作"事"，明监本、毛本同，单疏本亦作"事"。考笺文云："魏俗使未三月妇缝裳者，利其事也"，则此处显当作"魏俗利其事"，上古记谓"闽本、明监本、毛本、阮本同"，不知何据！

306 页五二八　［一〇］　则当家事尽为　"事"原作"士"，闽本、明监本、毛本、阮本同。今据单疏本改。

按：底本作"士"，元刊明修本、文物本、阮本同；闽本作"事"，明监本、毛本同，单疏本亦作"事"，《要义》所引亦作"事"。考《疏》文云："则知既庙见者为成妇矣，既成为妇，则当家事尽为"，则此处作"士"显误，上古记谓"闽本、明监本、毛本、阮本同"，不知何据！

307 页五二九［一一］　笺言女至其事　"事"原作"士"，闽本、明监本、毛本、阮本同。今据单疏本改。

按：底本作"士"，元刊明修本、文物本同；闽本作"事"，明监本、毛本、阮本同，单疏本亦作"事"。考此处乃《正义》标起止，前笺云："言女手者……利其事也"，则此处显当作"事"，上古记谓闽本、明监本、毛本、阮本同作"士"，不知何据！

308 页五二九［一四］　润泽之处　闽本、明监本、毛本、阮本同。泽，单疏本作"湿"。

按：单疏本作"溼"，不作"溼"，"湿"、"湿"虽相通而字不同，上古记误矣！又，检《慈湖诗传》卷七释《汾沮洳》诗云："孔《疏》云：沮洳，润溼之处"（文渊阁《四库全书》本，乃馆臣从《永乐大典》辑出），则作"溼"者亦有证也。

309 页五二九［一五］　主兵车之行列者　单疏本无"者"字。

按：此条校记不列众本信息已可怪也，而底本明明写作"主兵车之行列"，无"者"字，更可怪也，上古本所谓"主兵车之行列者"不知从何而来，是为篡改底本者也！元刊明修本有"者"，文物本、闽本、明监本、毛本、阮本同；单疏本无"者"字，《要义》所引亦无"者"字。细玩原文，无"者"字是也。

310 页五二九［一七］　如是则众臣无知我忧所为也　"如"原作"知"，闽本、明监本、毛本、阮本同。阮校云："小字本、相台本'知'作'如'，《考文》古本同。案：'如'是也。"今据单疏本及阮校改。

按：底本作"知"，元刊明修本、文物本、闽本、明监本、毛

本、阮本同；巾箱本作"如"，监图本、纂图本、日抄本同。浦镗
《正字》云："如是，误知是"，是也。上古记谓据单疏本改，单疏本
与郑笺何关？令人无语。

311 页五三〇［二八］　关雎序皆云永歌之"序"原作"矣"，
闽本、明监本、毛本、阮本同。据单疏本改。

按：底本关雎之后一字，漫漶不可识，《考文》于此亦云"宋板
磨灭不可知也"，则上古本不知从何而知底本此字为"矣"？令人匪
夷所思也，实有篡改底本之嫌！

南唐陈致雍《晋安海物异名记》佚文辑证[*]

胡耀飞

（陕西师范大学　历史文化学院）

陈致雍是南唐时期的礼学大家，撰写有《五礼仪鉴》六卷、《曲台奏议》二十卷、《新定寝祀礼》一卷、《州县祭祀仪》一卷等礼学著述[①]，在《全唐文》中亦留存了陈致雍关于礼仪的奏议和涉及南唐文武诸臣的谥议共计102篇，占去了三卷篇幅。[②] 这些奏议和谥议，大部分当来自《曲台奏议》二十卷中。对于陈致雍的礼学贡献，陈弱水在论述福建士人时有所揭示，盖陈致雍是福建莆田人。[③] 而陈致雍所撰《晋安海物异名记》，则是同为福建人的章僚《海外使程广记》之外，杨吴、南唐时期的另一种海洋史文献。《海外使程广记》近有马伟明、王元林的关注[④]，而陈致雍此书尚无专门论述。张兴武

* 本文曾宣读于第二届环东海论坛暨"海上丝绸之路与中国海洋文明重构"研讨会，金华：浙江师范大学，2014年11月1日。会上，曾蒙萧弘德、王瑞来先生指教，谨此致谢！本文系国家社科基金重大项目"五代十国历史文献的整理与研究"阶段性成果之一，编号：14ZDB032。

① 相关考订参见张兴武《五代艺文考》，巴蜀书社2003年版，第87—88页。

② （清）董诰等编：《全唐文》卷八七三、八七四、八七五，中华书局1983年版，第9132—9155页。

③ 陈弱水：《中晚唐五代福建士人阶层兴起的几点观察》，初刊《中国社会历史评论》第三卷，中华书局2001年版，经修改后收入氏著《唐代文士与中国思想的转型》，广西师范大学出版社2009年版，第357—391页。其中论及陈致雍的部分，见第383—384页。

④ 马伟明、王元林：《南唐章僚〈海外使程广记〉考》，《求索》2015年第12期。

曾简述其著录情况①，王河、真理从《类说》等书辑出了佚文 20 条以及类似序文一篇②，陈静怡在研究《类说》引书时稍有涉及③。因此，笔者不揣浅陋，欲在此进一步辑考《晋安海物异名记》一书。

一　《晋安海物异名记》的著录与书名

在辑佚《晋安海物异名记》之前，需对其历代著录情况和书名异同进行考察，以便于辑佚工作的顺利展开。

（一）《晋安海物异名记》的著录

关于陈致雍《晋安海物异名记》一书的历代著录情况，根据张兴武考证所据，今按各目录书的成书先后整理如下：

1.《崇文总目》卷二"地理类"："《晋安海物异名记》二卷。陈致雍撰。"④

2.《通志·艺文略四》"地理类"："《晋安海物异名记》二卷。伪唐陈致雍撰。"⑤

3.《直斋书录解题》卷八"地理类"："《晋江海物异名记》三卷。秘书监莆田陈致雍撰。致雍仕伪闽、南唐，后归朝。"⑥

4.《文献通考·经籍考三二》"地理类"："《晋江海物异名记》三卷。陈氏曰：'秘书监莆田陈致雍撰。致雍仕伪闽、南

①　张兴武：《五代艺文考》，第 313—314 页。

②　王河、真理：《宋代佚著辑考》，江西人民出版社 2003 年版，第 208—211 页。

③　陈静怡：《〈类说〉版本及引书研究》，硕士学位论文，台北大学，2012 年，第 59 页。

④　王尧臣等编次，钱东垣等辑释：《崇文总目（附补遗）》卷二"地理类"，丛书集成初编本，商务印书馆 1937 年版，第 93 页。

⑤　郑樵：《通志二十略·艺文四》"地理类"，中华书局 1995 年版，第 1581 页。

⑥　陈振孙：《直斋书录解题》卷八"地理类"，上海古籍出版社 1987 年版，第 259 页。上海古籍出版社点校本原作"致雍仕伪闽，南唐后归朝"，颇怪异，今从张兴武重新标点、下文《文献通考》和唐圭璋《南唐艺文志》引陈振孙原句之标点。

唐，后归朝。'"①

5.《宋史·艺文五》"小说类"："陈致雍《晋安海物异名记》三卷。"②

以上是宋元人文献中的著录情况，颇可反映至少到南宋末年陈振孙撰写《直斋书录解题》的时代，陈致雍《晋安海物异名记》依然存世。

此后，晚清光绪年（1875—1908）间汪振民《补南唐艺文志》"舆地类"③、1979 年唐圭璋《南唐艺文志》"地理类"④、张兴武《五代艺文考·五代艺文志补遗》皆从补志角度进行了著录。其中唐圭璋进一步做了考证：

> 原见《崇文目》，《通志》同。陈《录》、《宋·志》并作三卷。《国史·经籍志》谓"《宋·志》入小说类"，非是。"晋安"，陈《录》作"晋江"。陈《录》云："《晋江海外异名记》三卷。秘书监莆田陈致雍撰。致雍仕伪闽、南唐，后归朝。"

其中提及的《国史·经籍志》为明人焦竑（1540—1620）所撰，此书被清代四库馆臣评价为"丛钞旧目，无所考核。不论存亡，率尔滥载。古来目录，惟是书最不足凭"⑤。则《晋安海物异名记》在明代是否存世，尚有疑问。至清代，则未入四库，渐趋消亡。

另需注意的是《晋安海物异名记》的卷数，《崇文总目》《通志·艺文略》作"二卷"，而《直斋书录解题》《文献通考·经籍考》《宋史·艺文志》皆作"三卷"。可惜原书已佚的情况下，这一

---

① （元）马端临：《文献通考》卷二〇五《经籍考三二》，中华书局 2011 年版，第5851 页。

② （元）脱脱等：《宋史》卷二〇六《艺文五》，中华书局，第5222 页。张兴武误系于《宋史》卷二〇五《艺文四》"杂家类"。

③ （清）汪振民：《补南唐艺文志》"舆地类"，傅璇琮等主编《五代史书汇编》第九册，杭州出版社 2004 年版，第5807 页。

④ 唐圭璋：《南唐艺文志》，《中华文史论丛》1979 年第 3 辑，第 342 页。

⑤ 《钦定四库全书总目》卷八七，文渊阁《四库全书》本。

问题难以解决，存此俟考。

（二）《晋安海物异名记》的书名

陈致雍所撰《晋安海物异名记》的书名，上文所引著录情况已经有所揭示，唐圭璋亦有指出，其书名共有两种情况：1.《崇文总目》《通志·艺文略》《宋史·艺文志》皆谓"晋安"；2.《直斋书录解题》《文献通考·经籍考》皆谓"晋江"。

关于"晋安"与"晋江"之差异，颇易解决。王河、真理从明人陈懋仁《泉南杂志》中所辑出的疑似陈致雍《海物异名记序》，曰：

> 雍家于晋安，自观海族目有多品，而考其名实不同者，则华人之言异也。是故荒余之产，职方不入，郭璞未详，张华不载，沈莹《临海记》、颜之推《稽圣赋》、崔豹《古今赋》、《交州异物记》、《岭表异录》、《山海经》、《东方异物》等记，及诸家博物之例，物同而名异者，集在此卷，就其方言而正之，曰《海物异名记》。①

从其中"雍家于晋安"一句，可知陈致雍本人以家在晋安，故其所撰《海物异名记》当以"晋安"为正名。不过"晋安"当指六朝时期的晋安郡晋安县，其治所在今泉州市辖下县级南安市。② 至于"晋江"，即唐五代泉州晋江县，据郭声波考证，晋江县在开元八年（720）后一直为泉州州治，故谓"晋江"亦可谓泉州。③

总之，无论"晋安"还是"晋江"，皆可指泉州。陈致雍取古代的名称"晋安"，而不取当下的名称"晋江"，或与其记录范围为整个泉州，而非区区晋江县有关。但"晋江"一词亦非毫无根据，陈振孙在著录陈致雍《新定寝祀礼》一卷时注曰："致雍，晋江人，及

---

① 王河、真理：《宋代佚著辑考》，第209页。
② 胡阿祥：《宋书州郡志汇释》，安徽教育出版社2006年版，第134页。
③ 郭声波：《中国行政区划通史·唐代卷》，复旦大学出版社2012年版，第512页。

仕本朝。"① 可知陈振孙此处认为陈致雍本人即晋江人，这或许是其著录为"晋江"而非"晋安"的缘由。但这与他在著录《晋江海物异名记》中提及的"秘书监莆田陈致雍撰"矛盾，因莆田县虽亦属泉州所辖，然与晋江为不同的两个县。② 当然，陈振孙的意思也可能是以晋江指代泉州，则莆田在泉州辖下，陈致雍作为泉州人，亦可称之为晋江人。不过陈致雍撰《晋安海物异名记》应当与其籍贯无关，而与其仕宦经历有关。

关于陈致雍的仕宦经历，马令、陆游两《南唐书》皆无专传，现存最早的记载见于明人凌迪知《万姓统谱》：

> 陈致雍，莆田人。仕伪闽为太常卿。入南唐，以通礼及第。宪章典故，所著精练。后归宋。开宝（968—976）中，除秘书监，致仕。徐铉送以诗，有"三朝恩泽冯唐老，万里相关贺监归"之句。既还，陈洪进辟掌书记。撰《海物异名记》及《闽王列传》《五礼仪鉴》。③

《万姓统谱》的记载虽较简略，已具备小篆体例。

据《万姓统谱》凡例，其中"人物履历采于二十一史列传及《通志》、《统志》、郡邑志等书，若近代未登志者，稽各文集并志状。以州里勋阶为主，其余言行事迹惟诠述梗概而已。或无州里而只具一事，或有州里而无事可述，或州里与事俱缺但存其名者，悉征故牒载之，不敢创一言也"④。可知此处小传当是凌迪知从地方志中搜集得来，惜未能注明得自何志。然而吴任臣（1628—1689）《十国春

---

① （宋）陈振孙：《直斋书录解题》卷六"礼注类"，第186页。
② 郭声波：《中国行政区划通史·唐代卷》，第512页。
③ （明）凌迪知：《万姓统谱》卷一八，《中华族谱集成》第1册，巴蜀书社1995年版，第323页。
④ 凌迪知：《万姓统谱》"凡例"，第4页。

秋》①、乾隆二年（1737）刊《福建通志》② 所载《陈致雍传》皆与此略同，仅最后多加一句"好事者复编其议礼诸论为《曲台奏议》二十卷"（《十国春秋》）或"后好事者编次其在南唐为礼官时论议为《曲台奏议》"（《福建通志》）。据此可推，《十国春秋》《福建通志》和《万姓统谱》所据皆为地方志，且《万姓统谱》的引述更为简略。

当然，从《万姓统谱》所引志书的这一记载，已经大略可知陈致雍生平。即陈致雍先后出仕四个政权：王闽、南唐、北宋、陈洪进（914—985）清源军政权（963—977）。其撰写《晋安海物异名记》，从其曾出仕陈洪进来看，或为彼时所撰，正如陈致雍在序文中所说"雍家于晋安"。至于"后归宋"，当指南唐于开宝八年（975）为北宋所灭，陈致雍随之归宋。从徐铉所送之诗中有云"三朝恩泽"来看，陈致雍可能入宋后不久致仕，"三朝"当即指灭闽国的南唐元宗李璟、南唐后主李煜、宋太祖赵匡胤，因徐铉为南唐臣子，似不可能把陈致雍早年仕宦的闽国算入其中。致仕之后，陈致雍回到莆田家乡，又应陈洪进辟，为掌书记。

此外，根据陈致雍序文，《晋安海物异名记》可直接称之为陈致雍本人所定之《海物异名记》。尤袤（1127—1194）《遂初堂书目》"小说类"著录有"《海物异名记》"，在"任昉《述异记》"和"梁吴均《续齐谐记》"之间，似《海物异名记》为南朝书。③ 然而据笔者翻检《隋书·经籍志》、张鹏一（1867—1943）《隋书经籍志补》、清末民初汪之昌《隋书经籍志校补》、李正奋（1892—1973）《隋代艺文志辑证》、同氏《隋代艺文志》诸书④，在唐前似无以"海物异名记"为名之书，则《遂初堂书目》所著录之《海物异名记》当即

---

① （清）吴任臣：《十国春秋》卷九七《陈致雍传》，中华书局1983年版，第1397页。

② 《福建通志》卷五一《陈致雍传》，文渊阁《四库全书》本。

③ （宋）尤袤：《遂初堂书目》"小说类"，文渊阁《四库全书》本。

④ 此五种书点校版一并收入王承略、刘心明主编《二十五史艺文经籍志考补萃编》第十三卷，清华大学出版社2013年版。

陈致雍《晋安海物异名记》无疑。曾慥《类说》收录其内容时也以此名之。杨慎（1488—1559）《升庵集》卷八一引《海物异名记》注曰"万震著"①，万震为三国吴人，所著为《南州异物志》②，杨慎偶因书名类似而误系也。

不过毕竟陈致雍以所居晋安为其观察范围，若以《海物异名记》，似夸大其内容的地域性，故本文仍然依循诸家著录，称之为《晋安海物异名记》。

二 《晋安海物异名记》的辑佚

根据上文对于《晋安海物异名记》的著录与书名的考察，可以得到此书的大致情况，并且能够通过书名来扩大辑佚范围。因此，可以通过对表明引自"海物异名记""晋安海物异名记""晋安海物记""海物异名""海物记""晋安记"乃至"南海异名记"等表述的典籍的考察，结合王河、真理辑本的基础性工作，得到可靠的佚文。下文中，首先整理王河、真理辑本所辑《类说》13 条，其次整理王河、真理辑本从他书中所辑 7 条，最后整理笔者从他书中辑得新见佚文。

（一）王河、真理辑本所辑《类说》13 条补考

两宋之际曾慥《类说》卷六收录了《海物异名记》的原文 13 条③，是最集中的呈现。王河、真理辑本所辑前 12 条即基本据《类说》，又对《类说》第 11 条"天脔炙"另有比对，列为其辑本第 17 条④，可惜皆未对引文进行详细考辨，以得出可靠的文本。现根据文

---

① （明）杨慎：《升庵集》卷八一，文渊阁《四库全书》本。

② 陈直夫：《万震〈南州异物志〉辑稿》，陈直夫教授九秩荣庆门人祝贺委员会，1987 年。

③ （宋）曾慥：《类说》卷六《海物异名记》，文学古籍刊行社 1956 年版，第 476—480 页。

④ 王河、真理：《宋代佚著辑考》，第 210—211 页。

学古籍刊行社影印明天启刊本《类说》转录于下，校以文渊阁《四库全书》本，并根据王河、真理辑本附考于下：

1. "蟹名虎蟳"：海蟹之大者，有虎斑①文蟹，谓之蟳者，以其随波湮②沦。蟹之小者，每潮欲来，出穴举螯迎之，名招潮子。又一种小蟹，随潮脱壳，潮退徐行泥中，名曰摊涂。

补考：此条王河、真理辑自"《类说》卷六，四库"，然中间一句亦见南宋不著撰人《锦绣万花谷》卷三六"招潮"条："《海物异名记》云："蟹之小者，每遇潮头来，出穴举螯迎之，名招潮子。'"③字句稍异，而以《类说》"欲"字更胜。此外，亦见于祝穆（？—1255）《古今事文类聚》后集卷三五："蟹之小者，每潮欲来，出穴举螯迎之，名招潮子。"④与《类说》同。又见陈元龙（1652—1736）《格致镜原》卷九五"蟹"条："招潮子，蟹之小者，见《海物异名记》。"⑤

2. "蛎奴"：蛎壳中有小蟹，时出取食，复入蛎壳，谓之蛎奴。

补考：此条王河、真理辑自"《类说》卷六，四库"，然亦见罗愿（1136—1184）《尔雅翼》卷三一"蚝"条："《海物异名记》谓此为'蛎奴'。"⑥唯《尔雅翼》未全引，当以《类说》为准。

3. "乌贼泥猴"：鳅类，有目如猴者名泥猴。又《尔雅

---

① 天启本作"班"，今从四库本作"斑"。
② 天启本作"埋"，今从四库本作"湮"。
③ 不著撰人：《锦绣万花谷》卷三六，文渊阁《四库全书》本。
④ （宋）祝穆：《古今事文类聚》卷三五，文渊阁《四库全书》本。
⑤ （清）陈元龙：《格致镜原》卷九五"蟹"条，文渊阁《四库全书》本。
⑥ （宋）罗愿：《尔雅翼》卷三一"蚝"条，黄山书社2013年版，第371页。

云："鲻鰦有军鱼"，故海上人酒令云："军鱼下海打乌贼有功，封泥猴。"

补考：此条王河、真理辑自"《类说》卷六，四库"，除《类说》外不见征引。

4．"信鸥"：鸥之别类，群鸣喈喈，随潮往来，谓之信鸥。

补考：此条王河、真理辑自"《类说》卷六，四库"，然亦见罗愿《尔雅翼》卷一七"鹥"："《海物异名记》曰：'鸥之别类，群鸣喈喈，随潮往来，谓之信凫。'"[1] 此后，又见清初姚炳《诗识名解》卷三"鹥"条："《海物异名记》谓之'信凫'。"[2] 又见陈元龙《格致镜原》卷八〇"鸥"条[3]，字词与《尔雅翼》同。"信凫"抑或"信鸥"，皆谓"鹥"，都可从。

5．"白鹭缞"：江东人取白鹭头颈上翰为接离，谓之白鹭缞，或以红鹤间之。

补考：此条王河、真理辑自"《类说》卷六，四库"，除《类说》外不见征引。

6．"水母"：澄澜挺质，凝珠成形，其名曰蜇，即水母也。

补考：此条王河、真理辑自"《类说》卷六，四库"，除《类说》外不见征引。

---

① （宋）罗愿：《尔雅翼》卷一七"鹥"条，第200页。
② （清）姚炳：《诗识名解》卷三"鹥"条，文渊阁《四库全书》本。
③ （清）陈元龙：《格致镜原》卷八〇"鸥"条。

7. "郎官鲙"：江南人作鲙，名郎官鲙，言因张翰得名。

补考：此条王河、真理辑自"《锦绣万花谷》前集卷三十八，四库；又见《类说》卷六，四库；《天中记》卷四十六，四库"。其中《锦绣万花谷》引文实在前集卷三六，即"江南人喜作鲙，名郎官鲙，因张翰思鲙得名。《海物异名记》"①。陈耀文（1524—1605）《天中记》卷四六所载与《锦绣万花谷》完全相同。② 此外，亦见于南宋陈元靓《岁时广记》卷三"思莼鲈"条："又《海物异名记》云：'江南人作鲙，名郎官鲙，言因张翰得名。'"③ 彭大翼（1552—1643）《山堂肆考》卷一九四"郎官鲙"条亦曰："《海物异名记》：'江南人喜作鲙，名郎官鲙。'"④

8. "蝉纱"：泉女所织绡，细薄如蝉翼，名蝉纱。

补考：此条王河、真理辑自"《类说》卷六，四库"，然亦见于彭大翼《山堂肆考》卷一八七"蝉纱"条："《海物异名记》：'泉女织纱，轻如蝉翼，名蝉纱。'"字词稍有不同。⑤ 又见于高士奇（1645—1704）辑补《编珠》卷三"蝉翼纱"条，字词与《山堂肆考》同。⑥ 又见于陈元龙《格致镜原》卷二七"纱"条，字词与《山堂肆考》同。⑦

9. "八蚕绵"：八蚕作共一大蠒。

---

① 不著撰人：《锦绣万花谷》前集卷三六"郎官鲙"条。
② （明）陈耀文：《天中记》卷四六"郎官鲙"条，文渊阁《四库全书》本。
③ （元）陈元靓：《岁时广记》卷三"思莼鲈"条，文渊阁《四库全书》本。
④ （明）彭大翼：《山堂肆考》卷一九四"郎官鲙"条，文渊阁《四库全书》本。
⑤ （明）彭大翼：《山堂肆考》卷一八七"蝉纱"条。
⑥ （清）高士奇辑补：《编珠》卷三"蝉翼纱"条，文渊阁《四库全书》本。《编珠》一书旧题隋杜公瞻撰，据四库提要，当是明人伪托，故可视之为明清文献。
⑦ （清）陈元龙：《格致镜原》卷二七"纱"条，文渊阁《四库全书》本。

补考：此条王河、真理辑自"《类说》卷六，四库"，然亦见于罗愿《尔雅翼》卷二四"蠃"条："而《海物异名记》乃云：'八蚕绵者，八蚕共作一大茧。'非也。"① 又据王楙（1151—1213）《野客丛书》卷八"种田养蚕"条："而《海物异名记》乃谓'八蚕共作一茧'，与前说异。"② 又据高似孙（1158—1231）《纬略》卷六"八蚕"条："《海物异名记》曰：'八蚕绵者，八蚕共为一大茧。'"③ 及至明末清初，方以智（1611—1671）《通雅》卷四七"月令仲春祭马祖"条曰："高似孙引《海物异名记》曰：'八蚕共为一大茧。'"④ 综上可知，《类说》"作共"或为"共作（为）"之误。

10. "海鸥棠橹"：越人水战，凌波赴敌，则有海鸥舟名也。又曰穿行鱼流，浴波不溺，则有棠橹，如棠不沉也。

补考：此条王河、真理辑自"《类说》卷六，四库"，然亦见于陈元龙《格致镜原》卷二八："《海物异名记》：'越人水战，有舟名海鹘，急流浴浪不溺。'"⑤ 与《类说》颇不一致。

11. "天脔炙"：瓦龙子，一名天脔。

补考：此条王河、真理辑自"《侯鲭录》卷三；又见《锦绣万花谷》前集卷三十九，四库；《类说》卷六，四库"。其中赵令畤（1064—1134）《侯鲭录》今已有点校本，此条为："瓦垄，矿壳浑沌，钱文如建瓴，外眉而内渠。其名瓦垄，注云：眉谓高为眉，渠谓疏为渠。一名魁陆。《尔雅》'魁陆'注：《本草》云：魁状如海蛤，

---

① （明）罗愿：《尔雅翼》卷二四"蠃"条，第 293 页。
② （宋）王楙：《野客丛书》卷八"种田养蚕"条，
③ （宋）高似孙撰，左洪涛校注：《高似孙〈纬略〉校注》卷六"八蚕"条，浙江大学出版社 2012 年版，第 110 页。
④ （清）方以智：《通雅》卷四七"月令仲春祭马祖"条。
⑤ （清）陈元龙：《格致镜原》卷二八"舟"条。

圆而厚,外有理,纵横。《岭表异录》云:瓦壳中有肉,紫色,曰天脔炙也。出《海物异名》。"① 可知,若从最后一句"出《海物异名》"来看,《侯鲭录》所录整条皆为《晋安海物异名记》的原文。另外,《锦绣万花谷》前集卷三九曰:"瓦陇子,一名天脔炙。《海物记》。"② 与《类说》相似。又据杨慎《升庵集》卷八一"海物异名记"条:"天脔,瓦蝛蚶子也。"③ 又与前引皆有异。

12. "虾须":海虾须有一丈,可作拄杖者。

补考:此条王河、真理辑自"《类说》卷六,四库",除《类说》外不见征引。

13. "荔枝奴":岭南人谓龙眼为荔枝奴。

补考:此条王河、真理辑自"《类说》卷六,四库",除《类说》外不见征引。

(二) 王河、真理辑本从他书所辑 7 条补考

王河、真理辑本除了根据《类说》辑佚外,还从其他书中辑得7条,依次为:

14. "春燕合葬":蜀王孟昶说宫婢春燕,姓李氏,行则同舆,坐则同席。末年遭杀,并命合葬,墓上有树生异花,似鸳鸯交颈,人不知名,但曰鸳鸯树。时有歌曰:"愿作坟上鸳鸯木,作双飞去作双归。"

补考:王河、真理辑自"《姬侍类偶》卷上,四库存目;又见

---

① (宋) 赵令畤:《侯鲭录》卷三"瓦垄魁陆"条,中华书局 2002 年版,第 88 页。
② 不著撰人:《锦绣万花谷》前集卷三九"瓦陇子"条。
③ (明) 杨慎:《升庵集》卷八一"海物异名记"条。

《天中记》卷十九，四库"，然亦见余寅《同姓名录》卷一二"春燕"条："蜀王孟昶说宫婢春燕，行则同舆，坐则同席。末年遭杀，并命合葬，墓上有树生异花，似鸳鸯交颈，当时名曰鸳鸯树。"① 字句稍有减省。值得考证的是，孟昶后宫并无春燕②，且此事与晋安无涉，鸳鸯树亦非海物，不知为何皆云出自《海物异名记》？王河、真理辑本对此的猜测是："一是，因节录原文之故，省略了有关海族的记载；二是，错录他书缘故。"③ 存此俟考。

15. "鹿角鱼"：芒角，持戴在鼻，小者腌为鲊，味甚佳；大者长五六寸许，其皮可以角错，亦谓之鹿角鱼。

补考：王河、真理辑自"何乔远《闽书》卷一五一'南产'，四库存目·史"。然亦见晚明屠本畯《闽中海错疏》卷中"鹿角"条："鹿角，《海物异名记》曰：'芒角，持戴在鼻，小者腌为鲊，味佳，大者长五六寸，其皮可以角错。'"④ 字句稍有不同。

16. "乌鲗"：八足绝短者，集足在口，缩喙在腹，形类鞋囊，其名乌鲗，噏波噀墨，迷射水慝，以卫害焉。

补考：王河、真理辑自"《侯鲭录》卷二，丛书集成初编本"，《侯鲭录》点校本此条即"乌鲗，八足绝短者，集足在口，缩喙在腹，形类鞵囊，其名乌鲗，噏波噀墨，迷射水慝，以卫害焉。《海物异名》。"⑤ 其中"《海物异名》"即指《晋安海物异名记》。此外，亦见《御定渊鉴类函》卷四四三"乌贼一"条："万震《海物异名记》

---

① （明）余寅：《同姓名录》卷一二"春燕"条，文渊阁《四库全书》本。
② 孟昶后宫颇多，见于记载姓者唯李艳娘一人，参见胡耀飞《后蜀孟氏婚姻研究——兼论家族史视野下的民族融合》，奇文瑛主编《民族史研究》第11辑，中央民族大学出版社2014年版，第80—81页。
③ 王河、真理：《宋代佚著辑考》，第209页。
④ （明）屠本畯：《闽中海错疏》卷中"鹿角"条，文渊阁《四库全书》本。
⑤ （宋）赵令畤：《侯鲭录》卷二"乌鲗"条，第72页。

曰：'集足在口，缩喙在腹，形类鞋囊，其名乌贼，噀波喷墨，迷射水慝。'"① 其中署名"万震"为沿《升庵集》之误。

17. "枫叶鱼"：海树霜叶，风飘浪翻，腐萤化厥质为鱼，名枫叶鱼。

补考：王河、真理辑自"何乔远《闽书》卷一五一'南产'，四库存目·史"。然早见于《嘉定赤城志》卷三六《鱼之属》："枫叶。形小味极珍，土人重之。《海物异名记》云：枫叶入水所化也。"② 此处当时盖言之，非引原文。亦见屠本畯《闽中海错疏》卷中"枫叶"条："枫叶，《海物异名记》云：'海树霜叶，风飘浪翻，腐若萤化，厥质为鱼。'"③ 又见陈元龙《格致镜原》卷九三"各种鱼"条："《海物异名记》：'海树霜叶，风飘浪飜，腐若萤化，厥质为鱼，故名枫叶鱼，出兴化府。'"④ 从内容来看，《格致镜原》所引更完整。

18. "空豸"：扬笔如凌渐甲，绝薄者为空豸，泉人言白虾。空豸足天与醋大，盖价蕌物肆，贫民以为甘，莆人名曰泥星。

补考：王河、真理辑自"《闽书》卷一五一'南产'，四库存目·史"。其中"莆人"当指莆田人，与陈致雍本人籍贯正合。又据屠本畯《闽中海错疏》卷下"白蛤"条曰："白蛤，一名空豸，泉人呼为江大，似蛤而小，壳薄色白，又名泥星。"⑤ 此条虽未记载来源，当有参考《晋安海物异名记》者。

---

① 《御定渊鉴类函》卷四四三"乌贼一"条。
② （宋）陈耆卿等：《嘉定赤城志》卷三六《鱼之属》，《宋元方志丛刊》第七册，中华书局1990年版，第7569页。
③ （明）屠本畯：《闽中海错疏》卷中"枫叶"条。
④ （清）陈元龙：《格致镜原》卷九三"各种鱼"条。
⑤ （明）屠本畯：《闽中海错疏》卷下"白蛤"条。

19. "海月"：一名老叶盘石华。《方言》谓之石鼋，高广寸许，李善曰：附石，肉可啖。

补考：王河、真理辑自"《闽书》卷一五一'南产'，四库存目·史"。然据杨慎《升庵集》卷八一"海物异名记"条："江瑶柱，海月也。"① 则似与以下"江珧柱"条为一，且王河、真理所录《方言》之文及李善注文，似非陈致雍《晋安海物异名记》原文。

20. "江珧柱"：厥甲美如瑶玉，肉柱肤寸，名江珧柱。

补考：王河、真理辑自"屠本畯《闽中海错疏》卷下，四库"，然早已见于赵令畤《侯鲭录》卷三"江珧柱"条："《海物异名》云：'江珧柱，厥甲美如瑶玉，肉柱肤寸，曰江珧柱。'"亦见于高似孙《纬略》卷七"珧"条："《晋安海物异名记》曰：'肉柱肤寸，美如珧玉。'"② 又见于王世贞（1526—1590）《弇州四部稿》卷一五六《宛委余编》："《晋安海物异名记》曰：'肉柱肤寸，美如珧玉。'"③ 陈元龙《格致镜原》卷九五"珧"条："万震《海物异名记》：'江瑶柱，厥甲美如瑶玉，肉柱肤寸，名江瑶柱。'"④ 惜误系万震为作者。

（三）笔者新辑佚文 22 条

新辑佚文，可按书名和作者生卒年先后分类如下：

1. 以"海物异名记"为书名征引者

（1）陆佃（1042—1102）《埤雅》卷一"鲉"条："《海物异名

---

① （明）杨慎：《升庵集》卷八一"海物异名记"条。
② （宋）高似孙撰，左洪涛校注：《高似孙〈纬略〉校注》卷七"珧"条，第 150 页。左洪涛点校书名为"晋安《海物异名记》"，误。
③ （明）王世贞：《弇州四部稿》卷一五六《宛委余编》，文渊阁《四库全书》本。
④ （清）陈元龙：《格致镜原》卷九五"珧"条。

记》曰：'鲛，似鲫而狭小。'"① 此后，明清《诗经》注家皆以此为本转引之。如晚明冯复京《六家诗名物疏》卷三三"鲨"条："《海物异名记》云：'鲨，似鲫而狭小。'"② 毛晋（1599—1659）《陆氏诗疏广要》卷下之下"《鱼丽》于罶鲿鲨"条："《海物异名记》曰：'鲨，似鲫而狭小。'"③ 清初陈大章《诗传名物集览》卷六"鲿鲨"条："《海物异名记》：'鲨，似鲫而狭小。'"④ 故从陆佃《埤雅》可得佚文一条，即"鲨（鲨），似鲫而狭小"。

（2）陆佃《埤雅》卷二"蚌"条："《海物异名记》曰：'蜃布泥有疆界，其蒸气也为楼。'"⑤ 又据陈元龙《格致镜原》卷九五"蜃"条："《海物异名记》：'蜃布泥有疆界，其蒸气也为楼。'"⑥ 此二句中，可得佚文一条，即"蜃布泥有疆界，其蒸气也为楼"。

（3）《嘉定赤城志》卷三六《鱼之属》："千人擘。《海物异名记》：'聚刺犷壳，擘之不能入。'"⑦ 屠本畯《闽中海错疏》卷下"千人擘"条："千人擘，状如虾姑，壳坚硬，人尽力擘之不开。《海物异名记》云：'千人擘，聚刺犷壳，擘不能开。'《酉阳杂俎》谓之'千人捏'。"⑧《浙江通志》卷一〇五《物产五·台州府》"千人擘"条："《海物异名记》：'聚刺犷壳，擘之不能入。'"此句中，可得佚文一条，即"千人擘，聚刺犷壳，擘之不能入（擘不能开）"。

（4）李衎（1245—1320）《竹谱》卷五"木竹"条："木竹，闽浙山中处处有之，叶生，坚实，中间亦通小脉，节内如通草，其笋坚可食。福建生者，心实，笋硬，不可食，土人呼为柴竹。又一种生于韶州山中，最多茎，如万岁藤，中实如木，可为杖。《海物异名记》

---

① （宋）陆佃撰：《埤雅》卷一"鲨"条，王敏红点校，浙江大学出版社 2008 年版，第 5 页。

② （明）冯复京：《六家诗名物疏》卷三三"鲨"条，文渊阁《四库全书》本。

③ （明）毛晋：《陆氏诗疏广要》卷下之下"《鱼丽》于罶鲿鲨"条，文渊阁《四库全书》本。

④ （清）陈大章：《诗传名物集览》卷六"鲿鲨"条，文渊阁《四库全书》本。

⑤ （宋）陆佃：《埤雅》卷二"蚌"条，第 14 页。

⑥ （清）陈元龙：《格致镜原》卷九五"蜃"条。

⑦ 《嘉定赤城志》卷三六《鱼之属》，第 7570 页。

⑧ （明）屠本畯：《闽中海错疏》卷下"千人擘"条。

云：'灵寿木，其节竹，《汉书》赐三老灵寿杖者，此也。'无花，而实如草荳蔻，味酸。'"① 又据同书卷九"灵寿木"条："《晋安海物记》曰：'灵寿木，其节竹，又曰木竹，中实。'注云：'汉赐三老灵寿杖，即此竹。'灵寿即木竹异名耶？"② 对比此两句中，可得佚文一条，即"灵寿木，其节竹，又曰木竹，中实"。后一句中的"注云"云云，或亦陈致雍《晋安海物异名记》原文作者注。

（5）屠本畯《闽中海错疏》卷中"弹涂"条："弹涂，大如拇指，须鬛青斑色，生泥穴中，夜则骈首朝北。一名跳鱼，《海物异名记》云：'登物捷若猴然，故名泥猴。'"③ 此句中，可得佚文一条，即"登物捷若猴然，故名泥猴"。

（6）屠本畯《闽中海错疏》卷中"白泽"条："白泽，《海物异名记》云：'群生，随波潮缩在泽。'"④ 此句中，可得佚文一条，即"群生，随波潮缩在泽"。

（7）屠本畯《闽中海错疏》卷中"涂苗"条："涂苗，《海物异名记》谓之'酱虾'，细如针芒，海滨人醎以为酱，不及南通州出长乐港尾者佳，梅花所者不中。"⑤ 此句中，可得佚文一条，即"酱虾"。盖其后"南通州"当指元明时期南、北通州并存时，所指代之今江苏省通州市，故非陈致雍所处南唐时语。

（8）杨慎《升庵集》卷八一"海物异名记"条："《海物异名记》：'密丁，魁蛤之子也。'"⑥ 方以智《通雅》卷四七"密丁"条："《海物异名记》：'密丁，魁蛤之子也。'"⑦ 又见陈元龙《格致镜原》卷九五"蛤"条："《海物异名记》：'蜜丁，魁蛤之子也。'"⑧ 此两句中，可得佚文一条，即"密（蜜）丁，魁蛤之子也"。

---

① （元）李衎：《竹谱》卷五"木竹"条，文渊阁《四库全书》本。
② （元）李衎：《竹谱》卷九"灵寿木"条。
③ （明）屠本畯：《闽中海错疏》卷中"弹涂"条。
④ （明）屠本畯：《闽中海错疏》卷中"白泽"条。
⑤ （明）屠本畯：《闽中海错疏》卷中"涂苗"条。
⑥ （明）杨慎：《升庵集》卷八一"海物异名记"条。
⑦ （清）方以智：《通雅》卷四七"密丁"条，文渊阁《四库全书》本。
⑧ （清）陈元龙：《格致镜原》卷九五"蛤"条。

（9）杨慎《升庵集》卷八一"海物异名记"条："膏叶盘，海镜也。"① 此句中，可得佚文一条，即"膏叶盘，海镜也"。

（10）杨慎《升庵集》卷八一"海物异名记"条："西施舌，鳢子也。"② 此句中，可得佚文一条，即："西施舌，鳢子也。"

（11）杨慎《升庵集》卷八一"海物异名记"条："西施乳，河鲀膏也。"③ 此句中，可得佚文一条，即："西施乳，河鲀膏也。"

（12）雍正《浙江通志》卷一〇五《物产五·台州府》"石帆鱼"条："《海物异名记》：'生海中石穴。'"④ 此句中，可得佚文一条，即："生海中石穴。"

2. 以"晋安海物记"为书名征引者

（1）陆佃《埤雅》卷二"鼍"条："《晋安海物记》曰：'鼍宵鸣，如桴鼓。'"⑤ 此后，又见陈耀文《天中记》卷四三、彭大翼《山堂肆考》卷二二五、方以智《通雅》卷二等书。⑥ 冯复京《六家诗名物疏》卷四七"鼍"条："《晋安海物记》云：'鼍宵鸣，如桴鼓。'"⑦ 毛晋《陆氏诗疏广要》卷下之下"鼍鼓逢逢"条曰："《晋安海物记》曰：'鼍鸣，如桴鼓。'"⑧ 陈大章《诗传名物集览》卷六"鼍鼓逢逢"条亦同《六家诗名物疏》。⑨ 从这些句中，可得佚文一条，即："鼍宵鸣，如桴鼓。"

（2）李樗、黄櫄《毛诗李黄集解》卷二"遵彼汝坟"条："《晋

① （明）杨慎：《升庵集》卷八一"海物异名记"条。

② 同上

③ 同上

④ 《浙江通志》卷一〇五《物产五·台州府》"石帆鱼"条，文渊阁《四库全书》本。

⑤ （宋）陆佃：《埤雅》卷二"鼍"条，第12页。其中王敏红标点为"晋安《异名记》"，似以晋安为人名，误。

⑥ （明）陈耀文：《天中记》卷四三"灵鼍"条；（明）彭大翼：《山堂肆考》卷二二五"应更"条；（清）方以智：《通雅》卷二。

⑦ （明）冯复京：《六家诗名物疏》卷四七"鼍"条。

⑧ （明）毛晋：《陆氏诗疏广要》卷下之下"鼍鼓逢逢"条。

⑨ （清）陈大章：《诗传名物集览》卷六"鼍鼓逢逢"条。

安海物记》曰：'橘鬴鱼，犹今之鲂鱼，其尾赤，其鬐似橘。'"① 此句中，可得佚文一条，即："橘鬴鱼，犹今之鲂鱼，其尾赤，其鬐似橘。"

（3）李衎《竹谱》卷四"慈竹"条："《晋安海物记》云：'义竹，亦曰兄弟竹。秋丛生，曰秋竹。'注云：'其笋丛生，俗谓之兄弟竹，笋味不中食也。'"② 此处所谓"注云"，不知是《晋安海物异名记》原作者之自注，抑或是他人之注。疑前一种可能性大。则此句中，前后两句皆佚文。

（4）李衎《竹谱》卷六"卫邱竹"条："《晋安海物记》曰：'番禺有舜林之竹，曰天竹。'注云：'其节大，中汲桶。'"③ 此处前后两句亦皆佚文。

（5）李衎《竹谱》卷六"麻竹"条："《晋安海物记》云：'麻竹，夏晚而生，可锻为麻者，曰麻竹。'注曰：'其笋可为筲，谓麻者，取其瓢煅灰，治经纬为布，曰华练。陈宣明殿学士姚察尝有送华练一匹，今呼曰竹练布。'"④

（6）李衎《竹谱》卷七"黄竹"条："《晋安海物记》云：'黄竹，节紫而色黄，笋可为菹。'"⑤ 此句中可得佚文一条，即："黄竹，节紫而色黄，笋可为菹。"

（7）李衎《竹谱》卷七"白竹"条："《晋安海物记》曰：'白竹，节白。'"⑥ 此句下文有引戴凯之《竹谱》之句，未知是《晋安海物异名记》引文，抑或是李衎《竹谱》引文，今暂略之。

（8）李衎《竹谱》卷七"赤竹"条："《晋安海物记》曰：'赤竹，节直，其本径尺。'"⑦ 此句中可得佚文一条，即："赤竹，节直，

---

① （宋）李樗、黄櫄：《毛诗李黄集解》卷二"遵彼汝坟"条，文渊阁《四库全书》本。

② （元）李衎：《竹谱》卷四"慈竹"条。

③ （元）李衎：《竹谱》卷六"卫邱竹"条。

④ （元）李衎：《竹谱》卷六"麻竹"条。

⑤ （元）李衎：《竹谱》卷七"黄竹"条。

⑥ （元）李衎：《竹谱》卷七"白竹"条。

⑦ （元）李衎：《竹谱》卷七"赤竹"条。

其本径尺。"

3. 以"海物记"为书名征引者

《嘉定赤城志》卷三六《竹之属》："苦。以笋味苦，故名。《海物记》云：'越人以苦毒竹为枪，中虎即毙。'"① 又见李衎《竹谱》卷四"苦竹"条，与《嘉定赤城志》同。② 此二句中，可得佚文一条，即："越人以苦毒竹为枪，中虎即毙。"

4. 以"晋安记"为书名征引者

高似孙《蟹略》卷三"蟳"条："《晋安记》云：'蟏蛸断物若芟，如牟焉。'"③ 此句中，可得佚文一条，即："蟏蛸断物若芟，如牟焉。"

最后，还有《嘉定赤城志》所引两条以"南海异名记"为书名的引文，即

"带。《南海异名记》云：修若练带，曰带鱼。"④

"章巨。八足，首圆。《南海异名记》正名曰蜛蠩"云云⑤。

此所谓"南海异名记"，既以"异名记"为书名，且他人有无用"异名记"为书名者，则很有可能即指《晋安海物异名记》，然不敢遽断，存此俟考。

结　语

通过对陈致雍生平及其《晋安海物异名记》一书的辑考，可得到此书的大致情况。然而原书未见，无法确认在上面的 42 条佚文中，是否有佚文在原书中其实为一条的情况。限于目力，笔者也无法确认这是全部佚文，只能先行集解为一文，以供方家参考，在此基础上对佚文进行修正和增补。

---

① （宋）陈耆卿等：《嘉定赤城志》卷三六《竹之属》，第 7566 页。
② （元）李衎：《竹谱》卷四"苦竹"条。
③ （宋）高似孙：《蟹略》卷三"蟳"条。
④ 《嘉定赤城志》卷三六《鱼之属》，第 7570 页。
⑤ 同上。

秦皇岛地域文化专题

试论秦皇岛地域文化发展与时代价值

——以孤竹文化为中心

王红利

（秦皇岛日报社　副刊部）

文化是人类活动的产物，形成于一定的地域中，因此，文化总是与特定的地域相联系，形成不同特色的地域文化。一方水土孕育一方文化，一方文化影响一方经济。习近平总书记在系列重要讲话中，频频提及"中华优秀传统文化是中华民族的突出优势，是我们最深厚的文化软实力"，"培育和弘扬社会主义核心价值观必须立足中华优秀传统文化"等。随着施政目标的全面推进，习近平总书记的文化战略思想凸显，即弘扬社会主义核心价值观，提升国家文化软实力，建设社会主义文化强国，这是当前和今后一个时期国家发展和文化建设的指导思想。

文化，是一个民族存在之基，是一座城市区别于其他城市的标志，更是一座城市的灵魂所在，地域文化是该地区经济和社会发展的历史性积淀，也是其发展的动力和源泉。任何一个区域经济社会的发展都必将受到地域文化、传统观念的影响，而地域文化又与当地经济、政治相互交融。鲜明的地域文化不仅是一个城市的根本特征，同时也是一个地域经济社会持久发展的原动力。

秦皇岛，位于河北省东北部，它北倚燕山，南襟渤海，东接辽宁，西扼京津，地理位置、人文环境得天独厚，逐渐形成了其独特的地域文化。由于渤海北临燕国，自然受到燕国古老的方术以及仙道文化的影响，加之燕国这一带海面上经常出现海市蜃楼，这一现象又被方士蒙以神仙色彩，譬如据《史记·秦始皇本纪》记载："齐人徐市等上书，言海中有三神山，名曰蓬莱、方丈、瀛洲，仙人居之。"①所以这片古老的大海一直被一种神秘的色彩所笼罩。秦始皇于公元前215年东巡碣石，并在此拜海，先后派卢生、侯公、韩终等两批方士携童男童女入海求仙，寻求长生不老药。在秦皇岛地区的历史发展过程中逐渐形成了孤竹文化、求仙文化、碣石文化、孟姜女文化、长城文化、别墅文化、旅游文化、港口文化等诸多具有浓郁地方特色的地域文化，但在秦皇岛各种质态的积蕴丰厚的地域文化中，孤竹文化显然是秦皇岛地域文化中最具代表性的一种地域文化。弘扬孤竹文化不论是对于推动当地经济发展，还是推动整体社会进步都必将产生积极而深远的影响。

孤竹国是中国古代的诸侯国，早期王城位于今天的唐山市附近，始封于商代，殷墟甲骨文中作"竹侯"。孤竹国的国祚从商朝初年延伸到春秋中期，孤竹国伯夷、叔齐的故事流传至今，在前660年被齐国、燕国所灭。周武王灭商后，孤竹国领地大为缩小，其辖域相当于今河北省唐山市区、乐亭、滦县、滦南、秦皇岛市全境，而今唐山市迁安、迁西一带则为令支国，今河北承德、辽宁葫芦岛、朝阳、锦州一带被山戎所据。

"孤竹"一词，最早见于殷商甲骨文和商代金文。在河北卢龙、迁安以及辽宁西部地区出土的商代青铜器上铸有"孤竹"铭文。殷商甲骨文卜辞中称"竹侯"。孤竹，一作"觚竹"，荒远之地。《尔雅·释地》："觚竹、北户、西王母、日下，谓之四荒。"东晋郭璞注："孤竹在北，北户在南，西王母在西，日下在东，皆四方昏荒之国，次四极者。"北宋邢昺疏："觚竹者，《汉书·地理志》：'辽西令支有孤竹城'，是乎？"孤竹国因出了伯夷、叔齐二位贤人而载入史册。据司马迁《史记·伯夷列传》记载，周文王姬昌卒，武王欲伐纣，伯夷、叔齐以父死不葬为不孝；以臣弑君为不仁，故而叩马而谏。及武王平殷纣，伯夷、叔齐耻食周粟，饿死首阳山。关于"叩

---

① 《史记》，中华书局2014年版，第317页。

马而谏"，并不是因为周武王伐纣，而是因为武王灭商后，要迁九鼎，伯夷、叔齐反对。班固《汉书·王贡两龚鲍传》记载："昔武王伐纣，迁九鼎于雒邑，伯夷、叔齐薄之，饿死于首阳，不食其禄，周犹称盛德焉。然孔子贤此二人，以为'不降其志，不辱其身'也。"①而《孟子》亦云："闻伯夷之风者，贪夫廉，懦夫有立志"；"奋乎百世之上，百世之下莫不兴起，非贤人而能若是乎！"

至于伯夷、叔齐因何而死，学术界也有争议。南宋罗泌《路史·后纪·炎帝纪》：伯夷、叔齐未到西周，"西伯薨，武急伐商，叩谏不及义，弃周禄北之，止阳上，俾摩子难之，逮闻淑媛之言，遂薇终焉。"《古史考》说："夷齐采薇，野有妇人曰：'子不食周粟，此亦周之草木也。'于是饿死。"不论如何，伯夷、叔齐被孔、孟树立为儒家的道德楷模，加以宣扬。在今天看来，伯夷、叔齐就是淡泊名利、礼让谦和、直言敢谏、伸张正义的典范。

《史记》有七十篇列传，《伯夷列传》排在第一篇，司马迁称颂他们"积仁洁行"，徐复观曾经这样说："史公作传的第一大义，具见于《伯夷列传》。"②《史记》的人物传记一般以叙述传主的行事为主，以议论为辅；但《伯夷列传》叙伯夷、叔齐的行事甚少，约占全篇的1/4；而感慨议论的文字则占比达到3/4之多，司马迁此举当属借题发挥，目的是抒发自己的牢骚愤激之情。司马迁将《伯夷列传》排在首篇的原因笔者想是因为伯夷、叔齐节义最高，却以王子之身份饿死，其悲情难抑，司马迁也是借他人之酒杯，浇自己之块垒，时代虽不同，为何总是好人遭殃、坏人享福？进而对天道不公发出质疑。

在今天的卢龙一带，有许多关于伯夷、叔齐的传说与遗迹，如"夷齐故里"、"夷齐井"、"夷齐庙"、"清风台"、"夷齐读书处"等。民谣中有"滦水之北夷齐里，滦水之东孤竹城"的说法。"老马识途"这个成语想必很多人都耳熟能详，可是谁又知道这个成语就出

---

① 《汉书》，中华书局1962年版，第3055页。

② 徐复观：《两汉思想史》（第三卷），华东师范大学出版社2001年版，第246页。

自我们秦皇岛地区呢？《韩非子·说林上》载："管仲、隰朋从于桓公而伐孤竹，春往冬反，迷惑失道。管仲曰：'老马之智可用也。'乃放老马而随之，遂得道。"① 除了"老马识途"，还有汉将军李广射虎的故事也有一种传说认为发生在卢龙地区。匈奴入辽西郡中杀掠吏民，汉武帝诏李广为右北平太守，使击匈奴。在郡数年，匈奴畏之，号曰"汉飞将军"，避之不敢犯塞。李广出猎，见草中石，以为虎，射之，中石没镞。当年被李广射中的石老虎就在卢龙县城西南三公里处的半山坡上，虎头石村因此而得名，虎头唤渡为"卢龙八景"之一。清光绪五年《永平府志》记载："虎头石，在府城南六里。状若虎踞，旧传为汉李广射虎处。"从文化传承角度而言，卢龙之"李广射虎"虽为传说成分较多，但体现了此地历史上对该故事的高度认可和文化上的认同。

唐宋八大家之首的韩愈写过一篇《伯夷颂》："士之特立独行，适于义而已，不顾人之是非，皆豪杰之士，信道笃而自知明者也。一家非之，力行而不惑者，寡矣；至于一国一州非之，力行而不惑者，盖天下一人而已矣；若至于举世非之，力行而不惑者，则千百年乃一人而已耳。若伯夷者，穷天地，亘万世，而不顾者也。昭乎日月不足为明，崒乎泰山不足为高，巍乎天地不足为容也！"如此赞颂伯夷、叔齐，未之有也。范仲淹曾经手书之，并传于今世，就在鼎鼎大名的李敖先生手中珍藏。孤竹文化是在孤竹国地域内产生的以伯夷、叔齐精神为代表的一种地方文化。秦皇岛地域文化研究专家薛顺平先生曾经撰文指出："伯夷、叔齐的思想行为是儒家思想形成的坚实基础，孤竹文化是孕育中华传统文化精髓的肥沃土壤，是生成东方道德文化的重要源流，是东方德源。"

王安石写过一篇《伯夷论》，反对韩愈的观点，他认为伯夷本归心于周，奈何投奔不够及时，先期而死罢了。大家都知道，王安石这个人好发与众不同之论，做反面文章，此即显例。明太祖朱元璋亦曾写过一篇《驳韩愈颂伯夷文》，他站在夺得天下的帝王立场上，自然

---

① （清）王先慎：《韩非子集解》，中华书局 2013 年版，第 176 页。

看不上那些不能为我所用的人。毛泽东在《别了，司徒雷登》一文中点名批评了韩愈的这篇《伯夷颂》："我们中国人是有骨气的。……唐朝的韩愈写过《伯夷颂》，颂的是一个对自己国家的人民不负责任、开小差逃跑、又反对武王领导的当时的人民解放战争、颇有些'民主个人主义'思想的伯夷，那是颂错了。我们应当写闻一多颂，写朱自清颂，他们表现了我们民族的英雄气概。"① "屁股决定脑袋"，或者换个文明点的说法，立场决定观点，一个人所处的位置不同，对于一件事的评价自然也就不同。

《卢龙记忆》、《走近孤竹》、《东方德源——伯夷叔齐史话》、《中国孤竹文化》等一大批孤竹文化研究著作的出版，使得孤竹文化研究从史料分析步入考古发掘的进程中，在石门镇阚各庄殷商遗址、潘庄镇沈庄殷商遗址外，又在刘营乡薛营村发现了绳纹陶器碎片，2013年4月，卢龙县蔡家坟考古发掘项目得到国家文物局批准。据专家介绍，此次发掘发现灰坑、房子、灶台、墓葬等诸多遗迹，虽未发掘出可以证实这里是国都所在地的文物，但可以确定该遗址为千年孤竹国遗址，尽管千年"孤竹国"国都位置仍成谜，但经过考古发现，蔡家坟遗址的存在年代比预计的夏商代向前延续至新石器时代，并经历了新石器时代晚期、夏至早商时期、商周之际、西周时期、春秋战国时期等五个发展阶段，每个年代均发现能证实该年代的土层和遗存。这样就将孤竹文化研究推进到一个更广阔深入的领域。2007年，伯夷和叔齐的传说被列入河北省非物质文化遗产名录。2009年6月18日，在经过中国民协、中国文联的慎重考评后，中国孤竹文化之乡、中国孤竹文化研究中心双双落户卢龙，为孤竹文化研究提供了更大便利。除了卢龙县有孤竹文化研究会以外，邻县滦县亦有夷齐文化研究会，兄弟县市不约而同地开展孤竹主题学术研究，势必形成合力，对于推动孤竹文化研究必将产生重大而深远的影响，研究夷齐精神对于弘扬中华民族的传统美德，创建和谐社会有着重要的意义。

伯夷、叔齐的故事之所以会流传千古，影响滋润着国人的情怀，

---

① 《毛泽东选集》（第四卷），人民出版社1991年版，第1495—1496页。

并最终形成一种文化，就在于他们的行为超越了个体的人格内涵和周兴商亡的时空断代，沉淀在我们民族的精神之中，使得中国传统文化在初创期就具备了讲求谦让、推崇清廉、力行中庸、鄙薄财富的品质，影响可谓深远。他们的原始人道主义理想基于亲情的和谐谦让、清廉安宁的文化理想，无为而治、和平的非暴力不竞争的社会政治理想，休养生息、老有所养的社会经济理想，由此成为一种情结，至今为人们渴慕，在黑暗、动乱的年代更是激发人们为之奋斗。

孤竹国传国近千年，是中国历史上存续时间较长的诸侯国之一。在中国古代史上有重要的地位。以伯夷、叔齐精神为代表的孤竹文化，在中国历史上产生过极大的影响，对中国传统文化的形成起了促进作用。归纳起来，伯夷叔齐的精神就是崇礼、守廉、尚德、求仁、重义，这些也是儒家仁政学说的核心内容。儒家学说的思想是在春秋战国时期形成的，可以说伯夷、叔齐是儒家仁政主张的思想先驱。伯夷、叔齐耻食周粟的节操在中国历史上产生巨大影响，历代流传不绝，孔子称之为"古之贤人也"，认为他们"不降其志，不辱其身"，孟子称之为"圣之清者也"。《韩诗外传》中有如下记载："王子比干杀身以成其忠，尾生杀身以成其信，伯夷、叔齐杀身以成其廉。此四子者，皆天下之通士也，岂不爱其身哉？为夫义之不立，名之不显，则士耻之，故杀身以遂其行。由是观之，卑贱贫穷，非士之耻也。夫士之所耻者，天下举忠而士不与焉，举信而士不与焉，举廉而士不与焉。三者存乎身，名传于世，与日月并而不息，天不能杀，地不能生，当桀纣之世，不之能污也。"① 由此可见，伯夷叔齐的"廉"与王子比干的"忠"、尾生的"信"在这个世间鼎足而立，光耀千秋。以伯夷叔齐为代表的孤竹文化成为燕赵文化乃至整个中国传统文化的重要组成部分，是儒家文化的开端，孤竹文化在更大程度上可以理解为一种道德文化，它体现了绝不苟且的出世精神，其精神内涵早已融入中华民族的精神血脉之中。

秦皇岛地域文化如此丰硕厚重，其实践价值在秦皇岛地区经济社

---

① （汉）韩婴：《韩诗外传集释》，许维遹校释，中华书局1980年版，第9—10页。

会发展方面产生了极大的促进作用，依靠这些丰厚的旅游资源，秦皇岛成为全国著名旅游城市，秦皇岛也获得了无数的荣誉称号，2001年8月10日，国务院同意将秦皇岛市山海关区列为国家历史文化名城，同时，秦皇岛还是全国首批优秀旅游城市、中国最美的十大海滨城市、中国休闲生态旅游魅力之都、中国最佳旅游生态城市、国际最佳休闲城市、2009中国十佳宜游城市、2010中国最佳度假休闲城市等。除此之外，从2004年起，秦皇岛市每年举办一次"望海求仙节"，到今年已是第9届，中外游客可在此领略当地特有民俗和临海祈愿，这有力地推动了秦皇岛旅游事业的发展。

秦皇岛市提出大力实施开放强市、产业立市、旅游兴市、文化铸市的发展战略，加快建设富有实力、充满活力、独具魅力的沿海强市、美丽港城。因此，发展文化产业尤其要发展旅游业，无疑符合且能够促进秦皇岛的城市发展目标的实现和产业结构尽快调整的战略。"一方水土养一方人"，秦皇岛位于东北、华北、环渤海三大经济区的交汇处，是人员、资金、货物与信息的集散地，形成了独特的地域文化。加之，在历史上曾有过多次大规模的迁徙活动，作为有着百余年历史的著名旅游城市，外来文化与本土文化相交融，愈使得秦皇岛地域文化逐渐呈现出"丰富性、开放性、包容性"的特征。积蕴丰厚的秦皇岛地域文化对于丰富城市文化内涵、增强城市文化魅力具有不可替代的作用，地域文化为经济发展提供精神动力和文化氛围，市场经济使地域文化形成文化经济，产生巨大的经济效益和社会效益。

秦皇岛作为全国首批沿海对外开放的城市，要真正建设成为富有实力、充满活力、独具魅力的沿海强市、美丽港城，就必须以文化建设促进城市整体发展和综合实力的提升，打造"地域文化名片"，这是传承和发展地域文化的最佳方式，将让地域文化绽放出持久而独特的魅力。

民国档案整理与研究

民国时期耀华玻璃公司
董事会议事录摘编[①]

王莲英

（东北大学秦皇岛分校 社会科学研究院）

档案介绍：

"耀华机器制造玻璃股份有限公司"始建于 1922 年，由中国近代实业巨擘周学熙最早发起创建，引进当时世界最先进的比利时佛克法专利技术进行玻璃生产，总部设于天津，总工厂设于秦皇岛。工厂经过两年多的基础设施建设，于 1924 年正式投入生产，年生产能力达到 15 万标准箱。耀华玻璃公司是我国最早使用佛克法专利技术、用机器连续生产玻璃的近代企业，使我国近代玻璃行业由传统手工业生产水平跨入使用先进技术设备进行大批量生产的行列，产品不仅畅销全国，而且还远销美国、日本、东南亚等国家和地区，成为全国玻璃工业的龙头企业。从民国时期的耀华机器制造玻璃股份有限公司，到如今的中国耀华玻璃集团，这一民族工业企业已走过近百年的发展历程，它是近代中国民族工业发展的缩影，是华北地区近代工业发展的典型代表之一。耀华从创建伊始，便采用了当时先进的企业管理制度，保存了大量中外（主要为英文和日文）文档案，历经岁月沧桑变化，如此大规模的珍贵档案总体保存状况良好。目前，这批档案绝大部分收藏于秦皇岛市档案局，小部分收藏于耀华厂档案室，部分中

① 本文为 2015 年度河北省社会科学发展研究课题《晚清外交与中国教育变革》（青年项目，课题编号：2015040602）阶段性成果。

文档案已经过整理，有三千多卷，更多的特别是大量外文档案还处于未整理的封存状态，这些都是待开发的宝藏。

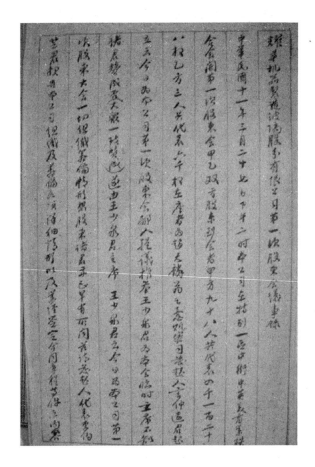

图1　耀华机器制造玻璃股分有限公司第一次股东会议事录

耀华档案体量丰富，其中完整保存了耀华玻璃公司发展全过程的会议记录，包括股东会议事录、股东常会议事录、股东临时会议事录、董事会议事录、董监事联席会议事录等。值得一提的是，由于开滦矿务局对耀华的长期代管关系，中英合办时期的开滦在代管耀华期间，在档案管理上仿照开滦，采用中英文分别记录模式，因此保留了大量英文档案。此处列举耀华玻璃公司的第一、二、三次董事会议事录中文全部内容（由整理者进行了句读），并保留了过去写法的原貌（如"股份有限公司"写作"股分有限公司"等），使读者初步了解耀华机器制造玻璃股份有限公司创立阶段的大致情形。耀华从创办开始实行股份制，股东大会为最高权力机关，董事会是股东大会下设的日常经营决策机构。在耀华刚刚创设之初的《华洋合股合同》中，明确"本公司应归董事会管辖，董事会由股东选举董事七人组织之，有统辖公司全部办事及财政之权，并有考查公司业务上一切大小事件之权。"[①] 耀华玻璃公司的董事会议事录保存完整，从 1922 年创立，到 1946 年重新改组之前，共有八十余次董事会的议事录，见证耀华在这一历史时段的发展历程。

耀华玻璃公司第一次董事会议事录

中华民国十一年三月二十七日下午三时半，本公司在特别一区中街中英美商业联合会开第一次董事会。

列席者如左：李伯芝、瓦尔德·那森、乔治·那森（代表毛立司·罗遮）、王少泉、李嗣香、李希明。

在座者：言仲远、陈汝湜、翁之憙、斯密司。

王少泉君云：现在即请各位董事推举总、协董。

那少校提议推举李伯芝君为总董。（全体赞成通过）

王少泉君提议推举那少校为协董。（全体赞成通过）

李伯芝君起立致谢云：今日为本公司董事会成立之第一日，以后有事可以时常开会讨论，总、协董可以时常接谈，此鄙人所最欣悦之事。

那少校亦起立致谢，并云：董事中王少泉君宣劳最多，鄙人谨代表各董事向王君称谢。

时已四点，遂宣告散会。

---

① 秦皇岛档案馆藏耀华档案：《李伯芝等发起人与秦皇岛玻璃公司代表华洋合股合同》，1921 年 12 月 22 日，档案号：183—1—2—4。

图2　耀华玻璃公司第一次董事会议事录

耀华玻璃公司第二次董事会议事录

中华民国十一年五月廿四日下午二时，在开滦矿务总局开第二次董事会议。

到会者为：李伯芝君、杨嘉立君、王少泉君、陈汝湜君（代表李希明君）、乔治·那森君（代表罗遮君）。

在座者为：史赞清、翁之憙、周行范、李蔻贝。

首由翁之憙君宣读第一次董事会议事录，读毕，送由总董签字。

王少泉君提议：那协董请假回国，其职务可由杨君代理，那森君赞成，遂一致通过。

杨君起立致谢，并云极愿代理。

那森君因报告云：三月十七日，公司曾电致欧洲订购即时需用之材料、机器，其中即包含建造火炉之材料以及佛克机器等项。旋接驻比经理人罗遮君电，称订购砖料及机器价约七十万法郎，请先汇六十万或半数三十万法郎，以便订货。公司当即汇去三十万法郎，约合华币五万元。五月九日，罗遮君又来电，述及工程师古伯等事，并谓火砖已购，连备用之量数共须六十五万法郎，又请于月底再汇卅万法郎，如汇兑行市合算，早汇亦可云云。公司因其措词含糊，遂于五月十一日去电询问六十五万之数是否连佛克机器在内，抑专指火砖购价。罗遮君五月十五日致电云：十一日电悉，六十五万法郎系专指火砖价及包装费而言等语。查此数较之原定预算火砖之价即连备用量数计算超出亦复甚多，应如何办理之处，即请诸公讨论。

讨论之结果，决计按照下列意思发电致罗遮君，"凡不由公司订购者，不得再购。关于来电所述备用之重要量数，宜将事实详细叙述，其余订购材料之价亦应详细开明。"电中文句由总理与协董商拟。

那森君提议：耀华机器制造玻璃公司发起人与开滦矿务总局所订合同及耀华机器制造玻璃公司发起人与秦皇岛玻璃公司所订合同，当签订时，公司尚未成立，彼时决定，俟公司成立再行追认，使公司自身亦为订约人之一。今合同已由公司律师甘博士拟就，共备三分，请董事会签字。

大众讨论之后，改定将耀华公司发起人与秦皇岛玻璃公司及耀华机器制造玻璃公司之追认合同中、英文各份，要由那少校以代表秦皇岛玻璃公司名义先行签字要回后再交董事会签字。

众赞成，于是遂散会。

耀华玻璃公司第三次董事会议事录

中华民国十一年六月二十二日下午三钟，在开滦矿局开第三次董事会。

到会者为：总董李伯之君（并代表李嗣香君）、协董杨嘉立君、王少泉君、乔治·那森君（代表罗遮君）、陈汝湜君（代表李希明君）。

在座者为：翁之憙君、史瀞青君、周行范君、李蔻贝女士。

首由秘书宣读第二次董事会议事录。因会议中第一次提议之叙述不甚正确，大众讨论之余，决议修正如下：王少泉君提议（李伯之君赞成），因那少校遄回英国，杨嘉立君当可即接充董事。王少泉君又提议（那森君赞成），所遗协董职务推举杨君嘉立代理。以上两案均议决。

次由那森君宣读当日早晨收到之罗遮君来函两件，特声述材料价值之事。

继又宣读遵奉董事部意旨，发致罗遮君之电稿及其复电关于材料加价问题。

讨论良久，始议决如左：所有订货事项，除已经进行之工务外，均俟古伯君到华商定计画及价额后再行办理，并电致罗遮君，将来购货不得超过公司所订。又比国职员须俟此间与古伯商洽，现在勿庸雇定。三十万法郎可照汇比国。

李伯之君提议：商标格式因以图样出示，当由大众议决。末复提议：股票息单格式悉仿启新洋灰公司办理，亦一致议决。

李伯芝（1878—1927），原名李士伟，字伯芝，河北永年人，早年留学日本，毕业于早稻田大学，耀华公司第一任总董。近代著名实业家、银行家、民国财政总长，北洋派倡导"实业救国"的重要代表。

瓦尔德·那森（Walter S. Nathan），英国人，开滦矿务总局总经理，1922.3—1924.5 任耀华玻璃公司第一任协董。

乔治·那森（George E. Nathan），英国人，耀华创立之初自营阶段即 1922.3—1924.5 任公司总埋。

毛立司·罗遮，比利时人，秦皇岛玻璃公司代表，比方股东代表，驻欧经理处经理。

杨嘉立（P. C. Young），英国人，继瓦尔德·那森之后任开滦矿务总局总经理，1924.5—1931.11 任耀华玻璃公司第二任协董。

民国时期耀华玻璃公司名称沿革[*]

王莲英

（东北大学秦皇岛分校　社会科学研究院）

　　耀华玻璃公司始建于 1922 年，由中国近代著名实业家周学熙最早发起创建。耀华的诞生不是偶然的，近代以来的洋务运动使得中国近代民族工业开始了广泛的发展。耀华就是在北方工业摇篮——华北这一大环境中诞生的。第一次世界大战的爆发为中国近代工业的发展创造了客观的机会，奠定国内工业投资的环境基础。民国时期鼓励民族工商业发展的大环境为中国引进先进技术、创办工厂提供便利条件。创办耀华的初衷是"鉴于中国每年所用玻璃全系舶来品，进口日增，漏厄甚大。比年来我国兴办玻璃工厂亦后甚多，然创办之后类皆归于失败。其失败之原因皆由于偏用人工而少用机器"[①]。所以引进先进科技技术进行实业救国成为当务之急。耀华玻璃公司是我国最早使用佛克法专利技术、用机器连续生产玻璃的近代企业，使我国近代玻璃行业由传统手工业生产水平跨入使用先进技术设备进行大批量生产的行列，产品不仅畅销全国，而且还远销美国、日本、东南亚等国家和地区，成为全国玻璃工业的龙头企业。经过近百年的发展，耀华见证了中国玻璃行业的发展历程。从民国时期的耀华机器制造玻璃股份有限公司，到如今的秦皇岛耀华玻璃集团，这一民族工业企业已

---

　　* 本文为 2015 年度河北省社会科学发展研究课题《晚清外交与中国教育变革》（青年项目，课题编号：2015040602）阶段性成果。

　　① 秦皇岛市档案馆藏耀华档案：《公司第一次股东会议事录》，1922 年 3 月 27 日，档案号：183—1—8—6。

走过近百年的发展历程，它是近代中国民族工业发展的缩影，是华北地区近代工业发展的典型代表之一。

耀华，取"光耀中华"之意。耀华玻璃公司的名称经历了不同时期的变化，本文依据民国时期耀华档案，拟对耀华玻璃公司的名称沿革变化问题进行仔细钩沉，力图从企业名称变化中窥探时代变迁的影响。民国时期耀华玻璃公司的名称有四个阶段的变化，以下分别对不同时期的名称进行详细考证。

一　耀华机器制造玻璃股分有限公司①
（Yao Hua Mechanical Glass Co. Ltd.）

1903 年，比利时人埃米尔·佛克（Emile Fourcault）发明了佛克法玻璃生产专利技术，又称有槽垂直引上法。1914 年，世界上第一座采用佛克法进行玻璃生产的工厂在比利时建成投产，1920 年，比利时的乌得米财团购得佛克法在中国、香港和澳门的开发权，在布鲁塞尔成立秦皇岛玻璃公司，准备在中国办厂，经过多方酝酿，1921 年，周学熙与秦皇岛玻璃公司进行磋商洽谈，以华洋合股的形式创办"耀华机器制造玻璃股分有限公司"，并在北洋政府农商部注册登记。中国采用佛克法专利技术进行生产的玻璃企业的诞生，引起了世界范围的关注，当时的外国报纸对此进行过多次专门报道，称"佛克法

---

① 对于"股分有限公司"，目前以"股份有限公司"为通用称呼。但在近代中国公司制发展的初期，对于"股份有限公司"和"股分有限公司"并无明确界定，在第一历史档案馆《清末商务史料（下）》（《历史档案》1992 年第 1 期）中，就列举了大量清末成立的公司，其中"股份公司"和"股分公司"同时存在的现象很多，说明"分"与"份"并无明显区别，用起来比较随意。在耀华档案中，"耀华机器制造玻璃股分有限公司"为最初确立的名称字样，后来逐步改用"股份"，但改变的过程也比较模糊，如 1923 年耀华召开第二次股东大会的登报广告和嘱托书中就有不同，在天津《益世报》的广告上，用的是"股分"，在嘱托书中则用了"股份"，而在耀华第二次股东大会的议事录中，用的又是"股分"（秦皇岛巾档案馆藏耀华档案：《公司股东会入场券、广告、议事录》，1923 年 5—6 月，档案号：183—1—33），所以两个字的使用是比较混乱的。但此后的档案记载中，基本上都是以"股份有限公司"行文。本文在尊重档案原貌为原则，所列名称均依照原文列出。

技术的运用标志着中国玻璃行业一个新时代的开始"①。

1921 年 12 月，报呈北洋政府农商部的《章程》中第一条写明："本公司名为耀华机器制造玻璃股分有限公司"②，不过，在日常的公务性行文中有多种简化表述形式，比如"耀华制造玻璃公司"③、"耀华机器制造玻璃公司"④ 等，但正式名称"耀华机器制造玻璃股分有限公司"是固定不变的。

1936 年，日军大举进犯华北导致时局动荡不安，企业经营出现问题，比如一方面出于经营困难考虑，另一方面是对未来前景感到担忧，于是在未通知中方的情况下，擅自将股份全部秘密转卖日本最大的玻璃集团——旭硝子株式会社，造成既定事实。中方获得消息后曾试图阻止，但并无结果。导致这一问题出现的根本原因在于公司最早制定章程中存在明显漏洞，即公司章程第六条规定，"本公司股票用记名式分甲乙两种，各占五成，除乙种外，其甲种概不得押售于非中国国籍之人"⑤。章程中对中方股份进行了明确的"不得押售于非中国国籍之人"的限定，但对比方却无丝毫此方面的限定，为日后比方转卖股权埋下了隐患，导致实践发生时中方权益毫无法律保障。自此，耀华玻璃公司遂由中比合办变为了中日合办的企业。在中日合办时期的前半期，"耀华机器制造玻璃股分有限公司"的名称依然沿

① 上海市档案馆藏档案：New Era Has Opened In The Manufacture Of Glass In China：Kailan Mining Administration Are General Managers And Distributors For Yao Hua Company，The China Press（1925—1938）；May 14，1926；ProQuest Historical Newspapers：Chinese Newspapers Collection，p. 10。

② 秦皇岛市档案馆藏耀华档案：《关于耀华公司注册的呈文及附件》，1921 年 12 月 13 日，档案号：183—1—4—3。

③ 秦皇岛市档案馆藏耀华档案：《致耀华公司李树德函》，1921 年 11 月 28 日，档案号：183—1—5—3。

④ 秦皇岛市档案馆藏耀华档案：《关于在津设耀华公司拟具章程呈准立案的函》，1921 年，档案号：183—1—5—5。

⑤ 秦皇岛市档案馆藏耀华档案：《关于耀华公司注册的呈文及附件》，1921 年 12 月 13 日，档案号：183—1—4—3。

用，但相应人员必然发生变化。① 耀华第七十次董事会议决，"由耀华玻璃公司与旭日玻璃公司订立一合同，由旭日公司供给耀华公司所需要之日籍技术人员以代替现在厂中之比国技术人员"②，原比国技术人员全部被解雇。因"乙种股东转让过户"，导致"改选乙种董监"③，需要变更登记换照，南京政府实业部于 1937 年批准耀华玻璃公司变更登记并发给执照。

二　耀华玻璃股份有限公司

　　1944 年 5 月 2 日，耀华玻璃公司第二十二次股东临时会议以"本公司名称过长，拟趁此机会将章程第一条中之'机器制造'四字取消，以期简便"。关于公司名称，股东李勉之解释"实有历史关系，因当年价买专利权之故，遂用'机器制造'四字"。董事娄翔青则补充"与机制洋货税亦有关系"。主席袁心武总董指出，"现在专利权已不成问题，机制洋货税亦不适用矣"④。会上一致表决通过取消"机器制造"四字。6 月 24 日，董事部秘书处正式发文，称根据第二十二次股东临时会议决，将公司名称定为"耀华玻璃股份有限公司"，"原有机器制造四字应即取消"⑤。12 月 1 日，以袁心武为代表的董事向天津特别市政府经济总署呈请增加股本七百五十万元、变

---

　　①　天津市档案馆藏档案：《关于改选监察人登记各项已予呈请市政咨部登记给耀华机器制造玻璃股份有限公司的批》1936 年 10 月 19 日，档案号：401206800—J0025—2—000903—002。

　　②　秦皇岛市档案馆藏耀华档案：《第七十次董监事联席会议事录》，1936 年 10 月 19 日，档案号：183—1—252—5。

　　③　天津市档案馆藏档案：《关于实业部准予耀华玻璃公司变更登记更换执照给转发具领给社会局训令》1937 年 1 月 6 日，档案号：401206800—J0025—2—000903—012。

　　④　秦皇岛市档案馆藏耀华档案：《耀华玻璃股份有限公司股东临时会议事录》，1944 年 5 月 2 日，档案号：183—1—478—2。

　　⑤　秦皇岛市档案馆藏耀华档案：《调整公司名称取消"机器制造"四个字的函》，1944 年 6 月 24 日，档案号：183—1—481—2。根据《耀华玻璃股份有限公司第二十二次股东常会议事录》(1944 年 5 月 2 日，秦皇岛市档案馆藏耀华档案，档案号：183—1—478—1) 并没有提及修改名称的问题，而是在同一天紧接着召开的股东临时会上议决了改名之事。

更名称和修改章程的申请①，经济总署于 1945 年 1 月 10 日，准予换发执照。② 此后，一直沿用"耀华玻璃股份有限公司"之名。

值得提出的是，在抗战胜利后、经济部资源委员会改组耀华之前这段时间，耀华的名称经历了一个重新变更、登记的过程，这个时期"耀华机器制造玻璃股份有限公司"的最初名称又重新启用了一段时期。在 1946 年 5 月 2 日的《为请予换发耀华机器制造玻璃股份有限公司旧照补办变更登记事致经济部的呈》中，对公司过去的登记历程进行了回顾："公司于民国十一年十二月呈准前农商部核准设立登记，复于二十五年十二月呈奉前实业部核准变更登记颁发股份有限公司新字第五二〇号执照，并于二十九年三月经伪经济总署加盖验讫戳，记各在案。兹遵照《收复区各种公司登记管理办法》第三条第二项现定办法，理合具文检同公司登记执照及登记事项、委托代理人呈请书各一纸，呈请鉴核查验、转呈经济部核换执照颁发遵守，实为公便。"③ 落款为"耀华机器制造玻璃股份有限公司"，并有盖"耀华机器制造玻璃股份有限公司"的印章。同年耀华召开股东临时会致天津社会局的呈文中，落款的名称为"耀华机器制造玻璃股份有限公司"和"耀华机器制造玻璃股份有限公司董事会"④，并有相应文字的盖章。同年 5 月 27 日给天津市政府社会局关于选任张训坚为经理人的呈文中，具呈人依然是"耀华机器制造玻璃股份有限公司"，并盖章。在正式更换新执照之前，对旧照在过去产生的变更、登记手续一概视为作废，新手续完成之前重新使用公司初创时期的名

---

① 天津市档案馆藏档案：《关于耀华玻璃股份有限公司增加股本修改章程变更名称准予换发执照给特别市政府的咨函》，1944 年 12 月 1 日，档案号：401206800—J0025—2—000904—015。

② 天津市档案馆藏档案：《关于经济总署准予换发执照请领具给耀华玻璃股份有限公司的通知》1945 年 1 月 10 日，档案号：401206800—J0025—2—000904—016。

③ 天津市档案馆藏档案：《为请予换发耀华机器制造玻璃股份有限公司旧照补办变更登记事致经济部的呈及给耀华机器制造玻璃股份有限公司的批（附该公司的呈委托代理人呈请书）》1946 年 5 月 2 日，档案号：401206800—J0025—2—001434—002。

④ 天津市档案馆藏档案：《为派员监督耀华玻璃股份有限公司召开股东会等事致该公司的批及致本局齐联科张可久的训令（附耀华玻璃股份有限公司的呈）》1946 年 5 月 4 日，档案号：401206800—J0025—2—001434—001。

称。这个过渡阶段一直持续到 1946 年 7 月 24 日，耀华玻璃股份有限公司于天津市社会局领取新字 1079 号执照①，原来的旧执照予以注销。此后，即以"耀华玻璃股份有限公司"行文。如 1946 年 9 月 2 日，耀华给天津社会局的呈文中，使用的就是"耀华玻璃股份有限公司"②的名称，并有相应文字的盖章，证明了对伪政权时期执照手续的更换工作完成。

三　资源委员会合办耀华玻璃股份有限公司

抗战胜利后，南京国民政府经济部资源委员会接收并管辖耀华的日方股权。1946 年 5 月，耀华玻璃公司改组工作启动，接收的日方股权为官股，原来中方股东的股份为商股，耀华变身为官商合办的企业。官商合办的耀华玻璃股份有限公司组成新的董事会，并修改了公司章程。改组后，时任国民政府行政院副院长翁文灏为董事长，并设常务董事两人，官商两方各一人，官股常务董事为资源委员会天津化学工业公司总经理姚文林，商股常务董事为原耀华总董袁心武。董事会选聘张训坚为总经理，张鄂联为副总经理，龚祖同为工厂厂长。在此之前，即经济部接收秦皇岛工厂后，工厂的对外行文一直用"经济部接收耀华玻璃厂"名义，1946 年 6 月 7 日，总经理张训坚致电资源委员会，指出合办公司正式成立后，鉴于环境复杂，机关较多，为对外照付便利起见，应拟用"资源委员会主办耀华玻璃厂"③名义对当地机关行文，以示与国营事业有关，利于业务的推进。当月，资源委员会 1511 号代电指出，公司对外行文采用"资源委员会合办耀

① 天津市档案馆藏档案：《为转发耀华机器制造玻璃股份有限公司新照等事给天津市政府社会局的指令（附执照一纸）》1946 年 7 月 25 日，档案号：401206800—J0025—2—001434—007。

② 天津市档案馆藏档案：《为董监调查报告书遗漏字请准予加入及派员来局另案办理工厂登记等事给耀华玻璃股份有限公司的批（附耀华玻璃股份有限公司的呈）》1946 年 9 月 2 日，档案号：401206800—J0025—2—001434—006。

③ 秦皇岛市档案馆藏耀华档案：《呈请资源委员会准予秦皇岛工厂改为资委会主办耀华玻璃厂》，1946 年 6 月 7 日，档案号：183—1—565—1。

华玻璃有限公司",秦皇岛工厂也相应采用"资源委员会合办耀华玻璃股份有限公司秦皇岛工厂"① 名义对外行文。工厂厂长龚祖同致电公司,认为"全衔长达二十余字,对于称道、标题均感不便,为简化起见,拟用资源委员会合办耀华玻璃公司总厂名义,既能显示国民合营,复能表示公司制造场所,一括无余,且仍简单"②,获得采纳。同年 11 月 26 日,刻有"资源委员会合办耀华玻璃股份有限公司总工厂"和"耀华玻璃股份有限公司总工厂"的两枚条章正式启用,原有图记作废。

四 公私合营耀华玻璃股份有限公司

1948 年 11 月,辽沈战役打响,27 日,秦皇岛解放,军管会接管了秦皇岛,1949 年 1 月 15 日,天津解放,耀华的"官股"作为官僚资本被人民政府接管没收,"商股"属于民族资本,合法权益受到保护,耀华开始进入了公私合营阶段。虽然实质开始进入了公私合营阶段,但在名称的变化上,最终是在 1954 年政务院通过的《公私合营工业企业暂行条例》框架下确定的新章程中得以确立,《公私合营耀华玻璃股份有限公司章程》总则第二条对企业名称规定,"本公司为公私合营之工业企业,定名为公私合营耀华玻璃股份有限公司,简称公私合营耀华玻璃公司"③。秦皇岛工厂遂为"公私合营秦皇岛耀华玻璃厂"。

民国时期,耀华玻璃公司名称变化多次,展现历史大背景对企业命运的影响,因为企业命运和国家命运是相连通的。耀华玻璃企业作为中国近代玻璃机器工业的先行者,在工业近代化的进程中扮演了重

---

① 秦皇岛市档案馆藏耀华档案:《函告秦厂对外行文名义》,1946 年 7 月 11 日,档案号:183—1—565—3。
② 秦皇岛市档案馆藏耀华档案:《批准秦厂对外行文名称》,1946 年 7 月 23 日,档案号:183—1—565—5。
③ 耀华玻璃厂志编纂委员会编:《耀华玻璃厂志》,中国建筑材料工业出版社 1992 年版,第 543 页。

要角色，发挥了重要的作用，产生了重要的影响。因为从它创立之初，就采用了世界最先进的玻璃生产技术，和先进的生产力相结合，这就使它站在了很高的起点上。在新生的国家政权下，人民当家做主，耀华能更好地发挥工业生产的优势，既为国家服务，又使企业从此获得新生。

秦皇岛港藏民国档案之外文书信等 选译和题解[*]

张 阳

（东北大学秦皇岛分校 语言学院）

引 言

秦皇岛港为清代自辟通商港，自然条件优越，地理位置适中。腹地的近代工业发展如开平煤矿的创办，津榆铁路的修建与通车等都是秦皇岛港开埠和发展的重要原因。秦港筹建初期，清政府希望快速建设港口，以免又被外人侵占，同时却过度依赖开平矿务局雄厚资本，所以导致秦皇岛港开埠不久就成为开平矿务局独家经营的"产业"和专用港口。[①] 1901 年，开平矿务局被英国墨林公司骗取后，秦皇岛港亦随之"大权旁落"。1912 年"以滦收开"失败，秦皇岛港演变为开滦矿务总局秦皇岛经理处，仍由英商控制。在第二次世界大战期间，秦皇岛港一度被日本军管，战争结束后国民党政府将其交还英国管理，直至 1950 年。上述的历史沿革，是民国时期秦皇岛港档案大部分为外文记录的原因，也是秦皇岛港与开滦矿务总局联系紧密的渊源。

在秦皇岛港藏的开滦外文档案"人事管理英人齐尔顿 1921—

---

　　[*] 此文系 2015 年度教育部人文社会科学研究青年基金项目《秦皇岛港藏民国时期外文人事档案的翻译、整理与研究》的阶段性成果。项目批准号：15YJCZH227。本文主要是对资料的整理与翻译，相关问题拟另撰文以详细研究。

　　[①] 黄景海，沈瑞祥：《秦皇岛港史》（古、近代部分），人民交通出版社 1985 年版，第 145 页。

1949"卷中，部分内容是关于员司招聘的往来信件、雇用现钱工的建议和高级员司探亲假制度等。本文基于这卷档案中的几封英文书信，分析和解读信函内容，管窥民国时期秦皇岛港在英国和日本人管理下的人事管理制度及具体情况，对既有研究做出佐证和补充。

一

【译文】

探亲假（高级员工）

任何人请探亲假都要得到总经理批准。

自 1934 年 9 月起，关于探亲假的总政策都参照"中方员工管理条例"里的第 10 和 11 条，见表 G-43。

在中国境内的住宿费用均由矿务局支付，但前提是旅途必须且绝对必要的住宿。任何情况下，中国境外的住宿费用不予承担。

行李托运、黄包车、出租车和其他任何探亲往返程支出都由员工自己支付。必要情况下的火车卧铺费用，由矿务局支付。

如员工在欧洲度过假期：——

1）到达时应立即告知伦敦或布鲁塞尔办事处他们到达的时间和家庭住址。

2）如果自行安排返程，应告知伦敦或布鲁塞尔办事处离开的日期、路线。如果坐船，应告知船的名字。

伦敦或布鲁塞尔办事处应向矿务局上海经理通报上述事宜，经理需要为请假员工安排最早的由上海到其总部的行程。除非员工特别要求，否则经理不需要安排员工在上海期间的食宿。如果员工想让经理安排上海期间的食宿，需视情况从香港或日本给经理发电报或在船行期间说清楚住宿要求。如果员工需要经停上海，但赶不上任何接下来换乘的汽船或火车，不管出于任何原因，应在电报中对经理说明。

旅途中有任何安排的变化需要立即向矿务局总经理或伦敦及

布鲁塞尔办事处说明情况。

这些规则不适用于临时工，针对他们另有条例。

此页撕下，由申请探亲假的人员保留。

【题解】这是一份关于高级员司探亲、休假、请假制度和费用报销的文件。文件对于高级员司的探亲请假制度，从车船费用、住宿地点和告知等方面做出了明确规定。从费用发生地点的要求上推断，此制度应该主要针对的是外籍员司，这也吻合高级员司基本由外籍人士担任的事实。[①] 在欧洲度过假期需告知到达时间和住址这一要求，可从编号为 G—10000—X 的人事档案里时任秦皇岛经理处经理齐尔顿在 1938 年关于其探亲回家的两封信件中，得到佐证。齐尔顿经理这样回复的信件：我一到伦敦，就会告知开平矿务有限公司我休假期间的通信地址（……I will, on my arrival in London, keep the Chinese Engineering & Mining Co. advised of my mail address during the period of my leave.）。1934 年是开平、滦州两大煤矿公司修正了联合合同，正式合并的年份。1932 年 9 月 12 日，开滦矿务总局总经理马克菲在总经理通告第 650 号中宣布，从即日起，秦皇岛经理履行对耀华玻璃厂的行政管理。所以，看档案中 1934 年探亲假总政策的实施时间，请假需告知伦敦及布鲁塞尔办公室的要求，原因之一是耀华玻璃公司的总部位于布鲁塞尔，原因之二也反映出从开平煤矿被骗占开始，比利时等国际资本已经介入并与英国资本一起，控制了开滦矿务总局。

二

【译文】

（一）

〔1942 年 10 月 29 日 秦皇岛经理〕熟练工人的补充问题

---

① 开滦矿务局史志办公室：《开滦煤矿志》（第三卷 1878—1988），新华出版社 1995 年版，第 81、84、87 页。

在过去的一年半中我们工厂和发电站的熟练工人减少了38人。因为我们工厂扩建，招收替代的工人又很困难，导致工作量大幅增加。为完成必要的工作，我们目前雇佣了一些现钱工①，即临时工（以下称临时工），且超时工作现象严重。（详情可以参照附表）。在秦皇岛港，我们没有办法招到任何熟练工人做临时工。一旦临时工学会某种技术，他们经常离开我们这里去找薪资更好的工作。超时工作也导致工作效率的严重下降。以我在矿务局的经验来看，除非我们给予更高的工资与其他公司形成竞争，否则很难招到熟练工人。而且，我们的熟练工人平均年龄在40岁以上，需要年轻人去替代他们。因此我恳请并建议工厂和发电站招聘些年轻人做学徒（每年或隔年一招）。我附上条例草案请您过目，您会注意到四年中我们不用给他们任何的廉价面粉，食物补贴的发放也少于我们给临时工的工资。通常一年的培训之后，他们已经很适应公司的工作。四年的训练后，我们可以按我们里工的标准从他们中优选聘任。

我提议就从今年起工厂招聘12个、发电站招聘4个类似的学徒。

恳请您考虑并同意我的建议。

高级工程师　刘锡嘏

阅，同意　柴田一美

（二）

雇佣劳动生（学徒）管理程序试行办法

资格审查

如果有职位空缺，随时接受求职申请。男性申请者需具备以下条件：

1）年龄在18—20岁之间。

---

① 开滦矿务局史志办公室：《开滦煤矿志》（第三卷 1878—1988），新华出版社 1995年版，第180页。

2）有自己的居住证。

3）身高不低于 5 英尺（约 1.52 米。译者注），体重不少于 48 公斤。

4）身体健康，没有残疾，需出示矿务局体检鉴定。

5）具有小学学历和中文读写能力。

6）应由某位责任人书面推荐，该人作用等同于监护人。

开滦矿务局员工的儿子优先考虑，开滦矿务局小学的毕业生优先考虑。

津贴和工资

满足上述条件的人员需要填写申请表格，承诺将为矿务局服务四年，然后即可进入矿务局做学徒。第一年培训期间，每天的食物津贴是 0.50 元（档案原文由黑色笔改为 1.25 元。译者注）。以后若通过努力证明自己品德良好、聪明且吃苦耐劳，津贴可以增至下述级别：

第 2 年每天 0.75 元（档案原文由黑色笔改为 1.65 元）

第 3 年每天 0.75 元，每月一袋面粉

第 4 年每天 1.00 元，每月一袋面粉

在四年的学徒期间，如果生病可以享受免费医疗，但不享受和里工一样的任何工资和其他福利。

关于解雇

培训期间，如果学徒一次请病假超过一个月，或不遵守规定，犯下其他错误，随时会被解雇。

关于雇佣

四年培训期满，如果学徒记录优良，通过效率和熟练测试，即可转为助理装配工、车床工或其他工种，并按照当时的条例，享受和开滦里工同样标准的工资和福利。如果当时没有空岗，开滦矿务局不会雇用，但会给他出具证明，说明其完成培训，以便其在别处找到工作。

分类

以上要求只适用于机械及电力工种，具体如下：

装配工

车床工

锅炉制造修理工

锻工

铸工

电工

总经理

1942 年 10 月 20 日

【题解】以上为该卷档案当中的一组提议，原文为 5 页，是当时任开滦矿务总局秦皇岛经理处总工程师的刘锡嘏向秦皇岛经理处建议的补充熟练工人的信件及具体实施办法。此建议得到了时任经理柴田一美的肯定批复。

1941 年（民国三十年）12 月 8 日，太平洋战争爆发后，日军全面接管秦皇岛港，秦皇岛港开启了日本军管理下英人经营的模式。在日军未接管秦皇岛港之前，开滦矿务总局已然开始扩大生产，努力供煤，为战争服务。①秦皇岛港口的吞吐量，以 1940 年（民国二十九年）为例，为 459.4 万吨，此记录直至"中华人民共和国成立前未曾被打破过"。② 大量文化程度不高且因家庭破产或灾年而产生的廉价中国劳工的存在，更加便于英国帝国主义和日本侵略者剥削和榨取高额利润。早在 1924 年（民国十三年）8 月 20 日，开滦矿区主管柏兰亭（Balentin，L.）致总经理杨嘉立（Young，P. C.）的信中便曾指出："我们在矿区和秦皇岛付给工匠们的工资比别处是要少些，许多有希望的工人，在我们的修配厂内学会了手艺之后都离开了我们，因为铁路或天津方面都愿给他们提供较高的工资。"③而 1944 年（民

---

① 熊性美、阎光华：《开滦煤矿矿权史料》，南开大学出版社 2004 年版，第 742 页。

② 王庆普：《秦皇岛港口史料汇辑 1898—1953》，秦皇岛港务局史志编审委员会，第 7 页。

③ 唐山开滦矿务局档案 M1008/1。

国三十三年）起，为推进港口生产和提高工人效率而设立的"临时非常增产推进本部"和"悬赏征集改善增产对策新方案"，从这份档案中也可预见，一是早已有类似的机制，二是最终这两份"特殊政策"的失败原因由此可见一斑——工资实在是太低了。

但是，从企业人事管理的角度看，总工程师为解决熟练工人短缺问题给秦皇岛港口管理者提供建议，作为企业的高级员工，他的想法得以抒发，建议得到批复，侧面反映出当时开滦矿务总局秦皇岛经理处人事管理上意见流动的畅通和员工对企业的高度认同和忠诚。此种用工形式，从培训期限和工资福利两个方面来看，极大地照顾了公司的经济利益。

三

【译文】

（一）

开滦矿务局职工宿舍 148 号

1942 年 7 月 19 号，林西

H. H. 傅克纳先生

开滦矿务局

秦皇岛

我亲爱的傅克纳先生，

我们在秦皇岛曾经交流过，现在附上我儿子石慰民的具体情况。

石慰民今年 23 岁，身体健康，精力充沛。他在燕京大学公共事务学院学习经济学，在 1941 年 12 月 8 日①学校被迫关闭前已经基本修完四年级第一学期的课程。如您所知，所有燕京大学的学生最后都在北京大学继续学业，并成为其正式学生。

---

① 是日日本偷袭珍珠港，太平洋战争爆发。燕京大学因是美国基督教会创办的学校，于当日被日军关闭。

今年七月慰民就将毕业，并取得文学学士学位。他在英国文学方面造诣很高，并精通中国古典文学。慰民很擅长统计学和簿记，并因此一直名列班级前茅。他对银行业务和打字也很感兴趣。

他是经济系优秀学生之一，总是位列前五。

毕业前，校方曾给予他四次工作机会：1. 在河南省军事特别委员会担任"经济专家"。2. 北京"华北小麦协会"工作。3. 在北京（华北政务委员会）建设总署和"华北合作协会"工作。4. 获得政府资助去日本学习经济。如我在秦皇岛和您解释的一样，由于这些工作他不感兴趣，他拒绝了这些机会。

随信附上北京大学颁发的各个证书请您过目。遗憾的是3、4在北京就已经弄丢了。

（二）

如果您能仔细考虑慰民的具体情况并能提供适合他的岗位，我将不胜感激。一经录用，我确定他能胜任秦皇岛经理处的任何工作，并且不会让您失望。

如果有需要，我将带他来面见您。

我打算待在林西一段时间，照顾我生病的女儿。

不好意思，给您添麻烦了。

您诚挚的

P. L. 石

随信附上：　北京大学的证书。1、2

（三）

秦皇岛　1942 年 7 月 22 日

P. L. 石

开滦矿务局职工宿舍　第 148 号

林西

亲爱的石先生，

即日收到了您 19 日的来信，关于是否能雇用您儿子石慰民的问题，正如您拜访期间我回复您的一样，恐怕秦皇岛目前没有适合他的职位。但是我心里记得这件事，如果有职位，我会与您联系。

随信附上您给我的附件，因为您可能还需要用到它。

你诚挚的

H．H．傅克纳

【题解】以上档案译文为开滦矿务总局石先生与秦皇岛经理处傅克纳先生就石先生儿子石慰民谋职一事的信件往来。石慰民在燕京大学就读，即将毕业，欲在秦皇岛经理处谋职。

燕京大学是 20 世纪初由四所美国及英国基督教教会联合在北京开办的大学。作为近代中国规模最大、质量最好的大学之一，燕京大学的毕业生欲在开滦矿务总局秦皇岛经理处谋职，其原因除个人因素如家庭住址的便利、父亲在矿务总局的工作经历等，也出于开滦矿务总局在中国的地位、吸引力及员工的认同感等。傅克纳经理与员工的通信可作为企业内部良好沟通的例证。石先生的英文水平也可谓游刃有余，且能与秦皇岛经理有私人交往，或为高级员司。至于傅克纳先生没有合适的职位提供给这位熟人的高材生儿子，原因目前暂没有合适的考证，但看信件的书写时间——1942 年 7 月——当时，日本已经管理秦皇岛港半年有余，同年 9 月，傅克纳"辞去"秦皇岛港经理职位，由当时任首席监督官的柴田一美兼任经理。翌年 3 月，包括齐尔顿在内的部分秦皇岛港英籍员司被日本军队解往山东潍县集中营。或许，当时的傅克纳在日本军管理下的秦皇岛港，已经"大势已去"了。

四

【译文】

（一）

天津总部　　　3167－X　秦皇岛　1941 年 11 月 14 日
　　　　　　求职申请

我附上一封附带英文翻译的中文信，是临榆县知事李先生写给汤泽清先生，推荐自己的一个朋友到经理处求职的信。

这封信我们已经收到好几个月了，但到现在我们也没有合适的职位推荐给他。依据那人的工作履历，他的中文和日语能力都很好。由于县知事现在和我们关系很好，和我们的地籍部门打交道时一直很友善，我想，我们最好努力满足他的要求。因此，如果你能给这位求职者安排面试，我将不胜感激。此人是天津人，如果他可以在开滦工作，他也会非常满意。

经理

傅克纳

（二）

翻译

亲爱的汤先生，

虽然我们离得很近，但却不能经常见面，对此我深表遗憾。

我有个朋友叫李青山（音译），人很诚实，资历丰富，我想把他推荐给您，在矿务总局工作。我觉得您总是愿意帮助别人，因此，如果您能运用自己的影响力帮他谋份合适的工作，我将不胜感激。

我个人会铭记您的帮忙。

祝好

你诚挚的

李振铎

（三）

工作履历

姓名：李青山（音译）

年龄：25

出生地：天津

学历：天津中日中学毕业

履历：《东亚日报》编辑；会计，天津《庸报》；职员，KUK 天津；商业版主编，华北出版社，天津

当前地址：天津市河东区李公路崇兴里加 1 号

（四）

天津　开滦矿务总局

1941 年 11 月 18 日

亲爱的傅克纳，

关于你 14 日写给总部的信 3167－X，我没有让临榆县知事的朋友来面试，因为我和总部咨询过，那里没有可以提供给他的空缺职位。但是我会记着这事，一有合适的机会，我就会安排他面试，并尽快让你知道结果。

你诚挚的

王崇植

HH 傅克纳先生

秦皇岛

【题解】上述四封信件是关于临榆县（今秦皇岛市山海关区）①知事李振铎为自己的朋友在开滦矿务总局谋职的信件及回复。

据史料记载，伪临榆县政府存续的时间是 1933 年 1 月至 1945 年。由此信的写作时间看，恰是伪政府存续时期内的事件。1933 年 1 月，日军占领山海关，不久即成立伪临榆县政府。随着战争的推进，侵略程度也逐步加剧。1933 年 12 月成立的冀东防共自治政府，将临榆县和秦皇岛港都纳入了它的管辖。县知事综理县政并监督所属机关及职员，可调用驻扎本县之警团各队。档案中伪临榆县知事与开滦矿务总局的互动，具体反映出日本侵略者对华北的控制和影响。第二次世界大战期间，英、比资本控制的开滦矿务总局与日本展开了矿权的保卫和争夺，因侵略战争的逐步深入和日本影响的逐步扩大，不仅矿权，诸多行政权利实际上都操纵在日本侵略者手中。档案中天津总部对此求职申请的回复即可见伪政府与开滦的密切互动，也可以借此把握二者的关系——对开滦煤矿，日本一直觊觎，因此也相当客气，而

---

① 朱文通，王小梅：《河北通史》（民国上卷），河北人民出版社 2000 年版，第 120 页。

英国经营者认为，依靠日本人，才能更好地维持港口营运。

与此同时，在研读这四封信件时，我们也需注意，西方人眼里的人情，与利益有很大关联。人情不仅存在，也是被考虑的对象。

五

【译文】

（一）

1941 年 2 月 14 日　秦皇岛　　　3617 - X

亲爱的那森先生和孙先生：

关于您们 2 月 12 日寄来的 M - 0024 号信件，提及为我处雇用日籍交通员的事，恐怕儿玉先生建议的人选即使经过他建议的培训过程，也不能完全适合这个岗位。

我们需要的是一个性格坚强，有实际经验的铁路交通员，如果有需要，既能处理铁路事务，也能与我们联系甚密的地方政府打好交道。

您们也许记得，当这事被提上议事日程时，我们希望雇佣时任此处副站长的平田先生。平田先生 40 左右岁，为南满铁路服务 20 年，是个精通汉语的优秀交通员。我感激儿玉先生的同时，恐怕那样做不会对我们有什么帮助，我即使作罢，也不希望接受一个不太符合我们要求的人。

你诚挚的

傅克纳

那森·爱德先生，OBE 孙多钰先生

天津

（二）

开滦矿务总局　1941 年 2 月 12 日　　M - 0024

亲爱的傅克纳：

关于你想要雇用日籍交通员的请求，儿玉先生告知我们，想找到有经验的是很困难的。他能做到的是帮我们招到刚毕业于日本的高级中学商学部的学生，然后安排他们在唐山、古冶或秦皇岛站实习6个月。而且还建议把他们作为中级员工，月薪200元。我们期待您对此提议的态度。

儿玉先生还说，即使招聘这样的年轻人也是很困难的，好在他认识些学校校长，可以推荐些有前途的学生。

你诚挚的

那森·爱德，孙多钰

秦皇岛

（三）

1940年4月3日

秦皇岛经理

亲爱的先生：

3月14日收到了您编号为 G-10000-X 的来信，我们已就信中提到的您希望吸纳到矿务总局工作的平田先生的离职一事，与 Gotoh 先生进行了交流。

据我们所知，目前 Gotoh 先生还不能安排平田先生离职，但我们希望不日即可解决此事。如果平田先生可以就职，我们必须就他的雇佣期限进行讨论。当此事有进一步的消息时，我们将再和您沟通。

您诚挚的

那森·爱德，孙多钰

（四）

G-10000-X　　　秦皇岛　1940年3月14日

1940年3月14日

天津总经理

亲爱的先生们：

S·平田先生，现就职于南满铁路的交通员，很想在矿务局工作。我了解到他即将安排辞职，而且此事已经得到其顶头上司 Gotoh 先生的口头许可。

申请在我处供职的平田先生 1939 年担任秦皇岛站副站长，矿务局员工对他都很熟悉，接触过他的人都认为他有能力且很尽责。

受雇于南满铁路的平田先生汉语讲的很好，就交通安排等事宜能良好地进行沟通。

由于我们确实需要具备汉语和日语双语能力且精通铁路事宜的交通员，我恳请您同意雇用平田先生，

（五）

作为中级员工，享受最初月薪 400 元的待遇，并提供生活费用和其他福利。

您诚挚的

齐尔顿

经理

（六）

1940 年 3 月 13 日 秦皇岛 南山 11 号

齐尔顿先生

亲爱的先生，

我的体温降下来了，但仍然感到很虚弱，所以请允许我再休息一天。

我向您推荐的做控制室主任的 S. 平田先生日前给我写信说，关于他要离职到开滦工作的意向，Gotoh 先生已经默许。Gotoh 先生说，尽管铁路亟需平田先生这样的优秀员工，但如果他执意要离开，他也不勉强。他只是要求平田先生离职前仍监督塘沽码头的改建工程。平田先生正在努力并希望月底前完成手头工作，3 月 31 日递交辞呈，意即 4 月 1 日即可接手矿务局工作。

我认为平田先生是我能推荐的最佳人选，我可以向您保证他的能力、人品和对矿务局的忠心。我觉得 Marsh 先生应该对他特别满意。

他目前的收入，工资和其他福利加起来大约 280 元。除此之外，还有根据铁路工作的年限给他的津贴，合计每月拿 380 元。

所以，如果您能支付他每月 500 元作为工资和支付高昂的生活费用，他将不胜感激。他的级别是中级，但因为需供养一个大家庭，还请提供给他一套房子。

以上是我个人观点，但建议您可以参考斋木①和宫原的雇佣条件，因为我觉得平田先生 20 年南满铁路的工作经验要超过前二者的教育和工作经历。

我知道儿玉先生正在安排铁路的事情，两位受过良好教育的年轻的副站长级别的人物，一个在秦皇岛，一个在古冶，由满铁安排定期轮换，工资由开滦矿务局支付。作为应付，这种安排会起点儿作用，但是最终我们会发现这样的安排还是有利于满铁而不是矿务局的。

如果您能在我给平田回信时给我个承诺，我将不胜感激。

随信附上三张邮票，是椿本先生送您的纪念日本国 2600 年历史的纪念邮票，供您收藏。邮票上那只鸟像金色的风筝般仿佛要从神武天皇的弓箭上飞落。因为邮票特别畅销，椿本先生费了很大力气才弄到的。

两位新来的 KHKK，TS S. 员工山田先生和 S. 田中先生将乘坐 Sygna 号轮船抵达。

你忠诚的

荒木

【题解】上述四封信件是关于一位日籍员工平田先生的供职、求职情况的。信中提到的儿玉先生应为 1936 年初开始担任开滦总经理顾问的儿玉翠晴②，此人曾得到开滦矿务总局天津总经理那森·爱德的"盛赞"。③ 荒木是开滦矿务总局推荐的日本军事译员荒木忠次郎，

① 熊性美、阎光华：《开滦煤矿矿权史料》，南开大学出版社 2004 年版，第 913 页。
② Kodama, A. 儿玉翠晴，开滦矿务局总经理日籍顾问。下文同。
③ 熊性美、阎光华：《开滦煤矿矿权史料》，南开大学出版社 2004 年版，第 737 页。

此人是第一位驻秦皇岛港的日本顾问，是英日勾结中的重要人物。①由信的内容可见，荒木先生与秦皇岛港的官员交情匪浅，为喜爱集邮的齐尔顿先生准备了日本国的纪念邮票。那森·爱德和孙多钰先生②时任开滦矿务总局英方和中方总经理。这四封信的写作时间跨越了开滦秦皇岛经理处两任经理的任职时间，分别是齐尔顿（1930—1940）和傅克纳（1940—1941）。但从信件的内容看，两位经理都认可平田先生担任此职务，他的工作履历及个人素质应是主要的原因。开滦矿务总局秦皇岛经理处需要的是熟悉业务、能够果断上手且有沟通能力的员工。矿务局和秦皇岛港都有日籍顾问，齐尔顿先生的信件中要求汉语和日语能力、对交通安排事宜能够良好沟通等，反映出当时开滦矿务总局与日本方面往来密切，因为日本自来对开滦煤矿觊觎，随着战争的深入，日本对中国加大控制，也对开滦矿权进一步展开争夺。信件中提到的南满铁路曾对开滦的情况进行长期多方面的调查，在1937 年将有关材料编成《开滦煤矿调查资料》。满铁还通过购买开平股票实现对开滦煤矿的进一步渗透，其他诸如日本产业公司（Nippon Sangyo Co.）、三井洋行（Mitsui Bussan Kaisha）等日本企业也都有欲收购开滦煤矿的举动。日本方面从未停止欲独占开滦之举，直至1941 年年底日本彻底接管开滦。

第一封信中，傅克纳先生向天津总经理建议时提到交通员需"能与我们联系甚密的地方政府打好交道"，此"地方政府"应为日本扶持下建立的伪政府。随着战争的进一步推进，日本对中国的控制愈加深入，开滦出于自身利益考虑，也不得不加强与日本的合作，实则逐步地向日本妥协。即便那森·爱德先生盛赞儿玉翠晴的工作，原因之一也是"他在连续更迭的日本长官面前大胆维护矿务局的地位"③。

---

① 中共秦皇岛市委宣传部、秦皇岛市地方志办公室：《秦皇岛地区抗日战争志》，中共党史出版社 2005 年版，第 139 页。

② Nathan, E. J. 那森·爱德，时任开滦矿务总局外方总经理；孙多钰，时任开滦矿务总局中方总经理。

③ 熊性美，阎光华：《开滦煤矿矿权史料》，南开大学出版社 2004 年版，第 738 页。

结　语

　　上述六组信件或管理规定是从秦皇岛港藏的开滦外文人事档案中选取的一小部分，涉及员司雇佣和员司管理制度，从中我们可以对民国时期开滦矿务总局和秦皇岛经理处的人事管理情况略知一二。本文只是选译和题解，秦皇岛港藏开滦外文人事档案的翻译和对秦港当时人事管理及经营情况的进一步研究，是未来努力的目标和要完成的任务。

　　众所周知，英国是资本主义萌芽最早的国家，现代公务员制度最早也是在英国确立，在企业管理和人事管理上，英国可谓经验丰富。从几封求职的信件中，我们可以看出，在人员聘用和管理方面，与开滦矿务总局一脉相承的秦皇岛港以企业的目标和功能得以经济有效地达成为准则，考量员工的劳动能力，并通过工资、福利等杠杆，展现了人事管理的艺术。而诸如请假制度和招聘临时工等原则，则体现了秦皇岛港对员工的管理，促进和保障了"人与事"的连接，为企业实现顺利生产经营提供有效的人力保障。熊性美在《开滦煤矿矿权史料》一书的序言中称"……资本主义经营管理原则和方式毕竟占了上风……这便是开平煤矿经营尚有成效的根本原因"[1]。资本主义经营方式在当时的先进性和成效，是开滦煤矿和秦皇岛港成为当时中国北方经济领域的绝对佼佼者的有力保障。

　　此外，从经理到顾问到员司的来源等变动、几件档案中求职时对关系的考量等，显示出秦皇岛港和开滦煤矿的历史变迁。从洋务运动影响下的自行创办，到英比资本注入，到英人管理再到日本占领，以及后来国民党将开滦还给英国经营，近代的开滦煤矿作为中国矿冶业的代表，其矿权的易主、企业的经营，与中国政局的变迁相伴，也是列强在中国土地上强行行使特权的见证。档案中英籍经理与日本顾问间的往来，一方面是行政管理的例行公事，另一方面也是他们为了利

---

　　① 熊性美、阎光华：《开滦煤矿矿权史料》，南开大学出版社2004年版，第3页。

益相互勾结、妥协的佐证。因此，近代开滦的经营管理再先进，发展再迅速，经济效益再巨大，不过是帝国主义掠夺中国资源的工具，是近代中国被殖民、被侵略的缩影。某种程度上，其管理越先进，越是加剧了中国被殖民的程度。

附录：档案英文原文

一

HOME LEAVE
(SENIOR STAFF)

The Chief Manager's authority will be obtained for all Home Leave.

The General Regulations governing Home Leave will be found in clauses (10) and (11) of the "Agreement and Regulations for the Staff in China", Form G – 43——September 1934.

Hotel expenses in China will be paid by the Administration when they are a necessary part of the journey but then for only so long as absolutely necessary and no hotel expenses out of China will in any circumstances be paid.

Freight on luggage, rickshas, taxis and all other incidentals on the journey home and return will be payable by the employee. Sleeping Berths where necessary will be paid for by the Administration.

Employees spending their leave in Europe：——

a). Immediately upon arrival will advise the London or Brussels office of the date of their arrival and of their home address.

b). If making their own arrangements for the return journey will advise the London or Brussels office of the date of their departure, the route and the name of the steamer or steamers, if by sea.

The Administration's Agent in Shanghai will be advised of the above by the London or Brussels office and will automatically arrange for the Employees journey at the earliest possible date from Shanghai to his Headquarters. The Agent will not however arrange hotel accommodation for the Employee in Shanghai unless specifically requested to do so. If the Employee desires accommodation in Shanghai to be arranged for him he will telegraph the Agent from Hongkong or Japan as the case may be or from the ship, stating the accommodation required. If for any reason the Employee requires to stop in Shanghai and cannot therefore necessarily proceed thence by the first available steamer or train, this information will be added to the telegram to the Agent.

Any change in your travelling arrangements should be notified in writing immediately to the Chief Managers or to London or Brussels Office as the case may be.

These Rules will not apply to the Floating Staff for whom special Regulations exist.

(This sheet will be detached and retained by the Applicant).

二——1

REPLENISHMENT OF SKILLED WORKMEN.

During the past year and a half the number of skillful workmen both at the Workshops and Power Station have shown a drop of 38 men. Owing to the additions to our plants and to the difficulties we experience in obtaining new parts for replacements, the amount of work has been increased considerably. In order to carry out the work required we are at present engaging cash labourers and also doing overtime work to a harmful extent. (For which please refer to the attached detailed lists) At this port we cannot get any skilled men as cash labourers. As soon as the cash labourers learn a trade and begin to be useful to us they always leave and find work elsewhere with better pay. By working too much overtime it will decrease our working efficiency a great deal. From my experience at the Mines it is rather difficult to get trained men unless we off (er) much higher pay and run into trouble with other firms. Furthermore, the average age of our skilled workers is way above 40 years of age, and we need some young men to replace them. I beg to suggest therefore that we engage some young men for our Shops and Power House as labour students (apprentice for training every year or every other year. Attached herewith is a draft of the regulations for your consideration. You will notice that during the 4 years of training we do not allow them any cheap flour. The amount of food allowance offered is even less than the pay of the cash labourers. Usually after one year's training they are quite useful to us. After four years training we have the choice of better men to be engaged on the same footing as our Daymen.

For this year I propose to get twelve young men for the Workshops and four for the Power Station to start with.

Awaiting your consideration and approval please.

SENIOR ENGINEER

Enclos: ——seen + approved by
Mr Shibata

二——2

PROPOSED REGULATIONS GOVERNING THE PROCEDURE FOR TAKING ON "LABOUR STUDENTS" (APPRENTICES)

Entry.

Applications will be received from time to time, as vacancies occur, from suitable boys who must: ——

Be not less than 18 years nor more than 20 years of age.

Be in possession of their own residential passes.

Be not less than 5 ft. in height and not less than 48 kgs. in weight.

Be in normal health and without any physical defects which will be examined and determined by the K. M. A. Medical Officers.

Be able to read and write Chinese with the educational training of a Primary School graduate.

Be recommended by some responsible person, in writing, who will undertake to act as a guardian.

Preference will be given to the sons of K. M. A. employees and to those who are graduated from K. M. A. Primary Schools.

Allowances and Pay.

Having fulfilled the above conditions they will be required to sign an application form undertaking to remain in the Administration's service for a period of 4 years, and then they will be admitted as a labour student at a nominal food allowance of $0. 50 per day during the first year of training. Hereafter, providing they prove themselves to be of good character, intelligent and painstaking, the allowance will be increased to the following scale: --

2nd year -- $0. 75 per day

3nd year -- $0. 75 per day plus one bag of flour per month.

4nd year -- $1. 00 per day plus one bag of flour per month.

During their four year's training they will receive free medical treatment in case of sickness, but will not receive any pay nor any other benefits as enjoyed by the K. M. A. regular daymen.

Dismissal.

During the period of training, if the labour student is sick for a period of more than one month at one time, or does not obey the instructions or commits other misdemeanours, he may be discharged at any time.

Employment.

When the period of training (4 years) expires, if the labour a student has achieved a good record and he qualifies by passing a test of efficiency and skillfulness, he may be engaged as an assistant fitter, turner, or whatever his trade may be and he will receive the standard pay and benefit as a regular K. M. A. dayman according to the regulations ruling at that time. If there is no vacancy at that time, he will not be engaged by the K. M. A. But the Administration shall issue to him a credential testifying to the completion of the training so that he may find employment in other places.

Classification.

The above regulations apply only to the labour students of the Mechanical and Electrical trade which are detailed below: – –

Fitters

Turners

Boilermakers

Smiths

Moulders

Electricians

AGENT

20/10/42

三——1

K. M. A., Staff Quarter No. 148,

Linsi, July 19th, 1942.

H. H. Faulkenr, Esq.,

K. M. A.,

Chinwangtao.

My Dear Mr. Faulkner,

With reference to our conversation at Chinwangtao. I beg to give you hereunder full details about, my son, Shih Wei Min（石慰民）：——

He is now twenty three years of age, strong and active. He learned "Economics" in the College of Public Affairs of Yen Ching University in Peking and had nearly completed the courses scheduled for the first semester of the Senior Class, before is was compelled to close down on the 8th, December, 1941. As you know, all the Yen Ching University students are at last allowed to continue their studies in the Peking University and being recognized as formal students of the latter university.

Wei Min is allowed to graduate and awarded a degree of Bachelor of Arts in July this year. He is highly educated in English literature and well versed in Chinese classics. He has a thorough knowledge of the system of statistics and book – keeping for which he obtained excellent standings among the students of the whole class. He is specially interested in banking and typewriting.

Before his graduation, he has been offered by the University four positions, i. e. (1) to work as "Economical Expert" to the Military Special Mission in Honan Province, (2) to work in the "North China Wheat Association" in Peking, (3) to work in the Board of Construction and the "North China Co – operating Association" in Peking, and (4) to sent him by Government expenses to study "Economics" in Japan. As these offers give him no interest, he declined to accept for reasons as I explained to you at Chinwangtao.

For your perusal, I attach herewith the respective notifications issued by the Peking University in support. I regret (3) and (4) are missing in Peking.

三——2

(2)

I shall be greatly obliged if you will give the above details your kind consideration and see your way to put him in a position which you think fit for him. I am sure that he is quite competent and qualified for any sort of job in your offices at Chinwangtao, and that he will cause you no disappointment in the case of being engaged.

If you like, I shall send him down to Chinwangtao for a personal interview.

I propose to remain here in Linsi for at least a couple of months in order to look after my daughter's illness.

I thank you in anticipation for the trouble given you.

Yours Sincerely,

P. L. Shih

Enclos: Peking University Notifications

Marked (1) and (2)

三——3

Chinwangtao,

22nd July, 1942.

Mr. P. L. Shih,

K. M. A. Staff Quarter No. 148,

LINSI

Dear Mr. Shih,

I have received your letter of the 19th inst. on the subject of possible employment of your son, Shih WeiMin, and as explained to you during your visit, I regret that at the moment I am unable to place him in any position at Chinwangtao. I will however keep him in mind and get in touch with you when the opportunity occurs.

I am returning herewith the enclosures you sent with your letter, as you may possibly wish to keep them.

Yours sincerely,

H. H. Faulkner

Enclos:

四——1

3167——X

General Department,

TIENTSIN.　　　　Chinwangtao　　　14th　Nov.　　　41

APPLICATION FOR EMPLOYMENT.

I enclose a Chinese letter, with a translation, addressed to Mr. T. C. T'ang by Mr. Li, the Lin Yu Magistrate, recommending one of his friends for employment with the Administration.

This letter was received a few months ago but so far we have had no suitable opening for the applicant who, according to his service record, seems to have a fairly good knowledge of Chinese and Japanese. As the Magistrate is now on very cordial terms with us and has been very obliging in connection with our land registration, I think it would be a good idea to endeavour to meet his request. I shall be obliged therefore if you will arrange to have an interview with the applicant, who is a Tientsin resident, and should he prove satisfactory recommend him for employment in the service of the Administration.

AGENT

H. H. Faulkner

Enclos:

四——2

TRANSLATION.

Dear Mr. Tang,

I regret to have been unable to see you often though we are so near each other.

I have a friend, Mr. Li Ching Shan, a very honest man with adequate qualifications and experience, whom I would recommend for a position in your Administration. I understand that you are always ready to help others and shall therefore be obliged if you will use your good offices to get some employment for him.

Your assistance will be deemed as a personal favour.

With best regards,

Yours sincerely,

Li Chen To

四——3

<u>Service Record.</u>

Name：   Li Ching Shan

Age：   25

Native Place：   Tientsin

Qualifications：   Graduate, Tientsin Sino – Japanese
                              Middle School.

Experiences：   Editor, "East Asia Daily"; Treasurer,
                              "Yung Pao", Tientsin; Staff member,
                              "K. U. K"., Tientsin; Chief of
                              Business Section, Hua Pei Press,
                              Tientsin.

Present Address：   Additional No. 1, Shung Hing Li, Li
                              Kung Lou, Ho Tung, Tientsin.

四——4

THE KAILAN MINING ADMINISTRATION.
TIENTSIN

18th November, 1941.

Dear Faulkner,

With reference to your letter 3167 – – X of the 14th instant to the General Department, I have not asked the friend of the Lin Yu Magistrate to come for an interview as my inquiries to the Department here disclose that there is no vacancy to offer him. I will, however, bear this matter in mind and as soon as a likely opportunity turns up I will arrange an interview with him and let you know the result immediately afterwards.

Yours sincerely,

王崇植

H. H. Faulkner, Esq.,
<u>CHINWANGTAO.</u>

五——1

Chinwangtao,

3167 – – X   14th February, 1941.

Dear Mr. Nathan and Mr. Sun,

With reference to your letter M – 0024 of 12th February in regard to the engagement of a traffic man of Japanese nationality for this Agency, I fear that the type of man suggested by Mr. Kodama would not be entirely suitable even after undergoing the training he suggests.

The type we have in mind is essentially a railway traffic man with a number of years of practical experience and of strong character, capable if occasion demands of holding his own with the Railway staff here and with the minor officialdom with which we are so much in contact.

You will perhaps remember that when this matter was first mooted we were hoping to obtain the services of Mr. Hirata, who was then the Assistant Station Master here. Mr. Hirata is a man of about forty years of age with twenty years experience on the S. M. R. , a good traffic man and has a fair knowledge of the Chinese language. Whilst I appreciate Mr. Kodama's suggestion, I fear that what would be produced would be of no assistance to us, and I should prefer to let the matter drop rather than accept a man who does not come up to our somewhat exacting requirements.

Yours sincerely,

H. H. Faulkner

E. J. Nathan, Esq. , O. B. E &T. C. Sun, Esq. ,
TIENTSIN.

五——2

THE KAILAN MINING ADMINISTRATION TIENTSIN.

12th February 1941.

M – –0024.

Dear Faulkner,

With reference to your quest for a traffic man of Japanese nationality, Mr. Kodama informs us that it is difficult to get a man of experience. The best he can do is to try to secure some young men recently graduated from a Commercial School of Senior Middle School standing in Japan and have them undergo six months training on the railway at Tongshan, Kuyeh or Chinwangtao stations. It is also suggested that they should be treated as Intermediate Staff and given a salary of $ 200 per month. We shall be obliged if you will let us know what you think of this proposal.

Mr. Kodama adds that it would be quite a task even to look for such young men but as he has friends among the school principals he could perhaps get them to recommend a few promising candidates.

Yours sincerely,

E. J. Nathan, T. C. Sun

H. H. Faulkner, Esq. ,

CHINWANGTAO.

五——3

3rd April 1940

Agent,

CHINWANGTAO.

Dear Sir,

With reference to your G – 10000 – X of the 14th March, we have been in communication with Mr. Gotoh regarding the release of Mr. Hirata mentioned in this letter, to whom you wish to offer employment on the Administration' s staff at Chinwangtao.

We understand that for the present Mr. Gotoh is unable to arrange for his release but we are hopeful that this can be secured at a later date. We must leave the question of the terms to be offered to him to be discussed when we are informed that Mr. Hirata is available. We shall communicate with you again when we have further information on the subject.

Yours faithfully,

E. J Nathan, T. C. Sun

CHIEF MANAGERS.

五——4

G – 10000 – X

Chinwangtao,

14th March, 1940.

Chief Managers,

TIENTSIN.

Dear Sirs,

Mr. S. Hirata, a member of the Traffic Staff of the South Manchurian Railway who is now employed at Tongku, is keen to join the Administration's service and I understand that his resignation can be arranged and has in fact already been verbally approved by Mr. Gotoh, his immediate senior.

As Assistant Station Master at Chinwangtao, in which position Mr. Hirata served throughout 1939, this applicant is well known to the Administration's Staff and it is the opinion of all who came into contact with him that he is most efficient and conscientious.

Having been in the employ of the South Manchurian Railway Mr. Hirata speaks Chinese quite well and is sufficiently acquainted with the language to make himself clearly understood in regard to traffic operation.

As we are in need of a really good traffic man who speaks both Chinese and Japanese, and particularly one well versed with railway procedure, I request your permission to offer Mr. Hirata employment with the

Administration as a member.

五——5

Of the Intermediate Staff at an initial salary of $400. 00 per month plus living cost and other allowances.

Yours faithfully

WBC

Agent.

五——6

House No. 11 Nanshan

W. B. Chilton, Esquire,　　　　　Chinwangtao, 13th. march, 1940

Dear Sir,

My temperature is well down this morning but as I still feel weak please allow me to take another day' s rest.

Mr. S. Hirata, whom I recommended you as a Control staff some time ago wrote to me yesterday saying he has obtained unofficial understanding from Mr. Gotoh about his intention of resigning from the Rly. and joining K. M. A. Mr. Gotoh said although the Rly. is feeling much shortage of abled staff but if Mr. Hirata is determined to leave he can not stop it, he can only advise Mr. Hirata before leaving please see Tongku Matou alteration work in order. Mr. Hirata is doing his best to make things complete before the end of this month and he is determined to tender his resignation dated 31st March, that is he is free to accept K. M. A. appointment 1st. April.

I believe Mr. Hirata is the best traffic man that I can safely recommend, I can guarantee his ability, personality and his loyalty to the Adm. I know Mr. Marsh will be very pleased to have him better than anybody else.

His present income, salary proper plus various allowances is about

$280, beside which he is entitled to pension according to the length of period he was with the Rly., this may increase his monthly figure to $380, so if you give him salary proper plus high cost of living allowance somewhere about $500 he will be satisfied. His ranking may be intermediate grade but as he has a big family to support please give him a house.

The above is my own opinion but on the other hand it might be advisable to take Messrs. Saiki & Miyahara's employment condition into consideration because I think Mr. Hirata's 20 years' experience in S. M. R. might well be compaired with the formers education and experience.

I understand Mr. Kodama is making arrangement with the Rly. 2 Rly. staff of young asst. station master class of good education, to put 1 in CWTao, 1 in KY. who will take change at certain intervals at the Rly's option, expences (salary) to be paid by K. M. A. As a make shift this arrangement may be of some use but in time of need we will find him working in the interest of not the Adm. but the Rly.

I shall be very much obliged if you would enable me to give Mr. Hirata some sort of assurance in reply to the letter.

Enclosed please find 3 stamps, which Mr. Tsubaki kindly present to you for your collection, they are commemoration stamps of 2600th anniversary of Japanese Empire. The bird is the golden kite which supposed to be alighted on the bow top of the Emperor Jimmu.

Mr. Tsubaki had some difficulty in obtaining these stamps because they sell so well.

Two new K. H. K. K., TS. staff S. Yamada and Mr. S. Tanaka are arriving per S. S. "Sygna".

Yours Faithfully,

Araki.

东北大学秦皇岛分校
博士专题论文

宋代硫黄的管理及应用[*]

任欢欢

（东北大学秦皇岛分校　社会科学研究院）

一　宋代硫黄的来源及管理

硫黄是黄绿色、表面不平坦、微显不同色泽的层状体，较重质酥，轻击即碎，断面颜色更加鲜艳，有明显的气味。硫黄的主要化学成分为：主含硫（S），尚杂有砷（As）、硒（Se）、碲（Te）等。《证类本草》云："今第一出扶南（今柬埔寨）、林邑（今越南）。色如鹅子初出壳，名昆仑黄。次出外国，从蜀中来，色深而煌煌。"昆仑黄即硫黄。硫黄在中国古代社会中还有较多别名，如石硫黄、石流黄、流黄、石留黄、昆仑黄、黄牙、黄英、烦硫、石亭脂、九灵黄童、山石住、黄硇砂、将军、白硫黄、天生黄、硫黄花、硫黄粉。中国古代利用的硫黄，来源主要有两种。第一种是在焙烧黄铁矿制造皂矾的同时，由焙烧窑上部烟道中冷凝出来的人工硫黄，所以又叫"矾石液"；第二种是来自火山区的天然硫黄或膏盐层中的石膏由硫细菌作用还原出来的单质硫，这类硫黄呈块状，往往称之为"石硫黄"。

《图经本草》记载"石硫黄惟出海南诸藩，岭外诸郡或有，而不

＊　本文为河北省社会科学发展研究课题"武臣知州与北宋河北边境安全研究"（20160406201）研究成果；中央高校基本科研业务费资助项目"唐、五代、北宋防御使职能转变与军政变迁研究"（N152303009）研究成果；河北省高等学校人文社会科学研究项目"唐至北宋团练使职权演变与军政变迁研究"（SZ16155）研究成果；东北大学秦皇岛分校校内科研基金项目"北宋团练使职权演变与军政关系研究"（XNB201620）研究成果。

甚佳。以色如鹅子初出壳者为真，谓之昆仑黄。其色赤者名石亭脂，青色者号冬结石，半白半黑者名神惊石，并不堪入药。又有一种水硫黄，出广南及荣州（今四川荣县、威远一带）溪涧流出，其味辛，性热腥臭。又可简连成汁，以模写作器，亦如鹅子黄色"。宋境内所产硫黄的产量远远不能满足国内庞大的需求，大量的硫黄依赖于从国外的输入，日本是主要来源国。《宋史》中有太宗时期对宋朝大量进贡硫黄的记载："又别启，贡佛经，纳青木函……倭画屏风一双；石流黄七百斤。"① 《续资治通鉴长编》记载神宗时期知明州马珫言："准朝旨，募商人于日本国市硫黄五十万斤，乞每十万斤为一纲，募官员管押。"② 五十万斤的硫黄亦不是小数目，招募官员管押在情理之中，因此朝廷"从之"。另外，高丽、阇婆国等对宋朝也有硫黄往来的记载，"天圣八年，询复遣御事民官侍郎元颖等二百九十三人奉表入见于长春殿，贡金器、银罽刀剑、鞍勒马、香油、人参、细布、铜器、硫黄、青鼠皮等物。明年二月辞归，赐予有差，遣使护送至登州。其后绝不通中国者四十三年"③。"阇婆国在南海中……出金银、犀牙、笺沉檀香、茴香、胡椒、槟榔、硫黄、红花、苏木……中国贾人至者，待以宾馆，饮食丰洁。"④ 太平兴国七年（982）闰十二月"诏，闻在京及诸州府人民或少药物食用，今以下项香药止禁榷广南、漳泉等州舶船上，不得侵越州府界，紊乱法条。如违，依条断遣。其在京并诸处即依旧官场出卖，及许人兴贩"。继续禁榷的商品共有 8 种"玳瑁、牙犀、宾铁、𪔀皮、珊瑚、玛瑙、乳香"。不再禁榷的商品有 37 种，"木香、槟榔、石脂、硫黄……"⑤ 因药物短缺，硫黄在宋太宗太平兴国年间已成为非禁榷品，准许商人行贩卖。硫黄的流通性增加使得宋人认知和使用硫黄的效用大大加强了。北宋中期

---

① 《宋史》卷四九一《日本国》，中华书局 1994 年版，第 14136 页。

② （宋）李焘：《续资治通鉴长编》卷三四三"神宗元丰七年二月丁丑条"，中华书局 2004 年版，第 8240 页。（以下简称《长编》）

③ 《宋史》卷四八七《高丽》，第 14045 页。

④ 《宋史》卷四八九《阇婆》，第 14091 页。

⑤ （清）徐松辑：《宋会要辑稿》职官，中华书局 1957 年版，第 3364 页。

火药应用战事，硫黄作为火药的主要成分，而受到政府的管制"河东路经略司言：'北界人称燕京日阅火炮，令人于南界榷场私买硫黄焰硝，虑缘边禁不密，乞重立告赏格。'于是审刑院、大理寺申明旧条行之"①。南宋对金战事的需要，更申明了硫黄的管制："乾道八年十二月二十九日敕：敕令所看详，将硫黄、焰硝、海金砂、桐油并不许兴贩过淮博易及往极边、次边州县。如有违犯，其断罪追赏，并依兴贩军须之物已降指挥施行。"②

二　硫黄在宋代的应用

（一）药用价值

硫黄的药用价值较早的应用于中国古代社会。最早明确记载硫黄的是《神农本草经》，原名石硫黄，在中药品中位列雄黄和雌黄之后，居中品药中的第三位。不少医书说她可以治十几种病，是我国古代医药中一味重要药材。硫黄若按医药的效用来讲一般可作为：外用药、补火壮阳药、温脾通便药、杀虫止痒药等。硫黄具有温热的药性，对于寒性体质效果显著，若易上火者服用则多发为背疽。《孙公谈圃》中有明确记载：

> 公曰："硫黄，神仙药也，每岁夏至三伏，日必饵百粒，去脏腑中秽滞，有验。"予因与公言："硫黄与钟乳，皆生于石，阳气溶液，凝结而就。石，阴也，至阳发乎地，相薄而不和，故聚而为大热之药。硫黄伏于石下，泉源所发则蒸为汤池，其沸可以烹饪，是宜服之杀人，粉以为剂，老幼可服，得火者多发为背疽。若钟乳，生岩穴，流如马湩，结如鹅管，虚圆空中，若不足畏者，然不待火，研以玉槌，七昼夜不息，而其性躁怒不解，甚于硫黄。昔夏文庄服药粥，有小史食其余，流血而殂，盖用此二

---

① 《长编》卷二七五"神宗熙宁九年五月辛酉条"。
② （宋）谢深甫：《庆元条法事类》卷二九《禁榷门》，《唐明律合编》，中国书店出版社1990年版。

药也。硫黄，信有验，迫不可多服。若陆生韭叶，柔脆可菹，则名为草钟乳；水产之芰，其甘滑可食，则名为水硫黄。岂二物亦性之暖欤？不然，徒盗其名也。"公抚掌而笑。①

《夷坚志》中记载一个吏人用硫黄治愈了过早衰老的疾病，以致年过九十后仍无老态，"乾道间，仁和县一吏早衰病瘠，齿落不已。从货药道人求药，得一单方，只碾生硫黄为细末，实于猪脏中，水煮脏烂，同研细，用宿蒸饼为丸，随意服之。两月后，饮啖倍常，步履轻捷。年过九十，略无老态，执役如初。因从邑宰出村，醉食牛血，遂洞下数十行，所泄如金水，自是尫悴，少日而死。李巨源得其事于临安人内医官管范，尝与王枢使言之。王云：'但闻猪肪脂能制硫黄，兹用脏尤为有理，亦合服之，久当见功效也。'"②宋人还认识到硫黄有温脾通便之功效，"凡人之肌骨、五脏、肠胃虽各别，其入肠之物，英精之气味，皆能洞达，但滓秽即入二肠。凡人饮食及服药，既入肠，为真气所蒸，英精之气味，以至金石之精者，如细研硫黄、朱砂、乳石之类，凡能飞走融结者，皆随真气洞达肌骨，犹如天地之气，贯穿金石土木，曾无留碍……此医不可不知也。"③硫黄作为外用药治愈外伤也是效果显著，"可煅炒砒硫黄之属，究其功用，非止血剑锋而止也"④。宋人还认识到硫黄解毒的功效，《夷坚志》中记录了两例硫黄解毒的药方，一为解蛊毒：

嘉祐中，范兵部师道为福州守日，揭一方于石云："凡中蛊毒，无论年代远近，但煮一鸡卵，插银钗于内，并含之。约一食顷取视，钗卵俱黑，即中毒也。其方用五倍子二两，硫黄末一钱，甘草三寸，一半炮出火毒，一半生。丁香、木香、麝香各十

①　（宋）孙升：《孙公谈圃》卷中，《丛书集成初编》本。
②　（宋）洪迈：《夷坚志》甲志卷七《仁和县吏》，中华书局2006年版，第60页。
③　（宋）沈括：《梦溪笔谈》卷二六《药议》，上海书店出版社2003年版，第222页。
④　《夷坚志》支癸卷十《刘自虚斩鬼》，第1298页。

文，轻粉三文，糯米二十粒，共八味，入小沙瓶内，水十分煎，取其七。候药面生皱皮为熟，绢滤去滓，通口服。病人平正仰卧，令头高，觉腹间有物冲心者三，即不得动。若吐出，以桶盛之，如鱼鳔之类，乃是恶物。吐罢饮茶一盏，泻亦无妨，旋煮白粥补。忌生冷油腻酢酱。十日后，复服解毒丸三两丸。又经旬日平复。予所载黄谷事，孙堘又以此方来示，故并录之。丁、木、麝三香之价，嘉祐时十文，以今言之，须数倍乃可耳。①

二为解铅毒：

唐与正治吴巡检病不得前溲，卧则微通，立则不能涓滴。医遍用通小肠药，不效。唐因问吴："常日服何药?"曰："常服黑锡丹。"问："何人结砂?"曰："自为之。"唐洒然悟曰："是必结砂时铅不死，硫黄飞去，铅砂入膀胱。卧则偏重，犹可溲，立则正塞水道，以故不能通。"令取金液丹三百粒，分为十服。煎瞿麦汤下之。膀胱得硫黄，积铅成灰。从水道下，犹累累如细砂，病遂愈。②

宋人已经认识到硫黄药性的诸多优点，并称赞其为常见的良药："世间药院，只爱大黄甘草贱。急急加工，更靠硫黄与鹿茸。"③ 因此，宋朝政府还将硫黄作为治愈时疫的良药赐予藩部。"癸亥，厮铎督遣使言蕃部多疾，乞赐白龙脑、犀角、硫黄、安息香、白紫石英等药，并求弓矢，皆可之。药同而名异者，令驿人辨说给付，使者感悦而去。"④

（二）农业应用

硫黄在农业上的应用主要在花卉的栽培。宋代花卉经济十分发达，花卉已经成为重要的经济作物。如宋代著名的马塍艺花，"马

---

① 《夷坚志》补卷二三《黄谷蛊毒》，第 1763 页。
② 《夷坚志》再补《治铅毒方》，第 1794 页。
③ 唐圭璋：《全宋词》卷七三《减字木兰花》，中华书局 1965 年版，第 814 页。
④ （宋）李焘：《续资治通鉴长编》卷六三"真宗景德三年五月癸亥"，第 1403 页。

塍艺花如艺粟，橐驰之技名天下。非时之品，真足以侔造化，通仙灵。凡花之早放者，名曰堂（或作塘）花。其法以纸饰密室，凿地作坎，缠竹置花其上，粪土以牛溲硫黄，尽培溉之法。然后置沸汤于坎中，少候，汤气熏蒸，则扇之以微风，盎然盛春融淑之气，经宿则花放矣。若牡丹、梅、桃之类无不然，独桂花则反是。盖桂必凉而后放，法当置之石洞岩窦间，暑气不到处，鼓以凉风，养以清气，竟日乃开。此虽揠而助长，然必适其寒温之性，而后能臻其妙耳"①。养花的粪土浇入硫黄，可使温度升高，一宿花就可开放。有了硫黄，宋人就能容易地控制花开的时间了。另外，由于硫黄有毒性，也可用硫黄作为花卉中驱虫的良方。"花开渐小于旧者，盖有蠹虫损之，必寻其冗，以硫黄簪之，其旁又有小穴如针孔，乃虫所藏处，花工谓之气窗，以大针点硫黄末针之，虫既死，花复盛，此医花之法也。乌贼鱼骨用以针花树，入其肤，花树死，此花之忌也。"②又"洛阳牡丹，岁久虫蠹，则花开稍小。园户以硫黄簪其穴，虫死，复盛大。其园户相妒，则以乌贼鱼骨刺花树枝皮中，花必死。盖牡丹忌此鱼耳"③。触类旁通，宋人亦将硫黄应用于茶叶的种植中。"韩彦知刚，福州长乐人，尝监建溪茶场，云茶树高丈余者，极难得。其大树二月初因雷进出白芽，肥大长半寸许，采之浸水中，俟及半斤，方剥去外包，取其心如针细，仅可蒸研以成一胯，故谓之'水芽'。然须十胯中入去岁旧"水芽"两胯，方能有味。初进止二十胯，谓之'贡新'。一岁如此者，不过可得一百二十胯而已。其剥下者，杂用于'龙团'之中。采茶工匠几千人，日支钱七十足。旧米价贱，'水芽'一胯犹费五千。如绍兴六年，一胯十二千足，尚未能造也。岁费常万缗。官焙有紧慢火候，慢火养数十日，故宫茶色多紫。民间无力养火，故茶虽好而色亦青黑。宣和中，腊月贡，或以小株用硫黄之类发于荫中，或以茶子浸使生

① （宋）周密：《齐东野语》卷一六《马塍艺花》，中华书局1983年版，第304页。
② （宋）欧阳修：《风俗记第三》，《全宋文》（第743册），安徽教育出版社2006年版，第172页。
③ （宋）王辟之：《渑水燕谈录》卷八，中华书局1981年版，第102页。

芽，十胯中八分旧者，止微取新香之气而已。入'香龙茶'，每斤不过用脑子一钱，而香气久不歇，以二物相宜，故能停蓄也。"① 福建建溪茶场的云茶，品质极好，价又昂贵。民间腊月里焙茶为了能保持恒温，将小柱发于硫黄之中也不失为一个好方法。

（三）道家养生之材

中国自古以来，道家方术之士就有炼丹养生之术，到宋代这一风气依然存在。硫黄就是丹药之中不可或缺的一剂"世传烧炼点化之术，有干汞死朱砂、雌雄黄、硫黄之法"②。硫黄之所以受到炼丹家的重视是因为其阳火最盛，"四黄者，雄、雌、砒、硫，其质皆属于中宫戊土之位，性各含阳火之毒，能败五脏之金……其硫黄功力最高，能添阳益精，反浊归清，此乃是七十二石之将也"③。道家中人追求长生不老服食硫黄，众人皆效仿，"陈金者，少为军士，隶江西节度使，刘信围处州，金私与其徒五人发一大冢，开棺见白髯老人，面如生，通身白罗衣，衣皆如新。开棺时即有白气冲天，墓中有非常香馥，金独视棺盖上有物如粉，微作硫黄气。金素闻棺中硫黄为药成仙，即以衣襟掬取怀归。墓中无他珍宝，即共掩之而出。既至营中，营中人皆惊云：'今日那得香气？'金知硫黄之异，旦辄汲水浸食至尽。城平入舍僧寺，偶与寺僧言之，僧曰：'此城中富人之远祖也。子孙相传，其祖好道，有异人教饵硫黄，云，数尽当死，死后三百年，墓开，当即解化之期也，今正三百年矣。'即相与复视之，棺中空，惟衣裳尚存，如蝉蜕之状。金自是无病，今为清海军小将，年七十余矣，形体枯瘦，轻健如故"④。《宋稗类钞》中记载宋代著名文臣夏竦有经常服用硫黄的习惯，"夏文庄公竦，性豪侈，禀赋异于人。才睡即身冷而僵，一如逝者。既觉，须令人温之良久，方能动。人有见其陆行，两车相连，载一物巍

---

① （宋）庄绰：《鸡肋编》卷下，上海书店出版社1983年版，第100页。
② （宋）曾敏行：《独醒杂志》卷六，中华书局1985年版，第48页。
③ （宋）张君房：《云笈七签》卷六八《四黄制伏品第五》，华夏出版社1996年版，第414页。
④ （宋）徐铉：《稽神录》卷五《陈金》，上海古籍出版社2012年版，第55页。

然。问之，乃绵帐也。以数千两绵为之。常服仙茅钟乳硫黄，莫知纪极。晨起每食钟乳粥。有小吏窃食之，遂发疽，儿不可救"①。夏竦身边的小吏因不懂硫黄的药性，偷食后发疽，不得救治。仅流传至今的宋代两部道家著作就记载 23 例以硫黄为主要成分的丹药之方，足见宋代服食丹药风气之盛。现将此类药方列于下表：

表 1   以硫黄为主要成分的丹药方

丹药名称	主要成分	史料来源
唯待九转八琼丹	丹砂、雄黄、雌黄、空青、硫黄、云母、戎盐、消石等	《云笈七签》卷十二 三洞经教部 经三
霜雪	曾青礜石、石硫黄、戎盐、凝水石、代赭、水银等	《云笈七签》卷六十五 金丹部三
五灵丹	丹砂、雄黄、雌黄、硫黄、曾青、矾石、磁石、戎盐、太一余粮等	《云笈七签》卷六十七 金丹部五
大还丹	真铅、反玄真绛霞砂中紫金、硫黄五两等	《云笈七签》 卷六十八 金丹部六
妙化砂诀	青金，赤盐、石硫黄、大硼砂、北庭砂、蒲州石胆、苦酒等	《云笈七签》 卷六十九 金丹部七
化灵砂诀	砂中黄金，石硫黄，赤盐，北庭大硼，苦酒等	《云笈七签》 卷六十九 金丹部七
化神砂诀	前灵砂中红金、石硫黄、大硼砂、赤盐、北庭砂、苦酒、汞、蒲州石胆等	《云笈七签》 卷六十九 金丹部七
化宝生砂诀	神砂中宝金、石硫黄、赤盐、北庭砂、大硼砂、苦酒、汞等	《云笈七签》 卷六十九 金丹部七
黑铅水虎	嘉州诸铅、硫黄、硇砂、青盐、白雪、雄黄、雌黄、消石、铜、铁、金、银、水垢、水精、凡砂、凡汞、桑霜、楮汁、松子、柏脂、秽污之物，白石、消石、夜霜、朝露、雪水、冰浆等	《云笈七签》 卷七十 金丹部八

---

① （清）潘永因：《宋稗类钞》卷四《异禀》，书目文献出版社 1985 年版，第 273 页。

小还丹	水银、石硫黄、光明砂、犀角末、麝香	《云笈七签》卷七十一 金丹部九
小还丹	石亭脂、水银、铅黄华、金	《云笈七签》卷七十一 金丹部九
流珠丹	硫黄、小麻油、灰汁、盐、酒、蜜等	《云笈七签》卷七十一 金丹部九
炼丹合杀鬼丸	朱砂、雄黄、雌黄、黎芦鬼比目桃仁、乌头附子半夏、石硫黄、巴豆、犀角、鬼臼、麝香、白赤术、鬼箭、蜈蚣野葛、牛黄	《云笈七签》卷七十一 金丹部九
彭君麋角粉	麋角、米泔、桑白皮、硫黄、酒	《云笈七签》卷七十四 方药部一
灵宝还魂丹方	石硫黄 雄黄 朱砂 自然铜	《云笈七签》卷七十六 方药部三
金丹	硫黄、山池石盐、北亭汁	《云笈七签》卷七十六 方药部三
四壁柜朱砂	针砂、硫黄、朱砂、白矾、盐	《云笈七签》卷七十六 方药部三
南岳真人郑披云传授五行七味丸	硫黄、白龙骨、安息香、柏子仁、兔丝子、五味子、肉苁蓉	《云笈七签》卷七十七 方药部四
二八灵砂	硫黄、浆水、水银	《庚道集》卷一
月桂长春丹炙金	雌黄、雄黄、硫黄、硇砂	《庚道集》卷二
龙虎匮法	好辰砂光明、硫黄、火砂、汞	《庚道集》卷四
太上洞玄大丹诀	水窟雄黄、舶上硫黄、叶子雌黄、砒黄、辰锦朱砂、精光硇砂、莹净西硼砂、针砂、米醋	《庚道集》卷四
煮丹砂甲	硫黄、青盐、五倍子、陈米醋、悬丹砂	《庚道集》卷八

道家中人养生不仅仅服食以硫黄而成的丹药，还经常用含有硫黄

成分的温泉水洗浴，疗养身心。如"汤泉有处甚多，大热而气烈，乃硫黄汤也"①。又《南部新书》记载："海内温汤甚众，有新丰骊山汤，蓝田石门汤，岐州凤泉汤，同州北山汤，河南陆浑汤，汝州广城汤，兖州干封汤，荆州沙河汤，此等诸汤，皆知名之汤也，并能愈疾……水源有石硫黄，其泉则温。天下山泉，由土石滋润，蓄而成泉耳，如硫黄煎铄，久久理当焦竭。汤之处皆不出硫黄，有硫黄之所不闻有汤，事可明矣。"② 这些著名的泉水皆因有石硫黄，不仅水质温热且可治愈疾病。

然而事物都有其两面性，在人们追求长生不老之术的同时，大量服食以硫黄为主要成分的丹药，却也饱受着它所带来的毒性。"韩藩端公自宣幕退居钟山，因服附子硫黄过数九窍百毛穴皆出血，唯存皮骨。小敛莫及，但以血褥举骨就棺而已。吁，可骇也。"③ 大量服食丹药不但丢掉自身性命，有的甚至危害他人生命健康，"服金石药者，潜假药力，以济其欲，然多讳而不肯言，一旦疾作，虽欲讳不可得也。吴兴吴景渊刑部服硫黄，人罕有知者。其后二十年，长子橐为华亭市易官，发背而卒，乃知流毒传气尚及其子，可不戒哉！"④ 宋朝政府也认识到服食丹药的危害，加强了硫黄等主要制作丹药的药物管制，"诏：经大制炼砒霜、硫黄、朱砂等药，已令不得入皇城门。即今医药和剂局见修合汤药，如有合使上件药物之类，宜行止绝。庶使疾病服药者免为热药所毒，不致横夭，其利甚大。"⑤

（四）制作烟花爆竹

宋代烟花和爆竹的生产技艺以及花色品类已经达到了相当的高度，并在人们的娱乐生活中占据着重要地位。烟火内的主要成分是火药，加入了不同的金属屑等制成，在燃烧时产生的声、光、色、香

---

① （宋）张邦基：《墨庄漫录》卷一〇，中华书局2002年版，第8页。
② （宋）钱易：《南部新书》卷辛，中华书局2002年版，第102页。
③ （宋）钱易：《南部新书》卷己，第63页。
④ （宋）方勺：《泊宅编》卷五，中华书局1983年版，第27页。
⑤ （清）徐松辑：《宋会要辑稿》刑法，第6520页。

气、形体变化等综合效果。爆竹是用不同大小和形状的纸筒内装一定数量的火药，点燃后纸筒爆炸并发出声响。

　　硫黄是制作烟花、爆竹中的火药的必需品。《夷坚志》中记载："烟云五色者，以焰硝硫黄所为，如戏场弄狮象口中所吐气。"① 《嘉泰会稽志》中也记述"除夕爆竹相闻，亦或以硫黄做爆药，声尤震惊，谓之爆仗"②。把火药及发光物卷入燃烧性能好、质地柔软的纸中，称为"药线"，然后缠于金属丝上，编排成亭台楼阁、人物花鸟等图案，点燃药线后整个台架依次燃放，呈现出五彩缤纷的图形。这种依靠台架的大型烟火，宋代文献多有记载，如《武林旧事》中记述："宫漏既深，始宣放烟火百余架，于是乐声四起，烛影纵横，而驾始还矣。"宋代还形成了除夕和元宵节放烟花放爆竹的风俗，"朝廷元日冬至行大朝会仪，则百官冠冕朝服，备法驾……午后，修内司排办晚筵于庆瑞殿，用烟火，进市食，赏灯，并如元夕"③。《西湖志余》中记述："淳熙十二年（1186）元夕，禁中灯火日盛，至二鼓，上乘小辇幸宣德门观鳌山，宫漏既深，宣放烟火百余架，而驾始还。"宋代还有专门为皇室表演烟火来供其娱乐，"穆陵初年，尝于上元日清燕殿排当，恭请恭圣太后。既而烧烟火于庭，有所谓地老鼠者，径至大母圣座下，大母为之惊惶，拂衣径起，意颇疑怒，为之罢宴。穆陵恐甚，不自安，遂将排办巨珰陈询尽监系听命。黎明，穆陵至陈朝谢罪，且言内臣排办不谨，取自行遣。恭圣笑曰：'终不成他特地来惊我，想是误耳，可以赦罪。'于是子母如初焉"④。只可惜这种娱乐具有一定惊险性，恭圣太后因其受惊，但却未降罪于表演之人，想见当时烟火表演应是十分频繁的。《武林旧事》中还记录了"小经济中"有"卖烟火"条，可见烟花爆竹已经走进了普通百姓的生活中，买卖非常容易。那么制造这庞大需求的烟花爆竹，所需的硫黄自不是小数目了。

---

① （宋）洪迈：《夷坚志补》卷二〇《神霄宫醮》，第 1737 页。
② （宋）施宿：《嘉泰会稽志》卷一三《节序》，文渊阁《四库全书》本。
③ （宋）周密：《武林旧事》卷二《元正》，浙江人民出版社 1984 年版，第 28 页。
④ （宋）周密：《齐东野语》卷一一，第 208 页。

（五）军事用途

宋代硫黄的军事应用，主要有两种：其一利用硫黄的毒性，以其毒害敌人身体。宋人王致远记载："七日癸未，虏军隔壕呼曰：'南家子太毒害，夜杀我马七百余匹。'自是徙马于山坡。酉时，虏骑千余自北道来入金泉寺，公夜遣将官傅熙将兵下城，投狼毒、硫黄于河潭，以毒虏马，又遣土军李元、赵旺速迎董世雄。"① 其二则利用硫黄的易燃性，进行火攻；进而衍生与硝石等合成制作火药，燃烧使其爆炸，更加大了杀伤力。宋人华岳的《翠微先生北征录》一书中记载了利用硫黄等进行火攻的方法："法用桩六十枚，横木三十枚，缚而为架，制如曝竿。缚羊三十腔于桩架之上，拽鼓三十面于桩架之下，羊足与鼓面相及，羊怒则双足击鼓，夜不绝声。贼人闻之，必疑吾兵之夜出，而不敢以近我矣。此伏虎也。营壁不坚，恐其惊噪，为反疑之法。法用哑炮、药线、炬火、鬼灯，各穿贯于硫黄、焰硝、纸拈之上，计夜时刻，为线短长。先为白衣撑立，如数人枚，置近炬火，遇烧药然。至炬火照见白色之衣，宛如人立，兼哑炮、鬼灯之类，相间而发。"②《武经总要》中记录了三种宋代火药的配置方法，利用硫黄制造爆炸的威力，是军事史上一大进步。

> 火炮火药法：
>
> 晋州硫黄十四两，窝黄七两，焰硝二斤半，麻茹一两，干漆一两，砒黄一两，定粉一两，竹茹一两，黄丹一两，黄蜡半两，清油一分，桐油半两，松脂一十四两，浓油一分。③
>
> 蒺藜火球：
>
> 蒺藜火球，以三枝六首铁刃，以火药团之，中贯麻绳，长一

① （宋）王致远：《开禧德安守城录·序》，《全宋文》（第293册），安徽教育出版社2006年版，第26页。

② （宋）华岳：《翠微先生北征录》，海南国际新闻出版中心1995年版，第13页。

③ （宋）曾公亮：《武经总要》卷一二《火药法》，《中国古代版画丛刊》，中华书局1959年版。

丈二尺。外以纸并杂药傅之，又施铁蒺藜八枚，各有逆须。放时，烧铁锥烙透，令焰出。火药法：用硫黄一斤四两，焰硝二斤半，粗炭末五两，沥青二两半，干漆二两半，捣为末；竹茹一两一分，麻茹一两一分，剪碎，用桐油、小油各二两半，蜡二两半，熔汁和之。外傅用纸十二两半，麻一十两，黄丹一两一分，炭末半斤，以沥青二两半，黄蜡二两半，熔汁和合，周涂之。①

毒药烟球：

球重五斤，用硫黄一十五两，草乌头五两，焰硝一斤十四两，芭豆五两，狼毒五两，桐油二两半，小油二两半，木炭末五两，沥青二两半，砒霜二两，黄蜡一两，竹茹一两一分，麻茹一两一分，捣合为球，贯之以麻绳一条，长一丈二尺，重半斤，为弦子。更以故纸一十二两半，麻皮十两，沥青二两半，黄蜡二两半，黄丹一两一分，炭末半斤，捣合涂傅于外。若其气熏人，则口鼻血出。二物并以炮放之，害攻城者。②

一般来讲，在中国古代技术条件下，具有这种性能的火药必须包括三种成分，即焰硝（KNO_3）、硫黄（或雄、雌黄）和炭质（包括木炭、油脂、沥青等）。而随着这三种药剂的比例、粉粹程度、纯度的不同，则可以调整或影响到火药的燃烧力、爆炸力和燃烧速度。干漆、黄蜡、清油、桐油、松脂以及浓油等辅助成分，大多为易燃物质，这说明宋代火药还十分明显地带有传统军用燃烧物的痕迹。火药中掺入一定量的其他辅助成分，也主要是为了增强其燃烧，而对其爆炸性能认识不足。可见宋代初期火药还处于初始阶段，大约到了宋金后期，管形火器中火药的辅助成分才逐渐减少。

宋代以火药为主要成分的各色武器较多，如火炮、火箭、火球、铁嘴火鹞、竹火鹞、火蒺藜、霹雳炮、火枪、突火枪等。宋太宗淳化五年（994），梓州守将张雍用火箭击退了李顺农民起义军，"俄复大

---

① 《武经总要》卷一二《金火罐法》。
② 《武经总要》卷一一《毒药烟球》。

设梯冲火车，夜鼓噪攻城，城中大恐，雍命发机石碎之，火箭杂下，贼稍却"①。这说明宋代在宋太宗时期已经将火药制成的武器应用于实战。火药在宋代广泛应用在实战中是在宋神宗时期。宋神宗熙宁年间设置了军器监，规模很大并设置了很多工场，来制作火药武器，且因涉及国家安全，军器制造还要保密。"八作司以外，又有广备工城作。今东西广备隶军器监矣。其做凡一十目，所谓火药、青窑、猛火油、金、火、大小木、大小炉、皮作、麻作、窑子作是也。皆有制度作用之法。俾其各诵其文而禁其传。"②宋神宗熙宁八年（1075），交趾围邕州后"城上发火箭，焚其梯冲。前后杀伤其五千馀人，城中人心益固，虽老幼皆谓救至在刻漏，围即解矣"③。宋神宗元丰七年（1084）诏："近据具析到熙河岷州、通远军及河州拟修三关堡，合用守御器具万数，非本路可办。令择其紧急要用者……神臂弓火箭十万只，火药弓箭二万只……火药火炮箭二千只，火弹二千枚。"④ 足见，因战争的原因，此时期火药武器的需求庞大。自宋与金交战以来，火药武器应用实战越来越频繁，而且除了城防战，水战中也开始应用火药武器。《文献通考》中记载了采石大战中应用火器进行水战的经过："采石战舰：曰'蒙冲'，大而雄；曰'海鳅'，小而驶。其上为城堞屋壁，皆垩之。绍兴辛巳，逆亮至江北，掠民船，指麾其众欲济。我舟伏于七宝山后，令曰，旗举则出江。先使一骑偃旗于山之顶，伺其半济，忽山上卓立一旗，舟师自山下河中两旁突出大江。人在舟中，踏车以行船，但见船行如飞，而不见有人，虏以为纸船也。舟中忽发一霹雳炮，盖以纸为之，而实之以石灰硫黄，炮自空而下落水中。硫黄得水而火作，自水跳出，其声如雷。纸裂而石灰散为烟雾，眯其人马之目，人物不相见。吾舟驰之，压贼舟，人马皆溺，大

---

① （宋）李焘：《续资治通鉴长编》卷三六"太宗淳化五年五月己巳条"，第786页。

② （宋）王德臣：《麈史》，上海古籍出版社1986年版。

③ （宋）李焘：《续资治通鉴长编》卷二七一"神宗熙宁八年十二月丁酉条"，第6640页。

④ （宋）李焘：《续资治通鉴长编》卷三四三"神宗元丰七年二月癸巳条"，第8248页。

败之云。"① 因硫黄得水而火作，爆声如雷，使得人马都溺水而亡。宋人陈规后来还发明了管形火器，用竹筒制成，内装火药，火焰由前端喷出来烧杀敌人。"规令时人……三条合就长板一片，约长一丈五尺有余，又以火药药造下长竹竿火枪二十余条，撞枪钩镰各数条，皆用两人共持一条，准备天桥近城于战棚上下使用。又于兵众中选用有胆勇人，分为十四甲，逐日轮当战棚上下，并排叉柱外及羊马城外，及准备诸处急应援。"② 管形火器的出现是对于远射兵器的改良，有划时代的意义。因为，在管形火器未出现之前，远射兵器主要是弓、弩和抛石机。这类远射兵器的杀伤力是完全依靠人的体力来完成的，其威力受到人的体力限制。管形火器的出现克服并突破了这些缺点和制约，因此，管形火器的出现，是我国火器发展史上的一座里程碑。③ 火药武器的广泛普及，使得战事频繁的宋代地区的人户，家家备有硫黄等战备物资，"有如焰硝、流黄、弓箭、枪刀，家家有备"④。可见硫黄在宋代军事应用之广泛。

三 结 语

硫黄在我国古代很早就认识到其药性，后炼丹家发现能与铜、铁等金属起化合作用，对其化学性质也有了一定的认识。炼丹家在炼制丹药过程中，发现了其燃烧爆炸的特性，并由此成为军事火药的主要原材料。火药广泛应用于军事战争中，还传到金与西夏等地。宋代成为中国古代冷、热兵器交替的重要时期，不能不说宋人对硫黄的认识与应用对于推进中国乃至世界的科技发展，做出了巨大贡献。

---

① （元）马端临：《文献通考》卷一五八《兵考十》，第1382页。

② （宋）陈规：《守城录》卷四《李横寇德安六十五日引去》，中华书局1985年版，第43页。

③ 刘旭：《中国火药火器史》，大象出版社2004年版，第26页。

④ （宋）赵与衮：《辛巳泣蕲录》，中华书局1985年版，第8页。

敦煌文献对《首楞严经》的引用探析*

柴 冰

（东北大学秦皇岛分校 社会科学研究院）

敦煌等地所出的汉、藏、回鹘等语种的文本对《首楞严经》① 存在引用的情形，小畠宏允先生在《关于西藏的禅宗与藏译伪经》一文中指出，《大佛顶经》主要内容为："理则顿悟，见性（真性）＝忏悔灭罪。《首楞严经》在敦煌藏文文献 P. T. 116、P. T. 118 中被引用，引用它的汉文禅宗文献则有《历代法宝记》、《顿悟大乘正理决》、《诸经要抄》、《澄心论》、《法性论》、《顿悟要门》等。"② 小畠宏允先生未明确提及，但引用了《首楞严经》的文本还有《大瑜伽修习义》。此外，回鹘文《说心性经》也对《首楞严经》有所引用。其中与吐蕃禅宗、吐蕃僧诤相关的若干文本对《首楞严经》引用时代较早，关涉吐蕃僧诤这一汉藏佛教之间的重大历史事件。敦煌文书与辩论时代相近，藏族史家及后世藏文史料的记载与之相较时代为晚，这两种记述多有差别，特别是印度论师与汉僧孰胜孰负结论相左。对《首楞严经》在相关文本中的引用进行探析将是有益的。再

---

* 本文为国家社科基金青年项目《乾隆皇帝御制藏、满、蒙、汉四体合璧〈首楞严经〉第九、十卷对勘及研究》（15CZJ022）阶段性成果。

① 有两部佛经都有《首楞严经》这一简称，一是《首楞严三昧经》，一是本文所要探讨的《大佛顶如来密因修证了义诸菩萨万行首楞严经》，也被称作《大首楞严经》。《大佛顶如来密因修证了义诸菩萨万行首楞严经》除《首楞严经》外，亦有《大佛顶经》《佛顶经》《大佛顶》《佛顶》等简称。

② ［日］小畠宏允：《关于西藏禅宗和藏译伪经》，《印度学佛教学研究》第23卷第2号，东京，1975年，第171页。

者，如前所述，吐蕃译本《首楞严经》的时代与敦煌出土的藏文禅宗文献时代相近或稍前，之间有无互动，藏文禅宗文献引自汉文，还是也有可能引自藏文译本，值得考虑。

本文拟以敦煌文献对《首楞严经》的引用为研究内容，做具体的个案考察，探析具有显密圆融特色的《首楞严经》在彼时彼地被观照的部分和内涵是什么，为《首楞严经》的流传和影响提供新的信息，以期对《首楞严经》的现有研究有所补益。

一　P. T. 818、S. 705《大瑜伽修习义》及回鹘文写本 Or. 8212－108《说心性经》

敦煌文书编号 P. T. 818、S. 705，两者合为同一件，名为《大瑜伽修习义》（*Rnal ' byor chen por sgom pa' i don*）。大英博物院收藏的回鹘文写本 Or. 8212－108 出自敦煌藏经洞（第 17 窟，相当于伯希和编号 163 窟），被认为是蒙元时代（13—14 世纪）的遗物。这两种文献对于《首楞严经》的引用情形，笔者有专文探讨①，在此不再赘述。

二　《顿悟大乘正理决》

顿悟大乘正理决是研究摩诃衍在吐蕃传播禅宗的重要文献，主要内容包括三部分：敦煌文官王锡撰写的叙述吐蕃僧诤事件的序文，针对僧诤辩论所写的问答（包括旧问、新问、又问），摩诃衍上奏给赤松德赞的表文。② 藏文版本有 P. T. 21、P. T. 823、P. T. 827、P. T. 829 等，这些文本的内容只相应于汉文版本 P. 4646、S. 2672 的旧问部分。

---

① 柴冰：《敦煌所出 P. T. 818、ITJ 705 及 Or. 8212－108〈说心性经〉对〈首楞严经〉的引用探析》，《金塔居延遗址与丝绸之路历史文化研究》，甘肃教育出版社 2014 年版，第 777—784 页。

② ［日］山口瑞凤：《摩诃衍の禅》，《讲座敦煌·八·敦煌佛典と禅》，东京大东出版社 1980 年版，第 383 页。

笔者在检视 P. T. 21、P. T. 827、P. T. 829 这几个藏文本之后，未发现对《首楞严经》的引用。P. 4623 属《顿悟大乘正理决》的异本，其前 132 行为其他版本所无，疑为《顿悟大乘正理决》所依经文之摘录与解释。① 在《敦煌汉文吐蕃史料辑校》中被称为《顿悟大乘正理决·长编》。

本文所查考的即是内容最为完善的 P. 4646、S. 2672 及 P. 4623。首先是《敦煌汉文吐蕃史料辑校》中综合 P. 4646、S. 2672 的校勘本《顿悟大乘正理决》，其对《首楞严经》的引用情况如下：

1. 问曰：令看心除习气，出何经文？

谨答：准《佛顶经》云：一根既反源，六根成解脱。据《金刚经》及诸大乘经皆云：离一切妄想习气。则名诸佛。所以令看心，除一切心妄想习气。

查考列入《大正新修大藏经》第 19 册 No. 0945 的《首楞严经》，出自其第六卷。

2. 摩诃衍所上表文里亦有引述：

窃以斯见，三乘乃是引导众生法门。《大佛顶经》云："为迷故说悟，若悟竟，迷悟俱不可得。"缘众生迷妄想故，则言离妄想；若迷得醒悟，自无妄想可离。

未发现完全对应处，《首楞严经》第二卷中"性真常中求于去来，迷悟生死，了无所得。"句最为接近。戴密微先生将"缘众生迷妄想故，则言离妄想；若迷得醒悟，自无妄想可离"亦归入对《首楞严经》的引用，指出无对应原文，但这段话符合《首楞严经》的教理，并举出了《首楞严经》中两段义理与此段相近的文字，② 可参看之。

3. 又问：万一或有人言：发心觉不依想念，则各得念念解脱者，出何经文？觉者，觉何物？愿答。

答：……《佛顶》第三云：阿难，汝犹未明一切浮尘诸幻化，

---

① 杨富学、李吉和辑校：《敦煌汉文吐蕃史料辑校》第 1 辑，甘肃人民出版社 1999 年版，第 75 页。

② （法）戴密微著，耿升译：《吐蕃僧净记》，甘肃人民出版社 1984 年版，第 149 页。

当处出生，随处灭尽，幻妄称相，其性真为妙觉妙①明体，如是乃至五蕴②六入，从十二处至十八界，因缘和合，虚妄有生，因缘别离，虚妄名灭。殊不能知生、死③、去来，本如来藏，常住妙明，不动周圆，妙真如性。性真常中，求于去来，迷悟死生④，了无所得。

此部分引文出自《首楞严经》第二卷，并非文本中所述第三卷。或者是笔误？

4. 摩诃衍自述所修习者：

依《大般若》、《楞伽》、《思益》、《密严》、《金刚》、《维摩》、《大佛顶》、《花严》、《涅盘》、《宝积》、《普起》、《三昧》等经，信受奉行。

此外，在答第二新问部分，有如下内容：

若离一切想妄想，渐顿不可得；若言离妄想不成佛者，出何经文所言？《首楞严经》云："学射渐渐者，不缘增长心想妄想；只合令除妄想。"

S.2672 将引文归于《华严》、《楞伽》。笔者查阅之下，发现此句确实并非出自《大佛顶如来密因修证了义诸菩萨万行首楞严经》，学射之事当出自《首楞严三昧经》，除妄想则与《楞伽阿跋多罗宝经》（《乾隆大藏经》，第 0171 部）"净除妄想"句颇为相合。"不缘增长心想妄想"句，则在《首楞严经》《首楞严三昧经》《楞伽阿跋多罗宝经》《大方广佛华严经》中均未找到匹配字句。

其次是《顿悟大乘正理决·长编》（P.4623 的前 132 行）对《首楞严经》的引用情况：

1. 《大佛顶经》第十：阿难，是五受阴，五妄想成就⑤。汝今□⑥知因界浅深⑦，唯色与空，是色边际；唯触及离，是受边际；唯

---

① 《大正藏》中所收《首楞严经》无此"妙"字，仅为"妙觉明体"。

② 《大正藏》中"蕴"写为"阴"。

③ 《大正藏》中"死"写为"灭"。

④ 《大正藏》中"死生"写为"生死"。

⑤ 查《大正藏》中的《首楞严经》，无"就"字。

⑥ 查《大正藏》，应为"欲"字。

⑦ 《大正藏》中此句为"汝今欲知因界浅深"，较此处多一"汝"字。

记与妄①，是想边识②际。唯灭与生，是行边际，湛入合湛，归识边际，此五阴无量叠生。起生因识，灭从色除。③ 理则顿悟，乘悟并销，事非顿际④，□⑤次第尽。我已示汝劫波巾⑥何⑦不明，再此询问。□□将此妄想根，无心得开通，⑧ 传示将来末法之□□⑨修行者。令识虚妄。深厌自生，知有涅盘，不恋三界。

出自《首楞严经》第十卷。

2.《大佛顶经》第六：于是阿难及诸大众身心了然，得□⑩开示，观佛菩提及大涅盘。犹如有人，因事远游，未得归还，明了其家所归还⑪，明了其家所□⑫道路。

出自《首楞严经》第六卷。

3. 又问：云何通达法性理？

答：准《大佛顶经》云：观佛菩提及大涅盘，犹如有人用⑬事远行，未得归还，迷失道路，后得醒悟⑭，明了其家所归道路。⑮ 一切众生，亦复如是。无量劫来，迷于法性，顺妄想流，今得醒不顺妄想流，是名顿悟禅。

出自《首楞严经》第六卷，所引经文至"明了其家所归道路"句为止。

---

① 《大正藏》中"妄"写为"忘"。

② 《大正藏》无此"识"字。

③ 这几句与《大正藏》相较颇为不同。《大正藏》中表达为"此五阴元重叠生起，生因识有，灭从色除"。

④ 《大正藏》中"际"字为"除"。

⑤ 据《大正藏》，此处应为"因"字。

⑥ 《大正藏》中表达为"劫波巾结"，比此处多一"结"字。

⑦ 《大正藏》比此处多一"所"字。

⑧ 此句与《大正藏》相对比有出入，《大正藏》为"汝应将此妄想根元，心得开通"。

⑨ 据《大正藏》，此处二字应为"中诸"。

⑩ 据《大正藏》，此处应为"大"字。

⑪ 《大正藏》中无"明了其家所归还"句。

⑫ 据《大正藏》，此处应为"归"字。

⑬ 《大正藏》中为"因事远游"。

⑭ "迷失道路，后得醒悟"句为《大正藏》中所无。

⑮ 所引《首楞严经》经文至此结束。

4、《大佛顶经》云：一根既返源，六根成解脱。见闻如幻翳，三界若空花。闻复翳相①除，尘销觉圆净。净极光通达，寂照含虚空。却来观世间，犹如梦中事。

出自《首楞严经》第六卷。

通过在注释里对以上敦煌本引文与《大正藏》中所收入《首楞严经》的对应部分进行比照，可以发现，在文字上多有不一致之处。且很多情况下似属于误写，在表意上不及《大正藏》版精准。

三 《顿入无分别修习义》

一般认为《顿入无分别修习义》的作者是著名印度上师无垢友（Vimalamitra，Dri med bshes gnyen），他于吐蕃时期入藏传法，是将无上密咒传往西藏的最重要的印度上师。沈卫荣先生有专文探讨这部作品，在评析 G. Tucci、原田觉、Gómez、Faber、赤羽律诸位学者对《顿入无分别修习义》已有研究的基础上，指出此论书兼采顿、渐之法，不重顿、渐的对立关系，具有依顿门而摄渐门之意趣。② 查位于北京版《西藏文大藏经》的《顿悟无分别修习义》（卷一〇二，第5306 号，页15—18），其引用《首楞严经》的句子应有两处。

一处位于13b 第二行至第三行：kha cig na re thos pa mang po dang bshad par bya dgos so zhe na/ de la bshad pa gTsug tor chen po'i mdo las/ mtha' yas' dzin par yid gzhungs kyang/ /ldog par bsams pas mtha' mar ltung/ /rjes su' khor ba ma yin nam zhes gsungs so/

沈卫荣先生将此部分译为："或曰：云何当多闻善说？于彼《大佛顶经》云：'聪颖持无边，邪思终堕落，依然入轮回。'"③

沈卫荣先生当时称此部分所引尚不能确定出处。实际此部分与 P. T. 818《大瑜伽修习义》第 19 页正面的 gTsug thor gyi mtho las/

---

① 《大正藏》中为"根除"。

② 沈卫荣：《无垢友尊者及其所造〈顿入分别修习义〉研究》，《西藏历史和佛教的语文学研究》，上海古籍出版社 2010 年版，第 217 页。

③ 同上书，第 226 页。

mtha' yas ' dzin par yid gzhungs kyang/ log par bsams las mthar lhung/ rjes su ' khor ma yin nam/ 比较一致，与出自《首楞严经》第六卷的"阿难纵强记，不免落邪思，岂非随所沦，旋流获无妄。"相对应。当然，这两段藏文用词存在一些差异之处。比如，gTsug tor chen po' -i mdo 与 gTsug thor gyi mtho, ldog 与 log, mtha' ma 与 mtha', ltung 与 lhung。这些不同处在句意理解上区别并不很大。

另一处出自 14b 第 4 行至第 6 行：gTsug tor chen po' i mdo las/ rdzul snyeng kyi bskal pa rangs ba' i chos kyi mdo sde klog cing kha ton byeng ba bas/ nyin cig gam mtshan gcig zag pa med pa' i shes rab bsgoms na bsod nams che' o/ /dbag tu med par che' o/ /de ci' i phyir zhe na/ skye shi las ring dugyur pa' i phyir mo zhes gsungs bas/ mdo sde kha ton byed pa dang ' dri ba ni don mi che bar gsungs so/ /

沈卫荣先生将其译作："《大宝髻经》云：'于多如尘数之劫诵、读正法之经，不如于一日或一夜修无漏慧之无量福报大。若谓彼何以故？曰远离生死故。'是故，云作经忏、问经等无大利益。"[①]

沈卫荣先生判断其引自《大宝髻经》或为笔误，笔者在《宝髻经》（大正藏第 26 册，No. 1526）中并未发现对应部分。此句与出自《首楞严经》第四卷的"是故阿难汝虽历劫。忆持如来秘密妙严。不如一日修无漏业。远离世间憎爱二苦"句比较接近。gtsug tor chen po' i mdo 所指称的应为《大佛顶经》，即《首楞严经》。

四 敦煌所出其他文本对《首楞严经》的引用

（一）《诸经要抄》

《诸经要抄》在笔者分析敦煌本《大瑜伽修习义》对《首楞严经》的引用时亦有所提及。木村隆德认为它是由摩诃衍在 9 世纪传入西藏。汇集了各种经典引文，类似要文集的《八十经根源》即是

---

① 沈卫荣：《无垢友尊者及其所造〈顿入分别修习义〉研究》，第 227—228 页。

指《诸经要抄》。① P. T. 835 中有与《诸经要抄》类似的一句话，但并不出自《首楞严经》，此处不拟细谈。汉文本《诸经要抄》（《大正新修大藏经》第 85 册 No. 2819）中对《首楞严经》的引用情况如下：

1. 《大佛顶经》云：圆满菩提归无所得。

此句出自《首楞严经》第十卷。

2. 《大佛顶经》云：元是②一精明，分为③六和合。一处成休复，六用皆不行④。⑤ 一根既反⑥源，六根成解脱。⑦ 反闻闻自性，性成无上道。⑧ 反见见自心，见性成佛道。⑨

又云：若弃生灭守于真常。常光现时⑩尘根识心应时消⑪落。想相为尘。识情为垢。二俱远离。则汝法眼应时清明。云何不成无上知觉。⑫ 佛告阿难：如是清净持禁戒人心无贪淫。于外六尘不多流溢⑬。因不流溢⑭旋源⑮自归。尘既不缘根无所偶。反流全一六用不行。十方国土皎然清净。

第一段出自《首楞严经》第六卷，第二段出自第四卷及第八卷。

第二段中引文所用字与《首楞严经》多有不同。且所引文字并不连贯，是将《首楞严经》中的文句重新组合安置在一起。

---

① ［日］木村隆德：《敦煌出土藏文禅宗文献的性质》，第 95—97、106 页。
② 《大正藏》本《首楞严经》写为"依"。
③ 《大正藏》本《首楞严经》写为"成"。
④ 同上。
⑤ 这四句与之后的部分在《首楞严经》中并非连在一起。
⑥ 《大正藏》写为"返"。
⑦ 与之后部分在《首楞严经》中也并非连在一起。
⑧ 同上。
⑨ "反见见自心，见性成佛道。"此句在《首楞严经》中未找到原文。
⑩ 《大正藏》本《首楞严经》写为"前"。
⑪ 《大正藏》本《首楞严经》写为"销"。
⑫ 此句与之后部分在《首楞严经》中并非连在一起。
⑬ 《大正藏》本《首楞严经》写为"逸"。
⑭ 同上。
⑮ 《大正藏》本《首楞严经》写为"元"。

（二）《历代法宝记》

《历代法宝记》版本众多，敦煌汉文版本即有 S. 516、S. 1611、S. 1776V、S. 5916、S. 11014、P. 2125、P. 3717、P. 3727、Ф. 261、石井光雄积翠轩文库旧藏本。藏文本则有 P. T. 116、P. T. 121、P. T. 813。这一文书是根据神会的《南宗是非论》，主张南宗特别派系净众宗、保唐宗为正统禅宗，写成于 774 年以后。① 石井修道在《菏泽神会以降敦煌禅宗史文献之性质》一文中指出，《历代法宝记》受《首楞严经》影响显著，《首楞严经》因有了《历代法宝记》的引用之后，对禅宗产生了巨大的影响。② 笔者在 P. T. 813 中尚未发现对《首楞严经》的引用部分。

查考收入《大正新修大藏经》第 51 册，列 No. 2075 的《历代法宝记》，其对《首楞严经》的引用有以下几例：

1. 《佛顶经》云：诃声闻人。得少为足此七。

此处所引未找到原文。"得少为足"者在《首楞严经》出现四次。此部分或是对经文的一种概括。

2. 《大佛顶经》云：即时如来普告大众及阿难言：汝等有学缘觉声闻，今日回心，趣大菩提无上妙觉。吾今已说真修行法，汝由③未识修奢摩他、毗钵④舍那微细魔事，⑤ 境现前，汝不能识，洗心非正，落于邪见——或汝蕴⑥魔，或复天魔，或着鬼神，或遭魍魉——心中不明，认贼为子。又复于中得少为足，如第四禅无闻比丘，妄言证圣，天报已毕，衰相现前，谤阿罗汉，身遭难后，有堕入阿鼻

---

① ［日］冲本克己：《敦煌出土的藏文禅宗文献的内容》，第 207—208 页。
② ［日］石井修道：《菏泽神会以降敦煌禅宗史文献之性质》，《戒幢佛学》第二卷，岳麓书社 2003 年版，第 172 页。
③ 《大正藏》本《首楞严经》中为"犹"字。
④ 《大正藏》本《首楞严经》中为"婆"字。
⑤ 《大正藏》本《首楞严经》中多一"魔"字。
⑥ 《大正藏》本《首楞严经》中为"阴"字。

地狱。①

出自《首楞严经》第九卷。

3.《佛顶经》云：狂心不歇，②歇即菩提。胜净明心，本同③法界。④无念即是见佛，有念即是生死。若欲得礼念即出山。

出自《首楞严经》第三卷。

4.《佛顶经》云：阿难，汝⑤举心，尘劳先起。又云：见犹离见，见不能及。

"汝举心，尘劳先起"出自《首楞严经》第四卷，"见犹离见，见不能及"出自第二卷。

5. 和上引《佛顶经》云：阿难，一切众生，从无始已⑥来，种种颠倒，业种自然，如恶叉聚。诸修行人，不能得成无上菩提，乃至别成声闻缘觉，及成外道、诸天、魔王眷属⑦。皆由不知二种根本，错乱修习。犹如煮沙欲成嘉馔，纵经尘劫。终不能得。云何二种？阿难，一者，无始生死根本，则汝今⑧与诸众生，用攀缘心为自性⑨。二者，无始菩提涅盘无⑩清净体，则汝今者识精无⑪明能生诸缘，缘所遗⑫者。由失本明⑬，虽终日行，而不自觉，在⑭入诸趣。⑮和上又说：一切众生本来圆满，上至诸佛，下至一切含识，共同清净性。为众生一念妄心，即染三界。为众生有念，假说无念，有念若无，无念

---

① "身遭难后，有堕入阿鼻地狱"句，《大正藏》本《首楞严经》中表达为"身遭后有，堕阿鼻狱"。

② 此句《大藏经》本《首楞严经》表达为"狂性自歇"。

③ 此句《大藏经》本《首楞严经》表达为"周"。

④ 引文至此结束。

⑤ 《大正藏》本《首楞严经》中多一"暂"字。

⑥ 《大正藏》本《首楞严经》中无"已"字。

⑦ 《大正藏》本《首楞严经》中"魔王眷属"对应的表达为"魔王及魔眷属"。

⑧ 《大正藏》本《首楞严经》中为"汝今者"，多一"者"字。

⑨ 《大正藏》本《首楞严经》中多一"者"字。

⑩ 《大正藏》本《首楞严经》中为"元"字。

⑪ 同上。

⑫ 《大正藏》本《首楞严经》中为"遗"字。

⑬ 《大正藏》本《首楞严经》中"由失本明"句写作"由诸众生遗此本明"。

⑭ 《大正藏》本《首楞严经》中为"枉"字。

⑮ 此部分出自《首楞严经》第一卷。

不自。无念即无生，无念即无灭，无念即无爱，无念即无取，无念即无舍，无念即无高，无念即无下，无念即无男，无念即无女，无念即无是，无念即无非。正无念之时，无念不自。心生即种种法生，心灭即种种法灭。如其心然，罪垢亦然，诸法亦然。正无念之时，一切法皆是佛法，无有一法离菩提者。又云：因妄有生，因妄①有灭，生灭云②妄，灭妄名真，是真③如来无上菩提及大涅盘。④ 和上说法已。俨然不动。仆射闻说合掌白和上。肝是地主。自合远迎。为公事不获。愿和上勿责。

这段话中有两段文字出自《首楞严经》，"《佛顶经》云：阿难"至"在入诸趣"出自第一卷，"又云：因妄有生"起至"是真如来无上菩提及大涅盘"出自《首楞严经》第七卷。

6.《佛顶经》云：阿难纵强记，不免落邪见⑤。⑥ 思觉⑦出思惟，身心不能及。⑧ 历劫多闻，不如一日修无漏法。

此段"阿难纵强记，不免落邪见"与"思觉出思惟，身心不能及"皆出自《首楞严经》第六卷。但两句在《首楞严经》中并非连在一起。"历劫多闻，不如一日修无漏法"应渊源自《首楞严经》第四卷的"阿难，汝虽历劫忆持如来秘密妙严，不如一日修无漏业"句。整段对《首楞严经》有一种整合和重组。

（三）《顿悟入道要门论》

《顿悟入道要门论》收入《卍新纂续藏经》第 63 册，列 No. 1223。藏文本 P. T. 121 与之有一部分相似的内容，指出了以"不观"

---

① 《大正藏》本《首楞严经》中为"生"字。
② 《大正藏》本《首楞严经》中为"名"字。
③ 《大正藏》本《首楞严经》中为"称"字。
④ 自"又云：因妄有生"起至此出自《首楞严经》第七卷。
⑤ 《大正藏》本《首楞严经》中为"邪思"。
⑥ 出自《首楞严经》第六卷，与之后部分在《大正藏》本《首楞严经》中并不相连。
⑦ 《大正藏》本《首楞严经》中为"觉观"。
⑧ 出自《首楞严经》第六卷，与之后部分在《大正藏》本《首楞严经》中并不相连。

教义为中心的内容。① 《顿悟入道要门论》对《首楞严经》的引用如下：

问：经云：不见有无，即真解脱。何者是不见有无？

答：证得净心时，即名有，于中不生得净心想，即名不见有也；得想无生无住，不得作无生无住想，即是不见无也；故云不见有无也。《楞严经》云：知见立知，即无明本；知见无见，斯即涅盘，② 亦名解脱。

此段出自《首楞严经》第五卷。

（四）P. T. 116，P. T. 118，《澄心论》，《法性论》

P. T. 116、P. T. 118、《澄心论》、《法性论》都是小畠宏允先生所说引用了《首楞严经》的文献。P. T. 116 包含的禅宗文本有《无所得一法论》《摩诃衍师之禅》、P. T. 116（Ⅶ）（18 位禅师的说教）、《顿悟真正真实、修行金刚般若到达彼岸之胜法门》。P. T. 118 共有两个文本，禅文献则只有其一，与《无所得一法论》的一部分一致。那么 P. T. 116 引用《首楞严经》的部分至少有《无所得一法论》，其余 P. T. 116 中的文本有无引用《首楞严经》还需进一步探究。

《澄心论》为矢吹庆辉先生最先发现，敦煌本有 S. 2669、S. 3558、S. 4064、P. 3777 和 P. 3434。《法性论》为拟题，目前所知仅有 S. 2669 和龙谷本。《澄心论》与《法性论》篇幅均不长，文中未明确指出引自《首楞严经》，引用的具体情况还需进一步查考。

五 余 论

本文对敦煌所出文献对《首楞严经》的引用进行了具体的考察和探析，有若干新的信息和思考。敦煌出土的藏语禅宗文献成书的中心时间是藏人占领敦煌的 786 年至 848 年这 60 年。特别是与《顿悟

① ［日］木村隆德：《敦煌藏文禅宗文献目录初稿》，第 190 页。木村隆德先生转引了冲本克己先生在《敦煌出土藏文禅宗资料研究（1）》中的研究。

② 引文至此结束。

大乘正理决》旧问部分相应的藏译文书或为吐蕃僧净而准备，应作成于 8 世纪末。①《顿入无分别修习义》则是在僧净之后写就的综合顿、渐的文书。《说心性经》则在 13 世纪、14 世纪先后在敦煌地区流传。

这些文本本身与禅宗有内在的关联，它们在引证《首楞严经》时也都从自己文本的角度有所剪裁，为己所用。譬如《大瑜伽修习义》的引用已经失去了原来经文的背景，其在新文本中被赋予了新的意义。与引自其他经典的经文一起被用于揭示"大乘义无所谓一法义"。《说心性经》对《首楞严经》的引用则占了一定的篇幅，尤其是之前有铺垫，之后有阐发。《说心性经》对《首楞严经》的引用实际上改写了演若达多的故事。其将演若达多的事例作为素材，充分利用，以问答体的形式说理，生动活泼，颇有以他人酒杯浇自己块垒的意味。但这种借题发挥还是不曾脱离《首楞严经》中此段故事的主题和内涵。而《大瑜伽修习义》中的引用就没有这么淋漓尽致，毕竟其据称依据八十种佛经，作为一部理论性的著作，其将经文进行整合和重新组织，本身也是一种阐释和再解读。

此种事例不难寻觅，在本文的个案分析中可以发现诸种对《首楞严经》引用的情形，有将《首楞严经》经文拆散重组的，亦有概括经义的，亦有对经文进行改写的。最值得关注的一点，《大瑜伽修习义》与《顿入无分别修习义》均有一段藏文与出自《首楞严经》第六卷的"阿难纵强记，不免落邪思，岂非随所沦，旋流获无妄"相对应。且如此前所分析，两种藏译间用词虽有差异，但均是形式上、写法上的差异，表达上非常类似。《大瑜伽修习义》《顿入无分别修习义》的作成时间与《首楞严经》的吐蕃藏译本相较，孰先孰后，难以定论。它们应当时间相距并不很远，《首楞严经》的吐蕃藏译本先于这两个文本也并非没有可能。就目前发现的这两个文本对《首楞严经》的类似藏译来看，《大瑜伽修习义》与《顿入无分别修习义》均有一种对禅宗思想的总结性质，它们是不是谁参考和借鉴

---

① ［日］木村隆德：《敦煌出土藏文禅宗文献的性质》，第 105—106 页。

了谁？或者有一个同源——即彼时《首楞严经》的藏译本存在？就目前的资料来看，笔者无法得出结论。但做一推想，倘若存在同一个藏文渊源，而此句出自《首楞严经》第六卷，目前所存的两个吐蕃藏译本都只关涉第九、十卷。那么是否可以考虑当时存在一个《首楞严经》全译本的可能性？

不可否认，吐蕃禅宗相涉的诸文本间颇有关联，《大瑜伽修习义》有引用要文集《诸经要抄》的形迹，也与《历代法宝记》有很深的关系。《无所得一法论》以 P. T. 116 为首，共有十一个写本。是基于《大瑜伽修习义》作成的论书，与《顿入无分别修习义》有许多相同文句。① 木村隆德先生曾言，"《佛顶经》等佛经的引文包括在《诸经要抄》中，大概是通过此书而转引的。"② 实则不尽然。

以《大瑜伽修习义》对《首楞严经》经文的引用为例进行个案分析，可以发现，敦煌所出《大瑜伽修习义》对《首楞严经》的引用共有五处，其中四处分别出自《首楞严经》的第二、三、六、十卷，另外一处当出自第九或第十卷。虽然有一处与现存吐蕃藏译本有相应之处，但较之汉文本来说，它与藏译本距离要远一些。那么当时在吐蕃藏译本《现证大佛顶如来修证密义之因、勇行诸菩萨行万品经之第十品》之外，是否存有其他的藏译本呢？如果是，那么该处藏译应当引自另外的藏译本，而非《现证大佛顶如来修证密义之因、勇行诸菩萨行万品经之第十品》。如果没有，那么引自汉文本最为可能。目前对应的四处在《诸经要抄》中均无发现，在《历代法宝记》中则有相似句子，但比《历代法宝记》的引用要长，不大可能转引自该文本。这几处引用应该是直接引自当时流传的《首楞严经》的文本，尤其是汉文本。木村隆德先生所述之语在此处并不能坐实。

《大瑜伽修习义》等关涉吐蕃禅宗的文本和《说心性经》对《首楞严经》的引用一方面反映出《首楞严经》对西藏佛教、回鹘佛教有过影响，吐蕃人、回鹘人对其有了解和吸纳，且熟稔到可以按照自

---

① ［日］木村隆德：《敦煌出土藏文禅宗文献的性质》，第97—99 页。［日］冲本克己：《敦煌出土的藏文禅宗文献的内容》，第219 页。

② ［日］木村隆德：《敦煌出土藏文禅宗文献的性质》，第104 页。

己的意图灵活应用的程度。另一方面也体现出吐蕃人、回鹘人中的佛教人士有一种整合各种来源的佛教经论来建设和完善自身佛教理论的主观能动性。

实际上，《大瑜伽修习义》在塔波、Gondhala 等地亦有文本被发现，可与敦煌本相互参照，但就笔者目前考察的结果，敦煌以外版本的《大瑜伽修习义》似未引用《首楞严经》。

清中期粮船水手组织与国家社会控制力

——以道光五年嘉兴白粮帮械斗为例[*]

曹金娜

（东北大学秦皇岛分校　社会科学研究院）

　　粮船水手是清代船帮队伍的主力，在与残酷、不稳定的生存环境抗争中，他们建立了自己的秘密帮派组织，以互济互助。至清中期，粮船水手分别以早期的庵堂为中心，集结势力，各自形成了相对稳定的派别。前人研究主要集中在粮船水手组织的演变①和粮船水手组织的破坏性②两方面，尚未有专文考察清中期粮船水手行帮组织发展与国家社会控制力间的关系。本文以道光五年嘉兴白粮帮械斗为切入点，参阅《朱批奏折》《军机处录副奏折》等档案，对该案件进行梳理分析，探索清中期粮船水手行帮组织发展形态和政府处理突发事件的无奈，以期对清代漕运基层社会有更深入的认识。

一　运河情况和械斗经过

　　道光初年黄河淤淀更甚，水位远高于洪泽湖，黄河水向湖中倒

---

　　* 基金项目：中央高校基本科研业务费青年教师科研创新基金（N142303006）；河北省高等学校人文社会科学研究项目（SZ141230）。

　　① 吴琦：《清代漕运水手行帮会社的形成：从庵堂到老堂船》，《江汉论坛》2002年第12期。

　　② 陈峰：《清代漕运水手的结帮活动及其对社会的危害》，《社会科学战线》1996年第2期；《清代船帮水手及其破坏性》，《西北大学学报》（哲学社会科学版）1995年第4期。

灌，湖底日淤日高。道光四年冬，清江浦高家堰大堤溃决，高邮至清江浦一段运河，水势微弱，河运漕粮受阻，京师的粮食供应面临严重危机。随后黄水挟沙，河道淤淀更甚。道光五年，苏松粮道所属苏州、松州、常州、镇江四府及太仓州漕粮雇请沙船海运。大量漕船将被停运，粮船水手的就业机会不断减少。道光五年嘉白帮械斗就在这样的运河环境下发生的。

道光三年冬，嘉白帮减运船八只，均系老安教人管驾。道光四年冬，减运船修好可以出运。道光五年正月二十日，潘安教前来争驾粮船，老安教人应允分给三四只，潘安教人欲独占，便持械上船争驾减运船，老安教人心怀忿恨。嘉白帮内老安教与潘安教出现间隙，这是此次械斗事件的起因。

道光五年二月初三日，嘉兴白粮帮停泊在秀水县城外，老安教内吴连儿、段老四二人未归，传闻被潘安教人杀死。老安帮水手向会首吵嚷表示不满。老安帮会首到老堂船上商谋，要各带本支水手殴打潘安帮水手泄忿①。商谋完毕后，在罗教像前烧香磕头，出钱买削竹铃，下令曹老、费老、张老通报各船老安教水手同往，并购买面饼作为斗殴时食用。

初四日早，李明秀等各带领本支水手一百多名，携带竹铃，前往西门塘殴打潘安帮。因所带人数众多，怕斗殴时认错人，于是用"白粉涂额为记"②。

初五、六日，潘安帮向老安帮寻仇，"用红绿粉涂额为记"。械斗中，有"在船内用灰水灌入杀死者，有赶至岸上杀死抛尸入水者，有躲至民船被出杀死者，有催跌入水淹死者，有凫水逃避死者，有畏惧自行投水淹死者"③。潘安水手共死四十余人，老安死者数人。

---

① 《军机处录副奏折》，道光五年五月初四日，浙江巡抚程含章奏折。档号：03—4031—042。

② 《朱批奏折》，道光五年九月初二日，浙江巡抚程含章奏折。档号：04—01—01—0678—002。

③ 《军机处录副奏折》，道光五年五月初四日，浙江巡抚程含章奏折。档号：03—4031—042。

至初七日，嘉兴白粮帮内老安帮与潘安帮械斗进入尾声。

嘉兴白粮帮水手械斗时，杭三帮内老安水手徐捻儿因率领本帮内老安教水手前往嘉兴白粮帮内助阵，回到帮中恐被同船帮内潘安教水手报复，于是先下手为强，从而造成了杭三帮内老安与潘安帮水手之间的械斗。嘉兴白粮帮、杭三帮两帮内因械斗毙命多人，迨粮船开行后，先后捞尸身五十九具①。

道光五年运河受阻，苏松常镇等地漕粮试行海运。大量漕船被停运，粮船水手就业机会减少。为了生计，漕帮内粮船水手争驾粮船，而出现械斗。道光五年嘉兴白粮帮械斗是清代第一次大规模的粮船水手械斗。此械斗涉及嘉兴白粮帮、杭三帮两帮，持续四日之久，死伤人数众多。外界环境的影响下，加之漕帮内部早有间隙，当矛盾积累到一定程度时，械斗最终爆发。

二　清政府处理突发事件失误

清代法律明文规定：粮船水手回空到省，未经开行之前，责成本省巡抚及粮道等官进行管理；待开兑出境之后，责成漕运总督及沿途地方文武等官管理；到津以后，责成仓场坐粮厅、天津总兵、通州副将、天津通州地方官等官管理。漕船每到一处均有官员严行稽查。如粮船过境，沿河地方文武理应携带兵役进行弹压，但"近年来有名无实，以致水手亦无儆畏"②。

道光五年二月初四日，嘉兴帮内械斗，沿河地方文武官理应带兵前来弹压。事实上，嘉兴府知府罗尹孚、嘉兴协副将庆康虽带兵前来弹压，并未登船制止或逮捕逞凶水手，而是紧关城门"坐观无策"③。

---

① 《朱批奏折》，道光五年九月初二日，浙江巡抚程含章奏折。档号：04—01—01—0678—002。

② 《朱批奏折》道光四年二月二十四日，漕运总督魏元煜奏折。档号：04—01—01—0670—010。

③ 《军机处录副奏折》，道光五年二十五日，吏部尚书文孚等奏折。档号：03—3851—039。

粮道李宗传得知水手械斗并未前往嘉兴弹压，而是转向省城向浙江巡抚请示，实属不合情理。杭嘉道陈钟麟未立即驰往嘉兴城督办械斗事件，迨械斗十日后才前往察看。署理浙江巡抚黄鸣杰驻地离嘉兴城颇近，得知械斗并未亲临指挥督办，仅派兵百余名前往。由此可知，漕官和沿河地方官员并未认真弹压，以致延误时机酿成巨案。

更有甚者，有嘉兴城守营兵丁朱再魁因先前充当过粮船水手，还加入了老安教。此兵丁向老安帮首领李明秀通风报信，称"官兵不多，不必害怕"①。此行径使嘉兴白粮帮械斗更加肆无忌惮。

道光五年二月初七日，拿获主犯李明秀、马文德，经审讯此二人否认带头械斗，将其关押在秀水县监狱。李明秀为老安帮会首，掌管发放水手身工银。此时，老安帮水手欲行劫狱将李明秀等救出。嘉兴府知府罗尹孚恐水手劫狱再次引起事端，以致延误漕船进度，将"两人饬令交帮收管"②。李明秀、马文德被放归船帮。

嘉兴白粮帮械斗结束后，逞凶水手纷纷逃散。至三月初四日，距械斗已有半月之久，沿河文武官员和漕官并未抓获一名逞凶水手。

显然，沿河地方官弹压械斗时，延误时机；在追捕逃散水手时并不顺利。

二月十七日，粮船顺利开行。

二月十八日，署理浙江巡抚黄鸣杰并未如实奏报弹压械斗和追捕逞凶水手的真实情况。朝廷得到的信息却是：嘉兴白粮帮水手李明秀、韩赞逵因争驾新船，彼此口角，纠众在船争闹斗殴，有致毙人命、弃尸落水之事。沿河文武官员和漕官相互配合，积极弹压和设法缉拿械斗水手。嘉兴府选派妥干员弁，带同兵役分段护送催趱粮船以期提早渡黄。③ 如此的奏报，使得朝廷认为，道光五年械斗只是多名

---

① 《朱批奏折》，道光五年九月初二日，浙江巡抚程含章奏折。档号：04—01—01—0678—002。

② 《朱批奏折》，道光五年二月二十七日，浙江巡抚黄鸣杰奏折。档号：04—01—08—0174—008。

③ 《朱批奏折》，道光五年二月二十八日，署理浙江巡抚黄鸣杰奏折。档号：04—01—08—0038—001。

水手在船上争闹斗殴，实属小打小闹。沿河官员积极配合弹压械斗，粮船平稳行进，有望提早渡黄。嘉兴府水次一片祥和景象。

三月二十四日，掌贵州道监察御史钱仪吉对黄鸣杰上奏提出质疑。第一，嘉白帮水手械斗实因应教仇杀，并非如署抚所奏因争驾船只起衅。第二，嘉兴白粮帮械斗，持续四日之久，死伤惨重，伤毙人数不止数十人，实为械斗巨案。第三，沿河文武官员，懈怠任事。府县营汛坐观无策，并无一人上船缉拿，也不晓谕解散之事。第四，李明秀、马文德被释放，并非因给发身工始令释放，而是地方官畏惧粮船水手再次纠众劫狱。①

钱仪吉的奏报揭示了嘉白帮械斗的真实情况：地方官临事既不能承办，事后多方掩饰。清政府开始重视此案件，由程含章出任浙江巡抚，对嘉兴白粮帮械斗案件进行再查，主要针对，第一，械斗案件的性质，粮船水手是因争驾粮船而发生械斗，还是水手教派之间的仇杀？第二，处理械斗案件时沿河文武官员的任职情况。第三，追捕逃散逞凶水手。

程含章到任之后，即刻对械斗案件进行彻查。彻查结果是：第一，此次械斗实因嘉白帮内粮船水手因争驾粮船而发生械斗。第二、嘉兴白粮帮械斗死伤人数众多，实属巨案。大小文武官员处事懈怠，并未实心任事。大致情形如钱仪吉所奏。

程含章公布在逃人犯名单，委派沿河文武员弁设法缉拿。至五月二十七日，共拿获在逃水手一百四十五名，并将拿获水手解赴浙江收审。

九月初二日，将拿获水手按律惩罪。嘉兴白粮帮械斗案件就此结案。

稽查水手本为漕运官员及沿河地方各官的职责。然而，在稽查过程中，却出现了州县官与漕运官员临事并不实心任事，将大事化小、小事化无的局面。当粮船水手械斗严重破坏社会秩序时，清政府便格

---

① 《军机处录副奏折》，道光五年三月二十四，掌贵州道监察御史钱仪吉奏折。档号：03—3850—025。

外重视强力弹压。但这种政策治标不治本，并未寻找到械斗根源，以致问题仍然存在。

三　粮船水手行帮组织发展状况

清政府在处理械斗案件过程中，十分注重水手内是否有习教情况。通过这一层面，让我们了解到清中期，粮船水手组织发展情况。首先，了解一下罗教在粮船水手内的流传情况。

明末清初之际，罗教在漕运水手中传播开来。罗教是罗祖教的简称，其创始人是明代正德初年山东即墨人罗清。明末，有钱姓、翁姓、潘姓三人到杭州，共兴罗教，在杭州兴建庵堂，供奉佛像，吃素念经。"于是有钱庵、翁庵、潘庵之名。因该处逼近粮船水次，有水手等借居其中，以致日久相率皈教。"①

从此可知，罗教分为钱、翁、潘三派。庵，指庵堂。在教派流传过程中，"庵"逐渐变成"安"。钱、翁、潘三人在杭州共兴罗教，开创了粮船水手组织中最重要的三个派别，分别是钱安、翁安、潘安三个派别。

经过多年流传，罗教的三个派别出现分化。

道光五年，嘉兴白粮帮内罗教派别分化情形：嘉兴白粮帮内钱安分为维钱安、陆安、王安、刘安、八鲜安、严安六支；还有翁安一支，潘安一支。其中，钱安等六支与翁安一支总称为老安。每安立会首一名，称为七老会。钱安以李明秀为首，陆安以任兆林为首，王安以贾胜为九为首，刘安以马文得为首，八鲜安以黄第五为首，严安以席明为首，翁安以王松年为首，潘安以韩赞逵、杨万和、顾第三、王闻承为首②。

各罗教分支各堂内仍有吃斋念经者，所念经卷多是寺院中寻常的

① 《史料旬刊》第12期，崔应阶折，故宫博物院文献馆编辑，京华印书局1920—1921年版。

② 《朱批奏折》道光五年九月初二日，浙江巡抚程含章奏折。档号：04—01—01—0678—002。

《金刚经》《楞委咒》等①，向不多事，并非邪教。罗教分支内各水手每人出二三十文，购买植木，以备处理水手身后事。各庵堂仍沿袭以前的传统，仍是水手歇业时最佳选择场所。

嘉兴白粮帮内老安教约束尚严，向不为匪；潘安教多有盐枭匪徒混杂其中，人员混杂，多发生偷盗抢夺之事。老安教和潘安教素来不和。道光五年争驾粮船，两帮发生械斗。在粮船水手械斗之前，本船帮内水手必先祭拜罗教神像；械斗之时，以"用白粉涂额为记""用红绿粉涂额为记"，除作为纠集同帮水手的暗号外，也作为械斗之时彼此分辨的标记，更是作为彼此团体的认同。

嘉兴白粮帮内船六十九只，杭三帮船四十九只，"所有头舵、水手多招募淮徐及山东沿河一带之人。久而久之，粮船为水手盘踞，出现了旗丁弱而舵水强的局面。粮船上一切事务旗丁不能做主，反而受制听命於舵水"②。加入漕运队伍的新水手，必须入教，并拜一老官为师，并且排字辈。由此可知，老官为漕船帮派的实际招募者和领导者。道光五年，嘉兴白粮帮械斗案件中，各帮老官经过商谋，决定带本支水手进行械斗。可知，在船帮中老官可谓一呼百应，由此也证明了此时水手内部组织开始出现了行帮似的发展。

清中期，罗教分支细化，仍沿袭旧传统吃斋念经。各水手每年出钱将无力安葬水手安葬。嘉兴白粮帮多招募外地人为水手，久而久之，粮船被水手盘踞。老官为水手首领，也就是粮船的实际管理者。如帮内有事，老官可谓一呼百应，粮船水手内部组织出现行帮似的发展。

四 强大的督抚力量与逐渐失去的漕运基层社会

通过对械斗案件的处理，可以看到浙江巡抚在其中发挥重要作用。清朝的政治统治是以督抚集权为基础的皇权专制。督抚掌控一省或两

---

① 《军机处录副奏折》道光五年五月二十七日，两江总督魏元煜等奏折。档号：03—4032—006。

② 《军机处录副奏折》道光五年五月初四日，浙江巡抚程含章奏折。档号：03—4031—042。

三省的最高权力，具有强大的政治和社会动员能力。督抚能最大限度调动辖区内各种政治、军事、经济和社会资源，能够在应付各种突发事件中表现出极大的社会动员能力。他们通过奏折与皇帝之间保持了密切联系，忠诚有效地执行皇帝的命令，并从中获得巨大的权威。

在处理械斗案件时，署理浙江巡抚黄鸣杰一方面向皇帝奏报自己妥当处理械斗案件，另一方面则懈怠弹压。沿河府县带兵前往械斗地点，因兵力不足向署理巡抚要求增援；黄鸣杰并未亲自督办，只派杭州协副将耿重钊带兵一百名前往弹压。增援后，镇压兵力仍不足。

加之，道光五年正月，老安、潘安两教因争驾粮船，已发生争端。署理浙江巡抚对此并未上奏，并未早筹谋，加强对嘉白粮帮的管理，提防械斗的发生。

由此看来，浙江巡抚随通过奏折向皇帝报告地方事务，但关键是上下相蒙，含糊具报。清政府并未了解地方实际情况。由此可知，浙江巡抚上报有误，造成信息阻塞。

械斗发生后半月有余，械斗凶犯竟一无所获，将秀水县县令、嘉兴府知府及押运通判摘去顶戴。低级官员成了替罪羊。地方官因怕水手劫狱，将所获李明秀、马文德两人交保归船。更显示出，地方官的无能与浙江巡抚的不作为。

三月初四日，开具凶犯名单，各咨江苏、山东、直隶各省沿途缉拿。江苏巡抚、山东巡抚、直隶总督也参与到凶犯逮捕的行列中来。此次，缉拿行动跨越四个省份。至五月二十七日，在运河沿岸先后缉拿凶犯一百四十五人。至此时，清政府仍未知此次械斗的首领是谁。最终虽将所缉拿各犯从各地解赴浙江收审。表面看来，督抚力量非常高效，实际上在查办这种跨省案件时已疲于奔命。将解赴浙江凶犯进行审理，逐一讯问均系嘉白、杭三两帮水手，审讯结果则是，"或据供认当日戳毙人命，或供称知情并未动手，或称仅止吃素未在场。其纠众杀人之事，推诿不知，供情不一"①。水手口供前后不一，罔费

---

① 《军机处录副奏折》，道光五年五月二十七日，两江总督魏元煜等奏折。档号：03—4032—006。

力气，期间辛苦可想而知。对此案的审讯，也显示出政府的无奈。

就所看到的档案来说，大部分笔墨浪费在细枝末节上，对实质性问题极力回避。诸如，水手械斗头目、参加成员等。最终，至九月，这次械斗案件的调查草草收场。

由此看来，清代督抚力量虽然强大，可以最大限度地调动辖区内的政治、经济、军事和社会资源，然而，督抚含糊具奏，粉饰太平，临事并不实心任事，使强大督抚力量大打折扣。同时，粮船水手的人员流动性大，在很大程度上消解了清代强大的督抚力量。这也体现了清政府对基层的控制力正在急剧减弱。

五 总 结

清中期，政府统治已经呈现出全面衰败的趋势。此时，政治腐败，经济凋敝，统治集团内部矛盾也日趋激化。朝廷政令已难以有效贯彻。地方官员对朝廷的阳奉阴违、虚与委蛇，已经不是个别现象。国家对社会的控制力有所减弱。然而粮船水手内部组织却日益严密，行帮势力日趋增强，逐渐发展成为基层社会一支重要的社会力量。正值漕粮海运之际，粮船水手间因争驾粮船出现械斗。清政府在处理此次事件中，捉襟见肘，对漕运基层社会的管理失控。为了避免水手案件的再次发生，清政府在粮船中推行保甲制度，但收效不大，以致道光八年、十四年水手械斗案件再次发生。

近代天津银号的拨码及其特点[*]

左海军

（东北大学秦皇岛分校　社会科学研究院）

近代中国开埠以后，伴随商贸的繁盛，传统钱业也逐渐从简单的银钱兑换发展出更复杂的金融功能，其中为商业提供资金转账就是较为突出的方面。例如上海钱庄的汇划制度，宁波钱庄的过账制度，以及天津银号间拨码的使用，都使得传统钱业和商业贸易的联系更加紧密，同时也促进了商业贸易的发展。拨码是近代天津钱业所独有的用于同业之间转账清算的票据。银号日常代客户划拨款项进行资金清算，互相开出拨码用于计数，晚间兑账无误之后，其差额会于次日以现金或银行支票进行冲算。拨码的使用一方面不但免去资金清算中的付现之烦琐，另一方面拨码的使用扩大了银号资金周转的能力，银号赖以扩大信用。

一　拨码的结构及性质

拨码的结构极为简单，是一张长约二、三寸，宽约一、二寸的长

＊ 本文为中央高校基本科研业务费资助项目"近代天津银号研究（1900—1937）——民间金融运作机制与二元金融结构"（N142303007）研究成果；河北省社会科学发展研究课题"近代天津银号与'京津冀'金融市场化研究"（201604060202）研究成果；河北省高等学校人文社会科学研究项目"沦陷时期保定商会与冀南区域经济发展研究"（SQ152022）研究成果；东北大学秦皇岛分校校内科研基金项目"近代天津银号研究"（1900—1937）——"民间金融运作机制与二元金融结构"（XNB2015024）研究成果。

方形便条，各家所开拨码尺寸并不统一，纸质粗糙，文字简单。抬头一般有两种书写方式，即"某银号照交"或"见码照交"，拨码抬头如后者所写，则是隐去了付款家牌号，有一定的防弊作用。随后即是付款数额，这是拨码文字中最重要的信息，数字一般以码数书写，也具有一定的防弊作用。出票人一项，向例不盖出票银号的号名图章，只在数额上盖无关紧要的文字图章（俗称"小花"），例如，"只凭拨付，取现不付""往来计数、登帐作废""计数不缴、作为废纸"等，各家不一。外行人不易辨别出票银号，即使是在钱业内部也只有每家银号专司拨码业务人员较为熟悉。缘于每银号在开业之初，就将自己独有的"小花"印鉴送交往来川换家，用以备查。拨码尾端书写时间，少数拨码也有将时间都省略掉的。拨码分为两种形式，一种是拨交码，另一种是收账码。拨交码用于没有往来关系的同业之间，收账码是用于有往来关系的同业之间。

拨码的性质与支票类似，但是与支票不同的是，拨码是一种不完全的清算手段。近代支票的使用必须预先在银行存有款项，才具有发出支票之资格，而拨码的发出不需要银号事先在另一家银号存有款项，即可开写拨码，无论数额大小，对方银号基于同业信用，均得代为转账。与支票的直接支付不同，拨码的收交只是暂时在账面上进行划拨，尚需银号之间用现金或银行"番纸"（支票）进行轧账之后转账程序才最终完成。银号与银号之间开写"拨码"，与之相类似，银行与银号之间划拨使用"拨条"，银行与银行之间则直接使用支票。这是天津银钱同业清算资金的一般方式，不难发现都以银号间传统的拨码制度为蓝本。

二 拨码的使用范围

拨码的使用建立在近代天津钱业同业之间的"川换"关系的基础上。"川换家"的建立以信用为基础，在社会关系方面有的是联东，有的是基于股东或经理的特殊社会关系，是首先建立在感情及社会交情上的一种信任关系。这种川换关系在近代晚期的天津银号之间扩大为以同业公会为纽带的同业互助关系。这种"川换家"关系的建立，局限在本帮（天津帮）少数资力雄厚的大银号之间，而本地帮小型钱业和客帮钱业，因为帮派畛域及未入同业公会的关系，不能建立川换家。而它们为了便于收解款项转账清算，则向大型钱庄开立往来户，用于存款打码，不能透支。从而拨码、汇票等票据可以通过建立川换家的钱庄代收。而川换家对待小型钱庄，它们收的票据先要自己跑拨码，然后才可以存入川换家，作为同业存款对待。大钱庄由于川换而收受客帮和小钱庄的清算资金，力量就更加雄厚，有利于经营。对于客帮钱庄、本帮小钱庄的票据清算需求，部分大银号将其视为一种新的业务来看待。利和银号属于后起之秀，民国二年（1913）由旧官吏甘肃藩台彭炳东独资经营，素有"开明"之美名，经营灵活，业务上打破常规，与市面多有联系。天津钱业实行拨码制度，外地银号在津人生地不熟，使用拨码有困难，利和主动与外地银号建立往来关系，协助办理。

通过上述以"川换家"关系为核心的票据清算网络的建立，本客帮钱庄、银号以及不入公会的小钱庄的资金流转、清算，都被囊括在内，这样的结构不但提高了近代天津钱业资金流转的效率，而且对于稳固钱业在近代天津金融结构中的地位，掌控在金融领域的话语权都有所帮助。

三 拨码的使用方法

拨码的使用最频繁的是代客转账，例如有甲乙二人有业务关系，乙应付甲货款一千元。甲与 A 银号有往来，乙与 B 银号有往来，那么他们之间的款项，则可以通过 A、B 两银号之间开写拨码完成转账。甲可以持有乙从 B 银号开出的一千元拨码，径向 A 银号要求收账。A 银号因为基于与 B 银号的同业川换关系，一般情况下无条件照交，将此款项如数拨入甲的账户内。但是要注意按照钱业习惯，该拨码不能取现，即使收入甲的账户后亦不能即时取现，因为利用拨码的转账并没有完成。由于此项拨码的拨交，B 银号即欠 A 银号一千元，

A、B间的同业川换账会于开出拨码的当天晚上，两银号相互兑账，这是银号之间用于拨码防弊的主要手段。经过核对，果系无误，则在拨码上加盖"伏乞"印章，则此款项才真正收入甲的账户内。如果A银号在业务上遇有任何不便，不能拨交此项账款，仍可以开出另一由银号C照付的拨码交与甲，请甲往银号C处收账。这是拨码使用中最为简单的一个流程，实际应用中要比这个过程复杂的多，但是规则大同小异。银号之间互相开出拨码，所以在A银号收到B银号拨码的同时，同时也可能会开写由B照交的拨码，两者互有收交，两相冲抵，其差额则由第二天早晨，用银行的"番纸"进行清算。正是拨码的使用，市面周转避免了运现之繁，不但省时省力安全性高，更为主要的是即使市面现币不足，也可以通过银号之间拨码的流转完成交易，无疑这加快了资金的流转速度，对贸易的畅通发展具有一定贡献。一般情况下银号会在市面平稳之时扩张信用，推进业务，但是一遇头寸紧缩，市面现货滞塞，银号往往对拨码活动加以限制。因为银号川换家之间并无开立同业存户，互相开写拨码并无事前存款，倘若一家银号倒闭，可能会因为拨码川换账难以偿还而牵连其他银号，造成市面上多家银号接连搁浅。所以银号在市面不稳之时，对于开写拨码一项慎之又慎，借以保障自身及市面的安全。

四　拨码的特点

（一）由于互相开写拨码而产生的债务具有优先偿还权

拨码本身只是银号间调拨资金、款项支付的工具，其背后的本质是银号之间的信用关系。因拨码的收交产生的同业债务与银号的一般债务迥然不同。据天津市档案馆馆藏档案1927年7月21日天津钱商业公会给天津商会的呈函记载，"凡开写拨码之字号，倘有生意停顿情事，须将拨码欠款尽先全数清偿，至于其他债务不得与拨码欠款一律办理，以保钱业而维大局并请转请天津文武各官厅及交涉公署并法院一体备案以昭郑重。"对此项办法，天津钱商业公会予以进一步解释道："津地钱业各字号彼此川换账款，向有拨码之惯例，每一拨码小条开写之银数多则钜万，少亦千百，无论开写拨码者曾否存款即行照条交付，此本系同业之感情，藉以川换便利。查此项拨码以同业为限制，既无利息亦无保证，开写拨码者设账无存款，生意若有停顿情事而交款之家，无端受此损失，于情于理均为不合，是以津地钱商习惯，凡开写拨码之字号，倘若倒闭，对于拨码欠款须尽先如数清偿，该号无论拖欠华洋商号及官家各项账款，均不得与拨码欠款一律办理。"（天津市档案馆馆藏档案，档案号：J0128—2—001318—010）这一原则贯穿拨码制度的始终。

（二）在资金清算主体方面，天津银号的拨码侧重银号之间的信用通融与周转

上海钱庄的"汇划制度"也同样具有资金清算的功能。与天津的拨码不同，上海的汇划制度主要以上海钱庄本身所出"庄票"为主体，各家钱庄主要是通过开写庄票在市面流通，钱庄之间互相收受庄票，到晚间则需要通过"汇划"将庄票收支轧平。天津市面上常用的银行、银号的支票、汇票，销货单位的收款条，外地驻津单位承付款项，因采购货物开出的付款条等一切款项收支，均可通过银号开写拨码划拨。与天津银号专门另行开写拨码不同，上海钱庄汇划针对的只是庄票本身的冲抵。

宁波的过账制度与天津、上海都不相同。一般来说由商家在钱庄开户，领取过账簿，即可获得过账资格，可以透支，信誉好的商户还可以不限定透支数额。凡遇有款项托付，需客户盖章，以便钱庄查核，如是委托钱庄收款，则于收款后由钱庄盖章，表示款项收妥。如果两个客户在同一家钱庄开户，则只需在此账开销，彼账收入，即可完成双方的交易。三者相较，上海的汇划依赖庄票流转，宁波的过账主要是便利客户之间的直接转账，而天津的拨码则侧重银号之间的信用周转，虽然难以评论优劣，但是各自特点鲜明。

清光绪元年（1875）天津钱业同业之间票据收解开始使用拨码。在光绪二十六年（1902）以前天津钱业依靠现银清算银号间的拨码川换账，而在之后则改用银行的"竖番纸"进行轧账。1941年日本发动太平洋战争，日伪当局加强对天津金融的控制，断然废除天津钱业的拨码制度，成立天津票据交换所，从而结束了天津钱业数十年的拨码制度。在这数十年中由于拨码制度的存在，天津钱业在资金清算活动中一直占有重要地位。南京国民政府成立之后，上海为了适应经济发展的需要，成立了上海银钱票据划账所。天津也曾经有人呼吁组织票据交换所，但是遭到钱业的抵制。一方面由于天津银号希望维护因为代华商银行收取拨码，从而吸收华商银行存入的同业存款之利益；另一方面天津的整体经济发展发展落后于上海，钱业原有拨码制度的使用尚能应付市面资金的清算。故而天津没有从传统的拨码制度迈向票据交换所的新式资金清算模式。

社区居家养老模式及其伦理问题初探[*]

王莲英　董劭伟

（东北大学秦皇岛分校　社会科学研究院）

根据 2010 年第六次全国人口普查数据显示，我国 60 岁及以上老年人口已经达到 1.78 亿，占总人口的 13.26%，其中 65 岁及以上人口为 1.19 亿，占 8.87%[①]，比照联合国划分人口老龄化的标准，60岁以上（含 60 岁）人口占一个国家总人口比例超过 10%，或者 65岁以上（含 65 岁）人口超过 7%，标志这个国家进入了"老龄化社会"。中国老龄化社会以人口数量庞大、增速迅猛的特点呈现，成为处于社会主义初级阶段的重要国情。使老年人老有所养是全社会最关心的问题之一，如何积极应对老龄化社会的到来，解决这一国情之下带来的各种社会问题，就需要国家和社会进行全面应对。本文即对我国的新型养老模式及与其相关的伦理问题进行系统阐述，以求教于方家。

一　社区居家养老模式诞生的现实需求

社区居家养老模式虽然在国外已经早有先例，但在中国还属于新生事物，这一模式和中国几千年来的传统养老模式有相当大的差别，它之所以能够在中国作为未来养老模式的大趋势而存在，是基于多方

---

* 本文为 2015 年度河北省社会科学发展研究重点课题《居家养老智能监护系统研发与推广的伦理问题探究》（重点课题，课题编号：2015020308）阶段性成果。

① 国家统计局：《2010 年第六次全国人口普查主要数据公报（第 1 号）》。

面的现实需求，是现阶段适应我国国情的重要养老模式新探索。

（一）传统家庭养老模式遇到挑战

千百年来，中国传统农业社会所形成的家庭养老模式已经根深蒂固，家对于老年人来说是最幸福宁静的港湾。但随着社会的发展和人口老龄化影响，传统家庭养老模式逐渐无法适应当前的社会格局，沿袭几千年的家庭养老模式遇到挑战。究其原因，主要有以下三方面：

（1）决定养老模式的经济基础发生变化。从中国传统来看，产生于农业社会的家庭养老是最主体的养老模式，也是具有深厚文化传统的模式。中国传统社会用甲代抚育乙代，乙代赡养甲代，乙代抚育丙代，丙代又赡养乙代，即下一代对上一代的"反馈模式"① 来解决养老问题。中国传统的家庭养老模式是由几千年农业社会的经济基础所决定的，土地、劳动力是决定家庭生存发展的重要因素，绝大多数家庭都紧紧围绕在长辈身边，形成一个以家长为核心的家族统一体。随着经济基础的变化，养老模式也随之发生一定的变化，封建时代的家长制已逐渐失去往日影响力，长辈在一个现代家庭中的作用与农业社会时代已经有了明显不同，年轻人在家庭中的经济地位越来越高，而老年人的经济地位逐渐降低。

（2）人口政策和家庭结构发生变化。随着经济的发展和人口政策的变化，农业社会产生的家长制家庭结构已不适应现实需要，取而代之的是小型家庭结构，父母和成家的子女以分开居住为主。20 世纪 70 年代末我国开始实行计划生育政策，对于早期的独生子女家庭来说，他们的孩子也已经基本进入而立之年，而父母则步入老年阶段，这些家庭的祖孙三代形成"四二一"的家庭倒金字塔结构，使得处于中间的独生子女面临的养老压力极大。单纯的养老经济支撑已经构成了很大压力，在日常照顾和情感慰藉方面更难以同时兼顾，尤其遇到多位老人生病或失去自理能力时，即使主观上想要照顾老人，

---

① 费孝通：《家庭结构变动中的老年赡养问题——再论中国家庭结构的变动》，《北京大学学报》1983 年第 3 期。

客观上也难以完全实现，使得代际之间的现实矛盾凸显。

（3）人口流动性明显增强产生巨大社会影响。随着社会主义市场经济的发展、工业化和城镇化的发展，人们的经济观念和就业观念发生了深刻变化，异地创业、就业成为普遍现象。特别是在农村，随着土地制度的深化改革，人口对于土地的依附关系越来越弱，外出务工人员和流动人口数量激增，传统的养老模式也必然受到相应冲击。无论是城市还是农村，父母和子女分处异地造成了现实的困难，留守老人、空巢老人成为社会的新群体，而且是大规模的弱势群体。同时，计划生育政策形成子女数量减少现象，更增加家庭照顾的难度。传统的家庭养老功能在这些家庭无法正常发挥，而社会养老体系的建立还处于尚不健全的阶段，我国的养老问题成为目前阶段突出的社会问题。

（二）适合中国国情的社区居家养老模式

2000 年，我国正式进入老龄化社会，政府高度重视发展老龄事业。专业的养老机构始终是一个重要领域，发展迅速，自进入老龄化社会以来，我国"养老机构服务设施以及资源总量一直保持持续快速增长的态势，年均增长率达 11.7%……然而，看似庞大的机构养老服务供给能力与老龄群体日益增长的机构养老服务需求相比确实杯水车薪"①。我国现阶段的经济发展水平很难满足大规模的机构养老需求，而家庭养老又逐渐面临越来越多的现实挑战，单纯依靠政府和个人很难解决迅猛到来的社会性养老问题。根据我国的国情特点，通过社会化的养老方式满足老年群体的养老需求成为必然趋势，政府、社会和个人必须多管齐下才能从根本上解决事关全民的养老问题。因此，在不断探索的过程中，介于机构养老和家庭养老之间的社区居家养老模式便成为符合我国国情、为老年人所接受和欢迎的新型养老模式。这一模式优势明显，既能让老人不脱离家的环境，又能享受到专

---

① 魏华林、金坚强：《养老大趋势——中国养老产业发展的未来》，中信出版社 2014 年版，第 44 页。

业的养老服务，还能够减轻子女负担。我国政府对"居家养老"的定义是"依托社区这种中介形式，由政府、其他社会组织和机构等，为选择居家养老模式的老年人提供满足他们日常基本生活、精神文化生活、医疗卫生以及社会管理等方面养老需要的各种类型服务"①。社区居家养老服务在国外早有实行，所以我国在应对老龄化社会的过程中可以充分学习、借鉴国外经验，高效发展。

对于国外的社区居家养老服务经验，我们应该采取客观、理性、辩证的态度去对待。国外经验并不是放之四海而皆准的，采用"拿来主义"是行不通的，因为中外之间存在多方面因素的差异。第一，中外老龄化时长不同。19 世纪末和 20 世纪上半叶先后步入老龄化社会的欧洲和北美国家积累了至少半个多世纪的经验，能够给我们提供重要借鉴，但从总体对比来看，实际的差异比较大，"美国、希腊、瑞典和德国等国家虽然老龄化程度较高，但长期趋势是老龄化速度在减缓"②，而且这些国家的老龄化发展是一个循序渐进、比较缓慢的过程，而与之形成鲜明对比的是中国的老龄化社会到来规模空前、速度极快，由此产生的社会问题就会更加突出、明显。第二，社会主义初级阶段的基本国情增加了我们面临快速老龄化过程中的难度和复杂性，应对老龄化社会到来需要巨大的经济后盾作为支撑，我们在努力推进中国特色社会主义建设、全面建成小康社会的过程中，不得不面临快速、大规模老龄化的社会现实，这一"未富先老"的现状会带来一系列的问题，如居家养老的社会服务项目有限、专业的养老服务人员缺乏、养老基本设施建设不足、养老社会保障制度不健全等，亟须发展和完善。第三，西方经验并不完美，对于中国来说更不能完全照搬。以养老模式为例，就有学者指出，"尽管西方发达国家解决老龄化社会问题的经验，比如，具有'现代性'的由社区提供服务的家庭养老方式，在解决中国老龄化社会养老问题时是可资借鉴的，但是，就中国目前的经济发展、老年人的收入、社会福利与社会保障、

---

① 魏华林、金坚强：《养老大趋势——中国养老产业发展的未来》，第 49 页。
② 同上书，第 6 页。

社区功能等现状以及历史积淀的家庭伦理观念的文化传统来看，借鉴发达国家经验，实施由社区提供服务的家庭养老还面临着诸多困境"。况且，西方发达国家在养老方面的经验也是在逐步探索，在很多方面也并没有做到完善，如"发达国家以社区提供服务的家庭（或社会）养老并没有解决好精神养老的问题，子女给与的亲情关怀远不能满足老年人的精神需求"①。

国情不同、传统不同、伦理思想不同，所以国外的经验尽管现成，但单纯照搬、照抄并不能真正解决中国的养老问题，必须依据中国的实际情况进行有效借鉴，在这一过程中进行模式以及情感等全方位的调适，建立有中国特色的社区居家养老服务模式。

二 推广社区居家养老新模式需要全方位联动

（一）加强传统道德教育，营造孝亲敬老的社会环境

敬老文化在我国有着悠久的历史，虽然社会在发展，但今天的道德建设必须从中国的传统文化中寻找根源，传统文化的精髓是永恒的，我们要将敬老文化的精髓不断传承下去。为了适应不断发展的新形势，还要将传统的敬老文化进行与时俱进的传承，使这种文化更具有生机和活力。因此必须提升全社会的思想道德水平，宣传和提倡孝道，将传统的孝文化的精华进行现代的传承。② 在经济基础发生变化、社会大环境发生变化的今天，要将敬老孝亲文化继续发扬光大，弥补孝文化断层的现实缺失。特别是对青少年一代，加强尊老、敬老教育，在家庭、学校、社会联动进行，使青少年自觉养成尊老敬老的良好品德。政府要对实行家庭养老的家庭给予一定的政策鼓励和优惠，树立楷模，弘扬孝文化。同时在社区居家养老的推广过程中，国家应该在相关政策上给予一定的政策支持，比如房地产政策、购房政

---

① 史秉强：《代际之间"责任伦理"的重建——解决目前中国家庭养老问题的切入点》，《河北学刊》2007 年第 4 期。

② 对此，笔者有专文论述。详见王莲英、董劭伟《传统敬老文化的现代传承》，全国老龄工作委员会办公室编《"首届全国敬老文化论坛"论文集》，第 16—22 页。

策等。

（二）加强对居家养老的社会宣传，使老年人了解我国养老发展的现状，增强对居家养老模式的认可度，积极参与到居家养老模式中来

同时通过多种渠道转变老年人的消费观念。服务业是我国的第三产业，有广阔的发展空间，养老服务产业即是其中的重要领域，所包含的产品内容广泛。"服务消费"是居家养老模式下基本的消费内容，从艰苦年代走过来的老年人，早已形成固有的消费理念，在服务型消费方面观念滞后，需要逐步引导，让老年人积极顺应形势，安享晚年。

（三）要有健全的养老法律、制度保障作为基础

法律、养老保障制度等方面是硬性的、底限的保障。道德提升是其一，关键还要有法制的完善和保障。基本养老制度是保障人的生存权，要实现基本养老金、养老保险、养老医疗制度的完善，进一步完善老年人权益保障制度。建立居家养老服务中心，利用居家和社区养老的形式作为机构养老的有益补充，也更适合中国传统国情。国家在制度保障的同时在财政方面要进行有力支持，在全社会营造尊老、敬老的文化氛围，还可以通过民间力量多种渠道增加养老经费的投入。这些都是构建敬老文化的重要制度保障，真正让老年人无后顾之忧。另外，对实行计划生育家庭的老人要有更多的养老优惠政策。

（四）随着家庭养老功能在现实中的弱化，需要社会特别是子女在养老问题上更多关注对老年人的全面养老问题，包括物质的和精神的养老

曾子曾提出尊老、敬老的三个标准，"孝有三：大孝尊亲，其次弗辱，其下能养。"[①] 所以能养，只是最低的一个层次，使父母受到

---

① （汉）戴德：《大戴礼记》卷四，文渊阁《四库全书》本。

尊敬才是大孝，是理想层面。孟子说："孝子之至，莫大乎尊亲"①，意思是孝子行孝的最高境界，就是尊奉双亲。子女应履行责任义务，将传统孝道发扬光大，从经济支持、日常照护、精神安慰多层面关爱家里的老人。社区居家养老并不是将责任完全推给社会，而是由国家、社会和个人联合起来解决事关每个人的养老社会问题。由于社区居家养老能够很好地将家庭和社区、子女的作用发挥好，在很大程度上能够解决子女的现实困难，但仍然需要子女将传统孝道与自身的责任统一起来，从物质到精神都要多尽孝道。

（五）积极发展居家养老服务志愿者队伍

在我国社区居家养老模式刚刚起步的今天，需要大量的专业人才，而人才的培养又不是一朝一夕就能完成的，此时各类型、各专业领域的志愿者能够成为有效缓解这一矛盾的有生力量，为居家养老服务产业提供能量。因此，从国家和社会层面，都需要积极宣传和引导，让更多的人加入志愿者服务队伍中来。

三　社区居家养老的伦理问题

社区居家养老模式从现阶段来说还属于新生事物的范围，随着老龄化社会的发展，它必将越来越完善。在发展的过程中，会有一系列的相关问题产生，需要学界对这些问题在理论层面进行论证，从而进一步在现实层面进行解决。诸多问题当中，伦理问题是一个值得关注的角度，因为新型养老模式在伦理方面必然会产生一定变化，这种变化与传统伦理之间的关系值得探究。

社区居家养老模式是保持家庭养老功能的前提下，从服务产业的高度更好地解决现实问题，让老年人享受到专业的养老照护，既能帮助子女减轻负担，又能体会家庭和社区的温暖。社区居家养老这种既有家庭的存在又有社区养老服务的参与使养老伦理出现新的变化，但

---

① 杨伯峻：《孟子译注》，上海古籍出版社 1960 年版，第 199 页。

在很大程度上又与传统的家庭伦理、养老伦理有密切的关系。

（一）居家养老伦理思想具有传统基础

传统的养老模式是家庭养老，它的伦理基础是孝道，是儒家思想的重要组成部分。中国几千年所奉行的孝文化、敬老文化有着深厚的社会根基，对中国的家庭伦理观念具有深远的影响。对于社会大众来说，老年人如果能够在幸福温馨的家庭环境中颐养天年，晚辈赡养、关心、照顾长辈，被看作老年人长寿、幸福的重要指标，也是现如今高尚的伦理道德。在社区居家养老作为重要发展方向的养老模式来说，养老伦理会朝着新的方向调整和变化，传统的养老伦理思想对适应这种变化已然具有一定的优势。

（二）每个家庭的主体功能依然包含养老

家，作为情感和心理的重要支撑，对于老年人来说地位尤为重要。从中国几千年的发展历程来说，在家庭中养老始终被视为理想的模式。虽然随着多种因素的影响，由传统大家庭式的家庭养老模式已逐渐无法适应形势，但新型的居家养老模式正成为未来发展的主流方向，是对现实的最好应对。日益小型化的家庭结构依然可以适应这种变化，因为家庭的养老功能是依然具备的，只是需要做出调适。社区居家养老既可以享受家庭温暖，不脱离原来生活环境，还能够使子女继续尽孝，这是适应新形势的养老模式的调适，对于传统的养老伦理是一个变通的办法，这种调适能够使多方受益。

（三）政府逐步完善居家养老的政策、法律保障

从 2000 年开始，国家关于鼓励发展养老产业的政策不断推出，2012 年，新修订的《中华人民共和国老年人权益保障法》明确规定老年人依法享有社会服务的权利，其中第一章第五条规定："国家建立和完善以居家为基础、社区为依托、机构为支撑的社会养老服务体系。"第二章第十三条规定："老年人养老以居家为基础，家庭成员应当尊重、关心和照料老年人。"十八大报告提出"积极应对人口老

龄化，大力发展老龄服务事业和产业"。在"十二五"期间，国务院先后下发《国家基本公共服务体系"十二五"规划》和《服务业发展"十二五"规划》，这是发展老龄服务事业和产业的两个重要指导性文件。十八届四中全会的主题是"依法治国"，全会指出"依法加强和规范公共服务，完善教育、就业、收入分配、社会保障、医疗卫生、食品安全、扶贫、慈善、社会救助和妇女儿童、老年人、残疾人合法权益保护等方面的法律法规"。今后，国家将从法律、法规、政策等方面继续发展、完善养老服务的保障体系。

除此之外，还有一点值得关注，即养老高科技产品推广使用过程中产生的技术伦理问题。在社区居家养老成为我国养老模式大趋势的发展过程中，以养老服务为核心的老龄服务产业是我国服务业的重要领域，与我国的老龄化社会进程紧密相关，其中居家养老的高科技产品的推广使用成为重要发展方向，高科技养老服务产品的使用能在很大程度上解决传统养老模式所无法胜任的各种问题，普及是必要的，但在这一过程中，也会产生新的伦理问题，比如居家养老智能监护系统使用中的伦理问题。这些养老高科技产品的使用过程中会产生涉及个人隐私等（如智能健康监控技术等）的伦理问题，使我们不得不思考传统养老伦理与科技伦理之间的关系。养老高科技产品属于老龄化社会的刚性需求，居家智能监护系统在推广使用过程中的伦理问题值得关注。已有学者对此问题进行了关注，指出智能健康监护系统在应用过程中必然会产生的适用性问题。[①]

作为新型的养老模式，社区居家养老的产生具有现实的必要性，它将家庭和社会的力量进行有机整合，既解决了家庭的养老问题，也解决了社会转型过程中的社会矛盾，是和谐社会建设的重要内容，是适应我国国情的新型养老模式，也是我国养老事业发展的大趋势。我们要充分吸收国外的经验，但关键是要根据我国国情进行有效借鉴，建设中国特色的社区居家养老模式。在推广社区居家养老模式的过程

①　王求知、何振林：《养老智能监护系统应用中的伦理问题探析》，《老龄科学研究》2014 年第 7 期。

中，我们需要加强全方位联动宣传建设，才能取得好的效果。新模式下会产生新的问题，以伦理问题为代表，它与过去传统养老模式既有密切联系又有自身特色，特别是高科技产品使用过程中的科技伦理问题就需要进行很好的论证和解决。全社会最关心的社会问题之一就是养老问题，有中国特色的社区居家养老模式必将有效解决这一问题。

2015 年东北大学秦皇岛分校历史学团队学术会议动态

董劭伟

（东北大学秦皇岛分校　社会科学研究院）

一　《文史·融通·前沿——2015秦津青年学术论坛》成功举办

2015 年 3 月 28—29 日，由东北大学秦皇岛分校和南开大学联合举办的《文史·融通·前沿——2015 秦津青年学术论坛》圆满进行。来自东北大学秦皇岛分校、南开大学、东北大学、中央民族大学、燕山大学、秦皇岛职业技术学院、秦皇岛市玻璃博物馆、秦皇岛市文物局、秦皇岛碣石暨徐福研究会等单位的 30 余位专家学者参加了论坛交流。

28 日上午，论坛开幕，论坛由东北大学秦皇岛分校历史与公共政策研究所所长董劭伟博士主持。首先由东北大学秦皇岛分校副校长李晓奇致欢迎辞并介绍东北大学秦皇岛分校的科研情况，重温了东北大学与南开大学历史上形成的深厚情谊。随后南开大学历史学院副院长王昊博士与东北大学马克思主义学院段炼博士先后介绍了各自学科建设与团队发展情况。董劭伟博士与夏炎博士介绍了此次论坛的缘起。

然后正式进入论坛的议题。论坛分为世界史、明清及近现代史、先秦秦汉史、魏晋隋唐史、语言学与历史学的跨学科研究等几个专题。王昊、段炼、王莲英、左海军、孙璐、张阳、武鹏、聂兴超、孙戬、吴松林、柴冰、张海艳、齐海娟、秦飞、张立克、党超、蒋爱花、张文亭、阿云峰、贺小敏等先后就各自的研究领域和关注点进行了系统介绍，武鹏、蒋爱花、王昊、党超、夏炎、董劭伟等就相关问题进行了有针对性的点评。既对各个学者的研究表示了肯定，也提出了建设性意见。此外，夏炎博士还做了关于《中国中古史研究的新取向》的专题报告。会后，论坛还组织与会专家学者赴市玻璃博物馆等地进行了学术考察活动。

东北大学秦皇岛分校近年来对人文社科研究极为重视，创办了一系列以文科专业为主的学术机构，并定期在校内举办"学术论坛"，聘请专家学者前来讲学，努力推动人文社科研究。2013 年，东北大学秦皇岛分校承办了河北省历史学会年会暨首届秦皇岛地域历史文化研讨会，并结集出版了《秦皇岛地域历史文化专题研究》。为了密切与学术界的交流，定期推出研究成果，该校结合国家和社会的需要创办了以历史学为主、兼及相关专业的学术集刊——《中华历史与传统文化研究论丛》，该集刊第 1 辑在 2015 年 4 月由中国社会科学出版社正式推出，为了保证学术品位，该集刊聘请了历史界的数位知名专家担任学术顾问。集刊以历史学为主，包括中国古代史、政治制度史、民俗文化史、社会经济史、科技史、史料汇集、名家访谈、学术动态等。相信经过一定时间的积累，东北大学秦皇岛分校历史学科的建设和科研将会取得更显著的成绩。

二 东北大学秦皇岛分校举办河北省科学技术史学会 2015 年学术年会

2015 年 6 月 13 日至 14 日，在东北大学秦皇岛分校北戴河培训中心举办了河北省科技史学会 2015 年学术年会，本届年会主题为"科学技术与中国社会变迁"。会议收到了省内外科技史研究者提交的学术论文 40 余篇，围绕科学及时与中国社会的变迁，从古代、近代、世界史、外文工业档案解读等角度，多个层面进行了研讨，探求了中国社会发展历程中科技因素的作用。参加这次会议的有来自东北大学秦皇岛分校、燕山大学、河北大学、邯郸学院、河北北方学院等省内高校教师，我市秦皇岛市玻璃博物馆、秦皇岛碣石暨徐福研究会、北戴河文保所等机构的同仁，此外还有郑州大学、厦门大学、山东科技大学、科学出版社、东北大学出版社等省外高校或机构的研究者，共计50余位专家及学生参加了本次交流。13日上午的开幕式上，东北大学秦皇岛分校副校长李晓奇教授、河北省科技史学会会长吕变庭教授、市政协秘书长陆旭升同志、厦门大学博士生导师郭金彬教授、东北大学秦皇岛分校社会科学研究院院长杨渝玲教授先后致辞。此后会议进入分组论文讨论阶段，在四个小时的交流中，与会者或宣读专题论文，或坦诚提出评议，体现了良好的求真务实精神，这次会议规程秉承以文会友、坦诚相待的学术精神，受到了与会者的一致好评。

本次会议中，东北大学秦皇岛分校相关专业教师积极参与提交了相关专题论文，分别为：东北大学秦皇岛分校社科院教师董劭伟《清代河北抚宁"龙潭"祈雨事杂考》、王莲英《试论薛福成"西学中源"思想特色》、孙戬《以责任为核心的技术伦理学发展理论》、曹金娜《清代河道总督建置考》、左海军《近代天津银号的拨码及其特点》、秦飞《人、科技与历史：从孔子"神道设教"看中国科技发展》、任欢欢《宋代硫磺的管理及应用》；语言学院教师张阳《秦港民国英文人事档案与近代企业人事管理制度初探》、张海艳《秦港民国英文气象档案（1923—1949）相关问题初探》、王琪《国际化视野下的白酒文化旅游研究》、赵俣《秦皇岛民国外文资料梳理与浅析》，等等。秦皇岛市的历史发展历程中不乏科技因素的影响，也有大量的科技史视野下值得关注的对象，其中部分论文体现对秦皇岛地域历史文化的关注与研究，对地方志中的祈雨及水利工程、民国档案记载中的近代工业情况、青龙白酒文化、秦皇岛现存外文档案状况等做了系统探究，提出了很多具有新意且关注秦皇岛地域文化及其科技因素的观点。

这次会议由河北省科技史学会主办，东北大学秦皇岛分校和教育部人文社会科学重点研究基地——河北大学宋史研究中心联合承办，隶属市政协的秦皇岛碣石暨徐福研究会协办。东北大学秦皇岛分校现有科技史一级学科硕士点，硕士生导师四名，相关文史专业教师近二十人，在 2014 年河北省科技史学会成立伊始，便成为该学会的重要成员，李晓奇副校长担任河北省科技史学会副会长，杨渝玲教授兼任常务理事，董劭伟等教师兼任理事。

近年来东北大学秦皇岛分校与秦皇岛市密切合作，从多个角度加强了与市属机构的横向联系，其中社科院、语言学院等从文史角度对秦皇岛历史文化做了大量研究工作，取得了不俗成绩。

三　中华历史与传统文化学术论坛（第二届）：中国古典外交制度学科建设

2015 年 6 月 27 日，在东北大学秦皇岛分校报告厅，举办了中华历史与传统文化学术论坛（第二届），这次论坛以"中国古典外交制度学科建设"为主题。来自北京师范大学、中国人民大学、中国社会科学院、首都师范大学、新疆师范大学、河北省社会科学院、宜春学院等省内外高校或机构的十一位专家，东北大学秦皇岛分校历史与公共政策研究所、社会科学研究院、语言学院等院所的教师及秦皇岛市碣石暨徐福研究会、秦皇岛市玻璃博物馆等机构的专家参加了本次论坛。来自首都师范大学的张金龙教授主持了座谈会。

本次论坛是继去年东北大学秦皇岛分校举办论坛的延续，该校的文史学术团队致力于地域文化研究，主办了河北省历史学会 2013 年学术年会、河北省科技史 2014 年学术年会等学术研讨会，出版了《秦皇岛地域历史文化专题研究》、《中华历史与传统文化研究论丛》（第 1 辑）等学术著作。本次论坛的发起，源自国家提出的"一带一路"战略，在此背景下，梳理传统中国的外交史，以史为鉴，继承优秀的中华传统文化，是史学工作者的重要职责，从学术而言，推动外交史学科的构建和发展是史学范畴内的重要内容。值得注意的是，1999 年北京师范大学黎虎教授出版的专著《汉唐外交制度史》，第一次提出了"中国古典外交制度"概念，并通过对汉唐外交决策制度、管理制度两个方面的系统阐述，构建了外交制度史研究的基本框架。

经过学术界十余年的发展，关于古代外交制度，逐渐形成了具有系统学科意义的独立研究领域。2014 年，黎虎教授出版了《汉代外交体制研究》，该书在前此研究基础上，进一步对外交制度的构成进行了系统的研究，两书并为姊妹篇，构成了完整的中国古典外交制度研究范式。本次座谈会对学术界近二十年关于"古典外交"的研究的学术史进行了回顾，并认为随着人文社会学科的繁荣，类似具有"中国话语"的如"中国古典外交学"等属于中国传统文化范畴内的新型学科已经形成相应的学理基础，并已有一定的科研实践，类似学科的发展有助于挖掘中国优秀传统文化，增强国家文化软实力建设。

东北大学秦皇岛分校学术集刊
《中华历史与传统文化研究论丛》简介

  东北大学秦皇岛分校近年来对人文社科研究极为重视，创办了一系列以文科专业为主的学术机构，以进一步推动人文社会科学研究。历史学学科发展是东北大学秦皇岛分校颇具特色的文科领域，有科技史、近现代史与区域经济学科下的区域社会史等硕士点或研究方向，等等，形成了具有学科发展、学术研究、教师队伍建设等多位一体的发展模式。历史学学科是秦皇岛地区高校整体而言较为薄弱的一个方面，与秦皇岛悠久的历史、灿烂的文化相比，加强历史学建设既是该校相关教师的科研任务，也有益于推动地域文化的繁荣发展。目前学校具有历史学及相近专业博士学位的教师二十余位，形成了一支具有朝气的学科队伍。

  历史学是对以往社会的科学研究，涵盖范围极广，习近平总书记指出，优秀传统文化是我们最深厚的文化软实力。在此基础上，教育部提出："中国特色社会主义道路是在对中华民族5000多年悠久文明的传承中走出来的，具有深厚的历史渊源和广泛的现实基础。"从学术研究角度去梳理和总结优秀传统文化，并服务于现实，是知识分子应该承担的社会责任。东北大学秦皇岛分校立足科研，并有强烈的社会责任感，在学科建设多元发展的基础上，拟进一步加强对历史学学科的建设。2013年东北大学秦皇岛分校承办了河北省历史学年会暨首届秦皇岛地域历史文化研讨会，其会议成果《秦皇岛地域历史文化专题研究》由经济科学出版社出版。为了密切与学术界的交流，定期推出研究成果，学校在综合考虑、求证学界专家、结合国家和社会的需要，创办以历史学为主、兼及相关专业的学术集刊：《中华历史与传统文化研究论丛》，第 1 辑于 2015 年由中国社会科学出版社出版。为了达到学术交流、保证学术品位的目的，集刊聘请了历史学界的知名专家担任学术顾问。集刊以历史学为主，包括中国古代史、政治制度史、民俗文化史、社会经济史、科技史、史料汇集、名家访谈、学术动态，等等。

集刊以历史学为主，相关专业如法学、哲学、政治学等学科范围内探究史学问题（如法律史）或与传统文化有关的论文皆欢迎投稿。除收录原创学术专题论文外，开辟书评、学者访谈、名家随笔、史料汇集等专栏。其中书评，欢迎对经典著作、新出著作等反映中华传统文化研究的书籍的深入剖析。学者访谈，可对学界泰斗、中青年学者进行深入且有启发意义的访谈。名家随笔，欢迎学者在学术之外的人生思考。史料汇集，欢迎各界提供独家的新见史料，或档案、或碑刻、或契约文书等，只要是首次披露且为独家整理的资料皆可。以上文稿，原则上不限制字数，格式参照《历史研究》最新规定，并附中文摘要和作者详细信息。本集刊谢绝一稿多投，对于拟采用稿件给予相应稿酬，并请作者同意于中国知网全文收录。

联系邮箱：dqzhls@ sina. com、12965562@ qq. com。

联系人：董劭伟，手机 13933657102。